KB201077

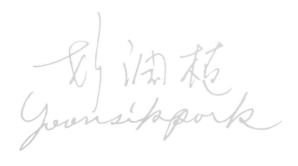

휘선 설교집 · 3

성 탄 설 교

큰 기쁨의 좋은 소식 성탄

휘선 **박윤식** 목사

발간사

오늘날 우리는 정보 홍수의 시대에 살고 있습니다. TV가 보급되기 전에는 유일한 정보 전달의 수단은 신문이나 라디오였습니다. 그러나 대다수의 서민들은 신문이나 라디오도 구하기 어려워서, 새로운 정보에 접근하는 것은 아주 제한적이었습니다.

지금은 세상이 완전히 달라져서 정보가 차고 넘칩니다. TV가 없는 집이 없고, 수백 개가 넘는 채널에서 정보가 쏟아져 나오고 있습니다. 더구나 손에 가지고 다니는 휴대폰을 통해 시간과 공간의 제한 없이 새로운 정보들을 수시로 접하게 되었고, 수많은 온라인 매체와 동영상 공유 사이트 등의 수단을 통해서 정보 전달이 가속화되고 있습니다.

그러나 참으로 안타까운 것은, 인간의 근본 문제인 삶과 죽음, 죄와 심판, 영생에 대해, 그것의 해결자로 오신 예수 그리스도에 대해 생생하게 알려주는 콘텐츠나 매체, 메신저(messenger)는 많지 않다는 것입니다. 그나마 나오는 콘텐츠조차도 구태의연하고 사람들의 영혼을 깨우기에는 너무나 역부족입니다. 지금 세상은 찬송가 256장(새찬송가 515장)의 "어두워진 세상 중에 외치는 자 많건마는 생명수는 말랐어라"라는 가사 그대로입니다.

성경은 정확무오한 하나님의 말씀으로, 이 세상을 살리는 영원한 생명수이며 우리를 천국으로 인도하는 참된 정보입니다. 그러나 성경에 담긴 영원한 생명이 제대로 전달되지 못하고 있는 이때에, 휘선 박윤식 목사님의 설교집은 전 세계 잠든 영혼들을 힘차게 흔들어 깨우고 목마른 영혼들에게 청정해역의 생명수가 되고 있습니다. 휘선 설교집 제1권 '8,760시간 복된 삶이 하루같이'와 제2권 '마음을 비운 절대 감사'는 베스트셀러가 되어서 대한민국 각 교회의 강단을 새롭게 하고, 오직 예수 믿음을 통한 천국의 소망과 산 믿음, 그리고 참된 위로를 안겨 주고 있습니다.

이번에 발간되는 설교집 제3권 '큰 기쁨의 좋은 소식 성탄'은, 휘선 박윤식 목사님이 성탄절을 전후하여 피를 토하듯 선포하신 설교들을 모아서 정리한 것입니다. 모든 설교들이 오직 예수 그리스도의 성육신과 탄생 사건을 마치 우리가 그 현장에서 목격하고 있는 것처럼 너무나도 구체적으로 생생하게 전해 주고 있습니다. 이번 설교집은, 기도하며 읽는 모든 사람들에게 가장 높은 곳에서 세차게 쏟아지는 생명수를 온몸으로 맞는 듯한 엄청난 은혜를 체험하게 해 줄 것이라 확신합니다.

휘선 박윤식 목사님의 모든 성탄 설교의 핵심은, 약 2천 년 전에 이 땅에 오신 예수 그리스도께서 이제는 바로 우리 각자의 마음의 구유에 탄생하셔야 된다는 것입니다. 예수님이 이 땅에 천 번 만 번 오셔도 우리 마음 가운데 한 번 탄생하셔야 하나님께서 기다려 오신 참성탄이 이루어질 수 있는 것입니다. '헤롯왕 때'보다 더 악한 시대를 살고 있는 우리는, 아기 예수님이 이 땅에 오시자마자 겪으셔야 했던 피맺힌 고난의 여정을 늘 가슴에 깊이 되새기며, 예수님께서 일생 동안 걸으신 고난의 발자취를 따라가야 할 것입니다.

휘선 박윤식 목사님은 일평생 쉬지 않고 기도로 씨름하면서 성경을 1,800번 정독하시는 가운데 '오직 성경, 오직 예수'의 삶을 몸소 실천하셨습니다. 박윤식 목사님의 '구속사 시리즈'가 성경 연구서라면, '휘선 설교집'은 성경 실천서입니다. '구속사 시리즈'와 '휘선 설교집'은 참으로 교회사에 꺼지지 않는 영원한 등불이 되어 줄 것이라 확신합니다.

마지막으로 휘선 설교집 제3권의 발간을 위해 헌신하신 분들의 노고에 진심으로 감사드리며, 코로나19가 창궐하여 모든 사람들이 실의와 절망에 빠져 있는 이때에 이 설교집이 전 세계 각 교회의 강단과 성도들을 살리는 생명수가 되고, 모든 믿는 사람들의 마음 가운데 아기 예수를 탄생시키는 복된 역사가 가득하게 되기를 간절히 소망합니다.

이승현 목사
평강제일교회 담임목사

차 례

나의 갈릴리는
영화롭다

| 이사야 9:1-7

이사야 9:1-7 "전에 고통하던 자에게는 흑암이 없으리로다 옛적에는 여호와께서 스불론 땅과 납달리 땅으로 멸시를 당케 하셨더니 후에는 해변 길과 요단 저편 이방의 갈릴리를 영화롭게 하셨느니라 ² 흑암에 행하던 백성이 큰 빛을 보고 사망의 그늘진 땅에 거하던 자에게 빛이 비취도다 ³ 주께서 이 나라를 창성케 하시며 그 즐거움을 더하게 하셨으므로 추수하는 즐거움과 탈취물을 나누는 때의 즐거움같이 그들이 주의 앞에서 즐거워하오니 ⁴ 이는 그들의 무겁게 멘 멍에와 그 어깨의 채찍과 그 압제자의 막대기를 꺾으시되 미디안의 날과 같이 하셨음이니이다 ⁵ 어지러이 싸우는 군인의 갑옷과 피 묻은 복장이 불에 섶같이 살라지리니 ⁶ 이는 한 아기가 우리에게 났고 한 아들을 우리에게 주신 바 되었는데 그 어깨에는 정사를 메었고 그 이름은 기묘자라, 모사라, 전능하신 하나님이라, 영존하시는 아버지라, 평강의 왕이라 할 것임이라 ⁷ 그 정사와 평강의 더함이 무궁하며 또 다윗의 위에 앉아서 그 나라를 굳게 세우고 자금 이후 영원토록 공평과 정의로 그것을 보존하실 것이라 만군의 여호와의 열심이 이를 이루시리라"

나의 갈릴리는 영화롭다

이사야 9:1-7

본문 1절을 볼 때 "전에 고통하던 자에게는 흑암이 없으리로다 옛적에는 여호와께서 스불론 땅과 납달리 땅으로 멸시를 당케 하셨더니 후에는 해변 길과 요단 저편 이방의 갈릴리를 영화롭게 하셨느니라"라고 말씀하고 있습니다. 분명히 하나님의 절대적인 예언의 말씀입니다. 결론적으로 말씀드리자면 바로 여러분 자신이 영적인 면에서 갈릴리가 돼야 예수님께서 찾아오실 줄 믿습니다. 각자가 신령한 갈릴리가 된 입장에서 '나의 갈릴리는 영화롭다'라는 제목으로 은혜를 나누고자 합니다.

우리가 인생을 살아갈 때 기쁜 일과 슬픈 일, 반가운 일과 반갑지 않은 일, 수월한 일과 힘겨운 일, 혹은 즐거운 일과 고된 일이 첩첩이 섞여 있다는 사실은 누구한테 설명할 필요도, 들을 필요도 없습니다. 연세가 많고 적고 간에 이 땅에 태어나서 이 시간까지 살아오는 어간(於間)에 다 피부로 느낄 정도로 체험했을 것입니다. 누구나 행복하게, 기쁘고 즐겁게, 보람 있게 생활을 하고 싶지만 마음대로 되지 않는 것이 하나님의 말씀을 거역한 아담의 후예인 우리의 인생이 아닌가 합니다.

이 땅 위에 사는 인간 중에 누가 슬픔을 사모하겠습니까? 누가 고된 일을 갈망하겠습니까? 고해(苦海) 바다 들이치는 험난한 세상에서, 기쁜 일보다 슬픈 일이 더 많고, 즐거운 생활보다 힘겨운 생활이 더 많다는 것은 여러분이 더 잘 아실 것입니다. 기분이 명랑할 때보다 언짢을 때가 더 많고, 일이 잘될 때보다 꼬일 때가 더 많으며, 웃을 때보다 우울해지고 울 수밖에 없는 때가 더 많습니다. 신앙생활 하면서도 '할렐루야' 찬송할 때보다 땅이 꺼져라 탄식을 할 때가 많습니다.

그러나 오늘 하나님께서 우리를 사랑해 주시는 가운데 이사야 9:1-7로 초대해 주셔서, 지금 그 말씀 앞에 서게 됐습니다. 이 말씀을 자세히 상고해 보면 놀라운 찬송과 위대한 축복의 약속이 그 속에 기록되어 있습니다.

전에 고통하던 자에게는 흑암이 없으리로다

본문 1절을 볼 때 "전에 고통하던 자에게는 흑암이 없으리로다"라고 말씀하고 있습니다. 이 말씀의 전과 후 사이에는 크나큰 차이가 있음을 알 수가 있습니다. '옛날'과 '오늘날' 사이에 놀라운 변화가 발생된 것을 발견하게 되는 것입니다.

야곱의 열두 아들 가운데 스불론과 납달리가 있었죠(창 30:7-8, 19-20). 여호수아 19장을 볼 때, 이 스불론과 납달리 지파가 제일 동떨어진 북방의 갈릴리 지방을 기업으로 분배받은 사실이 정확히 기록되어 있습니다(수 19:10-16, 32-39, 21:32, 34-35).
그런데 스불론 땅과 납달리 땅은 지중해 연안에 있는 베니게(페니

키아) 지방의 두로와 시돈에 가까이 있었기 때문에, 이스라엘 사람들이 그 지역의 이방 사람들과 정을 통하면서 하나님이 원치 않는 교제와 결혼을 함으로, 점점 하나님을 떠나고 하나님을 노엽게 하는 죄를 범한 사실을 성경을 통해 찾아볼 수가 있습니다(참고-창 49:13, 왕상 11:33).

성전 짓기를 간절히 원했던 다윗왕에게 하나님께서는 '너는 왕이지만 군인이야. 많은 사람을 죽인 피가 네 손에 가득해. 그러니 너는 성전 지을 수 있는 준비만 하라. 내가 네 아들을 통해서 짓도록 하겠다'고 하셨습니다(대상 28:2-6).

다윗왕은 레바논의 백향목을 많이 실어오기 위해서 두로 왕 히람과 교제하였고, 그의 아들 솔로몬도 아버지의 명을 받들어서 두로 왕 히람에게 '우리 하나님의 성전을 짓겠으니 좀 도와 달라'고 해서 레바논의 백향목이라든가 두로의 돌이라든가 많은 자재를 실어온 사실을 성경을 통해서 찾아볼 수가 있습니다(삼하 5:11, 왕상 9:11).

주전 8세기에 와서, 주전 732년에 앗수르 왕 디글랏 빌레셀이 이스라엘을 침범했습니다. 납달리, 스불론, 갈릴리 지방에 있는 많은 이스라엘 선민들을 얼마나 괴롭혔는지 열왕기하 15:29 말씀을 통해 알 수 있습니다.

열왕기하 15:29 "이스라엘 왕 베가 때에 앗수르 왕 디글랏 빌레셀이 와서 이욘과 아벨벳마아가와 야노아와 게데스와 하솔과 길르앗과 갈릴리와 납달리 온 땅을 취하고 그 백성을 사로잡아 앗수르로 옮겼더라"

그뿐만 아니라 그의 아들 살만에셀이라고 하는 자가 주전 724-

722년에 대군을 앞세워서 갈릴리 지방을 점령한 이후(참고 왕하 17:3, 18:9), 자그마치 500-600년간 이방의 통치를 받았습니다.

생각해 보세요. 우리나라가 36년 동안 일제의 지배를 받으면서 모든 주권을 빼앗긴 것이 얼마나 악몽 같았습니까? 성과 이름을 빼앗고, 한글마저 말살하려고 갖은 흉계를 쓰는 일본 제국주의자들 밑에서 얼마나 신음했습니까? 36년 만 돼도 그런데 500-600년 가까이 스불론과 납달리, 즉 갈릴리 지방 사람들이 노예로 지내 왔으니, 한 번 상상해 보시길 바랍니다. 그러다가 겨우 주전 2세기(주전 142년경)에 와서 그 땅이 회복된 것입니다. 유대 땅으로 편입이 됐죠. 얼마나 갈릴리가 서러운 땅, 슬픔과 고통의 땅인지 짐작할 것입니다. 이렇게 짓밟힘을 당해 왔습니다.

그런데 예수님께서 이 땅에 오셨을 때, 갈릴리에서 주로 활동하시면서 제자들을 택하시고 말씀을 선포하셨습니다. 막달라 마리아도 갈릴리 사람 아닙니까? 그래서 이스라엘 백성이 예수님을 받아들일 수 없다고 생각했습니다. 가문으로 말하면 족보가 있고 뼈대 있는 훌륭한 집안, 학벌 좋고 부유한 집안에서 났다고 해야 백성이 믿을 텐데, 600년 가까이 이방의 말굽 아래서 신음하고 고통당하고 밤낮 종살이를 면치 못했던 갈릴리였습니다. 그래서 예수님이 어디 출신이냐고 물을 때, 갈릴리라고 하니까 '웃기지 마라. 갈릴리에서 무슨 선한 사람이 나겠느냐?' 했던 것입니다.

요한복음 1:46 "나다나엘이 가로되 나사렛에서 무슨 선한 것이 날 수 있느냐 빌립이 가로되 와 보라 하니라"

요한복음 7:41 "혹은 그리스도라 하며 어떤 이들은 그리스도가 어찌 갈릴리에서 나오겠느냐"

요한복음 7:52 "저희가 대답하여 가로되 너도 갈릴리에서 왔느냐 상고하여 보라 갈릴리에서는 선지자가 나지 못하느니라 하였더라"

더러운 동네, 몸 파는 여인들이 드글드글 끓는 동네에서 나라를 다스릴 통치자가 난다 할 때, 믿을 종자가 하나도 없는 것입니다.

그러나 성경 말씀 볼 때 분명히 갈릴리는 영화롭게 된다고 말씀하고 있지 않습니까?

사랑하는 성도 여러분, 이렇게 어둠의 세력, 원수 마귀 때문에 갈릴리 지역에 살던 스불론과 납달리 지파 사람들이 600년 가까이 고생한 것과 마찬가지로, 아담의 후예인 우리가 아담이 죄지은 후로부터 이 시간까지 알게 모르게 어둠의 권세, 사단한테 농락을 당하고, 멸시 천대를 당하고 사람대접을 받지 못하게 마귀가 역사해 왔지만, 1985년 12월 25일 거룩한 성탄을 맞이해서 주님이 바로 여러분을 신령한 갈릴리로 삼아 가지고, 스불론과 납달리 땅에 찾아오신 줄로 믿습니다. 그렇기 때문에 오늘 우리가 그 주님을 맞이해야 된다는 것입니다. 옛날 얘기 하는 게 아닙니다.

"전에 고통하던 자에게는 흑암이 없으리로다" 이 말씀이 믿어지면 아멘 하시기 바랍니다. 여러분 개인과 자식과 남편, 모든 사업에 큰 빛으로 임하신 예수 그리스도께서 좌정하실 때에, 분명히 모든 흑암의 권세, 어두움이 달아날 줄로 믿습니다. 나 같은 것을 영화로운 갈릴리로 삼아 주시겠다니 얼마나 좋습니까?

오늘 주시는 말씀을 통해서 여러분 개인과 가족과 모든 분야마다 큰 변화가 일어날 줄 믿습니다. 고통이 변하여 평화가 될 줄 믿습니다. 천대가 변하여 존귀가 될 줄 믿습니다. 멸시가 변하여 영광이 될 줄 믿습니다. 그 이유가 어디 있습니까? 예수님이 친히 큰 빛으로 오늘 저를 비롯한 여러분, 전 세계에 찾아오시기 때문에 반드시 그렇게 성취가 될 줄로 믿습니다.

사망의 그늘진 땅에 거하던 자에게 빛이 비취도다

마태복음 4:12-17을 볼 때, 예수님께서 세례 요한이 잡힘을 들으시고 스불론, 납달리 지파가 살았던 갈릴리 지역으로 가신 이유는 이사야 선지자의 예언을 그대로 이루시기 위함이었습니다. 예수님의 제일성(第一聲)은 "회개하라 천국이 가까왔느니라"였습니다.

마태복음 4:12-17 "예수께서 요한의 잡힘을 들으시고 갈릴리로 물러가셨다가 ¹³나사렛을 떠나 스불론과 납달리 지경 해변에 있는 가버나움에 가서 사시니 ¹⁴이는 선지자 이사야로 하신 말씀을 이루려 하심이라 일렀으되 ¹⁵스불론 땅과 납달리 땅과 요단강 저편 해변 길과 이방의 갈릴리여 ¹⁶흑암에 앉은 백성이 큰 빛을 보았고 사망의 땅과 그늘에 앉은 자들에게 빛이 비취었도다 하였느니라 ¹⁷이때부터 예수께서 비로소 전파하여 가라사대 회개하라 천국이 가까왔느니라 하시더라"

이렇게 주께서 친히 우리 마음에 오셔서 지금도 우리를 권고하시고 사랑해 주시면서, 끝날에 남은 자가 되도록 영화로운 갈릴리로 만들어 주실 줄 믿습니다.

금년이 이제 며칠 남지 않았습니다. '또 한 해가 지나가는구나. 그 날이 그날이고 나은 것이 없구나. 왜 점점 암담하냐?' 그러지 마시고, 오늘 주시는 말씀을 놓치지 말고 믿음으로 꽉 붙잡으시기 바랍니다. 반드시 1986년에는 어느 때보다도 더 나아질 줄 믿습니다. 큰 광명을 안고 살아갈 줄 믿습니다. 꼭 믿으시기를 바랍니다. 자비하신 하나님께서 12월 마지막에, 영원히 지지 않는 신령한 태양 되시는 예수님(말 4:2, 눅 1:78)께서 우리에게 활력소가 될 수 있도록 모든 권능과 능력과 힘을 부여해 주실 줄 믿습니다. 여러분을 붙잡아 주시고 어둠의 세력을 때려 부수는 말씀의 철장(鐵杖)을 오른 장중(掌中)에 쥐여 주실 줄 믿습니다(계 19:15). 낙심하지 마시기 바랍니다.

주님이 이 땅에 오셔서 33년 생애 가운데 가장 오래 머물러 계셨던 곳은 스불론과 납달리, 다시 말하면 갈릴리 지방이었습니다. 갈릴리에서 제일 먼저 기도하시고, 갈릴리에서 제일 먼저 전도하시고, 갈릴리에서 제일 먼저 제자를 택하셨습니다. 그렇기 때문에 우리가 갈릴리가 될 때 주님이 오셔서 권고하시고 우리 위해서 대신 기도해 주실 줄 믿습니다. 또 여러분이 전도 못 할 때 힘을 주시고 전도의 영을 불어넣어 주셔서, 말주변이 없더라도 여러분이 외칠 때에 상대방이 감화, 감동을 받아 가지고 주 앞에 다 돌아올 줄 믿습니다.

왜 그렇습니까? 예수님이 갈릴리에서 제일 먼저 전도하시지 않았습니까? 제자들도 그곳 갈릴리 사람들을 택하신 것 아닙니까? 시몬, 안드레, 야고보, 요한, 빌립과 바돌로매, 그다음에 세리 마태, 의심 많았던 도마, 여덟 명을 전부 갈릴리에서 택하셨어요. 어느 면으로 보든지 갈릴리는 예수님으로부터 제일 빛을 많이 받은 곳입니다. 사랑을 많이 받은 곳입니다. 기사와 이적, 능력을 많이 베푸신 곳이 갈릴리가 아니겠습니까.

마태복음 4:18-23 "갈릴리 해변에 다니시다가 두 형제 곧 베드로라 하는 시몬과 그 형제 안드레가 바다에 그물 던지는 것을 보시니 저희는 어부라

¹⁹ 말씀하시되 나를 따라 오너라 내가 너희로 사람을 낚는 어부가 되게 하리라 하시니 ²⁰ 저희가 곧 그물을 버려두고 예수를 좇으니라 ²¹ 거기서 더 가시다가 다른 두 형제 곧 세베대의 아들 야고보와 그 형제 요한이 그 부친 세베대와 한가지로 배에서 그물 깁는 것을 보시고 부르시니 ²² 저희가 곧 배와 부친을 버려두고 예수를 좇으니라 ²³ 예수께서 온 갈릴리에 두루 다니사 저희 회당에서 가르치시며 천국 복음을 전파하시며 백성 중에 모든 병과 모든 약한 것을 고치시니"

마가복음 1:39 "이에 온 갈릴리에 다니시며 저희 여러 회당에서 전도하시고 또 귀신들을 내어 쫓으시더라"

그렇기 때문에 오늘 거룩한 성탄을 맞이하는 여러분, 큰 빛 되시는 아기 예수, 하나님의 둘도 없는 성자 예수님을 영접할 때에 반드시 갈릴리에서 행한 기사와 이적, 축복과 전도, 모든 것이 다 우리 마음속에서 이루어질 줄로 믿습니다. 그때는 육적이라면 오늘 영적으로 여러분을 갈릴리 삼아 가지고, 마지막 때 여러분을 통해서 기적이 나타날 줄 믿습니다.

사랑하는 성도 여러분, 심령에 눌림을 당하고 뭔지 모르게 괴롭고 서글프고 답답하고 그러한 분 없습니까? 지금 신령한 갈릴리, 영화로운 갈릴리를 만들기 위해서 걸어오시는, 아기 예수로 오시는 그 주님을, 큰 빛을 보시기를 주의 이름으로 축원합니다. 주님께서 여러분의 눌림과 고통을 해결해 주시려고 방금 마음속에 도착하시는 중에 있다는 것을 믿으시기 바랍니다. 또 여러분 가정에 번민이나 슬픔이 있습니까? 영광의 주님을 영접하시기 바랍니다. 주님께서 기쁨과 평화로 바꿔 주실 줄 믿습니다.

아무리 어려워도 지금부터 각자가 '나의 생활의 터전은 절대 실패가 없다' 그렇게 믿으시기 바랍니다. '나를 신령한, 영화로운 갈릴리로 만들기 위해서 주님께서 친히 오셨기 때문에, 주와 동행하고 주와 같이 숨을 쉬면서 먹고 마시며 주의 지시대로 움직이는 내가 되기 때문에, 나는 실패가 없다' 그렇게 믿으시고, 모든 것의 모든 것이 되셔서 여러분의 마음의 갈릴리를 향해서 찾아오시는 주님을 영접하는 이 시간이 되시기를 주의 이름으로 재삼, 재사 부탁함을 드리는 것입니다.

주께서 이 나라를 창성케 하시며

본문 3절을 볼 때 "주께서 이 나라를 창성케 하시며 그 즐거움을 더하게 하셨으므로"라고 말씀하고 있습니다. 여러분, 하늘나라가 희미하던 것이 확실하게 될 줄 믿습니다. 가정도 나라입니다. 국가의 소(小)단위가 가정입니다. 가정이, 나라가 하는 일마다 점점 졸아들고 없어지는 게 아니라 창성, 번성하는 축복의 역사가 일어날 줄로 믿습니다. 이 놀라운 사실을 믿는 자는 영적으로, 다 같이 따라 하세요. '영화로운 갈릴리!' 송씨, 유씨, 김씨 등 여러 성이 있지만 다 떼어 버리고 이젠 전체가 뭡니까? 각자 나는 '영화로운 갈릴리'입니다. 그러면 주님께서 오시겠어요, 안 오시겠어요? 오실 줄 믿습니다. 이것이 참성탄입니다.

세상 사람들 40-50대 보세요. 당나귀처럼 힘겹게 살아가면서 그저 '무엇을 먹느냐, 무엇을 입느냐' 합니다. '어떡하면 잘살 수 있지?'

하는 생각뿐입니다. 그러나 주님을 영접한 40-50대를 보세요. 운동장에서 경주자와 같이 힘차게 뛰고 있는 모습을 보시기를 바랍니다. 하늘땅 차이입니다. 집에서 TV나 보고 있으면 뭐하겠습니까? 흘러간 옛 노래나 들으면 뭐합니까? 그저 몇천 리, 몇만 리 밖에 떨어져 있는 이스라엘의 한 모퉁이, 조그마한 갈릴리 지역의 스불론과 납달리 땅, 그렇게만 알고 있으면 뭐하겠습니까? 생각해 보세요.

이제 60대 넘은 사람들 보세요. 죄송한 말씀이지만, 개처럼 헐떡거리죠. 며느리, 사위, 아들 눈치 보고 집 지키면서…. 소망이 있습니까? 용돈 주면 그게 다인 줄 압니다. 그렇게 사는 사람과, 주님을 영접하여 영화로운 갈릴리가 된 사람. 연세가 60, 70, 80 됐지만, 예수님이 갈릴리 삼아서 그 땅을 슬슬 밟고 지나다니시면서 소망 있는 위로의, 영생의 말씀을 주심으로 은혜 가운데 살아가는 그러한 분들 보세요. 독수리같이 훨훨 날아갑니다.

세상 사람들은 '너무 집이 추우니까 죽은 다음에 양지 바른 곳에 좀 묻어 달라'고 합니다. 믿는 사람이 그렇게 말하는 것 봤습니까? 죽은 송장이 양지(陽地)가 어디 있겠습니까. 영화로운 갈릴리가 양지죠. 영화로운 갈릴리가 못 된 마음밭은 다 음지(陰地)입니다. 그러나 영화로운 갈릴리가 된 성도의 마음은, 주와 같이 살기 때문에 잽싸게 독수리같이 날아갑니다. 70, 80세라도 젊었을 때 일 못 한 것 한탄하면서 교회 나와서 봉사하려고 하고 헌신하려고 애쓰는 그러한 할머니, 할아버지들이 우리 교회에 많이 있습니다.

또 과부, 홀아비들 보세요. 너무나 고독하게 살아가는 분들이 많이 있습니다. 그러나 위대한 신앙가 모세는 80세에 하나님께로부터 부름받아(출 7:7) 40년 동안 쓰임받았습니다. 120세까지 하나님께서 붙잡고 쓰실 때에, 모세는 눈도 흐리지 않았고 허리도 꼬부라지지 않았고 기운이 떨어지지 않았다고 성경에 기록되어 있습니다(신 34:7).

여호수아를 보세요. 위대한 갈렙을 보시기 바랍니다. 출애굽한 이스라엘 백성 603,550명 가운데 603,548명은 광야에서 다 죽고 오직 여호수아, 갈렙 두 사람만이 살아서 가나안 땅에 들어갔다면(민 14:38, 26:65), 여러분, 예수를 믿으면서 몇 번 시험 들고 몇 번 떨어졌습니까? 마땅히 광야에서 죽을 수밖에 없죠.

그러나 이 거룩한 밤, 고요한 밤, 참 좋은 날, 참 즐거운 날, 참 기쁜 날, 하나님이 사람이 되어, 말씀이 육신 되어(요 1:14) 하늘 영광 보좌를 버리고 오셔서, 납달리와 스불론같이 외적과 이방 나라에 밤낮 짓밟힘을 당하던 땅을 영화로운 갈릴리로 만들어 주시기 위해서 찾아오시는 주 앞에 감사할 때, 못 믿을 게 어디 있으며 주의 뜻을 위해 못 할 것이 어디 있겠습니까? 낙심하지 말고 용기백배의 신앙을 가지고 승리하는 여러분 되시기를 주의 이름으로 축원합니다. 고통받고 천대받은 갈릴리여! '주님이 찾아오셔서 영화롭게 해 주심을 감사합니다. 나 같은 건 천 번 만 번 죽어도 갈릴리 못 될 줄 알았지만, 오늘 주시는 말씀을 통해서 신령한 갈릴리가 될 줄로 믿습니다.' 그렇게 고백하시기 바랍니다.

그러면, 사람이 하나도 없는데 문자적으로 갈릴리 땅을 영화롭게 하신다는 말씀입니까? 사람을 두고 말씀하셨겠죠. 대한민국이 아무리 살기 좋다고 하지만, 사람 하나도 없어 보세요. 무인도와 같죠. 사람이 없는데 나라가 될 수 있습니까? 마찬가지로 '갈릴리를 영화롭게 하겠다'는 말씀은 바로 사람을 두고 하신 말씀입니다. 오늘도 갈릴리 같은 심령 속에 주님을 영접하여 사는 그 인생에게, 주께서 하늘의 다함이 없는 기쁨과 평화로운 축복을 주실 줄 믿습니다. 또 하늘의 기쁨을 유지하기 위해서 이 땅의 기름진 것으로 가득가득 채워서 안겨 주실 줄 믿습니다.

그렇기 때문에 누가복음 2:13-14 말씀을 볼 때 허다한 천군이, 수천만 천사가 하늘에 나타나서 "지극히 높은 곳에서는 하나님께 영광이요 땅에서는 기뻐하심을 입은 사람들 중에 평화로다"라고 찬송한 것처럼, 바로 주님이 이 시간에 여러분을 갈릴리로 삼아 가지고 찾아오셔서 '기뻐하심을 입은 사람들 중에 평화'라고 하신 대로 이루어질 줄로 믿습니다.

결론

우리가 흑암 속에서 압제와 멸시와 천대, 핍박을 받고 사단한테 속아 왔으나, 1985년 12월 25일 하나님이 사람이 되어 즉, 말씀이 육신 되어 은혜와 진리로 이 땅에 아기 예수로 오실 뿐만 아니라 스불론, 납달리같이 사람대접을 받지 못한 우리에게 친히 찾아오셔서 '안심하라. 걱정하지 말라. 두려워하지 말라. 내가 너를 영화로운 갈릴리로 삼겠다' 하셨으니 얼마나 감사합니까? 마치 고삐에 매여 있던 송아지가 외양간에서 나와 뛰는 것과 마찬가지로 이리 뛰고 저리 뛰면서 기뻐하게 되었습니다.

말라기 4:2 "내 이름을 경외하는 너희에게는 의로운 해가 떠올라서 치료하는 광선을 발하리니 너희가 나가서 외양간에서 나온 송아지같이 뛰리라"

이 시간부터 자식, 남편, 아내, 사업의 어려운 문제, 신앙의 어려운 문제를 전부 해결받는 기적의 영화로운 갈릴리가 되시기 바랍니다. 이 말씀 받아 가지고 돌아가는 가정마다 복에 복을 더해 주실 뿐만 아니라 누리는 축복도 아울러 허락해 주시기를 주의 이름으로 축원합니다.

갈릴리 지역에 사람이 하나도 없으면, 예수님이 눈에 보이는 황무한 땅을 영화롭게 하신다고 했겠습니까? 바로 그 지역에 사는 사람들을 가리켜서 말씀했다면, 오늘 여러분에게도 주님이 찾아오셔서 신령한 갈릴리, 영화로운 갈릴리가 된다는 것을 믿으시기 바랍니다. 이방의 우상을 사고 또 우상을 만들기도 하고, 멸시 천대받고, 먹지 못하고 입지 못하고 밤낮 압제자의 막대기와 채찍에 휘둘리던 자들에게 주님이 찾아오셔서 '걱정하지 마라. 두려워하지 마라' 하시고 영화로운 갈릴리로 만들어 주십니다.

생각해 보세요. 대통령이 순회할 때 기념수를 심든가 하게 되면 사람들 반응이 대단합니다. 대통령이 다녀간 곳이라고 말이죠. 그러면 하나님께서 친히 여러분 마음에 찾아오셔서 갈릴리로 인정해 주시고 그러한 칭호를 주셨는데, 이것이 큰 날, 즐거운 날, 좋은 날, 기쁜 날이 아니고 무엇이겠습니까.

그러니까 오늘 다 잊어버려도 '나는 영화로운 갈릴리가 돼서 간다' 하는 것을 잊지 마세요. 주님이 거기서 떠나지 않고 기도하시고, 복음을 선포하시고, 회개의 축복도 주시고, 또 제자로 삼아 주시고, 부활하셔서 어디서 먼저 보이셨습니까? 갈릴리죠. 찬송가 84장 한 번 부릅시다.

찬송가 84장(새찬송가 134장) 나 어느 날 꿈속을 헤매며

1. 나 어느 날 꿈속을 헤매며 어느 바닷가 거닐 때
   그 갈릴리 오신 이 따르는 많은 무리를 보았네
   나 그때에 확실히 소경이 눈을 뜨는 것 보았네
   그 갈릴리 오신 이 능력이 나를 놀라게 하였네
   내가 영원히 사모할 주님 부드러운 그 모습을
   나 뵈옵고 그 후로부터 내 구주로 섬겼네

2. 그 동정의 눈빛과 음성을 나는 잊을 수 없겠네
   그 갈릴리 오신 이 그때에 이 죄인을 향하여
   못 자국 난 그 손과 옆구리 보이시면서 하신 말
   네 죄를 인함이라 하실 때 나의 죄 짐이 풀렸네
   내가 영원히 사모할 주님 부드러운 그 모습을
   나 뵈옵고 그 후로부터 내 구주로 섬겼네

3. 그 사나운 바다를 향하여 잔잔하라고 명했네
   그 물결이 주 말씀 따라서 아주 잔잔케 되었네
   그 잔잔한 바다의 평온함 나의 맘속에 남아서
   그 갈릴리 오신 이 의지할 참된 신앙이 되었네
   내가 영원히 사모할 주님 부드러운 그 모습을
   나 뵈옵고 그 후로부터 내 구주로 섬겼네

4. 이 세상에 살면서 시달린 모든 친구여 나오라
   그 놀라운 은혜를 받아서 맘의 평안을 얻으라
   나 주께서 명하신 복음을 힘써 전하며 살 동안
   그 갈릴리 오신 이 내 맘에 항상 계시기 원하네
   오 내 친구여 주 사모하세 부드러운 그 모습을
   곧 뵈옵고 오늘로부터 내 구주로 섬기세

갈릴리에서 풍랑이 일어났을 때, 주님이 말씀 한마디로 잔잔하게 하시자 제자들이 깜짝 놀라 '이가 누구기에 말씀 한마디에 바람과 바다가 잠잠히 순종하는고' 했습니다.

마가복음 4:35-41 "그날 저물 때에 제자들에게 이르시되 우리가 저편으로 건너가자 하시니 36 저희가 무리를 떠나 예수를 배에 계신 그대로 모시고 가매 다른 배들도 함께하더니 37 큰 광풍이 일어나며 물결이 부딪혀 배에 들어와 배에 가득하게 되었더라 38 예수께서는 고물에서 베개를 베시고 주무시더니 제자들이 깨우며 가로되 선생님이여 우리의 죽게 된 것을 돌아보지 아니하시나이까 하니 39 예수께서 깨어 바람을 꾸짖으시며 바다더러 이르시되 잠잠하라 고요하라 하시니 바람이 그치고 아주 잔잔하여지더라 40 이에 제자들에게 이르시되 어찌하여 이렇게 무서워하느냐 너희가 어찌 믿음이 없느냐 하시니 41 저희가 심히 두려워하여 서로 말하되 저가 뉘기에 바람과 바다라도 순종하는고 하였더라"

오늘 거룩한 성탄에 주님이 오셔서 이렇게 노도(怒濤)같이 일어나는, 흑암과 멸시의 땅 갈릴리 같은 세상 바다를 말씀 한마디로 평정(平靜)하게 하시고, 영화로운 갈릴리로 만들어 주시는 축복의 역사가 있을 줄 믿습니다.

1987년 12월 25일 금요일
성탄예배

예언 성취의
거룩한 별

| 민수기 24:17,
마태복음 2:1-12

민수기 24:17 "내가 그를 보아도 이때의 일이 아니며 내가 그를 바라보아도 가까운 일이 아니로다 한 별이 야곱에게서 나오며 한 홀이 이스라엘에게서 일어나서 모압을 이편에서 저편까지 쳐서 파하고 또 소동하는 자식들을 다 멸하리로다"

마태복음 2:1-12 "헤롯왕 때에 예수께서 유대 베들레헴에서 나시매 동방으로부터 박사들이 예루살렘에 이르러 말하되 ² 유대인의 왕으로 나신 이가 어디 계시뇨 우리가 동방에서 그의 별을 보고 그에게 경배하러 왔노라 하니 ³ 헤롯왕과 온 예루살렘이 듣고 소동한지라 ⁴ 왕이 모든 대제사장과 백성의 서기관들을 모아 그리스도가 어디서 나겠느뇨 물으니 ⁵ 가로되 유대 베들레헴이오니 이는 선지자로 이렇게 기록된 바 ⁶ 또 유대 땅 베들레헴아 너는 유대 고을 중에 가장 작지 아니하도다 네게서 한 다스리는 자가 나와서 내 백성 이스라엘의 목자가 되리라 하였음이니이다 ⁷ 이에 헤롯이 가만히 박사들을 불러 별이 나타난 때를 자세히 묻고 ⁸ 베들레헴으로 보내며 이르되 가서 아기에 대하여 자세히 알아보고 찾거든 내게 고하여 나도 가서 그에게 경배하게 하라 ⁹ 박사들이 왕의 말을 듣고 갈째 동방에서 보던 그 별이 문득 앞서 인도하여 가다가 아기 있는 곳 위에 머물러 섰는지라 ¹⁰ 저희가 별을 보고 가장 크게 기뻐하고 기뻐하더라 ¹¹ 집에 들어가 아기와 그 모친 마리아의 함께 있는 것을 보고 엎드려 아기께 경배하고 보배합을 열어 황금과 유향과 몰약을 예물로 드리니라 ¹² 꿈에 헤롯에게로 돌아가지 말라 지시하심을 받아 다른 길로 고국에 돌아가니라"

예언 성취의 거룩한 별

민수기 24:17, 마태복음 2:1-12

1987년 이 해가 다 저물어 가고 있습니다. 세초(歲初)부터 저나 여러분이 하나님 앞에 소원을 올리면서, 작년보다는 올해 좀 더 신앙이 두터워지고, 어떻게 하면 하나님께 영광 돌리며 보람된 생애, 승리적인 삶을 살 수가 있을까 하면서 기도한 것이 며칠 안 된 거 같은데, 벌써 12월 25일, 하나님께서 영광 보좌를 버리고 낮고 천한 이 땅에 오신 성탄절을 맞이하고 있습니다. 죄와 죽음의 음침한 골짜기에서 신음하는 인류를 구원하기 위해 하나님의 아들 예수 그리스도께서 육신을 입고 이 땅에 탄생하신 날이기 때문에, 이날은 인류 전체를 위한 기쁨의 축제의 날이며, 동시에 하나님께 영광과 찬양을 드려야 할 예배의 날입니다.

첫 번째 크리스마스를 전한 자가 누굽니까? 하나님의 사자, 천사라고 성경은 말씀하고 있습니다. 지극히 높은 곳에서는 하나님께 영광, 땅에서는 기뻐하심을 입은 사람들에게 평화가 깃들 것이라고 주의 사자, 천사가 말씀하는 것을 우리는 들을 수가 있습니다.

누가복음 2:13-14 "홀연히 허다한 천군이 그 천사와 함께 있어 하나님을 찬송하여 가로되 ¹⁴ 지극히 높은 곳에서는 하나님께 영광이요 땅에서는 기뻐하심을 입은 사람들 중에 평화로다 하니라"

그런데 오늘날 성탄절이 되면 교회 안팎에서 몇 가지 비난의 소리를 듣게 됩니다. 성탄절이 모든 사람을 위한 기쁨의 절기가 되지 못하고, 일부 사람들의 사치와 허영심을 충족시켜 주려고 하지 않나 하는 것입니다. 선과 악을 잘 구별하지 못하는 천진난만한 아이들, 가정에서 혹은 학교에서 윤리와 도덕을 제대로 배워야 될 청소년들이 지금 어디서 헤매고 있습니까? 성탄절이 탈선의 기회가 되고, 뒷골목 유흥가에서 밤새 흥청거리는 가운데, 성스럽고 고요해야 할 성탄 전야가 복잡하고 시끄럽고 요란해지는 양상을 보고 듣게 되는 것입니다. 그래서 가난하고 그늘진 처지에 있는 사람들의 마음을 더욱 우울하고 슬프게 하고 있다는 것을 누구 하나라도 귀담아들어야 할 것입니다.

참성탄을 맞이하기 위해서 엊그제 수요일에 말씀을 증거했지만, 예수님보다 6개월 먼저 태어난 세례 요한이 뭐라고 했습니까? '너희는 여호와의 길을 예비하라'고 했습니다. '높은 산을 깎아서 골짜기를 메우라'고 했습니다. '길을 평탄케 하라' 했습니다(사 40:3-5, 막 1:2-4). 예수님을 영접하기 위해 인간의 마음을 예비하라고 권고하시는 말씀이 되겠습니다. 고요한 성탄을 맞이하기 위해서, 성탄 전날에 가족적으로 오순도순 앉아서 음식을 잡숫든지 하면서 어린아이들에게 성탄의 의미를 가르치고 다른 약속들은 잡지 마시라고, 분명히 불초한 제가 주의 사랑으로 권고를 했습니다.

'만민에게 미칠 큰 기쁨의 좋은 소식'이 되어야 할 텐데, 성탄절에 마음이 우울해집니다. 또 '남들은 선물을 한 아름 안고 집에 들어가는데 우리 집은 왜 이 모양이냐' 하면서, 성경이 말씀하는 참성탄의 의미를 깨닫지 못하고 세상적으로, 육신의 사치에, 안목의 정욕에 치우치는 일이 있어서는 절대 안 된다는 것이 하나님의 권고의 말씀입니다. 오늘 거룩한 성탄을 맞이하는 이 시간에 깊은 반성과 함께 진정으로 예수 그리스도께 예배드리는 감사가 충만한 크리스마스가 되시기를 주의 이름으로 축원합니다.

　본문 민수기 24:17을 볼 때, 하나님께서 기적적인, 초자연적인 계시를 주셔서 동방박사들은 크고 놀라운 광명한 별을 보았습니다. 발람 선지자가 고백하기를 "내가 그를 보아도 이때의 일이 아니며 내가 그를 바라보아도 가까운 일이 아니로다 한 별이 야곱에게서 나오며 한 홀이 이스라엘에게서 일어나서 모압을 이편에서 저편까지 쳐서 파하고 또 소동하는 자식들을 다 멸하리로다"라고 했습니다. 발람 선지자가 본 별은 예수님의 별이었던 것입니다.

　마태복음 2:1-2을 볼 때, 동방박사들이 별을 보고서 '그의 별'이라고, 정확하게 예수님의 별이라고 고백한 것을 찾아볼 수가 있습니다. 예언이 성취된 특별한 새벽별입니다.

　이 시간에 여러분이 신령한 동방박사가 되시기 바랍니다. 다 세상 잠에 도취되어 암흑세계에서 분간하지 못하고 살고 있을 때, 동방박사들은 유독 그 별을 발견했던 것입니다.

　오늘 말씀을 듣기에 앞서, 여러분이 마음 가운데 하나님 앞에 어떠한 기도를 드리면서 거룩한 주의 존전에 오셨는지 저는 모르지만, 하나님께서 아시고 여러분 자신이 알 것 아닙니까? 성탄의 계절을 즐기며 축하하는 것은 예수를 믿는 성도로서 당연한 일입니다. 그러나 여러분 마음 가운데 갈등이 있습니까? 또 어떠한 불안이 있습니까? 나이 40, 50, 60, 70세가 되어서도, 원하는 대로 되지 않고 기대가 어그러지고 성취의 복된 역사를 맛보지 못한 분이 있습니까?

예수님께서 이 세상에 죄악된 인간을 구원하러 오셨다는 것은 너무 나 많이 들었습니다. '예수님이 유대 땅 베들레헴에 나셨다' 하는 것 만 알지 말고, 또한 '예수님이 구유에 나셨대. 사관(舍館), 즉 여관이 없었대' 그러한 생각만 하지 말고, 믿음으로 여러분이 신령한 구유 가 돼서 주님이 여러분 마음 가운데 탄생하시는 거룩한 성탄절이 되 시기를 주의 이름으로 축원합니다.

일찍이 예수님 오시기 700여 년 전에 이사야 선지자는 "전에 고통 하던 자에게는 흑암이 없으리로다"라고 말씀했습니다. 높은 지위에 있어도, 조그마한 회사를 하나 경영해도 고충이 있습니다. 어두운 면이 많이 있는 것입니다. 오늘 주님은 그 흑암을 없애고자 하신다 는 것을 믿으시기 바랍니다. 멸시를 당하던 스불론과 납달리, 해변 길과 이방의 갈릴리를 영화롭게 하신다고 했습니다. 말할 수 없는 어려운 생활 가운데 멸시, 천대, 쫓김을 당하는 분이 있다면 오늘 이 시간에 주님이 그것을 해결하러 오셨다는 것을 믿으시기 바랍니다. 이사야 9:1-2에 기록된 영원한 그 예언이 성취되는 거룩한 크리스마 스가 될 줄 믿습니다.

별의 인도를 받은 동방박사들

본문 민수기 24:17을 볼 때, 한 별이 야곱에게서 나온다고 했습 니다. 그리고 소동하는 자식들은 멸망의 씨라고 예언했습니다. 또 한 사도 요한이 유배를 당해 밧모섬에 있으면서 하나님 앞에 기도할 때, 깊은 영감에 사로잡혀 있는 요한에게 '예수님은 빛나는 새벽별' 이라고 말씀해 주셨습니다.

요한계시록 22:16 "나 예수는 교회들을 위하여 내 사자를 보내어 이것들을 너희에게 증거하게 하였노라 나는 다윗의 뿌리요 자손이니 곧 광명한 새벽별이라 하시더라"

성탄절을 맞이할 때마다 발람의 예언대로 나타난 새벽별을 잊으려야 잊을 수가 없는 것입니다. 성탄을 축하하는 장식들을 보시기 바랍니다. 별이 빠지면 안 됩니다. 별은 하나씩 다 붙어 있죠. 그리고 모든 사람이 즐겨 부르는 각양의 성탄절 노래 역시 구구절절 별과 아기 예수는 빠지지 않습니다. 그것은 본문 마태복음 2:1 이하에 기록돼 있는 동방박사들의 진술을 통해 확인할 수 있는, 역사상에 나타난 그들의 확실한 증거 때문이 아니겠습니까?

동방박사들이 헤롯왕한테 찾아가서 '유대인의 왕이 어디 계십니까? 우리가 동방에서 그의 별을 보고 그에게 예배드리러 왔습니다'라고 하는 바람에 헤롯왕이 깜짝 놀랐습니다. '유대인의 왕은 나인데, 나 외에 또 어디 왕이 있단 말이냐? 왕자가 반란을 일으켜서 나를 왕좌에서 떨쳐낼 것이냐? 도대체 누구를 두고 하는 말이냐?'라는 생각을 했습니다.

당시에 종교 지도자들은 다 세상 꿈을 꾸고 있고, 영적으로 암흑세계였습니다. 하나님의 계시가 있으려야 있을 수가 없는 극악한 시대였던 것입니다. 정치를 보나 문화를 보나 종교를 보나 모든 면에서 암담하기 짝이 없는 그러한 때에, 동방박사들이 왕궁에 뛰어들어 그런 말을 하니, 헤롯왕의 마음이 얼마나 불편했겠습니까?

그는 당장 대제사장과 장로, 유사, 또한 성경의 박사들이라는 자들을 왕궁에 다 불렀습니다. 유대인의 왕이 오신다는 것이 성경에 예언되어 있는지 묻자, 종교 지도자들은 다윗의 동네 베들레헴에 메시아가 탄생하신다고 미가 선지자가 예언한 말씀을 대쳤습니다.

미가 5:2 "베들레헴 에브라다야 너는 유다 족속 중에 작을찌라도 이스라엘을 다스릴 자가 네게서 내게로 나올 것이라 그의 근본은 상고에, 태초에니라"

왕이 장기 집권을 하려고 음흉한 마음을 품고, 박사들한테는 겉으로 '가서 경배하고 돌아올 때에 나한테 그 장소를 알려 주시오. 나도 가서 경배해야 될 것 아니오'라고 말했습니다. 그러나 성경을 볼때, 만인간의 왕이 되시는 아기 예수를 살해하기 위해서 그렇게 말했던 것입니다(마 2:16).

그러나 하나님이 주무시고 계셨습니까? 동방박사들이 왕궁에 들어갔을 때 별이 왕궁 위에 문득 머물러 있었습니다. 똑똑히 아세요. 헤롯왕을 만나고 나올 때, 동방박사들이 나온 것을 보고 다시 별이인도했다고 했습니다. 동방박사들이 왕궁에서 나와서 별이 인도할때에 기뻐하고 기뻐했던 것입니다(마 2:10). 이 별이 박사들을 가까이 인도하다가, 유대 땅 베들레헴의 어느 한적한 마구간에서 우렁찬울음소리가 들리는데 샛별이 문득 서는 바람에 유대인의 왕이 거기계신 줄 알고 박사들이 가서 황금과 유향과 몰약, 세 가지 예물을 드렸다고 했습니다. 성경은 동방박사가 세 사람이라고 말씀하지 않고그냥 '박사들'이라고 복수로 말씀하고 있습니다(마 2:1, 7, 9).

동방박사들이 드린 예물 중에 황금은 왕에게 드리는 예물입니다. 예수님이 만왕의 왕으로 만유를 통치하기 위해 오신 분이기 때문에황금을 드린 것이었습니다. 구약의 시편 72:10 혹은 이사야 60:6 이하에 메시아가 이 땅에 태어나면 동방, 이방 사람들이 이러한 예물을 드리게 될 것이라고 한 예언이 그대로 적중된 것입니다.

유향은 제사장에게 바치는 예물입니다. 예수 그리스도는 만민의 죄를 위해 자신의 몸을 드릴 중보자이십니다. 예수님은 왕으로서, 선지자로서 또한 제사장으로서, 세 가지 사명이 있죠. 그래서 유향을 바친 것이고, 그다음에 몰약은 죽은 시체에 바르는 향품입니다. 약품이에요. 예수께서 인류의 죄를 사하려 십자가에 못 박혀 죽으실 것을 깨달으면서 구약의 선지자들이 예언한 것을 성취하기 위해서 이렇게 예물을 드린 것입니다.

사랑하는 성도 여러분, 지금 한 별을 보고 있습니까? 그저 '기쁘다 구주 오셨네' 찬송만 부르지 말고, 하나님이 사람이 되셔서 영원히 죄와 허물로 지옥에 갈 수밖에 없는 벌레만도 못한 나 같은 인간을 살리러 오신 그러한 면만 생각하지 말고, 하나님 아버지 편에서 슬픔을 가져 보시기를 바랍니다. 제 말씀이 이해가 안 가거든, 한번 생각해 보세요. 옛날에 어느 동네에 매년 사람을 잡아 바치는 제사 제도가 있었습니다. '금년엔 내 아들, 후년엔 당신 아들을 드립시다'라고 하면서 동네 제물로 불구덩이에 바치는 거예요. 칼을 들어서 목을 치고 불 피운 나무 위에 놓는 것을 볼 때, 그 자식을 낳은 아버지나 어머니가 헤헤 웃으면서 기쁘다고 하겠습니까? 하나님이 사람이 되셨다는 것이 쉽게 이해가 안 가면, 사람이 벌레가 된다고 생각해 보세요. 그 마음이 기쁘겠습니까?

이러한 깊은 영감에 사로잡혀서 정말 구원의 즐거움, 감사가 차고 넘치는 성탄을 맞이해야 할 텐데, 성탄 전날에 어디 가서 친구들 만나고, 극장에 가고, 유흥가에 가서 부어라, 마셔라 한다면 기독교인들이 아닙니다. 제가 어제 성경을 통해 하나님의 말씀을 듣고 '어명'(御命) 이상이라고 했습니다. 땅의 임금의 명령도 '어명'이라 합니다. 만왕의 왕 되시는 예수님의 말씀입니다. 거룩한 밤이라고 했습니다. 어제만큼은 여러분이 어떠한 오락실이나 유흥가에 갔다면 예수님이 그 마음에 안 오십니다. 그러한 마음에 성탄이 되겠습니까?

예수님이 헐벗고 굶주리셨습니다. 너무 시장하셔서 길가의 무화과나무 열매를 찾으셨지만, 열매조차 없었습니다. 심지어 하나님의 외아들을 사람들이 양손으로 치고 가래침을 뱉고 발길로 차고 채찍으로 때리고 십자가에 못 박았습니다. 하나님께서 외아들을 보내 놓고 눈물 흘리시는 그 심정을 조금이라도 헤아려야 합니다. 여러분의 아들 가운데 하나가 어릴 때 다쳐서 이미 몸이 온전치 못하다 해도, 그 아들이 또 잘못됐다 하면 그 낳은 부모는 정말 속이 타는 거예요. 다른 날은 몰라도 어제 하루만큼은 금식하지 못할지언정, 일주일 전에 약속했어도, 한 달 전에 약속했어도 안 나가야죠. 집에서 가족끼리 오순도순 모여서 시간을 갖고, 말씀을 나누어야 하는 것입니다.

생각해 보세요. 하늘 영광 보좌를 버리시고 낮고 천한, 시간과 공간에 제한받지 않는 그분이 시간과 공간에 제한받고, 부잣집도 아니고 가난한 집에, 사관도 없어서 똥내가 풍기는 짐승 우리의 구유에서 탄생하셨습니다. 그리고 한동안 쫓기셨습니다. 우리가 몰랐을 때는 그렇다 쳐도, 예수를 믿는 성도라면 '이 밤에 주님 내 마음속에 꼭 탄생하셔야만 되겠습니다' 하는 가운데 지내야죠. '오늘 24일 아니야? 그동안 힘들었어. 나가서 외식하지. 선물은 안 할 거야?'라는 언행은 다 돼먹지 못한 것입니다. 정말 몇 푼 안 되지만 그늘진 곳, 가난한 이들, 헐벗고 굶주린 이들에게 그리스도의 향기가 되어 따뜻한 사랑의 손길을 전한다면 몰라요. 오늘날까지 이러한 내용을 모르고 잘못 살아왔다면, 이 순간 깨닫고 뉘우치고 회개할 때 하나님께서 축복해 주실 줄 믿습니다.

베들레헴의 새벽별은 메시아의 탄생을 고하는 소망의 별

베들레헴의 새벽별은 암흑과 무지와 공포와 불안 속에서 인류를 해방하고, 그들에게 영원한 자유와 끝없는 행복을 주시기 위해 예수 그리스도가 이 땅에 탄생하심을 고하는 별입니다. 이 놀라운 축복의 별이 여러분 가슴속에 떠오르는 시간이 되시기를 주의 이름으로 축원합니다.

당시에는 동방박사들만이 그 별을 보고 알았습니다. 아무도 알아주지 않았던 베들레헴의 새벽별. 수천 년을 두고 예언된 메시아 아닙니까? 수백 년을 기다리고 고대하던 소망의 메시아, 그리스도가 아니겠습니까? 그런데 아무도 몰랐습니다. 예수님 때에, 오늘날로 말하면 목사님 같은 분들이 약 2만 4천 명이 있었는데, 그 가운데 단한 사람도 알지 못했습니다. 하나님께서 오죽해야 하나님을 아노라 하는 종교 지도자들, 교인들한테 알려 주시지 않고, 밤을 지새워 가며 양을 지키던 목자들에게 천사를 보내어 '다윗의 동네, 유대 베들레헴에 인류의 소망이신 예수 그리스도가 탄생하시니, 목자들아, 너희들이 가서 성탄의 표적을 보아라' 하고 알려 주게 하셨겠습니까?

오늘날 우리 교회 성도님들, 예수님 나신 거룩한 성탄의 표적을 보시기를 주의 이름으로 축원합니다. 하나님의 소원입니다. 성탄을 말로만 듣는, 설교로만 듣는 여러분 되지 마시고, 성탄의 표적들이 되시기 바랍니다.

　베들레헴의 새벽별은 메시아의 탄생을 알려 주는 별이었지만 유대인들은 그 축복을 놓쳤습니다. 그들은 축복에 대해서 소경이었습니다. 너무나 먼 거리에 있었습니다. 종교 지도자들은 악한 군주 밑에서 성경을 풀어 주고 그에게 아부하며 살았습니다.

　또한 헤롯왕의 폭군 정치의 영향이 평신도들에게까지 깊이 스며들고 있었습니다. 그러니 기도해도 하나님께서 응답을 주십니까? 계시가 있습니까, 꿈이 있습니까? 그들에게는 성경이 일개 세상 지식 책에 불과한 거예요. 헤롯왕이 이방 사람인데 메시아가 어디서 나신다고 했는지 알 길이 있습니까? 그는 이스라엘 민족의 환심을 사기 위해서 주전 20년경부터 그들이 제일 좋아하는 예배당을 지었습니다. 보통 때는 교회에 무관심하다가 선거철이 다가오면 이름 있는 교회, 이름 있는 목사에게 거액을 주면서 교회 지으라고 합니다. 2천 년 전이나 지금이나 똑같습니다. 제가 없는 말 하는 것입니까? 헤롯왕 때에 유대인의 마음, 민심을 사기 위해서 성전을 지어 줬습니다.

　메시아의 별이 나타난 것을 동방박사들이 말했습니다. 제사장들도 성경을 대면서 미가 선지자(미 5:2), 발람 선지자(민 24:17)의 예언을 말했습니다. 그래도 사람들이 믿지 않았습니다. 예수님의 별이 나타나지 않았다면 동방박사들이 유대인의 왕이 누군지 어떻게 알았겠습니까? 왕궁에 들어갔던 박사들이 나오자, 멈춰 있던 별이 다시 그들을 인도해서 가다가 별이 아기 예수 계신 곳 위에 섰습니다. 박사들이 기뻐하고 기뻐했다고 했습니다(마 2:9-10). '오래전에 역대 선지자들이 예언했고, 인류의 시조 아담에게 인간의 구주로 보내 주겠다고 하신 메시아가 바로 구유에 아기로 태어나신 저분이다.' 하나님이 음성으로 그들의 귀에 대주셨을 것 아닙니까?

옛날 얘기 하는 게 아닙니다. 성도 여러분, 오늘 여러분 마음속에 동방박사들을 인도하던 별이 꼭 떠오르기를 주의 이름으로 축원합니다. 그래야 성탄이 될 수 있는 것입니다. 그래야 예수님이 누구신지 알 수가 있습니다. 새벽별은 밤이 지나고 새 아침이 밝아 오고 있다는 소망의, 희망의 신호가 아니겠습니까? 요한계시록 22:16에 '예수님은 광명한 새벽별'이라고 했습니다. 우리 다 같이 찬송가 88장 1절 부르겠습니다.

찬송가 88장(새찬송가 88장) 내 진정 사모하는

내 진정 사모하는 친구가 되시는 구주 예수님은 아름다워라

산 밑에 백합화요 빛나는 새벽별 주님 형언할 길 아주 없도다

내 맘이 아플 적에 큰 위로 되시며 나 외로울 때 좋은 친구라

(후렴) 주는 저 산 밑에 백합 빛나는 새벽별

　　　이 땅 위에 비길 것이 없도다

"빛나는 새벽별 주님 형언할 길 아주 없도다"라고 했습니다. 어느 신학자가 말한 것이 아닙니다. 성경 그대로 찬송가로 부른 것이죠. "주는 저 산 밑에 백합 빛나는 새벽별 이 땅 위에 비길 것이 없도다"라고 했습니다. 오늘 예수 그리스도께서 바로 여러분의 거룩한 마음의 방에 탄생하실 때, 불멸의 소망의 새벽별이 지지 않고 떠오를 줄로 믿습니다. 베들레헴의 새벽별이 바로 이 사실을 알려 주고, 우리를 비춰 주는 놀라운 역사가 있을 줄 믿습니다. 주님 친히 말씀하

시기를 "나는 세상의 빛이니 나를 따르는 자는 어두움에 다니지 아니하고 생명의 빛을 얻으리라"라고 하셨습니다(요 8:12).

동방의 박사들이 그 먼 길을 따라 와서 아기 예수께 경배하고, 그토록 귀중한 보배합을 열고 세 가지 예물을 드린 것은 베들레헴의 새벽별에서 무한한 희망을 발견했기 때문입니다. 영원한 빛이요 끝없는 소망이었습니다. 그래서 수천 리 길을 주께 경배하러 왔던 것입니다. 세상이 어두울 때 그리스도를 바라보는 자는 삶의 희망을 갖고 용기가 회복될 줄 믿습니다. 마음이 상하고 캄캄한 암흑을 느낄 때, 별을 바라보는 자가 희망을 되찾듯이, 예수 그리스도를 바라보는 자는 의욕을 되찾는 놀라운 축복의 역사가 있을 것입니다. 예수님은 우리의 산 소망이십니다(벧전 1:3-4). 산 소망은 썩지 않습니다. 쇠하지 않습니다. 망하지 않습니다. 없어지지 않습니다. 하늘나라 영원한 기업을 주시기 위해서 우리 교회 성도들 가슴 가슴마다 예수께서 빛나는 새벽별로 탄생해 주실 줄 믿습니다.

베들레헴의 새벽별은 인생의 길을 안내하는 인도의 별

동방박사들은 별을 보고 길을 떠났고, 별을 따라 베들레헴으로, 아기 예수 앞으로 찾아갈 수가 있었습니다. 그들이 길을 잘못 들었다가 실패하고 헤롯 왕궁에서 나왔을 때, 별은 그들을 안내해서 친절히 길을 가르쳐 줬다고 말씀하고 있습니다(마 2:9-10).

별은 인간 세계에서 가장 먼 곳에 있으면서 가장 가깝게 느껴지는 것입니다. 1초에 30만km를 가는 빛이 1년 동안 가는 거리는 9조 4,607억km(1광년)라고 합니다. 지구에서 가장 가깝다는 북극성까지의 거리만도 자그마치 450광년이라고 배웠죠? 멀리 있는 별들까지의 거리는 수억 광년이 됩니다. 무궁무진한 별의 세계이지만, 또 별처럼 가깝고 친근하게 느껴지는 것도 없습니다. 동심의 세계로 돌아가 보면 '별 하나 나 하나, 별 둘 나 둘' 이러한 노래도 있습니다. 한없이 높고 깨끗하고 순결하면서도, 한없이 친근하고 가깝게 느껴지는 것이 별의 신비입니다. 바로 베들레헴의 새벽별과 함께 예수님은 인류에게 별로서 탄생하셨습니다. 만물의 영장이라고 하는 사람만이 예수께서 탄생하실 때에 몰랐던 것 아니겠습니까?

거룩한 성탄을 맞이하면서 마태복음 2장에 기록된 말씀이 하나님의 영생의 말씀이라고 믿어진다면, 덜덜 떨 수밖에 없습니다. '제가 3-4대째, 몇십 년 동안 예수를 믿었지만 별만도 못합니다' 하면서 반성하고 회개하는 가운데 예수님의 별을 마음속 깊이 간직해야 한다는 것을 누구도 부인할 수 없을 것입니다. 여러분이 베들레헴의 새벽별, 거룩한 별이 마음속에서 영원히 지지 않는 주의 별들이 되시기 바랍니다.

사람의 세계 보세요. 조금만 지위가 높아지고, 권력자가 되고, 큰 기업의 회장이나 부자가 되면 가까이 지내기가 힘듭니다. 아무리 어렸을 때 홀랑 벗고 같이 뛰어놀고 했어도, 높아져서 양 어깨에 별 몇 개 붙여 보세요. 남들이 갖지 못한 외제차 타고 왔다 갔다 해 보세요. 같은 고향이면 뭐합니까? 회장쯤 되면 회사에 들어갈 때 경비원들에게 '나 없다고 그래. 일 때문에 지방에 출장 갔다고 해'라고 합니다. 만나기가 힘듭니다. 그러나 예수님은 하나님의 독생자이면서도 죄인의 친구가 되러 오셨습니다. 세리와 창기, 이 땅에서 가장 천대받는 백성에게 가서 자고 먹으면서 복음을 전하고 병을 고쳐 주고 영원한 하늘의 소망을 주신 예수님, "내가 의인을 부르러 온 것이 아니요 죄인을 부르러 왔노라" 하신 예수님(막 2:17), 그 새벽별이 그립지 않습니까? 그걸 찾아야죠. 성탄의 별을 찾아야죠. 예수님을 만나려면 별밖에 없습니다. 동방박사들이 왕궁에서 나와서 별이 없었다면 예수께 갈 수가 있습니까? 어떻게 찾겠습니까? 그 별이 동방박사들을 친절하게 인도해 준 것입니다.

만왕의 왕이신 예수님은 탄생부터가 구유에서 태어나셨습니다. 예수님께서 십자가에서 돌아가시고 부활하신 다음에 40일 동안 하늘의 비밀을 말씀하시고 마지막에 하늘나라로 승천하신 곳이 감람산입니다. 나귀새끼를 타고 예루살렘에 입성하신 장소가 벳바게입니다. 그리고 죽었다가 살아난 나사로의 집까지 거기서 5리(2km) 정도 됩니다. 당시 몇 가구 살지 않던 작은 촌락에, 예루살렘에서 몇십 리 떨어진 그곳에, 권세 있고 지혜 있고 돈푼 있고 명예 있는 분들이 누가 가겠습니까?

예수님 자신이 베들레헴까지 가신 것 아닙니까? 가장 높은 곳에 계시면서도 가장 낮고 천하게 보이는 곳에 가셨습니다. 얼마나 친근합니까? 얼마나 아늑한 마음이 듭니까? 그것이 예수 그리스도의 성품, 그의 인성이었다고 성경은 말씀하고 있습니다. "주는 저 산 밑에 백합 빛나는 새벽별 이 땅 위에 비길 것이 없도다"라고 찬송 부를 때마다 정말 실감이 나지 않습니까?

야고보서 4:8에 "하나님을 가까이하라 그리하면 너희를 가까이하시리라"라고 말씀하고 있는 것을 볼 수가 있습니다. 베들레헴의 새벽별이 동방박사를 가까이했듯이, 예수님께서는 모든 인류를 가까이하시기 위해 인간의 몸을 입고 완전한 사람이 되셔서 이 땅에 오셨습니다. 계층을 나누고 차이나 간격을 내는 것이 아니라 가까이 하기 위해서입니다. 오늘 이 자리에 나오신 분들, 가정에 두고 온 식구들까지 가까이, 가까이하려 하신 줄 믿습니다. 그래서 거룩한 성탄이 되는 것입니다. 세상일도 마찬가지입니다. 성공의 길을 가는 사람들은 누구에게 조언을 받고, 가까이하고, 지도를 받기 때문에 성공하는 것입니다. 사람과의 만남에 따라 성공하고 실패하게 되는데, 예수님을 만나면 절대 패배와 실패가 없고, 낙심과 절망이 없고, 사망이나 어두움의 그늘이 없다는 것을 믿으시기 바랍니다.

그렇기 때문에 예수 그리스도만이 길입니다. 하나님 아버지 앞으로 가는 길입니다. 그분만이 진리입니다. 그분만이 생명입니다(요 14:6). 오늘 그 밧줄을 우리 교회에, 아니 이 나라와 전 인류에게 던져 주실 때에, 진리와 생명과 그 길을 붙잡는 여러분 되시기를 주의 이름으로 축원합니다. 밤길을 가는 행인이 손전등 전지가 떨어지면, 맑고 밝은 달에 기대게 됩니다. 그리고 별을 보고 방향을 생각하죠. 죄악으로 덮인 이 어두운 세계에서 예수 그리스도의 인도를 따르는 놀라운 진리의 사람, 의의 사람, 말씀에 사로잡힌 성도가 되시기 바랍니다.

'인류들아, 억조창생(億兆蒼生) 인간들아, 나를 따르라!' 예수께서 분명히 말씀했습니다. '나를 따르라'는 말은 예수님 외에는 그 누구도 할 수 없는 말씀이 아니겠습니까?

마태복음 4:19 "말씀하시되 나를 따라오너라 내가 너희로 사람을 낚는 어부가 되게 하리라 하시니"

새벽별이 여러분을 예수 그리스도 앞으로 인도해 줄 줄 믿습니다. 한 사람도 낙오자 없이 새벽별을 보고 따라가는 성도가 되시기 바랍니다. 따라가야죠. 따라나서야 됩니다. 베드로는 '죽을지언정 주를 따르겠습니다. 주님이 옥에 갇히면 같이 갇히고, 주님 죽으면 죽는 자리에 가겠습니다'라고 맹세했지만(눅 22:33), 조그마한 계집아이가 물어볼 때 '예수가 누구냐? 나는 몰라. 네가 무슨 말하는지 모르겠다' 하고 주를 부인했습니다(눅 22:56-60). 빛나는 새벽별 되시는 예수님이 반드시 우리 교회 성도들만큼은 한 사람도 낙오자 없이 인도해 주실 줄 믿습니다.

다 찬송가를 펴서 366장, 우리 다 같이 찬송 또 부르겠습니다. 살려거든 찾으세요.

찬송가 366장(새찬송가 340장) 어지러운 세상 중에

1. 어지러운 세상 중에 기쁜 소리 들리네
   예수 말씀하시기를 믿는 자여 따르라

2. 세상 헛된 신과 영화 모두 내어버렸네
   예수 친히 하신 말씀 날 더 귀히 여겨라

3. 기쁜 때나 슬픈 때나 바쁜 때나 틈날 때
   예수 친히 하신 말씀 날 더 귀히 여겨라

4. 주여 크신 은혜로써 부름 듣게 하시고
   복종하는 맘을 주사 따라가게 하소서

이 찬송가가 괜히 있겠습니까? 역대 선지자들은 멀리서 귀로 듣기만 했습니다. 만왕의 왕이신 예수님을 보지 못했습니다. 그런데 별을 따라간 동방박사들은 역대 선지자들이 예언한 장본인 되시는,

생명 자체이며 말씀 자체이신 창조주 예수님을 본 것 아니겠습니까? 오늘날 그러한 기적의 역사가 여러분 자신과 온 식구, 친척, 사업과 직장, 모든 모임과 각 지구에까지 이루어지기를 주의 이름으로 축원합니다.

일찍이 다윗이 여호와를 따르는 신앙고백을 한 것과 같이, 여호와는 여러분의 목자입니다. 예수 그리스도는 우리의 선한 목자입니다. 영원한 인도자입니다. 여러분의 남은 생애가 부족함이 없을 줄로 믿습니다.

> **시편 23:1-3** "여호와는 나의 목자시니 내가 부족함이 없으리로다 ² 그가 나를 푸른 초장에 누이시며 쉴 만한 물가로 인도하시는도다 ³ 내 영혼을 소생시키시고 자기 이름을 위하여 의의 길로 인도하시는도다"

결론

성탄절, 예수님의 생일이라고 하는 날에 동방의 박사들이 발견한 그 베들레헴의 새벽별은, 갈팡질팡하며 살얼음판 같은 이 땅 위에 사는 모든 인생에게 소망을 안겨 줍니다. 여러분이 신령한 새벽별의 인도를 받아 나아갈 때 많은 사람들이 '그 별이 어디 있느냐' 하면, '그 별은 믿는 자의 마음속에 떠오르는 것이니, 내가 예수 성탄의 표적을 본 자가 아니냐' 하면서 누가복음 2장 말씀대로 나아가는 여러분 되시기를 바랍니다. '오늘 탄생하신 거룩한 예수 그리스도를 내 마음에 꼭 탄생시켜 주시옵소서. 건강한 자에게는 의사가 필요 없고 병든 자에게 필요하듯이, 죄인에게 구세주가 필요합니다. 나는 죄인 중에 괴수입니다'라고 고백하는 가운데(눅 5:31-32, 딤전 1:15),

예수님께서 마음에 탄생하심으로 주의 길을 성경을 통해서 발견하시기 바랍니다.

예수님은 온 인류의 소망입니다. 안내자요 인도자입니다. 예수님만이 우리의 소망이요 우리를 가까이해 주시는 사랑의 인도자라는 것을 믿으시기 바랍니다. 예수님만이 우리의 길을 바르게 이끌어 주시는 영원한 인도자입니다. 하나님 아버지 앞에 저와 여러분을 데려다 주실 수 있는 분은 예수님밖에 없는 것입니다. 예수님만이 우리의 구세주라고 믿을진대, 여러분 자신에게 거룩한 성탄절이 되시기를 바랍니다. 그리스도를 영접합시다.

예수님은 우리에게 소망을 주셨습니다. 용기를 주셨습니다. 생의 의욕을 북돋아 주셨습니다. 우리를 가까이해 주셨습니다. 절대 실망하지 않도록, 때마다 시마다 복된 은혜를 폭포수와 같이, 장맛비같이 허락해 주셨습니다. '낙심하지 마라, 실망하지 마라, 절망하지 마라' 하면서 하나님 앞에 간구하는 기도의 문을 열어 주신 것입니다. 그분이 오늘 여러분 마음에 탄생하시는 줄 믿습니다. 예수님은 가져가시는 분이 아니라 주시는 분입니다. 모든 것을 주십니다. 우리에게 다 주시는 줄 믿습니다. 주님이 우리를 생명의 길로, 나의 길이 아니라 주님의 길로 인도해 주신다는 것을 믿으시기 바랍니다.

끝까지, 천국까지 인도해 주시는 그분이 오늘 오셨습니다. 새벽별을 보았다면 어서 예수님께 달려가서 아낌없이, 인색한 마음 없이 가장 귀하고 값진 것을, 여러분 마음의 보배합을 열어서 황금과 유향과 몰약을 바치는 기적적인 역사가 있기를 주님의 이름으로 축원합니다.

동방의 박사들이 그 먼 길을 따라 와서
아기 예수께 경배하고
그토록 귀중한 보배합을 열고
세 가지 예물을 드린 것은
베들레헴의 새벽별에서
무한한 희망을 발견했기 때문입니다.
영원한 빛이요 끝없는 소망이었습니다.

예수님만이 우리의 길을 바르게 이끌어 주시는
영원한 인도자입니다.
하나님 아버지 앞에
저와 여러분을 데려다 주실 수 있는 분은
예수님밖에 없는 것입니다.

1990년 12월 23일
주일 3부예배

높으신 하나님이
허리를 굽히시고

| 시편 113:1-9

시편 113:1-9 "할렐루야, 여호와의 종들아 찬양하라 여호와의 이름을 찬양하라 2 이제부터 영원까지 여호와의 이름을 찬송할지로다 3 해 돋는 데서부터 해 지는 데까지 여호와의 이름이 찬양을 받으시리로다 4 여호와는 모든 나라 위에 높으시며 그 영광은 하늘 위에 높으시도다 5 여호와 우리 하나님과 같은 자 누구리요 높은 위에 앉으셨으나 6 스스로 낮추사 천지를 살피시고 7 가난한 자를 진토에서 일으키시며 궁핍한 자를 거름 무더기에서 드셔서 8 방백들 곧 그 백성의 방백들과 함께 세우시며 9 또 잉태하지 못하던 여자로 집에 거하게 하사 자녀의 즐거운 어미가 되게 하시는도다 할렐루야"

높으신 하나님이 허리를 굽히시고

시편 113:1-9

우리 성가대 찬양을 들으면 잠자던 영혼들, 조는 심령들이 깰 뿐만 아니라 하나님께서 영광을 받으시고 천군 천사들도 화답하는 것이 신앙을 통해 느껴집니다.

오늘이 1990년 12월 23일이죠. 내일은 성탄 이브(Eve)이고, 25일은 성탄절이고, 26일은 수요일 저녁예배, 27일은 목요일 나라와 민족을 위한 집회가 있습니다. 또 새벽제단 있고…. 늘 말씀을 드리지만, 장사할 때에는 그 품목만, 가격만 외우면 됩니다. 설교라고 하는 것은 뼈를 깎고 살을 찢고 피를 토하는 것이라고 일찍이 예레미야 선지자가 말씀했죠. 눈만 떴다 하면 목사님들은 설교 준비하는 거예요. 한 교회에서 30년 목회하면, 성탄 30번 맞이합니다. 성탄 전날까지 60번을 설교해야 되는 거예요. 신구약성경을 다 찾아봐도 60개 본문이 나오기 어렵습니다. 오랫동안 기도하는 가운데 올해 성탄 전에 '주일 설교는 무엇을 할까?' 목회자의 고민이죠.

그러는 가운데, 대부분 신약성경 혹은 이사야나 예레미야, 창세기 3장에서 본문을 찾지만, 이번에는 시편에서 찾았습니다. 시편 113편 1절부터 9절까지 보는 가운데 특별히 5절과 6절, 번갯불 지나가듯 번쩍 하는 순간 마음에 떠올라서 원어성경과 공동번역, 일본성경, 여러 성경을 찾아보면서 하나하나 준비하기 시작했습니다. '높으신 하나님이 허리를 굽히시고', 원뜻은 '나를 위하여 허리를 굽히신 하나님'입니다.

'성탄'(聖誕)이 뭐냐고 저에게 묻는다면 한마디로 '살아 계신 하나님께서 허리를 굽히셨다'고 하겠습니다. 만약에 하나님께서 허리를 굽히시지 않았다면 '외면'입니다. 하나님과 사람 사이에 '단절'입니다. 하나님께서 높고 높은 하늘 보좌에서 이 낮고 천한 땅의 인간들을 향해서 허리를 굽히지 않으셨다면, 모든 인류에게는 영원히 소망이 없는 것입니다. 오늘 주시는 말씀을 깊이 생각하면서 기도하는 마음으로, 또한 사모하는 마음으로 은혜를 받는 모두가 되시기를 주의 이름으로 축원합니다.

본문 5-6절을 볼 때, 시편 기자는 "여호와 우리 하나님과 같은 자 누구리요 높은 위에 앉으셨으나 ⁶ 스스로 낮추사 천지를 살피시고"라고 하나님의 위대하심을 찬양했습니다. 공동번역은 6절을 "하늘과 땅을 굽어보시는 분이시거늘"이라고 번역했습니다. 높으신 하나님이 허리를 굽히시고 가난한 자, 억울한 자, 궁핍한 자와 잉태하지 못하는 여자를 굽어보셨다고 표현하고 있는 것입니다.

'허리를 굽히신 하나님' 혹은 '자기를 낮추신 하나님'을 사도 바울은 '자기를 비워 종의 형체를 가지고 사람들과 같이 되신 하나님'이라고 말씀했습니다.

빌립보서 2:7 "오히려 자기를 비어 종의 형체를 가져 사람들과 같이 되었고"

이는 두말할 것 없이 예수 그리스도의 성탄 즉, 강림(降臨)을 말씀하는 것입니다. 예수님은 허리를 굽히신 하나님이었습니다. 누구때문에 하나님께서 허리를 굽히십니까? 하나님이 창조하신, 하나님의 형상을 입은 사람이 죄가 없다면 하나님은 그렇게 하지 않으셨을 것입니다. 하나님께서 누구 때문에 높고 높은 보좌에서 이 땅의 인간을 향해서 지금도 허리를 굽히고 살피십니까? 자식이라면 부모님이 누구 때문에 굽실거리고 허리를 펴지 못하고 사시는지 알아야 할 것입니다. '야, 이 녀석아! 내가 동네에서 제대로 허리를 펴지 못하고 사는 이유를 자식인 너는 알아야 될 것 아니냐. 제발 허리를 펴고 살 수 있도록 올바른 사람이 되어 다오'라고 육신의 부모님이 자식에게 말씀한다면, 심각하게 생각해 봐야겠죠.

새벽 미명에 어둠의 장막을 뚫고 하늘 영광 보좌를 버리고 이 땅에 탄생하시는 예수님은 허리를 굽히신 것입니다. 죄인인 아들을 가진 부모는 동네에서 떳떳하게 낯을 들고, 허리를 펴고 살 수가 없는 것과 마찬가지입니다. '기쁘다 구주 오셨네'라고 하기 전에, '고요한 밤 거룩한 밤' 찬송 부르기 전에, '예수님이 나를 위하여 허리를 굽히셨구나!' 하고 깊이 생각할 때, 속죄와 구속의 은총을 올바로 깨닫고 주님의 그 사랑을 깨달아서 '이제는 예수님을 잘 믿어야 되겠다. 하나님이 나 때문에 허리를 굽히시는 게 아니라 허리 펴고 사실 수 있도록, 남은 생애 그렇게 살아야 되겠다' 하는 굳은 결심을 가지시기를 주님의 이름으로 축원합니다.

그렇다면 이렇게 하나님께서 허리를 굽히신 이유는 무엇입니까?

화목을 위해 허리를 굽히셨습니다

하나님께서 허리를 굽혀 종의 형체를 입으신 이유를 사도 바울은 '그리스도로 말미암아 우리를 자기와 화목하게 하시고 또 우리에게 화목하게 하는 직책을 주시기 위함'이라고 하였습니다.

고린도후서 5:18-20 "모든 것이 하나님께로 났나니 저가 그리스도로 말미암아 우리를 자기와 화목하게 하시고 또 우리에게 화목하게 하는 직책을 주셨으니 ¹⁹ 이는 하나님께서 그리스도 안에 계시사 세상을 자기와 화목하게 하시며 저희의 죄를 저희에게 돌리지 아니하시고 화목하게 하는 말씀을 우리에게 부탁하셨느니라 ²⁰ 이러므로 우리가 그리스도를 대신하여 사신이 되어 하나님이 우리로 너희를 권면하시는 것같이 그리스도를 대신하여 간구하노니 너희는 하나님과 화목하라"

하나님께서 허리를 굽히면서 이 땅에 탄생하셔야만 되는 이유는 첫째로 하나님과 화목하고 그다음에 형제간에, 가족 간에, 교회 간에, 나라의 백성 전체에 화목을 주시기 위해서입니다. 예수님께서 허리를 굽히기까지 하면서 이 땅에 탄생하신 이유는 하나님과 우리 사이의 화목, 그다음에 형제끼리의 화목을 위해서, 그리스도 예수 안에서 화목된 기쁨을 주시기 위해서, 즐거워하게 하시기 위해서였다고 사도 바울이 말씀한 것을 저희들이 상고하고 있는 것입니다.

로마서 5:10-11 "곧 우리가 원수 되었을 때에 그 아들의 죽으심으로 말미암아 하나님으로 더불어 화목 되었은즉 화목 된 자로서는 더욱 그의 살으심을 인하여 구원을 얻을 것이니라 ¹¹ 이뿐 아니라 이제 우리로 화목을 얻게 하신 우리 주 예수 그리스도로 말미암아 하나님 안에서 또한 즐거워하느니라"

그뿐만 아닙니다. 에베소서 2:13-18을 볼 때 "전에 멀리 있던 너희가 그리스도 예수 안에서 그리스도의 피로 가까와졌느니라 ¹⁴ 그는 우리의 화평이신지라"라고 말씀하고 있습니다.

에베소서 2:13-18 "이제는 전에 멀리 있던 너희가 그리스도 예수 안에서 그리스도의 피로 가까와졌느니라 ¹⁴ 그는 우리의 화평이신지라 둘로 하나를 만드사 중간에 막힌 담을 허시고 ¹⁵ 원수 된 것 곧 의문에 속한 계명의 율법을 자기 육체로 폐하셨으니 이는 이 둘로 자기의 안에서 한 새 사람을 지어 화평하게 하시고 ¹⁶ 또 십자가로 이 둘을 한 몸으로 하나님과 화목하게 하려 하심이라 원수 된 것을 십자가로 소멸하시고 ¹⁷ 또 오셔서 먼 데 있는 너희에게 평안을 전하고 가까운 데 있는 자들에게 평안을 전하셨으니 ¹⁸ 이는 저로 말미암아 우리 둘이 한 성령 안에서 아버지께 나아감을 얻게 하려 하심이라"

예수님은 만인간의 화목이라는 것입니다. 예수님을 믿고 가슴속 깊이 안고 살면서도 가족끼리 화목하지 못하고, 형제끼리 화목하지 못하고, 교인끼리 화목하지 못하고, 나라에 대해서 화목하지 못한다면, 그분에게는 '성탄'이 안 된 것입니다.

화목의 결과는 화평입니다. 그래서 주님이 오셨다는 것입니다. '십자가에 죽기까지 해 가면서 너희들이 화목하게 되기를 바란다. 내가 그래서 십자가에 죽는다'고 하셨습니다. '전에 악한 행실로 원수가 되었던 너희를 이제는 그의 육체의 죽음으로 말미암아 화목하게 하사 거룩하고 흠 없고 책망할 것이 없는 자로 그 앞에 세우고자' 해서 예수님이 이 땅에 성탄하셨다고 말씀하고 있는 것입니다.

골로새서 1:20-22 "그의 십자가의 피로 화평을 이루사 만물 곧 땅에 있는 것들이나 하늘에 있는 것들을 그로 말미암아 자기와 화목케 되기를 기뻐하심이라 ²¹ 전에 악한 행실로 멀리 떠나 마음으로 원수가 되었던 너희를 ²² 이제는 그의 육체의 죽음으로 말미암아 화목케 하사 너희를 거룩하고 흠 없고 책망할 것이 없는 자로 그 앞에 세우고자 하셨으니"

그뿐만 아닙니다. 바울은 "이 예수를 하나님이 그의 피로 인하여 믿음으로 말미암는 화목 제물로 세우셨으니"라고 하였습니다.

로마서 3:25-26 "이 예수를 하나님이 그의 피로 인하여 믿음으로 말미암는 화목 제물로 세우셨으니 이는 하나님께서 길이 참으시는 중에 전에 지은 죄를 간과하심으로 자기의 의로우심을 나타내려 하심이니 ²⁶ 곧 이때에 자기의 의로우심을 나타내사 자기도 의로우시며 또한 예수 믿는 자를 의롭다 하려 하심이니라"

예수님은 하나님과 인간 사이에 화목 제물이라고 말씀합니다. 하나님께 제사드릴 때 제물이 있어야 하는데, 그 제물이 예수님 자신입니다. 예수님이 죄와 허물로 말미암아 영원히 죽을 수밖에 없는 나를 대신해서 희생의 제물로 하나님 앞에 바쳐졌는데, 무슨 제물인가 하면 '화목 제물'입니다. 죄악된 만인간, 각자 나 때문에 화목 제물로 이 땅에 오셨다는 것입니다.

예수님을 믿으면서 아직도 마음이 강퍅하고 사악하고, 이해심·양보심이 없고, 오기가 있고, 중상모략하기 좋아하면 되겠습니까? 남이 '그분 어떤 사람이야?' 하고 물어볼 때 정확하게, 기도하는 마음으로 좋게 말해 주면 어떻습니까? 그러면 그분이 진급도 할 수 있고 잘될 수 있잖아요? '그걸 알아서 뭐해? 그저 그래' 하면서 도리어 깎아내립니다. 예수님께서는 그분 때문에 화목 제물로 오셨습니다. '네가 화목하게 하는 직분과 화목의 복을 받아야 되겠다. 내가 너 때문에 하나님 앞에 화목 제물로서 죽는다.' 이 뜻을 알고 '기쁘다 구주 오셨네'라고 해야죠. 교회마다 가정마다 거리마다 아름답게 트리 장식, 밤에 네온사인 번쩍번쩍하게 꾸민다고 해서 주님이 거기 계십니까? 예수님이 이 땅에 만 번 탄생하시면 뭐합니까? 각자 내 마음속에, 마음의 구유에 탄생하셔야죠. 세상에서 높은 대통령이 100번 찾아오면 뭐합니까? 주민이 쳐다보지 않으면, 인사 안 하면 오나마나 한 것 아니겠습니까?

찬송 하나를 불러도, '고요한 밤 거룩한 밤' 부를 때에, 주시는 말씀을 깊이 생각하고 정말 감격스러운 마음으로 뜻을 알고 부르면서 하나님을 높이고 최선을 다해 영광 돌리는 마음가짐을 가져야 참성탄이 되는 것이죠! 떳떳하면 남한테 왜 굽실거리고 허리를 구부리겠습니까? 강도, 살인자가 신문에 나 보세요. 그 아버지나 어머니나 형제들이 낯을 들고 바깥에 나갈 수 있습니까? 이사 가야 합니다. 하나님이 6천여 년간 허리를 펴지 못하고 굽히시면서, 잘못된 자식들이 돌아오기를 바라며 눈물로 세월을 지내신 것이 신구약성경의 내용입니다.

로마서 3:25을 볼 때, 바울은 "하나님께서 길이 참으시는 중에 전에 지은 죄를 간과하심으로"라고 말씀했습니다. '간과'는 '볼 간'(看), '넘을 과'(過)자입니다. '대충 보아 넘기고 빠뜨리는 것'입니다. 깊이 관찰하지 않고 예사로 보고 내버려뒀다는 뜻입니다. '내 자식은 틀림없이 착실하고 학교 잘 가고 공부 잘 하겠지'라고 생각하고 있었는데, 그 자식이 잘못된 거예요. 하나님이 허리를 굽히고 이 땅을 감찰하신 결과, 전부 다 잘못됐다는 것입니다. 인간이 죄지은 후로 오늘날까지, 타락한 이후로 이 시간까지 하나님께서는 허리를 펴지 못하고 굽히시면서, 완전히 천국에 올 때까지는 마음 놓으실 수 없다고 말씀하고 있습니다. 이 뜻을 알고 '기쁘다 구주 오셨네' 해야죠.

사도 바울은 예수님의 성탄의 목적에 대해서 세 가지로 말씀하고 있는데, 첫째가 인간과의 화해를 성취하려는 것이고, 둘째는 이런 하나님의 사랑을 깨달은 사람들 자신이 화해의 직분을 맡아서 가는 곳마다 화해시키는 것입니다. 불화, 분쟁, '네 편, 내 편'이 아니에요. 오늘 주시는 말씀을 잘 깨닫고, 각 교회, 기관마다 '끼리끼리' 하지 마세요. 남선교회면 남선교회 전체가 하나! 장로회면 장로회 전체가 하나! '끼리끼리' 하면 큰일 나는 거예요. 예수님이 오신 목적은 그거 못 하게 하러 오신 것입니다. 화해입니다.

그다음 셋째는, 일찍이 이사야 선지자가 예언했죠? 죄에 대한 문제를 하나님께 기도해서 받아 가지고 깨달아서, 하나님 앞에 와서 제시하는 사람이 하나도 없다는 것입니다(사 59:16). 가만 내버려두니까 자기 멋대로 살고, 목구멍은 열린 무덤이고 손발은 피 흘리는 데 빠르고, 마음은 하나님의 세계를 다 잊어버리고 땅만 추구하고 사는 인간들(롬 3:10-18)에게 소망이 없잖아요? 그러니 누구 하나 중재자로 나서는 자가 없습니다. 그래서 하나님이 스스로 중재자가 되셨다는 것입니다.

이해를 돕기 위해서, 무엇을 사야 되는데 갑자기 다른 지방으로 가서 그 동네 물정도 모르고 아무것도 모릅니다. 복덕방 간판 보면 얼마나 반갑습니까? 복덕방에 있는 중재자같이, 하나님이 허리를 굽히시다 못해 당신을 비워 가지고 종의 형체를 입으시고 말이죠. 이 땅에 내보내신 분이 하나님이고, 보냄을 받으신 분이 예수님입니다. 중보자로 오신 분이 예수님이라는 말씀입니다. 배신한 인간에게 예수 그리스도, 하나님 자신이 허리를 굽히시고 친히 사랑의 음성으로 '하나님이 세상을 이처럼 사랑하사 독생자를 주셨으니 이는 저를 믿는 자마다 멸망치 않고 영생을 얻는다'(요 3:16)는 복을 주시기 위해서 오신 그날이 '성탄'입니다.

크리스마스의 중심 메시지는 '화해'입니다. 하나님과 인간과의 화해입니다. 사람끼리의 화해입니다. 가정과 사회와 인류 전체에 미쳐야 될 것이 화해입니다. 욥기 22:21에서는 "너는 하나님과 화목하고 평안하라 그리하면 복이 네게 임하리라"라고 말씀하고 있습니다. 하나님과 화목하고 평안한 복을 받으라고 했습니다. 그러면 만복을 주겠다는 것입니다. 그래서 성탄은 화해의 계절입니다. 부부 사이에, 부모와 자식 사이에 화해가 있습니까? 자식으로서 겉으로만 부모를 존경하는 것이 아니라 중심에서 뜨겁게 효도하고 순종하면서, 중간에 어떠한 막이 없는, 갈등이 없는 사이가 되는 것입니다. 또한 친척 사이에, 이웃 사이에, 그리고 교회와 교회, 나라와 나라 사이에 화해를 이루는 계절입니다.

자기를 낮추셨습니다

하나님께서 허리를 굽히셨다는 것은 '자기를 낮추셨다'는 뜻입니다. 내용은 잘 모르지만, 대통령 출마하면서 '나는 보통 사람'이라고 한 그 말이, 음식 볼 때 구미를 돋우듯이 참 구미를 돋게 합니다. 나라의 통치자이지만, 정치할 때에 마음가짐은 권력 없고 아무 힘 없는 밑바닥 백성과 똑같은 보통 사람이라는 거예요.

하나님이 이 땅에 오실 때 보통 사람, 죄악된 인간과 똑같이 오셨습니다. 자기를 낮추셨다는 것입니다. 우리의 범죄함을 인하여 예수님을 내어 주셨다고 했습니다(롬 4:25). 그래서 요한일서 2:2에는 "저는 우리 죄를 위한 화목 제물이니 우리만 위할 뿐 아니요 온 세상의 죄를 위하심이라"라고 했습니다. 그리고 요한일서 4:10을 볼 때

"사랑은 여기 있으니 우리가 하나님을 사랑한 것이 아니요 오직 하나님이 우리를 사랑하사 우리 죄를 위하여 화목제로 그 아들을 보내셨음이니라"라고 말씀하고 있습니다. 그 아들을 보내시되 낮춰서 보내셨다는 것입니다. 세상에서는 누구를 보냈는데 잘 대접하지 않으면 '이놈아, 그분이 누구 아들인지 알아? 어떻게 그렇게 대할 수가 있어?' 그럽니다. 대접을 잘 못 받은 사람이 부모님한테 이릅니다. 직장 상사한테 이릅니다. 들어보니 보낸 사람 체면이 말이 아닙니다. 전화 걸어서 '아니, 내가 당신한테 잘해 달라고 보냈더니 보통 사람같이 그렇게 대접할 수가 있습니까? 내 낯이 뭐가 됩니까?' 이렇게 말하는 것이 세상입니다.

그런데 하나님께서 예수님을 이 땅에 보내실 때에 우리보다도 못하게 보내시지 않았습니까? 마른땅에서 나온 줄기 같아서 보기도 그렇고, 청계천 무허가 건축이나 마찬가지입니다. 무허가로 건축하는데 대낮에 제대로 지을 수가 있습니까? 밤에 짓다 보니, 못도 막 박고, 아침에 해 뜨고 가서 보니 집이 형편없습니다. 예수님 모습이 그렇습니다. 딱 봐서 좀 풍채가 있어야 될 텐데, 흠모할 만한 아름다운 것이 요만큼도 없다고 성경에 기록돼 있습니다. 예수님 나시기 700여 년 전에 이사야 선지자가 그러한 예언을 했습니다.

이사야 53:2 "그는 주 앞에서 자라나기를 연한 순 같고 마른 땅에서 나온 줄기 같아서 고운 모양도 없고 풍채도 없은즉 우리의 보기에 흠모할 만한 아름다운 것이 없도다"

이렇게 하나님이 보통 사람같이 되셔서 허리를 굽실굽실하면서 오셨는데, 우리가 금년 성탄만큼은 '아이고, 나 때문에 하나님이 허리를 굽히고 찾아오셨구나!' 하고 깨달아야겠습니다. 죄지은 아들을 권면할 때 어머니가 눈물 흘리면서 손을 붙잡고 '제발 나 좀 살려 다오' 합니다. 아들이 살려 달라고 해야 될 텐데 어머니가 닭똥 같은, 구슬 같은 눈물을 흘리면서 '아가야, 제발 내가 숨 좀 쉬고, 허리 펴고 살게 해 다오. 어쩌려고 이렇게 됐니…'. 그러한 걸 생각하면 이 말씀을 이해할 거예요.

그렇기 때문에 사도 바울은 "자기 아들을 아끼지 아니하시고 우리 모든 사람을 위하여 내어 주신 이가 어찌 그 아들과 함께 모든 것을 우리에게 은사로 주지 아니하시겠느뇨"라고 했습니다(롬 8:32). 바로 우리 때문에 하나님께서는 예수님을 아끼지 아니하시고 거지 모양으로, 알아보려야 알아볼 수 없을 정도로, 높은 사람이 아니라 보통 사람으로 이 세상에 내어 주셨다고 했습니다.

그뿐입니까? 이사야 53:5-6 말씀 볼 때 "그가 찔림은 우리의 허물을 인함이요 그가 상함은 우리의 죄악을 인함이라"고 했습니다.

이사야 53:5-6 "그가 찔림은 우리의 허물을 인함이요 그가 상함은 우리의 죄악을 인함이라 그가 징계를 받음으로 우리가 평화를 누리고 그가 채찍에 맞음으로 우리가 나음을 입었도다 **6** 우리는 다 양 같아서 그릇 행하여 각기 제 길로 갔거늘 여호와께서는 우리 무리의 죄악을 그에게 담당시키셨도다"

예수님이 채찍을 수백 군데 맞으시고 십자가에 달려 양손 양발에 못 박히셨습니다. 사람들이 가시관을 씌우고, 주먹다짐으로 얼굴을 치고, 어떤 녀석은 가래침을 탁 뱉습니다. 이렇게 된 것은 우리의 허물 때문입니다. 허리를 굽히고 오신 예수님이 가만히 대접만 받고 계셔도 시원찮을 텐데, 저와 여러분 때문에 모진 매를 맞고 가시관,

가래침, 주먹다짐, 발길질을 당하셨습니다. 나라 전체가 달라붙어서 예수님을 십자가에 못을 박아 죽이는! 그것 때문에 주님이 성탄하시는 것입니다.

여러분의 부모님이 고대광실(高臺廣室) 높은 집에서 호의호식(好衣好食)하면서 나라 전체의 존경을 받는 분들인데, 장차 역적으로 몰려서 처참하게 죽을 것을 안다면 부모님 앞에 순종 안 할 자식이 어디 있겠습니까? '내 아버님이 처참하게 죽을 텐데…' 하면서 부모님의 얼굴을 쳐다보고 하염없는 눈물을 흘릴 것입니다.

예수님이 오셔서 제대로 먹지도 못하고, 가는 곳마다 핍박과 환난과 조소와 비난과 매 맞음과 소란이고, 이 세상에서 인정받지 못하는 짧은 생애를 사셨습니다. 얼마나 찢어지게 가난했습니까. 생각해 보세요. 육신의 아버지 요셉이 '예수야. 앞집에 대문이 허물어졌단다. 떼어서 가져오너라' 합니다. 하나님이 이 땅에 오셨는데, 목수의 아들이니 부친이 대문 가져오라면 가져오고 문짝 가져오라면 가져오고, 30년 동안 그 일을 하시다가 3년 공생애 동안 인류의 죄를 위해서 가는 곳마다 멸시, 천대를 받고, 이단이니 삼단이니 죽일 놈이니 하는 수모를 받으셨습니다. 누구 때문에 하나님이신 예수님이 하늘 영광 보좌를 버리고 이 땅에 오셔서 고생하셨는지, '기쁘다 구주 오셨네' 하기 전에 한번 깊이 생각해 보시기 바랍니다.

이 땅에 살아 봐야 70-80년입니다. 한 번 났다가 한 번 죽는 것은 정하신 것인데(히 9:27), 여러분의 영혼이 어디로 가겠습니까? 이 육신이 없어지는 게 아닙니다. 주님의 부활을 믿는다면, 주의 부활이 각자 내 부활 아닙니까? 영육 간 완전히 부활해서 장차 하나님 앞에 가는 것입니다. 여러분이 신령한 우주인입니다. 세상 우주인은 산

소마스크 쓰고, 엉덩이에 대변 볼 것도 차고, 물도 차고 가지만, 예수님께서 영육 간 부활해서 하늘나라 가실 때에 뭐 뒤집어쓰고 올라가셨습니까? 초인간적입니다.

마태복음 20:28을 보면 주님 오신 목적, 성탄에 대해서 정확하게 말씀하고 있습니다. 예수님이 만인간에게 대접받고 높임받고, 섬김을 받으려 함이 아니라, 도리어 섬기려 하고 자기 목숨을 많은 사람의 대속물로 주기 위해서 이 세상에 왔다고 하셨습니다. 그렇기 때문에 바울은 "그리스도께서 하나님 곧 우리 아버지의 뜻을 따라 이 악한 세대에서 우리를 건지시려고 우리 죄를 위하여 자기 몸을 드리셨으니 5 영광이 저에게 세세토록 있을찌어다 아멘" 이렇게 말씀했습니다(갈 1:4-5). 우리 죄 때문에 하나님이신 예수님이 희생의 제물로 바쳐졌다는 것입니다.

하나님이 이 땅에 오셔서 십자가에 죽으시고 무덤 속에 계시다가 3일 만에 사망 권세를 깨뜨리고 부활하셔서 40일 계시다가 올라가셨는데, 우리 때문에 허리 한 번 펴지 못하셨습니다. 아들이 죄를 지어 보세요. 부모님이 편히 살겠습니까? 두문불출이에요! 예수님이 그렇게 사시다 가셨습니다. 마귀가 어떤 장로, 어떤 권사, 어떤 집사가 죄지었다고 고발합니다. 그러면 부모 되시는 하나님이 가만 계십니까? 허리를 굽히시고 독생자를 내어 주신 하나님의 사랑을, 지구 8만 리 땅덩어리에 사는 인간들 가운데 우리 성도들은 이 해가 가기 전에 깨달으시기 바랍니다.

성탄절에 허리 펴지 못하시는 하나님도 모르고 부어라, 마셔라 하면서 '집에 상 차려 놨으니 오세요. 선물 받으세요' 그러한 것 백날

해보세요. 하더라도 알고 하자는 겁니다. 12월 25일 됐다고 '금년에 는 무슨 선물 줄 거야?' 그럴 때는 '주긴 뭘 줘? 하나님이 허리를 굽 히셨는데…. 허리를 굽히신 하나님이 선물이야' 하시기 바랍니다. 뜻을 알면 가슴이 뜨끔하죠. 부모는 허리 펴지 못하고 있는데 자식 들은 부어라, 마셔라 하면서 '애개, 겨우 샴푸 하나가 선물이야?' 그 러면 되겠습니까? 그보다 작은 것이라도 감사하죠. 허리를 펴지 못 하고 계시는 하나님 앞에서 우리는 입이 억만 개가 있어도 할 말이 없습니다.

중재자를 찾으셨습니다

마지막으로, 하나님이 허리를 굽히신 것은 '중재자, 중보자가 있 나 없나 보시기 위해서'였습니다. 얼마나 귀한 말씀입니까? 하나님 이 하늘에 계시는데, 땅에서 4천 년 동안 소식이 없습니다. 가정에 서 네 살, 다섯 살 먹은 아이가 조용하면 문제 있는 것입니다. 애들 은 뭘 깨뜨리든가, 라디오·시계 같은 것을 뜯든가 그러죠. 하여튼 건 넌방이고 안방이고 마당에서 복작거리고 좀 떠들어야 별일 없는 거 예요. 일하다 보니 갑자기 조용합니다. 그러면 무슨 사고 난 거예요. 옛날에는 아이가 우물에 빠지거나 빨래 삶는 솥에 빠지고 그러한 일 이 좀 많았습니까?

인간이 죄를 지은 지 4천 년 됐는데 아무 소식이 없습니다. 그러 니까 하나님이 일하시다가 이 땅을 보시는데, 허리를 굽히고 무릎을 꿇고 보시는 거죠. 하나님과 사람 사이에 중재자, 중보자가 있나 보 니까 하나도 없습니다. 어떡하시겠습니까? 하나님께서 중재자, 중보자의 역할을 하기 위해서 허리를 굽히기까지 하면서 이 땅에 오신 날이 성탄절입니다.

이사야 59:16-19 "사람이 없음을 보시며 중재자 없음을 이상히 여기셨으므로 자기 팔로 스스로 구원을 베푸시며 자기의 의를 스스로 의지하사 17 의로 호심경을 삼으시며 구원을 그 머리에 써서 투구를 삼으시며 보수로 속옷을 삼으시며 열심을 입어 겉옷을 삼으시고 18 그들의 행위대로 갚으시되 그 대적에게 분노하시며 그 원수에게 보응하시며 섬들에게 보복하실 것이라 19 서방에서 여호와의 이름을 두려워하겠고 해 돋는 편에서 그의 영광을 두려워할 것은 여호와께서 그 기운에 몰려 급히 흐르는 하수같이 오실 것임이로다"

이사야 63:5 "내가 본즉 도와주는 자도 없고 붙들어 주는 자도 없으므로 이상히 여겨 내 팔이 나를 구원하며 내 분이 나를 붙들었음이라"

사도 바울은 이 말씀을 통해서 디모데에게 "하나님은 한 분이시요 또 하나님과 사람 사이에 중보도 한 분이시니 곧 사람이신 그리스도 예수라"라고 하였습니다(딤전 2:5). 주님이 이 땅에 오시는데, 복덕방 중재자와 같이 중보자로 오셨습니다. 하나님과 사람 사이에 중보자가 천상천하에 한 분밖에 없는데, 바로 예수님입니다.

갈라디아서 3:19-20 "그런즉 율법은 무엇이냐 범법함을 인하여 더한 것이라 천사들로 말미암아 중보의 손을 빌어 베푸신 것인데 약속하신 자손이 오시기까지 있을 것이라 20 중보는 한편만 위한 자가 아니니 오직 하나님은 하나이시니라"

성도 여러분, 중보자는 사람 편만 위한 것도 아니고, 하나님 편만 위한 것도 아니고, 양쪽 다 위해서 오시는 것입니다. 세상 중매쟁이는 거짓말을 좀 잘 합니까? 사실대로 잘 말해 주지 않습니다. 제가 목사님들이나 전도사님들한테 결혼 중매하지 말라고 엄명(嚴命)을 내렸습니다. 내용을 다 알면 소신껏 중매하되, 남의 말만 듣고 하지 말라고 말이죠.

예수님은 하나님 편만도 아니고, 사람 편만도 아니고, 완전한 하나님이면서 완전한 사람이십니다. 세상 중매쟁이나 중개자들은 다 대가를 받습니다. 그러나 예수님은 한 푼도 받지 않고 하나님 앞에 사실대로 말씀하십니다. '하나님, 천하에 용서 못 할 죄인이지만, 제가 이분을 위해서 희생의 제물, 속죄 제물, 화목 제물이 되겠습니다' 하시고 십자가에서 죽으신 것입니다. 그러니까 하나님께서 나를 보시면 당장 죽여야 마땅하지만, 예수님을 보실 때 '예수가 이 아이까지 책임지고 있구나. 알았다' 하시고 용서해 주시는 것입니다. 우리가 그냥 기도하면 하나님께서 외면하십니다. 그런데 땀 흘리고 애쓰고 금식하면서 무릎이 상하도록, 목구멍이 마르도록 간절히 기도하고 마지막에 누굴 모셔 오느냐? '예수님의 거룩하신 이름을 받들어 간절히 기도합니다' 이렇게 예수님의 이름으로 기도하잖아요? 내가 그냥 기도하면 '오만 가지 죄를 짓고 와서 낯짝도 좋다' 하시다가도, 당신의 사랑하는 아들의 이름을 들어서 기도할 때 '알았다, 오바' 하고선 기도를 들으시고, 우리 죄를 다 사해 주시고, 소원대로 성취되는 응답의 축복을 주신다는 것을 믿으시기를 주의 이름으로 축원합니다.

그래서 히브리서 8:6에 "그러나 이제 그가 더 아름다운 직분을 얻으셨으니 이는 더 좋은 약속으로 세우신 더 좋은 언약의 중보시라"라고 말씀했습니다. 예수님은 더 좋은 언약의 중보이십니다. 중보

되시는 예수님이 하나님께 나에 대해서 이러하다고 말씀해 주실 때, 하나님께서 들으시고 '알았다. 그러면 이렇게 하라' 하는 언질(言質)을 받는 것입니다. 언약을 받는 것입니다. 이렇게 더 좋은 언약을 주시기 위해서 오신 날이 성탄절이라는 것을 믿으시기 바랍니다.

히브리서 9:15 "이를 인하여 그는 새 언약의 중보니 이는 첫 언약 때에 범한 죄를 속하려고 죽으사 부르심을 입은 자로 하여금 영원한 기업의 약속을 얻게 하려 하심이니라"

새 언약의 중보로, 첫 언약 때에 범한 죄를 속하려고 죽으사 부르심을 입은 자로 하여금 영원한 기업의 약속을 얻게 하기 위해서 예수께서 친히 하늘 보좌 영광을 버리고 중매쟁이로서, 중보자로서 오셨다고 말씀하고 있는 것입니다.

세상 중보자는 결혼 중매만 해 주면 끝납니다. 그 부부가 싸우든지 이혼하든지 잘 살든지 상관없습니다. 소개될 때까지만 입에 침이 마르도록 잘 말해 주는 것이죠. 그런데 예수님은 세상 끝날까지 책임지고 중재자 역할을 하겠다고 약속을 하셨습니다.

마태복음 1:23 "보라 처녀가 잉태하여 아들을 낳을 것이요 그 이름은 임마누엘이라 하리라 하셨으니 이를 번역한즉 하나님이 우리와 함께 계시다 함이라"

마태복음 28:20 "내가 너희에게 분부한 모든 것을 가르쳐 지키게 하라 볼찌어다 내가 세상 끝날까지 너희와 항상 함께 있으리라 하시니라"

천국 갈 때까지, 아니 천국 가서도 세세무궁토록 그 중보자는 여러분과 함께 계시기 위해서 이 세상에 탄생하셨다는 것을 믿으시기 바랍니다.

마태복음 18:20 "두세 사람이 내 이름으로 모인 곳에는 나도 그들 중에 있느니라"

요한복음 12:26 "사람이 나를 섬기려면 나를 따르라 나 있는 곳에 나를 섬기는 자도 거기 있으리니 사람이 나를 섬기면 내 아버지께서 저를 귀히 여기시리라"

결론

사랑하는 성도 여러분, 고해 바다 들이치는 험난한 땅 위에서, 여러분 때문에 평생 허리를 굽히고 굽실대는 사람이 누가 있겠습니까? '그 사람 어때?' 하고 물어보면 '나 잘 몰라' 그러한 인간들만 있는 거예요. 그런데 예수님께 누가 물어보면 '걔 죄 없어. 내 안에서 사람 됐으니 당신 맘대로 데려다 써' 하고 말씀해 주십니다. 잘될 때까지 허리 펴지 못하고 굽히시는 것입니다. 언제까지입니까? 만인간들이 다 주를 믿어서 구원받아 가지고 천국에 들어갈 때까지, 보살피고 도와주고 여러분 편이 되셔서 가정에 평안과 평강과 화목과 사랑이 넘치기까지 돌봐 주시는 하나님이십니다. 이번 성탄절은 진정한 성탄이 될 수 있도록 '하나님, 우리 교회에 오시되 제 마음의 구유에 한 번 성탄해 주시면 감사하겠습니다' 하는 모두가 되시기를 주의 이름으로 축원합니다.

1990년 12월 25일, 전에는 뭣도 모르고 '기쁘다 구주 오셨네', '고요한 밤 거룩한 밤' 찬양하고 '임마누엘 하나님' 이름을 부르면서 성탄 축하 예배를 드렸지만, 금년은 다시 한번 깊이 생각하면서, 누구 때문에 하나님께서 허리를 굽히고 그렇게 눈물로 세월을 지내시고,

지금도 마음을 졸이면서 기다리고 계신가 하는 것을 깨닫고, 이제부터 하나님의 마음을 섭섭하게 해 드리는 자 하나도 없도록 성령님께서 강하게 저희들을 도와주시기를 간절히 기도하겠습니다. 금번 성탄절은 육신적으로 어떤 물질을 소모하면서 남한테 뽐내고 자랑하는 것이 아니라, 진심으로 허리를 굽히신 하나님 앞에 맨발로 달려나가서 엎드려 용서를 구하고, 사랑을 받고 칭찬받는 모두가 되시기 바랍니다.

1992년 12월 25일 금요일
성탄예배

예루살렘이 온통 술렁거렸다

| 마태복음 2:1-12

마태복음 2:1-12 "헤롯왕 때에 예수께서 유대 베들레헴에서 나시매 동방으로부터 박사들이 예루살렘에 이르러 말하되 ² 유대인의 왕으로 나신 이가 어디 계시뇨 우리가 동방에서 그의 별을 보고 그에게 경배하러 왔노라 하니 ³ 헤롯왕과 온 예루살렘이 듣고 소동한지라 ⁴ 왕이 모든 대제사장과 백성의 서기관들을 모아 그리스도가 어디서 나겠느뇨 물으니 ⁵ 가로되 유대 베들레헴이오니 이는 선지자로 이렇게 기록된 바 ⁶ 또 유대 땅 베들레헴아 너는 유대 고을 중에 가장 작지 아니하도다 네게서 한 다스리는 자가 나와서 내 백성 이스라엘의 목자가 되리라 하였음이니이다 ⁷ 이에 헤롯이 가만히 박사들을 불러 별이 나타난 때를 자세히 묻고 ⁸ 베들레헴으로 보내며 이르되 가서 아기에 대하여 자세히 알아보고 찾거든 내게 고하여 나도 가서 그에게 경배하게 하라 ⁹ 박사들이 왕의 말을 듣고 갈쌔 동방에서 보던 그 별이 문득 앞서 인도하여 가다가 아기 있는 곳 위에 머물러 섰는지라 ¹⁰ 저희가 별을 보고 가장 크게 기뻐하고 기뻐하더라 ¹¹ 집에 들어가 아기와 그 모친 마리아의 함께 있는 것을 보고 엎드려 아기께 경배하고 보배합을 열어 황금과 유향과 몰약을 예물로 드리니라 ¹² 꿈에 헤롯에게로 돌아가지 말라 지시하심을 받아 다른 길로 고국에 돌아가니라"

예루살렘이 온통 술렁거렸다

마태복음 2:1-12

성탄의 복된 소식으로 지구촌 전체가 복된 계절을 맞이하고 있습니다. 죄와 죽음의 음침한 골짜기에서 신음하는 억조창생(億兆蒼生) 인류를 구원하기 위해서 하나님의 아들 예수께서 육신을 입고 이 땅 위에 탄생하신 날이기 때문에, 이날은 인류 전체를 위한 기쁨의 축제인 동시에 하나님께 영광을 돌리며 찬양을 드려야 할 날입니다. 그렇기 때문에 첫 번째 성탄을 전하는 천군 천사들이 "지극히 높은 곳에서는 하나님께 영광이요 땅에서는 기뻐하심을 입은 사람들 중에 평화"라고 노래했던 것입니다(눅 2:13-14).

땅에서는 기쁨과 평화가 정착되어야만 되겠습니다. 일찍이 이사야 선지자와 시편 기자는 만인간의 구세주로 말씀이 육신이 되어 이 땅에 오시는 메시아가 어떠한 사명으로 오시는가에 대해서 다음과 같이 말씀했습니다.

이사야 61:3 "무릇 시온에서 슬퍼하는 자에게 화관을 주어 그 재를 대신하며 희락의 기름으로 그 슬픔을 대신하며 찬송의 옷으로 그 근심을 대신하시고 그들로 의의 나무 곧 여호와의 심으신 바 그 영광을 나타낼 자라 일컬음을 얻게 하려 하심이니라"

시편 16:11 "주께서 생명의 길로 내게 보이시리니 주의 앞에는 기쁨이 충만하고 주의 우편에는 영원한 즐거움이 있나이다"

그런데 본문 3절을 볼 때, 헤롯왕과 온 예루살렘이 소동했다고 말씀하고 있습니다. '소동한지라'는 헬라어 '타랏소'(ταράσσω)로, '술렁거렸다'라는 뜻입니다.

주위를 시끄럽게 하는 소리나 소동하는 일들은 많은 사건에서 찾아볼 수가 있습니다. 꽹과리와 어우러지는 농악 소리가 울릴 때나 또한 수산시장에서 입찰할 때 보세요. 얼마나 요란합니까? 위급한 환자를 싣고 달리는 앰뷸런스 소리, 대형 화재를 진압하기 위해서 몰려드는 소방차 소리는 왠지 마음을 흔들어 놓습니다. 과속하던 자동차가 급정거하는 소리 한번 들어보세요. 주위를 깜짝 놀라게 합니다.

그런데 딸만 네다섯 낳은 가정에서 아들 낳았다는 소식을 들어보세요. 가족과 친척은 물론 동네가 시끄러울 정도로 술렁거리기 시작합니다. 대학 입시에 두 번 떨어진 삼수생이 명문대학교에 합격해 보세요. 가정뿐만 아니라 모교와 동네까지 술렁거립니다. 우리나라 선수들이 올림픽에서 금메달을 땄다 하면 나라 전체가 술렁거립니다. 우리나라가 36년 동안 일제의 쇠사슬에 매여 있다가 1945년 8월 15일 하나님의 주권적인 기적의 역사로 연합군의 승리와 함께 해방을 맞이한 그때부터 오늘날까지, 크고 작은 역사의 소용돌이 속에서 얼마나 술렁거렸습니까?

본문을 보면 '온 예루살렘 천지가 소동했다'고 했습니다. '소동하다'라는 동사의 문자적 의미는 '뒤흔들다, 홍분케 하다, 괴롭게 하다, 요동케 하다' 등으로 사전에 그 해석이 나와 있습니다. 구약성경 에스겔 32:2을 볼 때 "인자야 너는 애굽 왕 바로에 대하여 애가를 불러 그에게 이르라 너를 열국에서 젊은 사자에 비하였더니 실상은 바다 가운데 큰 악어라 강에서 뛰어 일어나 발로 물을 요동하여 그 강을 더럽혔도다"라고 기록되어 있습니다. 여기 '요동하며'는 헬라어 '타랏소'에 대응하는 히브리어 '달라흐'(דָּלַח)를 사용하여, 악어의 위력으로 꼬리를 흔들어 물을 요동케 하는 모습을 설명하고 있습니다.

사랑하는 성도 여러분, 창조주요, 생명의 구주요, 영생의 주가 되시는 메시아가 죄와 허물로 죽을 수밖에 없는 인간들을 살리러 이 땅에 오셨는데, 왜 온 예루살렘이 떠들썩하게 소동이 일어났던 것일까요?

불의의 술렁거림

예수께서 나셨을 때 일어난 소동은, 기쁨과 환희에 차서 영접하는 소동이 아니라 참으로 무서운 소동이었습니다. 그 이유가 있습니다. 헤롯왕은 본래 에돔 사람입니다. 유대인과 핏줄이 다른데 유대인의 왕이 됐습니다. 유대인들은 혈통을 아주 중요시하기 때문에, 헤롯이 왕위에 있는 것에 대해 늘 불만을 가지고 있었습니다. 헤롯은 자신의 왕위를 지키기 위해 처남도 죽이고 자기 아내도 죽였습니다. 심지어 자기의 몸에서 태어난 아들까지 죽일 정도로 간교하고 악랄하기 짝이 없는 왕이었던 것입니다.

그런데 동방박사들이 하늘의 별을 보고 예루살렘으로 와서 헤롯왕한테 유대인의 왕으로 나신 이가 누구냐고 물어볼 때, 순간 침묵이 흘렀습니다. 헤롯왕 입장에서는 '내가 유대인의 왕이 아니냐!' 했겠죠. 동방박사들이 볼 때 헤롯이 진짜 왕이 아닙니다. '창조주가 되시고 영생의 주가 되시며 역대 선지자들이 예언한 메시아, 그 왕이 어디 있습니까? 우리들이 동방에서 그의 별을 보고 지금 여기 도착했습니다' 그러면서 '우리는 유대인의 왕으로 나신 그분한테 경배하러 왔습니다'라고 했습니다. 헤롯왕의 속을 뒤집어놓는 거예요. 헤롯왕이 안색이 달라지면서 대제사장, 바리새인, 서기관, 종교 지도자들을 다 불러와서 유대인의 왕이 어디서 난다고 했느냐고 묻자, 그들은 미가 선지자의 예언(미 5:2)을 대주었습니다.

그래서 헤롯왕이 아기 예수를 죽여야겠다는 흉측한 마음을 품고 동방박사들에게 '찾아서 경배하고 돌아올 때 나한테 가르쳐 주면 나도 가서 경배하겠습니다'라고 했습니다. 하나님이 살아 계시는데, 그 속이는 말을 동방박사들이 믿고 그대로 하게 두시겠습니까? 그들이 유대 땅 베들레헴의 한 구유 속에 뉘어 있는 아기 예수께 세 가지 예물을 드리고 경배한 다음 돌아가려는 찰나에 하나님께서 '헤롯왕한테 가지 말라. 다른 길로 가라'고 지시하셨습니다. '다른 길'은 특수 노선입니다. 헤롯왕이 볼 때, 동방박사들이 올 때가 됐는데 오지 않아요. '속았구나!' 해서 베들레헴 지경에 두 살 이하의 사내아이들을 다 잔인하게 죽였습니다.

마태복음 2:16-18 "이에 헤롯이 박사들에게 속은 줄을 알고 심히 노하여 사람을 보내어 베들레헴과 그 모든 지경 안에 있는 사내아이를 박사들에게 자세히 알아본 그때를 표준하여 두 살부터 그 아래로 다 죽이니 [17] 이에 선지자 예레미야로 말씀하신 바 [18] 라마에서 슬퍼하며 크게 통곡하는 소리가 들리니 라헬이 그 자식을 위하여 애곡하는 것이라 그가 자식이 없으므로 위로받기를 거절하였도다 함이 이루어졌느니라"

그 베들레헴을 생각해 보세요. 외아들 하나만 죽어도 온 동네가 곡성으로 진동할 텐데, 두 살 이하의 아들 낳은 가정마다 가서 인정

사정없이 아이를 난도질하고 창으로 찔러 죽였으니, 그 원한이 얼마나 사무쳐 있겠습니까? 헤롯왕이 자기 자리를 뺏길까 봐 그걸 지키기 위해서, 피에 굶주린 사자같이 아이들을 잡아먹은 것이었습니다. 자신의 왕위를 위해서라면 어떤 피의 값도 마다하지 않는 헤롯왕이 가만있을 리가 없죠. 많은 군대를 풀어서 베들레헴 지경을 이집 저 집 샅샅이 다니면서 수소문해 가지고 두 살 이하의 사내아이들을 죽이는 그 광경을 보세요.

온 예루살렘이 술렁거린 다른 이유는, 로마의 박해와 로마에 아부하는 헤롯왕의 폭정 밑에서 더 이상 견딜 수 없었던 당시 유대인들이 메시아를 간절히 기다리고 있었기 때문입니다. 선지자들이 예언한 메시지를 볼 때 메시아가 반드시 오시는데, 그분이 오시면 어둠의 밤은 사라지고 하나님이 원하시는 의의 나라가 형성된다는 것을 누구보다 잘 믿고 있었습니다. 밥 먹을 때나 자고 일어날 때나 항상 '메시아가 언제 오실까' 생각할 정도로 메시아 대망 사상이 이스라엘 사람들 가운데 강하게 자리 잡고 있었습니다.

구약시대의 마지막 선지자 말라기가 예언했죠.

말라기 4:5-6 "보라 여호와의 크고 두려운 날이 이르기 전에 내가 선지 엘리야를 너희에게 보내리니 ⁶ 그가 아비의 마음을 자녀에게로 돌이키게 하고 자녀들의 마음을 그들의 아비에게로 돌이키게 하리라 돌이키지 아니하면 두렵건대 내가 와서 저주로 그 땅을 칠까 하노라 하시니라"

예수님 오시기 400여 년 전에 말라기가 이스라엘 백성에게 그 말씀을 남기고 세상을 떠났습니다. 메시아가 오시기 직전에 엘리야가 먼저 온다는 것입니다. 많은 학자들이 엘리야의 사적을 연구했습니다. 엘리야는 말라기보다 약 450년 전 사람입니다. 말라기 이후 예수님 오시기까지의 기간 약 400년을 합하면, 엘리야 때부터 예수께서 이 땅에 탄생하실 때까지 약 850년입니다. 그런데 그 엘리야 선지자가 온다는 것입니다. 엘리야가 사명을 다하고 마지막에 약이나 먹고 병 낫기 위해서 치료하다가 무덤에 파묻혔다면, 무덤 앞에 가서 언제 무덤이 빠개지나 하고 전 이스라엘 백성이 기다렸을 것입니다. 그런데 열왕기하 2:11 말씀을 볼 때, 불말과 불수레가 내려와서 하나님의 권능의 바람으로 엘리야를 영육 간에 하늘나라로 데리고 올라가서, 이 땅에 있지 않았습니다.

이스라엘 백성이 메시아를 기다리되, 메시아 오시기 직전에 엘리야가 먼저 와야 된다고 말라기가 예언했기 때문에, 먼저 엘리야를 기다린 것입니다. 그렇게 100년이 가고 200년이 가고 300년, 400년이 지나도 오지 않았습니다.

그런데 세례 요한이 광야에서 메뚜기와 석청을 먹으면서 이스라엘을 향해서 준엄한 심판의 말씀을 했습니다. "회개하라 천국이 가까웠느니라" 하면서 "이미 도끼가 나무 뿌리에 놓였으니 좋은 열매 맺지 아니하는 나무마다 찍어 불에 던지우리라"라고 했습니다(마 3:2, 10). 예수님 오시기 직전에 엘리야가 온다고 했기 때문에 엘리야가 와야만 예수님이 오시는데, 누가복음 1:17 말씀을 볼 때, 바로 말라기의 예언대로 세례 요한이 엘리야의 심령과 능력을 가지고 왔다고 기록되어 있습니다.

누가복음 1:17 "저가 또 엘리야의 심령과 능력으로 주 앞에 앞서가서 아비의 마음을 자식에게, 거스리는 자를 의인의 슬기에 돌아오게 하고 주를 위하여 세운 백성을 예비하리라"

이것은 영적인 문제인데, 육신적으로만 생각하는 당시 유대인들이나 종교 지도자들이 그것을 알겠습니까? 그러니까 주님의 제자들이 예수님께 훈련을 받아 가지고 나가서 예수님이 메시아라고 외칠 때, 종교 지도자들이 '너희 선생이 우리가 맞이할 메시아 같으면, 그보다 먼저 온다고 한 엘리야가 언제 왔느냐?'라고 물었습니다. 제자들이 처음 듣는 말이라, 대답을 못하고 그냥 쫓겨 왔습니다. 예수님의 눈치를 슬슬 보면서 '선생님, 말씀 증거하니까 메시아가 오시기 전에 엘리야가 온다고들 하는데, 엘리야가 누굽니까?' 여쭤 봤습니다. 그러자 예수님이 '엘리야가 벌써 왔다. 세례 요한이 엘리야가 아니냐!'라고 대답하셨습니다. 엘리야가 모든 율법과 선지자와 예언을 다 맡아서 사명을 끝낸 다음에 메시아, 세상 죄를 지고 가는 하나님의 어린양이 오시는 그 순서를 말씀했습니다.

마태복음 11:13-14 "모든 선지자와 및 율법의 예언한 것이 요한까지니 ¹⁴ 만일 너희가 즐겨 받을진대 오리라 한 엘리야가 곧 이 사람이니라"

마태복음 17:10-13 "제자들이 묻자와 가로되 그러면 어찌하여 서기관들이 엘리야가 먼저 와야 하리라 하나이까 ¹¹ 예수께서 대답하여 가라사대 엘리야가 과연 먼저 와서 모든 일을 회복하리라 ¹² 내가 너희에게 말하노니 엘리야가 이미 왔으되 사람들이 알지 못하고 임의로 대우하였도다 인자도 이와 같이 그들에게 고난을 받으리라 하시니 ¹³ 그제야 제자들이 예수의 말씀하신 것이 세례 요한인 줄을 깨달으니라"

엘리야가 이미 왔으되 사람들이 알지 못하고 '너나 나나 똑같지, 뭐. 네가 별 수 있냐?'라는 식으로 임의로 대했다는 것입니다. 제자들이 예수님의 말씀을 듣고 그제야 세례 요한이 엘리야인 줄 깨달았다고 했습니다.

요한복음 1:19 이하 말씀 볼 때, 세례 요한이 엘리야인 줄 몰랐던 이스라엘 백성은 약 850년 전에 올라간 엘리야가 와야만 메시아가 오시는 줄 알고, 광야에서 외치는 세례 요한이 그리스도인지, 엘리야인지, 선지자 중 하나인지 도무지 알 길이 없어서 그들의 대표를 뽑아 가지고 세례 요한에게 가서 물어보고 오라고 했습니다. 그때 세례 요한이 '나는 이사야 선지자가 말한 바 광야에서 외치는 자의 소리다'라고 했습니다. 이 이치를 알지 못하니 아직 때가 멀었다는 것입니다.

> **요한복음 1:19-23** "유대인들이 예루살렘에서 제사장들과 레위인들을 요한에게 보내어 네가 누구냐 물을 때에 요한의 증거가 이러하니라 20 요한이 드러내어 말하고 숨기지 아니하니 드러내어 하는 말이 나는 그리스도가 아니라 한대 21 또 묻되 그러면 무엇, 네가 엘리야냐 가로되 나는 아니라 또 묻되 네가 그 선지자냐 대답하되 아니라 22 또 말하되 누구냐 우리를 보낸 이들에게 대답하게 하라 너는 네게 대하여 무엇이라 하느냐 23 가로되 나는 선지자 이사야의 말과 같이 주의 길을 곧게 하라고 광야에서 외치는 자의 소리로라 하니라"

누가복음 3:15 말씀 보세요. 이스라엘 백성들이 세례 요한을 보고 '혹시 이분이 메시아인가?' 심중에 의논했다고 했습니다. 세례 요한이 위대하기 때문에, 오신다고 한 그리스도가 아닌가 심중에 의논할 정도였던 것입니다.

> **누가복음 3:15** "백성들이 바라고 기다리므로 모든 사람들이 요한을 혹 그리스도신가 심중에 의논하니"

오늘날도 마찬가지입니다. 우리가 '기쁘다 구주 오셨네' 하고 부

르는데, 구주가 어디에 오셨습니까? 예수님의 육신의 아버지 요셉
은 나이가 많고 어머니 마리아는 젊었습니다. 만삭이 돼 가지고 가
이사 아구스도의 호적 명령에 따라 베들레헴에 와서 이 거리 저 거
리 헤맬 때에, 생각해 보세요. 아기가 쏟아지려고 합니다. 걸을 수가
있습니까? 여관방이 있습니까, 하숙방이 있습니까? 있어도 없다고
거절할 판이죠. 두 사람 옷 입은 꼴을 볼 때 허름하기 짝이 없습니
다. 성경에서 사관이 없다고 한 것은 여관방이 없었다는 뜻입니다
(눅 2:7). 그래서 아기 예수를 짐승의 밥통, 구유에 뉘었습니다.

2천 년 전에 이스라엘 백성이 무지해서 아기 예수를 맞이하지 못
하고, 하나님을 짐승 밥통에다 놓았는데 '기쁘다 구주 오셨네' 한다
는 것은, 뜻을 깨닫고 보면 말도 안 되는 이야기입니다. 우리가 모르
고 그렇게 불렀다면 용서해 달라고, 믿음으로 메시아 되시는 예수님
이 내 마음에 탄생하시기를 바란다고 기도해야죠. 방이 있냐고 묻
는다면 '제 마음을 여관 삼아서 여기 들어오시기 바랍니다' 하는 믿
음으로 '기쁘다 구주 오셨네' 해야죠. 요한복음 1:11 말씀처럼 '자기
땅에 오매 자기 백성이 영접지 않았다'고 하는 그러한 입장에 있으
면 되겠냐 그 말입니다. 아무리 예수님이 베들레헴에 천 번 만 번 탄
생하셔도 우리 마음 가운데 한 번 탄생 못 하신다면 우리는 영적으
로 순간 이방인이 되는 것입니다.

기쁨의 술렁거림

아기 예수가 나시므로 베들레헴을 중심한 온 유대 땅이 술렁거리
기 시작했습니다. 예수님이 '소동 대사'입니다. 하나님이 사람이 되

어 인간들에게 오셨기 때문에 술렁거릴 수밖에 없죠. 사람이 죄지은 것을 해결하기 위해서 오셨습니다. 예수 그리스도가 이 땅에 오심에 대한 기록 중 마태복음 1:23 말씀을 보면 "보라 처녀가 잉태하여 아들을 낳을 것이요 그 이름은 임마누엘이라 하리라 하셨으니 이를 번역한즉 하나님이 우리와 함께 계시다 함이라"라고 하였습니다. 물론 이사야 7:14에 있는 예언의 성취입니다.

> **이사야 7:14** "그러므로 주께서 친히 징조로 너희에게 주실 것이라 보라 처녀가 잉태하여 아들을 낳을 것이요 그 이름을 임마누엘이라 하리라"

하나님이 사람이 되셔서 사람들 사는 세상에 오신 것이 성탄입니다. 얼마나 큰 기쁨의 축제인데, '하늘에는 영광이요 땅에서는 기뻐하심을 입은 사람들 중에 평화'라고 했는데, 이걸 모르고들 성탄절을 맞이하고 있으니, 되겠습니까? 하나님을 맞아들이기 위해서 떨고 술렁거려야 될 절기인데, 하나님이 인류를 구원하기 위해서 이 땅에 마리아의 몸을 빌려 성령을 통해서 오신 그 거룩한 예수님을 도리어 죽이겠다고 살의(殺意)를 품고 있는 일국의 왕! 그 밑에 조정 백관들! 당시의 종교 지도자들! 기쁨의 축제로 술렁거려야 될 텐데 악의에 찬 술렁거림이었습니다.

어둠 속에 빛이 왔기 때문에 온통 술렁거리게 되었던 것입니다. 어두움은 밤을 의미합니다. 잠언 7:9에 "저물 때, 황혼 때, 깊은 밤 흑암 중에라"라고 말씀하고 있습니다. 밤은 고요하고 적막합니다. 캄캄한 밤에는 일할 수 없죠. 뭐가 보여야죠. 한 줄기의 빛도 없습니다. 죽음의 잠을 자고 있던 인류에게 새 생명이신 예수 그리스도의 오심은 영적으로 술렁거리지 않을 수가 없는 일입니다. 생명은 움직이게 하며 소동하게 하는 것입니다. 분명히 요한복음 10:10

하반절을 볼 때 예수께서 "내가 온 것은 양으로 생명을 얻게 하고 더 풍성히 얻게 하려는 것이라"라고 말씀하셨습니다. 생명이 있기에 술렁거림이 있을 수밖에 없는 것입니다.

우리가 성탄절을 기쁜 마음으로 맞이하면서, 여러분의 생활 속에는 어떤 술렁거림이 있습니까? 성탄의 대목을 노리는 장삿속으로 술렁거리고 있습니까? 아니면 연말 보너스 때문에 마음이 술렁거리고 있습니까? 그것도 아니면, 선물을 주고받는 일 때문에 마음에 부담이 있는 술렁거림이 있습니까? 제가 묻는 것이 아닙니다. 오늘 성탄하신 예수께서 우리에게 물으신다면 거짓말할 수가 있겠습니까? 우리의 심장 폐부, 심혼골수를 찔러 쪼갤 정도로 다 아시는 분(요 2:24-25, 히 4:12)인데 어느 안전(案前)이라고 거짓말하겠습니까? 그런 술렁거림이 아니라, 하나님이 사람 되신 그리스도를 맞이하여 여러분의 어두운 마음들이 밝아지고 죽음의 자리에서 새 생명으로 옮기는 술렁거림이 충만하시기를 주의 이름으로 축원합니다.

'주 예수 나신 밤'이 지금 내 심장에서 이루어지지 않는다면, 베들레헴의 탄생은 나와 관계가 없습니다. 지금 우리의 마음이 '고요한 밤, 거룩한 밤, 주 예수 나신 밤'이 되어야 합니다. 마음에 남이 알지 못하는 기쁨의 술렁거림이 충만해야 됩니다. 예수께서 동정녀를 통해 탄생하신 이 성탄의 실상을 우리는 진심으로 믿음으로 간직해야 됩니다. 우리 각자가 '하나님, 1992년 성탄절만큼은 내 마음에 꼭 성탄해 주시기를 바랍니다' 기도하는 모두가 되어야겠습니다.

'하나님의 영광과 인간 세계의 평화'는 교회가 모든 백성 앞에 제시해야 하는 영예스러운 사명입니다. 교회는 하나님의 영광, 인간의 평화를 생산하는 위대한 산실이 되어야 합니다.

누가복음 2:11을 볼 때 "오늘날 다윗의 동네에 너희를 위하여 구주가 나셨으니 곧 그리스도 주시니라"라고 말씀하고 있습니다. 아기 예수님이 우리의 구주이십니다. 오늘 성탄을 맞는 성도 여러분, 우리는 그 이름 '예수'를 환영해야 됩니다. '자기 백성을 죄악에서 건진다, 구원한다'는 예수님의 이름 뜻이 뭔지도 모르고 '기쁘다 구주 오셨네' 부르면 되겠습니까? 모두가 오늘 오신 아기 예수를 그리스도로 고백하시기 바랍니다. 오늘 예수를 맞이함으로 기쁨이 충만하고 소망 찬, 썩지 않고 망하지 않고 흔들림이 없는 영원한 천국, 하늘 영광이 이루어진다는 것도 믿으시기를 바랍니다.

'예수'는 하나님이 우리를 사랑하신 표적의 이름입니다. 하나님이 우리와 함께 계시는 '임마누엘'입니다. 이 축복이 오늘 여러분과 가정과 직장, 친척, 아니 우리 대한민국 대통령으로부터 모든 말단 공무원까지, 모든 동포에게 임하기를 바랍니다. 오늘 평화스러운 마음으로 예수님을 맞이하여 자손만대 축복받고, 모든 생활에 흐트러짐이 없이 규모 있게 하나님이 원하시는 뜻대로 사는 가운데, 우리나라 전체가 예수 믿고 구원받는 놀라운 역사의 계절이 세세 무궁토록 주님이 재림하실 때까지 떠나지 않기를 주의 이름으로 축원합니다.

결론

사랑하는 성도 여러분, 간밤에 명동을 비롯해서 불이 밝게 켜진 거리들 보세요. 참성탄을 맞이하는 백성의 모습입니까? 예수님이 오시는 과정을 생각해 보시기 바랍니다. 아담이 죄지은 후로부터 메시아가 이 땅에 오실 때까지 약 4천 년이 넘도록 하나님께서 선지자들을 통해서 그 마음을 표현하시는 과정을 보세요. 자식이 집을 나갔을 때 아버지나 어머니는 발을 동동 구릅니다. 누구한테 말을 못하지만 애간장이 녹는 듯한 그 아픔은 말로 표현할 수가 없는 것입니다.

하나님께서 목적이 있어서 우주 만물을 창조하시고, 당신의 형상대로 만드신 인간에게 우주 만물을 다스리고 주관하고 땅에 충만하라고 하셨습니다(창 1:26-28). 그런데 아담과 하와가 하나님께서 먹지 말라고 하신 선악과를 따먹는 죄를 두 번도 아니고 단 한 번 범하므로 하나님 아버지를 떠나게 됐고, 그 결과 인간들이 영생 복락의 세계를 떠나 처참하게 땀 흘리고 눈물 흘리고 고생하면서 속고 살다가 무덤으로 가게 됐으니, 그걸 막기 위해서 하나님께서 당신의 심장을 빼서 친히 아들 예수님을 이 땅에 오게 하셨습니다. 말씀이 육신이 되어 은혜와 진리가 충만케 오신 그분(요 1:14)을 모두 진심으로 맞이하시기 바랍니다.

어느 성탄절보다도 1992년 한 해가 저물어 가는 이 마지막 때, 우리에게 밝은 소망을 안겨 주시는 아기 예수 앞에 무릎 꿇고 경배하면서, 다시는 예수님의 마음을 괴롭게 하고 섭섭하게 하고 예수님을 외면하는 일이 없도록, 주 안에서 잘 믿고 모든 생활에 승리하다가 하나님 앞에 안기는 산 역사가 있기를 주의 이름으로 축원합니다.

2천 년 전 예루살렘에 엉뚱하게 이방 사람, 별 보고 점 치는 점성가인 동방박사들이 찾아와서 헤롯왕한테 '유대인의 왕으로 나신 이가 누굽니까?' 물어볼 때에, 기뻐해야 될 텐데 살기가 등등한 나머지

애꿎은 두 살 이하의 사내아이들을 처참하게 다 죽였습니다. 오늘날 우리들 중에 그렇게 형제들을 미워하고, 내 편이 아니면 남의 편은 저주받기를 바라는 마음 가진 사람이 있겠습니까마는, 오늘날까지 산 생애를 돌아볼 때에 순간이라도, 손톱만큼이라도 싫어한 사람, 미워한 사람이 있다면 하나님께서 오늘 주시는 말씀으로 그러한 마음을 다 제거해 주시고, 진실로 주의 사랑으로 따뜻하게 그분들을 위해서 기도하는 마음을 갖게 하여 주시기를 기도하겠습니다.

동방박사들이 유대인의 왕으로 나신 이가 어디 계시냐고 물을 때 헤롯왕과 예루살렘이 온통 소동했다고 했습니다. 그것은 불의의 소동이었지만, 1992년에 전 세계가 맞이하는 성탄절만큼은 불의의 소동이 아니라 아기 예수를 학수고대하는 가운데 믿음으로 맞이하면서 환희에 찬 기쁨의 술렁거림이 충만한 축복의 역사가 있기를 주의 이름으로 축원합니다.

"땅에서는 기뻐하심을 입은 사람들 중에 평화"라 하셨으니, 우리 교회와 가정과 직장마다 화목이 충만하고 평화가 있으시기 바랍니다. 무엇보다도 우리 대한민국에 화목이 필요합니다. 평화가 필요합니다. 각 정당에게, 모든 통치자들에게, 공무원들에게 아기 예수가 임재하셔서 평화의 마음, 기쁘고 즐거운 마음, 축제의 마음을 허락해 주시기를 소원합니다. 반드시 대한민국이 하나님께서 원하시는 뜻대로 살림이 잘될 줄 믿습니다. 감사합니다.

아기 예수가 나시므로 베들레헴을 중심한
온 유대 땅이 술렁거리기 시작했습니다.
어둠 속에 빛이 왔기 때문에
온통 술렁거리게 되었던 것입니다.

죽음의 잠을 자고 있던 인류에게
새 생명이신 예수 그리스도의 오심은
영적으로 술렁거리지 않을 수가 없는 일입니다.

하나님이 사람 되신 그리스도를 맞이하여
여러분의 어두운 마음들이 밝아지고
죽음의 자리에서 새 생명으로 옮기는 술렁거림이
충만하시기를 주의 이름으로 축원합니다.

1994년 12월 25일 주일
성탄예배

이스라엘의
위로를
기다리는 자의
축복

| 누가복음 2:22-35

누가복음 2:22-35 "모세의 법대로 결례의 날이 차매 아기를 데리고 예루살렘에 올라가니 ²³ 이는 주의 율법에 쓴 바 첫 태에 처음 난 남자마다 주의 거룩한 자라 하리라 한 대로 아기를 주께 드리고 ²⁴ 또 주의 율법에 말씀하신 대로 비둘기 한 쌍이나 혹 어린 반구 둘로 제사하려 함이더라 ²⁵ 예루살렘에 시므온이라 하는 사람이 있으니 이 사람이 의롭고 경건하여 이스라엘의 위로를 기다리는 자라 성령이 그 위에 계시더라 ²⁶ 저가 주의 그리스도를 보기 전에 죽지 아니하리라 하는 성령의 지시를 받았더니 ²⁷ 성령의 감동으로 성전에 들어가매 마침 부모가 율법의 전례대로 행하고자 하여 그 아기 예수를 데리고 오는지라 ²⁸ 시므온이 아기를 안고 하나님을 찬송하여 가로되 ²⁹ 주재여 이제는 말씀하신 대로 종을 평안히 놓아주시는도다 ³⁰ 내 눈이 주의 구원을 보았사오니 ³¹ 이는 만민 앞에 예비하신 것이요 ³² 이방을 비추는 빛이요 주의 백성 이스라엘의 영광이니이다 하니 ³³ 그 부모가 그 아기에 대한 말들을 기이히 여기더라 ³⁴ 시므온이 저희에게 축복하고 그 모친 마리아에게 일러 가로되 보라 이 아이는 이스라엘 중 많은 사람의 패하고 흥함을 위하며 비방을 받는 표적 되기 위하여 세움을 입었고 ³⁵ 또 칼이 네 마음을 찌르듯 하리라 이는 여러 사람의 마음의 생각을 드러내려 함이니라 하더라"

이스라엘의 위로를 기다리는 자의 축복

누가복음 2:22-35

하나님의 말씀이 육신이 되어 죄악된 인간들을 구원하러 오신 거룩한 성탄절을 맞이했습니다. 경건한 마음으로 예배드리는 여러분 자신과 가족들, 우리 교회 전체에 하나님의 사랑과 은총과 축복이 임하기를 주의 이름으로 축원합니다. 오늘은 본문 말씀을 통해서 '이스라엘의 위로를 기다리는 자의 축복'이라는 제목으로 은혜를 나누고자 합니다.

본문 25절에서 말씀하는 '이스라엘의 위로'는 유대 땅 베들레헴에 오신 예수 그리스도를 가리킵니다. 오늘 예수님의 탄생을 축하하는 찬양의 메아리가 온 지구촌에 울려 퍼지는 거룩한 성탄절을 맞이했습니다. 오색찬란하게 장식된 크리스마스트리들이 거리마다 반짝이고, 찬양대가 부르는 갖가지 크리스마스 캐럴이 대지의 어두움과 인간의 죄악의 어두움을 추방하는 감격의 순간입니다.

일찍이 주전 700년경에 이사야 선지자가 말씀한 그대로 메시아의 예언이 성취된 거룩한 역사의 시간이기도 합니다. 또한 발람 선지자가 예언한 그 축복이 이루어지는 새벽입니다.

이사야 9:1-2 "전에 고통하던 자에게는 흑암이 없으리로다 옛적에는 여호와께서 스불론 땅과 납달리 땅으로 멸시를 당케 하셨더니 후에는 해변 길과 요단 저편 이방의 갈릴리를 영화롭게 하셨느니라 ² 흑암에 행하던 백성이 큰 빛을 보고 사망의 그늘진 땅에 거하던 자에게 빛이 비취도다"

민수기 24:17 "내가 그를 보아도 이때의 일이 아니며 내가 그를 바라보아도 가까운 일이 아니로다 한 별이 야곱에게서 나오며 한 홀이 이스라엘에게서 일어나서 모압을 이편에서 저편까지 쳐서 파하고 또 소동하는 자식들을 다 멸하리로다"

마태복음 2:2 "유대인의 왕으로 나신 이가 어디 계시뇨 우리가 동방에서 그의 별을 보고 그에게 경배하러 왔노라 하니"

베들레헴의 새벽별은 메시아 탄생을 고하는 소망의 별이 아니겠습니까? 암흑과 무지와 공포와 불안 속에 신음하던 인류를 해방하고 영원한 자유와 끝없는 행복을 주기 위해서 오신 예수 그리스도의 탄생을 고하는 거룩한 별입니다. 예수님이 이 땅에 오신 목적은 우리에게 생명을 주셔서 영원히 죽지 않는 축복을 얻게 하시기 위함입니다. 그 말씀이 요한복음 8:51에 기록되어 있습니다.

요한복음 8:51 "진실로 진실로 너희에게 이르노니 사람이 내 말을 지키면 죽음을 영원히 보지 아니하리라"

성도 여러분, 오늘 새벽에 여러분이 신령한 동방박사들이 되셨습니까? 동방박사들만이 아는 거룩한 예수님의 별입니다. 아무도 몰랐던 베들레헴의 새벽별! 수천 년을 두고 예언된 메시아, 수많은 예언자들의 예언이 성취되기를 기다렸던, 유대인의 희망이었던 예수 그리스도의 탄생! 베들레헴의 새벽별이 그것을 알려 주었지만, 당시의 유대인들은 그 축복을 몰랐던 것입니다.

새벽별은 소망의 상징입니다. 캄캄한 밤에도 별을 쳐다보는 자에게는 희망이 이루어지는 것입니다. 새벽별은 더욱 그렇습니다. 베드로후서 1:19 말씀같이 신앙의 새벽별, 영적인 새벽별이 여러분 마음에서 떠오르고 있습니까?

> **베드로후서 1:19** "또 우리에게 더 확실한 예언이 있어 어두운 데 비취는 등불과 같으니 날이 새어 샛별이 너희 마음에 떠오르기까지 너희가 이것을 주의하는 것이 가하니라"

요한복음 8:12에 "예수께서 또 일러 가라사대 나는 세상의 빛이니 나를 따르는 자는 어두움에 다니지 아니하고 생명의 빛을 얻으리라"라고 말씀하고 있습니다. 영원한 빛이며 우리의 생명의 구주가 되시는 예수님을 믿음으로 기다리는 가운데, 하나님의 큰 축복을 받는 모두가 되시기를 주의 이름으로 축원합니다.

예수께서 탄생하실 무렵 유대에는 수많은 제사장들이 있었습니다. 선지자도 적지 않았습니다. 그러나 그중에 예수님의 탄생의 의미를 제대로 이해하고 전적으로 축하한 분이 어디 있었습니까? 별을 보고 점을 치는 점성가였던 동방박사들은 이방 사람이었습니다. 또한 밤을 새워 가며 양을 치던 목자들만이 예수님의 탄생을 축하했습니다. 수천 년 동안 예언의 말씀을 붙잡고 기다리던 당시 수많은 이스라엘 선민들은 "자기 땅에 오매 자기 백성이 영접지 아니하였으나"라고 하신 말씀처럼(요 1:11) 예수님을 영접하지 않았습니다.

성도 여러분, 오늘 어떠한 마음으로 거룩한 성탄절을 지키기를 원하십니까? 해마다 성탄절을 맞이하면서 성도들이나 믿지 않는 분들을 막론하고 많은 사람들이 이날을 축하한답시고 법석을 떨고 있는 것을 보세요. 과연 말씀이 육신이 되어 오신(요 1:14) 성육신의 의미를 바로 이해하고 예수님을 진정으로 영접하는 믿음을 가진 사람들이 얼마나 되겠습니까? 누가복음의 기록에 의하면, 당시에 겨우 시므온과 안나라는 선지자 단 둘만이 아기 예수를 만났다고 말씀하고 있습니다. 여러분은 간밤에 무엇을 하셨습니까? 시므온과 안나같이 이스라엘의 위로를 기다리는 믿음을 가지고 온 가족이 오순도순 모여서 기도하고 찬송하면서, 거룩한 성탄절을 지키기 위해서 준비를 했습니까?

예수 그리스도의 성탄의 의미를 올바르게 이해하고 성탄절을 축하하기 위해서, 우리는 모두 나이 많은 시므온과 안나에게 배워야 됩니다. 안나는 시집간 지 7년 만에 과부가 되었고, 과부 된 지 84년이니(한글 개역성경, KJV), 100살이 넘은 할머니였습니다. 그 시므온과 안나만이 이스라엘의 위로를 기다리고 있었습니다. 성령님이 시므온에게 '수많은 역대 선지자가 이 땅에 오신다고 예언한 하나님, 생명의 구주가 되시는 메시아를 너는 죽지 않고 살아서 네 눈으로 똑똑히 본다'고 말씀하셨습니다. 그 예언대로 시므온과 안나는 이스라엘의 위로를 기다렸고, 만났습니다.

모세의 결례대로 요셉과 마리아가 아기 예수를 안고 예루살렘 성전에 올라왔을 때, 누구인들 알았겠습니까? 성령님이 지시했습니다. '바로 저 젊은 여자가 안고 있는 아기가 만인간이 기다리는 메시아다'라고 할 때에 쫓아가서 아기를 빼앗아 들고 성전을 빙빙 돌면서 감격의 눈물을 흘렸습니다. 죽어도 여한이 없다는 것입니다. 살아서 주의 구원을 봤다고 했습니다. 그리고 예수님이 이 땅에서 하나님의 뜻대로 사역하실 것을 예언했습니다(눅 2:22-38). 이 자리에 참석하신 성도 여러분, 시므온에 대해 올바로 배워서 모두가 오늘날의 신령한 시므온이 되시기를 주의 이름으로 축원합니다.

시므온은 기다리는 가운데 축복을 받았습니다

시므온의 크리스마스 축하는 결코 즉흥적이거나 우발적으로 된 것이 아니라 오랜 기다림의 결과였음을 성경에서 찾아볼 수가 있습니다. 본문 25절에 "이 사람이 의롭고 경건하여 이스라엘의 위로를 기다리는 자라"라고 하신 말씀이 그 사실을 입증하고 있습니다. 시므온이 메시아에 대한 구약의 예언을 명심하고 있었다는 것은 그가 성경, 살아 계신 하나님의 말씀의 소리에 늘 귀를 기울이고 살았다는 것입니다.

여러분은 말씀을 얼마큼 사모하고 있습니까? 평신도나 직분 가지신 분, 장로님이나 전도사, 목사님들! 성경을 보지 않으면 믿는 자가 아닙니다. 언제든 시험 들 수밖에 없습니다. 성탄절을 맞이해서 다시 한번 깨달아야 되겠습니다. 성경은 날마다 봐야 됩니다. 읽어야 됩니다. 그래야 하나님의 뜻을 알 수가 있습니다.

시므온이 직접 메시아의 탄생에 대한 계시를 받았다는 것은 그가 성령의 말씀에 귀를 기울이고 있었다는 증거가 아니겠습니까? 또한 메시아가 인류를 위한 해결자라고 믿고 있었다는 것은 그가 인류의 절규를 들을 줄 알았다는 표시입니다. 이 모든 것들이 그가 메시아를 대망(待望)하는 자세에 담겨 있었습니다.

여러분이 잘 아시는 마태복음 7:7에 '구하라' 그러면 주신다고 했습니다. '찾으라' 그러면 찾을 것이라고 했습니다. "네 입을 넓게 열라 내가 채우리라" 하신 시편 81:10의 약속 그대로입니다. 과연 기다림이 없는 자에게는 아무것도 주어질 것이 없습니다. 마태복음 24:13에도 기다리라고 했습니다. 끝까지 견딘다는 것, 바로 하박국 2:3 말씀대로 기다림의 축복입니다.

마태복음 24:13 "그러나 끝까지 견디는 자는 구원을 얻으리라"

하박국 2:3 "이 묵시는 정한 때가 있나니 그 종말이 속히 이르겠고 결코 거짓되지 아니하리라 비록 더딜찌라도 기다리라 지체되지 않고 정녕 응하리라"

응답은 갈망에 정비례한다는 것을 알아야 합니다. 오늘날 우리가 메시아를 대망하는 마음이 과연 어느 정도로 간절한가가 문제입니다. 이러한 갈망이 없는 사람에게 성탄절은 별 의미가 되지 못할 것입니다.

참으로 기다리는 자에게는 만남의 축복이 있습니다

예수 그리스도에 대한 기다림은 세상에 대한 것과 달라서 결코 불발이나 무응답으로 끝나는 일이 없다고 성경은 말씀하고 있습니다. 반드시 목적지를 만날 수가 있습니다. 비록 더딜지라도 기다리면 반드시 응답을 받게 될 것이라고 했습니다(사 55:11, 합 2:3). 그러기에 시므온은 마침내 그가 기다렸던 이스라엘의 위로를 직접 만나 뵙는 영광을 접하게 되었습니다. 얼마나 복된 사람입니까?

인류의 시조 아담이 죄지은 후로부터 수많은 선지자가 왔다 갔습니다. 메시아를, 예수 그리스도를 예언했습니다. 그러나 당시에 대제사장을 비롯해서 수많은 종교 지도자들이 메시아를 만나 보거나 했습니까? 믿음으로 기다린 시므온은 만나 뵈었습니다. 오늘날 우리도 믿음으로 기다리는 가운데, 시므온같이 우리의 영원한 소망이며 참생명이신 그분을 만나는 역사가 있기를 주의 이름으로 축원합니다. 이스라엘의 위로를 직접 만나 뵙는 영광! 이는 약속을 이루어 주시는 하나님의 신실하심과, 그 약속의 성취를 믿고 기다린 시므온의 성실함이 일치된 결과라는 것을 생각할 때에 얼마나 감사합니까? 스바냐 3:8을 꼭 보시기를 바랍니다.

스바냐 3:8 "나 여호와가 말하노라 그러므로 내가 일어나 벌할 날까지 너희는 나를 기다리라 내가 뜻을 정하고 나의 분한과 모든 진노를 쏟으려고 나라들을 소집하며 열국을 모으리라 온 땅이 나의 질투의 불에 소멸되리라"

성도 여러분, 오늘 크리스마스의 주인이신 메시아와 나와의 만남이 이루어지지 않는다면, 그러한 성탄절이 내게 무슨 유익이 있고 의미가 있겠습니까? 그럼에도 불구하고 사람들이 마치 주인공 없는 생일잔치처럼 예수 그리스도가 없는 크리스마스 축하로 자족하며 거기에 빠져드는 폐단이 얼마나 많습니까? 예를 들면, 출세나 어떤 목적 달성을 위한 선물의 계절로, 이러한 심리를 이용하여 매상을 올리려는 영리(營利)의 계절로, 누적된 스트레스를 발산하려는 유흥의 계절로, '부어라, 마셔라'식의 향락의 계절로 전락했습니다. 가진 자들이 돈 자랑, 권력 자랑을 하는 등 성탄절을 악용하려는 자들이 세상에 너무나 많이 있는 것입니다.

이러한 풍조는 사회 일각에만 만연된 것이 아니라, 유감스럽게도 교회 내부에서도 이와 유사한 양상들이 발견될 때가 있는 것입니다. 특히 크리스마스이브라 하여 밤새도록 오락과 유흥을 즐기다가 정작 성탄절에는 잠에 취하여 아예 교회에 나오지 않는 사람들이 있습니다. 예배에 참석도 안 합니다. 아무리 어린 청소년들의 소행이라도, 말해 봤자 듣지 않는 자식들이라고 해도, 그러한 것은 엄히 다

스려야 될 줄로 압니다. 크리스마스가 시므온처럼 메시아를 만나는 은혜의 계절이 되도록, 오늘 다시 한번 기도하는 가운데 믿음으로 마음에 준비하고 다짐하고 결심하는 역사가 있으시길 바랍니다.

시므온이 메시아를 만나되, 강보(襁褓)에 싸여 있는 메시아를 만났다는 것이 주목할 만합니다. 예수 그리스도의 성육신의 의미를 이해하기란 결코 쉬운 일이 아닙니다. 그러기에 강보에 싸인 메시아를 알아보지 못합니다. 메시아가 그처럼 작게, 낮게, 그리고 초라하게 우리 앞에 나타난다는 것은 아무도 상상할 수 없는 일이기 때문입니다. 그런데 시므온은 그 보잘것없고 초라한 아기가 메시아임을 발견하고 달려갔습니다. 영접을 했습니다. 예수께서 많은 사람들이 알아볼 만한 영광 가운데 오시지 않았습니다. 본문 27절을 볼 때, 시므온은 성령님의 인도로 메시아를 만나 뵙게 되었다고 말씀하고 있습니다. 성령의 인도하심이 아니고서는 누구도 초라한 강보 속의 메시아를 발견할 수가 없는 것입니다. 성령의 인도하심이 없이 자신의 지혜로만 메시아를 발견하려 한다면 얼마나 어리석은 일이겠습니까?

여러분이 죽지 않고 살아서 여호와의 행사를 선포하기 위해서(시 118:17), 2천 년 전의 시므온과 같이 오늘의 신령한 시므온이 되시기를 바랍니다. 아무도 알아보지 못합니다. 너무 초라합니다. 가난한 집에서 태어났습니다. 시므온은 성령의 인도로 그 강보에 싸인 갓난아기가 메시아인 줄을 알았습니다. 영접했습니다. 예배를 드렸습니다.

본문 27절에 기록되어 있듯이, 그가 봉사하고 있던 성전에서 그렇게 했다는 사실에 유의할 필요가 있습니다. 교회 주변에는 그리스도를 만나기 위해서라는 핑계로 광야와 골방을 돌아다니는 사람들이 적지 않은 것 같습니다. 영적인 탕자들이죠. 그렇기 때문에 "사람들이 너희에게 말하되 보라 그리스도가 광야에 있다 하여도 나가지 말고 보라 골방에 있다 하여도 믿지 말라"라고 하신 마태복음 24:26 말씀을 명심해야 됩니다. 어떻게 믿음 없이 예수님을 만날 수가 있습니까? 예수 그리스도의 약속을 믿고 기다리며 자신의 소임에 충실하다면, 자신이 예배드리고 봉사하는 바로 그곳에서 메시아를 만날 수가 있는 것입니다.

오늘 우리는 꼭 메시아를 만나 뵈어야만 되겠습니다. 시므온과 안나같이, 아기 예수를 양손으로 받아서 우리 품 안에 한 번 안아 봐야만 되겠습니다.

끝날에 재림하시는 예수도 마찬가지입니다. 절대 피조물이 재림주가 될 수 없습니다. 2천 년 전에 유대 땅 베들레헴에 나시고 사역하시다가, 골고다 언덕에서 만인간의 죄를 담당하시고 속죄주로서 십자가에 높이 달려 죽으시고, 무덤에 계시다가 3일 만에 사망의 권세를 깨뜨리고 부활하신 그 예수님! 이 땅에 40일 동안 계시면서 자그마치 11번 당신의 몸을 나타내셨습니다(행 1:3, 고전 15:3-8). 그분이 감람산에서 하늘로 올라가셨습니다. 그 예수님이 다시 오십니다(행 1:9-12). 성도 여러분, 절대 사람 믿지 마세요. 우리의 창조주이며 영생의 주가 되시는 예수 그리스도만을 믿어야 됩니다. 그분이 우리의 구주입니다. 말씀이 육신이 되어서 이 땅에 오신 예수 그리스도만이 우리의 생명의 주가 되시는 것입니다. 신앙관을 바르게 가져야 됩니다.

시므온은 말씀의 목격자가 되는 증거의 축복을 받았습니다

시므온은 누가복음 1:1-2에 기록된 말씀과 같이 '말씀의 목격자', 즉 증거의 축복을 받았습니다.

누가복음 1:1-2 "우리 중에 이루어진 사실에 대하여 ² 처음부터 말씀의 목격자 되고 일군 된 자들의 전하여 준 그대로 내력을 저술하려고 붓을 든 사람이 많은지라"

믿음의 기다림이 만남으로 응답되고, 만남이 증거로 발전한 것을 시므온을 통해 알 수가 있습니다. 증거는 메시아를 만난 자의 의무이며 또한 신앙고백이라 하겠습니다. 본문 34절을 볼 때, 시므온은 세상에 오신 메시아를 증거한 최초의 사람이며 특히 메시아의 죽음을 예고한 최초의 증인입니다.

물론 이것은 심히 어려운 일입니다. 결례를 위해 성전에 온 아기를 두고 그 죽음을 예고하는 것은, 시간과 장소와 분위기로 보아 너무 가혹한 감이 없지 않기 때문입니다. 한번 생각해 보세요. 갓난아이를 안고 있는 부모 앞에서 그가 장차 처참하게 죽을 것을 예언할 수가 있겠습니까? 그러나 시므온은 했습니다. 그 일로 인해 모친 마리아는 틀림없이 칼로 찌르는 듯한 아픔을 맛보게 될 것이라고 했습니다. 그러나 그러한 이유로 증거를 보류하거나 회피할 수는 없었던 것입니다. 시므온은 메시아의 죽음으로 말미암아 자신을 비롯한 모든 사람이 죄악에서 비로소 놓임을 받게 될 것임을 밝히 증거했습니다. 즉, 예수 그리스도의 죽음은 만민을 위한 대속의 죽음이 될 것 (마 20:28)을 증거했던 것입니다.

우리가 예수님에 대해서 천 가지 사건과 만 가지 말을 한다 해도,

그분이 우리를 대속하기 위해 죽으셨다는 사실이 우리의 증언에서 제외된다면 그리스도이신 예수를 바로 이해했다고 할 수가 없을 것입니다. 또 바로 증거했다고도 볼 수가 없을 것입니다. 그렇기 때문에 세례 요한도 "보라 세상 죄를 지고 가는 하나님의 어린양이로다"라고 예수님을 증거했던 것입니다(요 1:29).

예수님이 오늘 이 땅에 왜 오셨습니까? 우리가 마음으로, 생각으로, 머리로, 손발로 죄지은 것, 인류의 시조 아담부터 내려오는 원죄와 유전죄, 자범죄를 단번에 책임지시고 모든 죄악을 멸하시고 완전히 해방하여 주시기 위해서(사 53:5, 히 9:12) 오신 메시아가 아니겠습니까? 우리가 알게 모르게 지은 죄가 얼마나 많습니까? 그 죄를 대신 걸머지시기 위해서 주님이 오신 것입니다. 오늘 믿음으로 예수님을 맞이해야 되겠습니다.

결론

금년에도 우리는 성탄절의 축복을 받게 됐습니다. 오늘 여러분이 감사하는 마음으로 주시는 말씀을 영접하면 하나님의 사랑과 크신 은혜를 폭포수같이 쏟아부어 주시는데, 받지 못하면 되겠습니까?

크리스마스가 진정한 의미에서 나에게 축복의 계절이 되도록 하려면, 2천 년 전의 시므온과 같은 믿음을 가지고, 참으로 이스라엘의 위로를 기다리는 끈기 있는 모두가 되어야겠습니다. 메시아에 대한 간절한 기다림이 있어야 하고, 이 기다림이 만남으로 충족되어야 합니다. 그리고 만남은 증거로 발전되어야 하겠습니다. 세상에 오신 메시아, 예수님께 진정으로 경배를 드려야만 되겠습니다.

성도 여러분, 옛날 서기관의 성탄절은 냉담했습니다. 헤롯왕의 성탄절은 음흉했습니다. 예루살렘 선민의 성탄절은 소란스러웠습니다. 현대인의 성탄절은 다분히 유흥적이지 않습니까? 그러나 시므온이 맞이한 성탄절은 그 자신과 이웃을 위한 축복의 절기였음을 절대 잊어서는 안 되겠습니다. 금년 크리스마스가 시므온이 믿음으로 기다린 가운데 체험했던 크리스마스처럼 축복과 은총의 계절이 되기를 주의 이름으로 진심으로 축원합니다.

본문 29-32절을 볼 때, "주재여 이제는 말씀하신 대로 종을 평안히 놓아주시는도다 [30] 내 눈이 주의 구원을 보았사오니 [31] 이는 만민 앞에 예비하신 것이요 [32] 이방을 비추는 빛이요 주의 백성 이스라엘의 영광이니이다"라고 말씀하고 있습니다. 모두 아멘 하시기 바랍니다. 저나 여러분이 이 땅에서 1세기를 못 삽니다. 다 세상을 떠날 사람들입니다. 준비하셔야죠. 우리는 선으로 악을 이겨야 됩니다. 잊어버렸던 믿음을 되찾으시기 바랍니다.

1994년에 일 다 못 하고, 하나님께 영광 돌리지 못하고, 뜻을 받들지 못하고, 헌신·봉사 못 한 것 다 뉘우치고 회개하면서, 정말 시므온같이 성전을 떠나지 않고 메시아를 기다리는 위로의 축복을 받으시기를 주의 이름으로 축원합니다. 이 한 해가 가기 전에 모든 것을 깨끗하게 다 청산하고, 주의 인자하심과 사랑과 선한 마음을 가지고 주를 기다리는 가운데, 주와 만나서 동거하고 동행하는 산 역사가 있으시기 바랍니다. 오늘 주의 몸 된 성전에 나와서 성탄절을 축하하기 위해 예배드리는 모두에게 자손만대에 하나님의 축복이 떠나지 않을 줄 믿습니다. 진실로 교회를 사랑하고 아끼고, 교회를 지키는 시므온 같은 모두가 되시기를 주님의 이름으로 축원합니다.

크리스마스가 진정한 의미에서
나에게 축복의 계절이 되도록 하려면,
2천 년 전의 시므온과 같은 믿음을 가지고,
참으로 이스라엘의 위로를 기다리는
끈기 있는 모두가 되어야겠습니다.

메시아에 대한 간절한 기다림이 있어야 하고,
이 기다림이 만남으로 충족되어야 합니다.
그리고 만남은 증거로 발전되어야 하겠습니다.

세상에 오신 메시아,
예수님께 진정으로 경배를 드려야만 되겠습니다.

1995년 12월 25일 월요일
성탄예배

하나님의
굶주림과
인간의 평화

| 마태복음 2:1-23, 4:2, 21:18,
마가복음 11:12,
요한복음 4:6-7

마태복음 2:1-23 "… ¹³ 저희가 떠난 후에 주의 사자가 요셉에게 현몽하여 가로되 헤롯이 아기를 찾아 죽이려 하니 일어나 아기와 그의 모친을 데리고 애굽으로 피하여 내가 네게 이르기까지 거기 있으라 하시니 ¹⁴ 요셉이 일어나서 밤에 아기와 그의 모친을 데리고 애굽으로 떠나가 ¹⁵ 헤롯이 죽기까지 거기 있었으니 이는 주께서 선지자로 말씀하신 바 애굽에서 내 아들을 불렀다 함을 이루려 하심이니라 ¹⁶ 이에 헤롯이 박사들에게 속은 줄을 알고 심히 노하여 사람을 보내어 베들레헴과 그 모든 지경 안에 있는 사내아이를 박사들에게 자세히 알아본 그때를 표준하여 두 살부터 그 아래로 다 죽이니 ¹⁷ 이에 선지자 예레미야로 말씀하신 바 ¹⁸ 라마에서 슬퍼하며 크게 통곡하는 소리가 들리니 라헬이 그 자식을 위하여 애곡하는 것이라 그가 자식이 없으므로 위로받기를 거절하였도다 함이 이루어졌느니라 …"

마태복음 4:2 "사십 일을 밤낮으로 금식하신 후에 주리신지라"

마태복음 21:18 "이른 아침에 성으로 들어오실 때에 시장하신지라"

마가복음 11:12 "이튿날 저희가 베다니에서 나왔을 때에 예수께서 시장하신지라"

요한복음 4:6-7 "거기 또 야곱의 우물이 있더라 예수께서 행로에 곤하여 우물곁에 그대로 앉으시니 때가 제육시쯤 되었더라 ⁷ 사마리아 여자 하나가 물을 길러 왔으매 예수께서 물을 좀 달라 하시니"

하나님의 굶주림과 인간의 평화

마태복음 2:1-23, 4:2, 21:18, 마가복음 11:12, 요한복음 4:6-7

1995년 이 한 해가 다 가기 전, 오늘 거룩한 성탄절을 맞이했습니다. 백화점의 진열장마다 크리스마스트리들이 장식되고, 거리에는 각종 크리스마스 캐럴들이 요란스럽기만 합니다. 해마다 크리스마스를 조용히 보내자는 구호들이 심심치 않게 들리고 있으나, 세계적으로 일어나고 있는 성탄의 무드(mood)는 어쩔 수 없이 민심을 들뜨게 합니다. 징글벨 소리에 맞춰 즐거워하는 도시인들의 크리스마스 축제와는 달리, 이 땅 위에 수많은 사람들이 한숨짓고 눈물을 흘리는 서글픈 생활이 계속되고 있다는 사실을 우리는 눈여겨봐야 하겠습니다.

오늘 성탄의 시작점의 역사적인 의미를 깊이 생각하고 우리가 가져야 할 마음 자세를 정비하면서, 주시는 말씀을 통해서 큰 은혜를 받으시기를 주의 이름으로 축원합니다.

오늘은 '하나님의 굶주림과 인간의 평화', 즉 '예수님의 굶주림과 인간의 평화'라는 제목으로 은혜를 나누고자 합니다.

어째서 하나님이, 즉 예수님이 배고파 굶주리고 있느냐? 배척을 당했습니다. 예수님의 고향 사람들이 예수님을 배척하였습니다. 예수님보다 6개월 전에 태어난 선지자 세례 요한마저 순간 예수님을 배척했습니다(마 11:6). 친척들도 예수님이 미쳤다고 몽둥이를 들고 예수님을 잡기 위해서 쫓아다니는 모습을 찾아볼 수 있습니다. 당시 종교 지도자들이 하도 지나칠 정도로 예수님에 대해서 욕을 하니까, 한때 예수님의 어머니와 동생들도 예수님을 잡으려고 했습니다. 예수님의 동복동생들도 예수님을 믿지 않았습니다.

마태복음 13:57-58 "예수를 배척한지라 예수께서 저희에게 말씀하시되 선지자가 자기 고향과 자기 집 외에서는 존경을 받지 않음이 없느니라 하시고 ⁵⁸저희의 믿지 않음을 인하여 거기서 많은 능력을 행치 아니하시니라"

마가복음 3:21 "예수의 친속들이 듣고 붙들러 나오니 이는 그가 미쳤다 함일러라"

마가복음 3:31-35 "때에 예수의 모친과 동생들이 와서 밖에 서서 사람을 보내어 예수를 부르니 ³²무리가 예수를 둘러앉았다가 여짜오되 보소서 당신의 모친과 동생들과 누이들이 밖에서 찾나이다 ³³대답하시되 누가 내 모친이며 동생들이냐 하시고 ³⁴둘러앉은 자들을 둘러보시며 가라사대 내 모친과 내 동생들을 보라 ³⁵누구든지 하나님의 뜻대로 하는 자는 내 형제요 자매요 모친이니라"

요한복음 7:3-5 "그 형제들이 예수께 이르되 당신의 행하는 일을 제자들도 보게 여기를 떠나 유대로 가소서 ⁴스스로 나타나기를 구하면서 묻혀서 일하는 사람이 없나니 이 일을 행하려 하거든 자신을 세상에 나타내소서 하니 ⁵이는 그 형제들이라도 예수를 믿지 아니함이러라"

이러한 말씀들을 통해서 우리가 '기쁘다 구주 오셨네' 찬송 부르기 전에 하나님의 눈물, 하나님의 괴로움, 하나님의 굶주림, 배고픔을 먼저 알아야만 되겠습니다.

예수님의 굶주림에서 성탄은 시작되었습니다

누가복음 2:7을 볼 때, 강보에 싸여 구유에 뉘어 있는 아기가 있습니다. 구유는 짐승의 먹이를 담아 두는 나무로 된 밥통입니다. 여러분이나 친척 중에 아무리 가난하다 해도 개나 소나 말이나 어떠한 짐승의 밥통에 아기를 낳아 가지고 강보에 싸서 두는 경우가 있습니까? 아이 낳은 어머니들 한번 깊이 생각해 보세요. 아무리 못살아도 골방은 있잖아요? 셋방은 있잖아요? 짐승 기르는 곳, 한데*입니다. 엄동설한에 얼마나 춥겠습니까? 남 얘기 듣듯이 하지 마세요. 사관(舍館)이 없어서 짐승의 밥통에 뉘어 있는 하나님! 창조주, 영생의 주, 우리의 생명의 구주가 되시는 예수님! 세상에 대해서는 아무것도 없습니다. 다만 배고픔만 있을 따름입니다. 크리스마스의 이야기는 바로 여기서 시작되어야 됩니다. 예수님에 대한 수많은 이야기들이 바로 이 배고파 우는 굶주림으로부터 시작되고 있다는 사실을 깨달아야만 되겠습니다.

'눈물 젖은 빵을 씹어 보지 못한 자는 인생의 문제를 논할 자격이 없다'고 누군가가 말했습니다. 굶주린 예수를 이해하지 못하고 기독교를 운운하는 것은 모순입니다. 예수 그리스도의 복음은 배부른 자, 성공한 자에 대한 말씀이 아닙니다. 하늘의 영광을 버리고 자기를 비워서 비천한 위치에 스스로 처해서(빌 2:7-8), 서럽게도 굶주림에 젖을 빠는 갓난아기에 대한 말씀이 아니겠습니까? 아이를 낳아서 길러 보세요. 장성할수록 철이 들어야 합니다. 지혜가 있고 눈치가 있어야 됩니다. 목사로, 장로로, 권사로, 집사로 예수 믿은 지가

---

* 한데 : 하늘과 사방을 덮거나 가리지 않은 곳. 집채의 바깥.

몇 년입니까? 신구약성경의 말씀의 뜻을 깊이 깨닫고 참된 성탄 축제를 하고 예배를 드리고 있습니까?

이사야 53:1-12 말씀을 보세요. 배고파 우시는 예수님의 모습을 보셔야 됩니다. 하나님이 사람이 됐다는 것, 시간과 공간의 제한을 받지 않는 분이 제한을 받게 됐다는 것, 굶주림을 경험하셨다는 것이 복음의 기쁜 소식입니다. 생명에 대한 굶주림을 인간에게 보여 주시기 위해서 그렇게 오셨습니다. 굶주림 없이 생명의 배부름을 사모할 수가 없음을 보여 주는 것이 거룩한 성탄입니다. 예수님은 말씀이 육신이 되어 은혜와 진리로 오신 분입니다(요 1:14). 하나님이 배고픈 어린애가 되어 인간에게 오셔서 젖을 찾습니다. 여러분, 젖병을 준비했습니까? 하나님의 형상을 입은 인간이 하나님께로부터 생명의 젖을 찾아야 된다는 것을 가르치기 위해서입니다. 요한복음 6:27-58 말씀을 절대 잊지 마세요. 마태복음 9:35-38 말씀을 볼 때, 영혼이 굶주린 인간에게 하나님으로부터 오는 생명의 젖을 먹일 사람을 찾고 있다는 것을 잊어서는 안 됩니다.

요한복음 6:27 "썩는 양식을 위하여 일하지 말고 영생하도록 있는 양식을 위하여 하라 이 양식은 인자가 너희에게 주리니 인자는 아버지 하나님의 인치신 자니라"

요한복음 6:35 "예수께서 가라사대 내가 곧 생명의 떡이니 내게 오는 자는 결코 주리지 아니할 터이요 나를 믿는 자는 영원히 목마르지 아니하리라"

마태복음 9:35-38 "예수께서 모든 성과 촌에 두루 다니사 저희 회당에서 가르치시며 천국 복음을 전파하시며 모든 병과 모든 약한 것을 고치시니라 36 무리를 보시고 민망히 여기시니 이는 저희가 목자 없는 양과 같이 고생하며 유리함이라 ³⁷ 이에 제자들에게 이르시되 추수할 것은 많되 일군은 적으니 ³⁸ 그러므로 추수하는 주인에게 청하여 추수할 일군들을 보내어 주소서 하라 하시니라"

성도 여러분, 여우도 굴이 있습니다. 공중에 나는 새도 깃들일 곳이 있습니다. 그러나 인자는 머리 둘 곳이 없다고 했습니다. 하나님이 배고픔에 부르짖는 절규의 소리입니다. 마태복음 8:20 말씀 잊지 마세요. 수십 년 예수 믿으면서 '기쁘다 구주 오셨네' 불러 왔지만, 하나님의 배고픔을 깨닫고 부르시기를 바랍니다. 선(善)의 굶주림은 오직 하늘 양식을 받아먹어야 면할 수가 있는 것입니다. 진리와 정의는 오직 하나님의 양식을 사모하고 먹음으로써 얻을 수가 있다고 가르치고 있습니다.

모든 괴로운 것, 배고픈 것은 다 예수께 돌리고, 우리는 편안하게 아무 고통 없이 그저 좋다고 '오늘 예수님이 이 땅 위에 오신 성탄절인데 빨리 예배당 가자' 하겠습니까? 오늘날까지 모르고 그랬다면 용서받지만, 이 말씀을 들은 후로는 그 나라 갈 때까지 먼저 믿음으로 우리의 마음을 정돈해야만 되겠습니다.

성탄은 영혼에 굶주린 자들을 배부르게 하는 축제입니다

참된 생명은 굶주림 속에서 이 세상에 태어날 수 있습니다. 또한 굶주림을 경험하면서 성장해 나갈 수가 있습니다. 신명기 8:1-3 말씀을 보세요. 하나님께서 이스라엘 백성을 왜 광야에서 40년 동안 고생하게 하셨습니까? 그들이 믿는지 아니 믿는지, 얼마큼 겸손한

지, 얼마큼 말씀을 순종하는지 알기 위해서 광야에 내보내셨던 것입니다.

풍요가 쌓이는 곳에 우상의 꽃이 피게 마련입니다. 육신의 배부름을 위하여 약자의 몸값을 흥정하는 세상 아닙니까? 아모스 2:6-8이나 욥기 24장에 있죠. 풍요의 창고 속에서 진리는 길거리로 쫓겨나 몸부림치고 있습니다.

아모스 2:6-8 "여호와께서 가라사대 이스라엘의 서너 가지 죄로 인하여 내가 그 벌을 돌이키지 아니하리니 이는 저희가 은을 받고 의인을 팔며 신 한 켤레를 받고 궁핍한 자를 팔며 7가난한 자의 머리에 있는 티끌을 탐내며 겸손한 자의 길을 굽게 하며 부자가 한 젊은 여인에게 다녀서 나의 거룩한 이름을 더럽히며 8모든 단 옆에서 전당 잡은 옷 위에 누우며 저희 신의 전에서 벌금으로 얻은 포도주를 마심이니라"

욥기 24:2-11 "어떤 사람은 지계표를 옮기며 양떼를 빼앗아 기르며 3고아의 나귀를 몰아가며 과부의 소를 볼모 잡으며 4빈궁한 자를 길에서 몰아내나니 세상에 가난한 자가 다 스스로 숨는구나 5그들은 거친 땅의 들나귀 같아서 나가서 일하며 먹을 것을 부지런히 구하니 광야가 그 자식을 위하여 그에게 식물을 내는구나 6밭에서 남의 곡식을 베며 악인의 남겨 둔 포도를 따며 7의복이 없어 벗은 몸으로 밤을 지내며 추위에 덮을 것이 없으며 8산중 소나기에 젖으며 가리울 것이 없어 바위를 안고 있느니라 9어떤 사람은 고아를 어미 품에서 빼앗으며 가난한 자의 옷을 볼모 잡으므로 10그들이 옷이 없어 벌거벗고 다니며 주리면서 곡식단을 메며 11그 사람의 담 안에서 기름을 짜며 목말라하면서 술틀을 밟느니라"

그렇기 때문에 신앙의 축제는 배고픔의 축제입니다. 권력자에게 눌림을 받는 배고픈 백성의 마음속에서 사랑의 축제를 드려야 합니다. 강자에게 눌림을 받는, 인정에 배고픈 군중은 화해의 촛불을 환하게 밝혀야만 되겠습니다. 영혼이 굶주린, 마음이 가난한 자들은 고요한 기도 속에서 하나님의 음성을 들을 줄 알아야만 되겠습니다. 하나님의 정의와 평화와 사랑은 영혼이 굶주린 자들을 배부르게 할 것입니다.

종교는 절대 아편이 아닙니다. 약자들과 쫓겨난 자들과 눌린 자들의 배고픔을 채워 주는 생명의 양식이며, 싸울 힘이 없는 자에게 힘을 제공해 주는 힘의 근원이 되어야 합니다. 생명에 곤한 자를 위하여 전도로 영혼의 빵을 주어야 합니다. 신앙의 힘과 능력을 신구약성경 말씀을 통해서 가르치고 제공해 주어야 합니다.

마태복음 5:6 "의에 주리고 목마른 자는 복이 있나니 저희가 배부를 것임이요"

사랑하는 성도 여러분, 오늘 성탄절에 지구촌 구석구석, 특히 북한에서 의에 목마르고 굶주린 사람들에게 크리스마스의 종소리가 울려 퍼져야만 하겠습니다. 말씀이 육신이 되어 세상에 오셨으니, 육의 양식을 먹듯 말씀의 양식을 먹고 또 먹어서 영혼의 배부름이 있어야 되겠습니다. 인간이 영혼의 배부름을 얻음으로 하나님의 굶주림도 배부르게 될 것입니다.

호화로운 호텔에 있는 크리스마스트리는 사치스러운 것입니다. 추한 것입니다. 하나님이 보시지 않습니다. 교회도 마찬가지입니다. 수십만 원, 수백만 원 들여서 크리스마스트리를 만들면 뭐하겠습니까? 하나님의 배고픔도 모르고, 자기 영혼이 말라 꼬드러져 뼈다귀만 남아 있는 것도 모르고…. 참되고 순수한 크리스마스는 영혼의 굶주림이 있는 것이며, 하나님께서 우리에게 영원한 배부름을 주시는 것입니다. 예수님의 굶주림이 우리의 배부름이 된다고 했죠? 고린도후서 8:9, 빌립보서 2:6-7 잊지 마세요. 잠언 13:7, 고린도후서 6:10, 요한복음 16:22 잊지 마시기 바랍니다.

고린도후서 8:9 "우리 주 예수 그리스도의 은혜를 너희가 알거니와 부요하신 자로서 너희를 위하여 가난하게 되심은 그의 가난함을 인하여 너희로 부요케 하려 하심이니라"

빌립보서 2:6-7 "그는 근본 하나님의 본체시나 하나님과 동등됨을 취할 것으로 여기지 아니하시고 ⁷ 오히려 자기를 비어 종의 형체를 가져 사람들과 같이 되었고"

잠언 13:7 "스스로 부한 체하여도 아무것도 없는 자가 있고 스스로 가난한 체하여도 재물이 많은 자가 있느니라"

고린도후서 6:10 "근심하는 자 같으나 항상 기뻐하고 가난한 자 같으나 많은 사람을 부요하게 하고 아무것도 없는 자 같으나 모든 것을 가진 자로다"

요한복음 16:22 "지금은 너희가 근심하나 내가 다시 너희를 보리니 너희 마음이 기쁠 것이요 너희 기쁨을 빼앗을 자가 없느니라"

이 거룩한 성탄절에 우리는 굶주린 자들을 슬프게 해서는 안 됩니다. 누구든지 배고픈 자를 도와주고 축복해야만 되겠습니다. 1995년에는 각자가 하세요. 목사님 각자, 장로님 각자, 권사·집사님 각자, 여러 성도님들이 각자 굶주린 자를 도와주고 축복하세요. 이 해가 가기 전에 육으로나 영으로 배고파하는 자에게 따뜻한 손길을 펴시기 바랍니다.

배고픈 자에게 마음의 상처를 주는 것은 죄 중에 큰 죄입니다. 헤롯왕은 굶주린 아기에게 괴로움과 고통만을 더해 주었습니다. 본문 마태복음 2장 말씀을 볼 때, 헤롯왕이 동방박사들한테 메시아에게 경배하고 자기에게로 돌아오라고 했죠? 그러나 동방박사들은 하나님의 지시를 받아 다른 길로 갔습니다. 헤롯왕이 속은 줄을 알고 두 살 이하의 사내아이들을 죽이라 할 때, 아기 예수를 낳고 하루도 안 됐습니다.

우리 어머님들, 잘 생각해 보세요. 여러분이 해산했는데 누가 미역국도 끓여 주지 않고, 핏걸레도 갖다 주지 않고, 탯줄 자르는 도구도 없고 닦을 것도 없고, 애 입힐 배냇저고리도 없이 한데 있습니다. 그런데 하나님께서 지시하셨습니다. '요셉아, 마리아야. 빨리 애굽으로 도망가라! 악한 군주 헤롯왕이 이 아기를 죽이려고 한다.' 그래서 낳은 지 몇 시간 안 돼서 핏덩어리를 안고 피난을 갑니다. 애는 젖 달라고 울죠. 십 리, 이십 리 길입니까? 몇백 리 길을 그 밤중에 도망가는, 피난 가는 모습을 똑똑히 보시기 바랍니다.

그러한 것을 생각하면서 '기쁘다 구주 오셨네' 해 보세요. 기쁘기만 합니까? 만약 여러분 자녀 가운데 하나가 지금 죽었다면 교회 와서 '기쁘다 구주 오셨네' 찬송 부를 것 같습니까? 조금 모자란 자식이 죽었다 해도, 낳은 부모는 그렇게 못 합니다. 지금 이 시간에 요셉과 마리아와 만인간의 생명의 구주가 되시는 예수님은 배고파서 울고 있습니다. 어머니 마리아에게서 젖이 나옵니까? 핏걸레도 없이, 간수할 것도 없이 도망가는 중에 있습니다. 하나님이 누구 때문에 이렇게 배고파 울고 서러워하면서 피난길을 가야 됩니까? 저는 이틀 동안 말씀을 준비하면서 한없이 울었습니다.

아까도 말씀했지만, 우리는 성탄절에 굶주린 자들을 절대 슬프게 해서는 안 됩니다. 감옥에서, 길거리에서, 빈민굴에서, 실직된 상태에서, 혹은 숨어 있는 골방에서, 눈물로 한숨짓고 굶주림에 떨고 있는 사람들을 찾아보세요. 하나님의 굶주림을 믿는다면 찾으세요. 지금 서울에서 굶주리며 떠는 것은 서울에도 헤롯왕이 있기 때문입니다. 어느 지방이나 굶주린 자들이 득실거린다면 그곳에도 헤롯왕이 있기 때문입니다. 사랑하는 우리 조국 남쪽과 북쪽에서 헤롯왕과 싸우는 하나님의 굶주림이 몸부림치고 있다는 것을 깨달아야만 되겠습니다. 피 흘리면서 갈 길을 찾고 있는 자를 보세요. 번뜩이는 칼로 양심의 자유와 민주주의, 정의, 사랑, 새 생명의 탄생을 가로막고 있는 헤롯왕들을 보세요. 인간의 양심의 배고픔, 자유의 배고픔, 정의와 진실의 배고픔을 해결하기 위해서 하나님은 배고픔을 경험했습니다. 마태복음 5:1-16에 기록된 산상보훈(山上寶訓)을 꼭 읽어 보시기 바랍니다.

참된 배고픔이 있는 곳에 진정한 하나님의 배부름이 있습니다

이제 우리는 배고프다고 울고 탄식만 해서는 안 됩니다. 참된 배고픔이 있는 곳에 진정한 하나님의 배부름이 있기 때문입니다. 하나님의 굶주림은 결국 독재와 폭력과 부정과 사치와 방종을 용납하지 않고 추방할 것입니다. 굶주림 속에서 진리가 탄생하기 때문입니다. 진리가 탄생할 때에 모든 비진리가 헤롯왕처럼 역사의 흐름 속에서 사라져 없어져 버리는 것입니다.

하나님이 이 땅에 오셔서 통곡과 눈물로 기도하셨습니다(마 26:36-39, 막 14:32-36).

폴 귀스타브 도레, "애굽으로의 피신", 1866
Paul Gustave Doré, "The Flight Into Egypt", 1866

히브리서 5:7-8 "그는 육체에 계실 때에 자기를 죽음에서 능히 구원하실 이에게 심한 통곡과 눈물로 간구와 소원을 올렸고 그의 경외하심을 인하여 들으심을 얻었느니라 ⁸ 그가 아들이시라도 받으신 고난으로 순종함을 배워서"

괴롭고 어려운 삶의 시련이 예수님께 엄습해 와도, 하나님 자신이 인간이 되어 굶주림을 체험하고 우리의 죄와 허물을 위하여 십자가에 죽기까지 순종하셨습니다. "내가 목마르다"(요 19:28) 하셨습니다. 여러분, 물병을 가지고 왔습니까? 시편 22:1, 마태복음 27:46-50, 마가복음 15:34-37, 누가복음 23:46을 꼭 보시기 바랍니다.

동방박사들에 대해서 말하기는 쉽죠. 페르시아에서 아기 예수 탄생하신 곳까지 3,500리(약 1,400km)입니다. 3개월 정도 걸립니다. 시내에서 교회 한 번 오는데 차가 막혀서 서너 시간 걸리고 어쩌고저쩌고 하면서 중간에 되돌아가는 게 낫겠다고요? 그 나라 갈 때까지 다시는 그러한 생각 갖지 마시기 바랍니다. 동방박사들은 빈손이 아니었습니다. 황금과 유향과 몰약, 세 가지 예물을 가지고 맹수들과 강도의 위협을 당하고 일사병 걸리기 일쑤인 사막을 지나 석 달 정도 걸려서 왔습니다. 그런데 세 시간이 그렇게 깁니까? 오늘날까지 모르고 입방아 찧었다면, '기쁘다 구주 오셨네' 하기 전에 회개하고 부르세요. 교회 오기가 그렇게 멀어요? 동방박사들의 신앙을 따르세요. 3,500리를 3개월 동안, 빈손이 아니고 예물을 가지고 왔습니다. 말도 아직 못 하고, 고맙다거나 인사도 못 하는 아기 예수, 난지 몇 시간 안 된 핏덩어리 앞에 와서 절을 하면서 예물을 드렸습니다. 마태복음 2:9, 11에 분명히 '아기'라고 나오지 않습니까? 짐승 우리에서 따뜻한 차가 어디 있겠습니까? 손님 대접이 어디 있겠습니까? '성탄절에 교회 갔더니 아무것도 안 주더라'고 합니다. '다른 교회에서는 그래도 빵도 주고 뭐 나눠주는데 평강제일교회는 아무것도 없더라'고 말이죠. 없는 게 당연합니다.

참된 배고픔이 있는 곳에 진정한 배부름이 있을 수 있습니다. 내일의 배부름을 희망하는 성도 여러분, 믿음의 비전을 가지세요. 꿈을 꾸세요. 크리스마스의 아름다운 꿈속에서 굶주린 자들을 위한 사랑의 기도를 드릴 수가 있는 것입니다.

성탄의 평화는 하늘에서 내려온 평화입니다

인간은 하루를 살다 죽더라도 평화롭게 살기를 원합니다. 크리스마스의 메시지가 바로 그것 아니겠습니까? 평화입니다. 종교가 추구하는 궁극적 목적이 무엇이겠습니까? 평화입니다. 아무리 세상이 물질문명으로 고도의 성장을 이루었다 할지라도 선량한 인간성을 보장해 주지 못한다면 모래 위에 세워진 성곽과 같이 안전 보장이 없는 것입니다. 산과 바다의 오염보다도 인간의 영혼의 오염은 정말 무섭습니다.

크리스마스의 평화는 자연 속에 숨어 있는 평화입니다. 크리스마스의 이야기는 제일 먼저 자연을 소재로 시작되고 있지 않습니까? 하늘의 별, 양 치는 목자들, 짐승의 구유, 이 모든 소재들이 자연 속에 숨어 있는 소박한 것들뿐입니다. 인간은 본래 자연을 바탕으로 해서 생겨난 존재들이기 때문에 인간성을 회복하기 위해서는 자연

속으로 돌아가야 합니다. 말씀 앞으로 돌아가야 합니다. 인간성의 회복과 평화의 근거는 오직 자연을 통해서, 자연 안에서 발견할 수가 있는 것입니다. 로마서 1:19-20 말씀을 읽어 보시기 바랍니다.

로마서 1:19-20 "이는 하나님을 알 만한 것이 저희 속에 보임이라 하나님께서 이를 저희에게 보이셨느니라 [20] 창세로부터 그의 보이지 아니하는 것들 곧 그의 영원하신 능력과 신성이 그 만드신 만물에 분명히 보여 알게 되나니 그러므로 저희가 핑계치 못할찌니라"

돌처럼 굳어지고 차가워지고 딱딱해진 인간의 정서와 심성을 부드럽고 평화롭게 해주기 위해서, 크리스마스는 화려한 도시 문명의 바벨탑을 피하여 자연 속에서 고요하게 전개되고 있다는 사실을 깨달아야만 되겠습니다. 자연의 정적(靜寂)은 놀랍고도 신비로운 하나님의 의지를 인간에게 드러내 보여 주고 있지 않습니까?

크리스마스는 단순히 철학적으로나 문학적으로 이해할 수 있는 인간과 자연과의 화답을 뜻하지 않습니다. 크리스마스는 자연 속에 초자연적 힘이 직접 성령을 통해 개입해 들어오는 하나님의 1회적(一回的) 사건에 대한 선포인 것입니다. 단 1회입니다. 2회, 3회가 아닙니다. 인간이 자연의 속성을 거부한다면 결코 평화의 행복을 기대할 수 없습니다. 정의가 조롱당하고 평화가 찢어진 불안한 현실 속에서, 우리는 자연을 통해 초자연적으로 임하시는 아기 예수께 초점을 맞춰야만 되겠습니다.

크리스마스의 평화는 초자연적으로 하늘에서부터 내려온 영원한 평화입니다. 참된 평화의 조건은 땅에서는 찾을 수가 없는 것입니다. 약삭빠른 처세술과 굴속같이 어두운 마음은 순수한 자연의 생명의 질서와 가치를 쉽게 거부해 버리고 맙니다. 그러기 때문에 첫 번째 크리스마스 때 헤롯왕의 횡포와 음모로 인하여 수많은 아이들이 죽었습니다. 아기 예수님이 난 지 몇 시간 안 돼서 수난의 길을 떠날 때 얼마나 배고파 울고 있습니까? 생명을 권력으로 억압하려는 악의 뜻은 자연을 역행하며 진리를 거스르는 무질서의 결과를 가져올 수밖에 없기 때문에, 결국 하나님께서 헤롯왕을 죽게 하셨습니다(마 2:19).

인간의 존엄성과 생명의 가치가 여지없이 진흙탕 속에 파묻히는 무질서 때문에 세상이 갈망하는 참된 평화가 수난을 당한다는 사실을 깨달아야만 되겠습니다. 크리스마스가 지구상에 처음 나타난 그때부터 오늘에 이르기까지, 자신도 죄가 있으면서 남을 멸시, 천대하고 가정을 파탄내는 폭군과 가해자들에 의해서 숱한 폭풍과 같은 박해와 고난을 겪는 거룩한 성도들이 얼마나 많이 있습니까?

성도 여러분, 진리가 당하는 아픔을 알고 있습니까? 진리가 당하는 슬픔과 괴로움을 얼마큼 알고 있습니까? 아기 예수를 죽이려던 헤롯왕의 폭력과 같은 무질서는 오늘도 세계 구석구석에서 끊임없이 일어나고 있습니다. 그러나 크리스마스의 평화는 사랑의 새 질서를 가지고 평화로운 새 아침에 우리 교회, 아니 대한민국과 전 세계에 찾아오고 있습니다.

'이 몸은 주님의 것이니 주의 말씀대로 이루어지이다'(눅 1:38) 하는 예수님의 육신의 어머니 마리아의 고백과 순종이 없었다면 어떻게 오늘 성탄절을 맞이할 수가 있겠습니까? 마리아와 요셉은 오직 하늘의 뜻에 맡기고 순종했습니다. 뜻이 땅 위에 이루어질 것을 간구했습니다. 메시아에 대한 천사의 말을 그대로 믿고 베들레헴으로 찾아온 순진한 목자들에게도 크리스마스의 평화는 가득 차 있었습니다. 진실로 겸손한 마음속에만 가득 차게 해 주시는 하나님의 평화, 축복의 평화가 오늘 왔습니다. 인간은 고귀하고 참신한 이상을 품고 평화와 질서를 추구해 나갈 때 진실한 삶의 기쁨과 만족을 현실 속에서 찾을 수가 있는 것입니다.

오늘 크리스마스를 맞이하는데, 무엇 때문에 제 마음이 초조하고 허전함을 느끼는 것일까요? 누구도 모르죠. 가슴속에 스며드는 향수(鄕愁)를 금할 수가 없습니다. 아마도 지금 선교를 위해 잠시나마 조국을 떠나 내 나라, 내 땅, 내 교회에서 예배를 드리지 못하기 때문에 그런 것 같습니다.

성도 여러분, 금년 한 해만큼은 하나님의 배고픔을 깨달아야만 되겠습니다. 마태복음 2장을 꼭 읽으세요. 남자 성도님들, 사모님이 애 낳을 곳이 없고 누가 죽이겠다고 해서 피도 제대로 닦지 못하고, 얼굴과 다리가 퉁퉁 부어 걷지도 못하는데 도망간다고 한번 생각해 본 다음 성탄절을 지키세요. 부모가 남한테 매를 맞고 멸시와 천대와 갖은 조롱을 당하는데 자식들이 진수성찬에 밥을 먹을 수가 있겠습니까?

들려오는 고국의 소식이 어둡고 침울할 때 더욱더 가슴속에서 괴로움이 솟구쳐 나옵니다. 하지만 그럴수록 우리 자신의 반성과 깨달음이 더욱 요구될 뿐입니다. 이제부터 온 국민이 신의(信義)와 겸손한 마음, 아름다운 신앙을 가지고 애국애족의 지혜를 모은다면 아픈 상처가 극복되고 평화의 비둘기가 푸른 조국 하늘에 훨훨 날 것입니다.

결론

오늘 탄생하신 배고픈 예수님! 그분이 바로 우리 인류의 소망이십니다. 우리의 사랑의 안내자요 영원한 인도자이십니다. 성도 여러분, 배고픈 아기 예수의 모습을 보면서 영접하세요. 우리에게 용기를 주십니다. 생의 의욕을 주시는 분입니다. 우리를 가까이해 주시고 안내해 주시는 우리의 구세주입니다. 그분이 우리를 생명의 길로, 천국의 복락으로 인도해 주실 것입니다.

끝까지 순종하세요. 끝까지 말씀만을 믿으세요. 하나님과 함께하는 임마누엘의 영광, 우리의 모든 죄를 용서해 주시고 값없이 구원과 용서의 복을 주시는 은혜의 영광, 우리의 모든 허물을 담당하시고 성령으로 우리를 새롭게 하여 거룩하게 변화시켜 주시는 진리의 영광. 그 영광을 가지고 찾아오신 독생자의 영광(요 1:14) 속에 사는 자만이 하나님의 자녀로서 영원한 축복을 누릴 것입니다.

성도 여러분, 마태복음 2:13부터 꼭 읽으세요. 난 지 몇 시간 안 되었는데 핏걸레도 없습니다. 미역국도 없습니다. 엄동설한에 찬바람은 들어옵니다. 여러분 예배드리는 시간에 문 다 열어 보세요. 아마 춥다고 소리치고 야단일 겁니다. 헤롯왕이 죽이려고 지금 군대 수만 명을 풀었습니다. 당시에 손전등이 있습니까? 불이 있습니까? 이리 쓰러지고 저리 쓰러지고 배고파 우는 아기 예수, 서러움과 오해와 환난과 눈물과 고통을 당하시는 그분을 보면서 성탄의 큰 은혜를 받으시고 이 한 해 마무리를 잘 하시기를 주의 이름으로 부탁드립니다.

1996년 12월 24일 화요일
성탄전야예배

내 자신이
신령한
베들레헴

| 미가 5:2

미가 5:2 "베들레헴 에브라다야 너는 유다 족속 중에 작을찌라도 이스라엘을 다스릴 자가 네게서 내게로 나올 것이라 그의 근본은 상고에, 태초에니라"

내 자신이 신령한 베들레헴

미가 5:2

1996년 한 해의 마지막 달, 금년을 며칠 남기지 않고 당회장을 비롯한 전 성도가 오늘 거룩한 모리아 성전에 모여 예배드리면서 하나님 앞에 감사하고 영광을 돌리고, 순서에 따라 성탄전야제를 진행하면서 큰 은혜를 받아 가지고 돌아가서 하나님 앞에 감사하는 열매가 되시기를 주님의 이름으로 축원합니다.

오늘 본문은 구약성경 미가 5:2의 "베들레헴 에브라다야 너는 유다 족속 중에 작을찌라도 이스라엘을 다스릴 자가 네게서 내게로 나올 것이라" 한 구절입니다. '베들레헴'은 원어로 '떡집'이라는 뜻입니다. 요한복음 6:34-48 말씀을 볼 때, 예수님께서 자신을 신령한 떡으로 소개하고 있습니다.

요한복음 6:34-35 "저희가 가로되 주여 이 떡을 항상 우리에게 주소서 35 예수께서 가라사대 내가 곧 생명의 떡이니 내게 오는 자는 결코 주리지 아니할 터이요 나를 믿는 자는 영원히 목마르지 아니하리라"

요한복음 6:47-48 "진실로 진실로 너희에게 이르노니 믿는 자는 영생을 가졌나니 48 내가 곧 생명의 떡이로라"

그다음 '에브라다'는 원어로 볼 때 '열매가 풍성하다'는 뜻입니다. 우리 각자는 아주 작고 보잘것없는 존재들입니다. 그러나 성탄을 맞이하기 전에 작은 마을 베들레헴, 바로 여러분 각자가 신령한 베들레헴이 되시기를 먼저 주님의 이름으로 축원합니다. '베들레헴아! 너는 결코 유대 땅에서 가장 작은 고을이 아니다.' 그렇다면 주시는 말씀을 통해서 깨닫고, 오늘부터 여러분 개개인 자신이 절대 작다고 생각해서는 안 됩니다. 만백성의 목자가 되실 분, 영도자가 여러분 마음에서 탄생하실 수 있도록, 말씀을 증거할 때에 잘 영접하시기 바랍니다.

작은 마을 베들레헴

때는 1865년, 필라델피아 성공회의 목사였던 필립스 브룩스(Philips Brooks)는 이스라엘 성지 여행 중에 베들레헴에 들렀습니다. 마침 그때가 크리스마스 전날 밤이었다고 합니다. 예수님이 탄생하신 자리라는 곳에 세워진 기념교회에서 뜻깊은 촛불 예배에 참석하게 되었습니다. 사방이 고요하고 어두워진 유대 광야는 그 옛날을 재현하고 있는 듯한 느낌을 받았습니다. 후에 설교를 준비하다가 하늘의 별을 바라보면서 감회에 잠긴 브룩스의 입술에서 자신도 모르는 사이에 시가 흘러나왔다고 합니다. 그것이 전 세계 그리스도인들이 애창하는 크리스마스 캐럴 '오, 베들레헴 작은 골', 찬송가 120장(새찬송가 120장)입니다.

오, 베들레헴 작은 골 너 잠들었느냐
별들만 높이 빛나고 잠잠히 있으니
저 놀라운 빛 지금 캄캄한 이 밤에
온 하늘 두루 비춘 줄 너 어찌 모르나

이 시에서 작가는 예수님의 탄생이 작은 베들레헴 동네에서 이루어졌음을 지적하고 있습니다. 사랑하는 성도 여러분! 이 작은 곳이, 놀라운 별빛이 상징하듯 영광스러운 역사의 발상지가 되었다면, 여러분 개개인이 작다고 여겨지지만, 감사와 감격, 찬송이 넘치는 신령한 베들레헴이 되어서 예수님이 여러분 마음의 구유에 탄생하신다면 얼마나 영광스러운 일이 되겠습니까?

저도 이스라엘을 자주 갔다 왔지만, 베들레헴을 방문할 때마다 지금도 여전히 작은 동네라고 생각하게 됩니다. 예루살렘에서 약 20리(약 8km)도 안 됩니다. 예수께서 대도시 예루살렘에서 탄생하시지 않고 변두리 목축 노동자들의 마을에서 태어나셨다는 사실은 우리에게 어떠한 교훈을 주고 있습니까?

유대인들이 가장 좋아하는 이야기가 있습니다. 본래 유대인은 키가 작은데 그중에서도 특히 작은 유대인이 알래스카 벌목장에 취직을 했다고 합니다. 주인은 이 작은 인부를 혼내 주려고 큰 도끼를 맡기고 힘든 일을 시켰다고 합니다. 하늘로 치솟은 아름드리 거목의 숲속에 선 이 사람은 마치 벌레처럼 보였습니다. 그러나 그의 일솜씨는 키가 장대한 일꾼들을 훨씬 능가했습니다. 주인이 그에게 벌목을 어디서 배웠느냐고 묻자 사하라 정글에서 배웠다고 했습니다. 주인이 '사하라 정글이 아니고 사막이겠지'라고 하니까 그 유대인이 '예! 제가 가서 나무를 몽땅 잘라 버렸습니다. 그 결과 사막이 되었지요'라고 대답했다고 합니다. 이 유머는 유대인들이 자녀 교육에 사용하는 이야기입니다.

아무리 체구가 작아도, 살림살이가 적어도, 배우지 못해 지식이 얕아도, 교회 연조가 짧아도, 그 속에 정신이 살아있다면 믿음으로 무엇이나 할 수 있다는 교훈이 아니겠습니까?

가장 보잘것없는 작은 마을 베들레헴에서, 작은 구유에 태어난 작은 아기가 누굽니까? 우리의 창조주요 만인간의 생명 자체요 영생의 주가 되시는 예수 그리스도가 아니겠습니까? 저나 여러분은 보잘것없습니다. 아무 가치가 없죠. 그러나 우리 속에 믿음으로 예수님을 영접할 때, 천하의 어떠한 큰 것도 우리보다 작습니다. 우리는 예수님을 모시고 있거든요. 예수님을 가지고 있습니다. 하늘의 비밀을 간직하고 있습니다. 우리 속에 예수님이 계신다면 그 속에 진리가 있습니다. 사랑이 충만합니다. 의로움이 있습니다. 지혜가 있습니다. 그래서 큰 인물이 될 수가 있다는 것을 믿으시기 바랍니다. 본문을 볼 때도 미가 선지자가 '베들레헴아, 너는 결코 작은 마을이 아니다'라고 외치고 있지 않습니까? 여러분은 절대 작은 사람이 아닙니다.

잠들어 있는 베들레헴

필립스 브룩스는 베들레헴의 별을 바라보며 두 번째 시를 읊었습니다.

온 세상 모든 사람들 잠자는 동안에
평화의 왕이 세상에 탄생하셨도다
저 새벽별이 홀로 그 일을 아는 듯
밤새껏 귀한 그 일을 말 없이 지켰네

온 세상 사람들이 잠들어 꿈꾸는 동안에 이 세계를 구원할 아기
가 탄생하셨다는 것입니다. 새벽별만이 이 사건을 아는 듯이 밤새
껏 말없이 지켜보고 있었다고 했습니다. 브룩스는 여기서 잠들어
버린 베들레헴을 지적하고 있습니다.

여러분, 신앙으로 깨어 있지 못하고 세상에 잠들어 있습니까? 바
로 여러분이 예수님을 탄생시킬 베들레헴 마구간이 되어야 됩니다.
잠들어 버린 베들레헴은 성탄을 보지 못하고 알지 못하는 인간들을
가리키는 것입니다. 인류에게 희망과 생명을 주는 구원의 큰 역사
가 시작되었는데 코를 골고 쿨쿨 자고 있는 눈먼 인간들을 말합니
다. 이러한 역사의 증인이 오직 밤하늘의 별뿐이었으니 안타깝다는
절규가 이 시의 외침이 아니겠습니까?

성탄 전야제에 참석한 모든 성도 여러분, 지금도 이 세상에서는
묵살되어 버린 듯한 시간 속에 진리가 고동치고 있습니다. 아기 예
수님은 베들레헴의 냉대와 이웃의 무관심, 헤롯이 조성한 공포 분위
기 속에서 태어나셨습니다. 그러나 그분은 빛 자체입니다. 빛을 가
지고 탄생했습니다. 역사 변혁의 시점이 아니겠습니까? 요한복음
1:1-4, 이사야 9:2 말씀 그대로입니다.

요한복음 1:1-4 "태초에 말씀이 계시니라 이 말씀이 하나님과 함께 계셨으
니 이 말씀은 곧 하나님이시니라 ² 그가 태초에 하나님과 함께 계셨고 ³ 만
물이 그로 말미암아 지은 바 되었으니 지은 것이 하나도 그가 없이는 된 것
이 없느니라 ⁴ 그 안에 생명이 있었으니 이 생명은 사람들의 빛이라"

이사야 9:2 "흑암에 행하던 백성이 큰 빛을 보고 사망의 그늘진 땅에 거하
던 자에게 빛이 비취도다"

요즘 세상 보세요. 사람 존중, 인권 문제를 거론하다가 죄인으로 몰립니다. 정의니 양심선언이니 하면 따돌림을 받는 시대가 되어버렸습니다. 그 옛날 유대 사회, 베들레헴의 분위기와 같습니다. 그러나 그 속에서 아기 예수님의 힘찬 고고*가 났습니다. 젖먹이의 우는 소리, 그 소리를 들은 자가 누굽니까? 놀라지 마세요. 예수님의 울음소리는 흑암을 깨부수는 새벽의 종소리입니다. 새벽의 외침입니다.

중국 성경을 보면 '예수'라는 이름을 '야소'(耶穌)라고 부르고 있습니다. 제가 놀라서 한자 옥편을 찾아보았습니다. 참 의미 깊은 해석을 발견했습니다. '그런가 야'(耶)자로 '회의'(懷疑)를 뜻하고, '깨어날 소'(穌)자입니다. 그래서 의심과 방황에서 깨어나게 하는 자가 예수님이라는 해석입니다. 얼마나 의미심장합니까?

잠자고 있는 베들레헴, 그 속에서 오히려 눈을 뜬 아기 예수! 여러분이 믿지 않고 잠자고 있다 해도, 여러분 속에서 예수님은 눈뜨고 있습니다. 여러분 속에서 진리의 자체가 되시는 예수님은 외치고 있습니다. 말씀도 깨닫지 못하고 세상의 암흑 같은 마음을 가지고 있지만, 그 마음속에서 예수님은 빛을 발하고 있습니다.

오늘 주시는 말씀을 놓치지 마세요. 저는 여러분이 믿기를 원하고 살기를 원합니다. 죽지 않기를 원합니다. 예수님은 죽음, 사망을 해결하러 오신 분입니다(히 2:14-15). 예수님은 확실히 만인간의 소망입니다. 예수님 자신은 확실한 분입니다. 타락한 인간은 확실하지 못합니다. 전부 희미합니다. 거짓투성이입니다. 자기 이익만을 추구합니다. 자기 기분대로 삽니다.

---

* 고고(呱呱) : 아기가 막 태어나면서 처음으로 우는 소리.

오늘 예수님을 만나기 위해서 성탄 전야제에 모인 여러분. 예수님을 만난다는 것은 잠에서 깨어남을 뜻합니다. 오늘날까지 잠에서 깨어나지 못한 자들이 깨어나는 순간이라는 것을 믿으시기를 바랍니다.

결론

베들레헴의 노래, 찬송을 마음껏 불러 보세요. 양을 치던 목자들이 자기 양떼를 지킬 때 주님의 사자, 즉 천사가 나타나 큰 소리로 전했습니다. '이날에 나신 아기 예수, 만민의 구주라.' 그 아기 예수가 지금 다윗의 동네 구유에 누워 있습니다. 이 놀라운 선물이 지금 얼마나 고요하게 다가오고 있는지를 깨닫고 고요한 밤 속에 울려 퍼지는 기쁜 소식을 들으시기 바랍니다. 은은하게 피리를 불며 양떼를 지키는 목자들의 고요 속에 갑자기 하늘의 구원의 벨이 울리고 있습니다. 누가복음 2:8-17에서 한밤중에 양떼와 천사의 합창을 대조시키고, 고요한 마구간과 힘찬 아기의 울음소리를 비교한 것을 통해, 메시아 탄생의 기쁜 소식은 고요하게 기다리는 자만이 들을 수 있다는 것을 깨닫기를 바랍니다.

누가복음 2:8-17 "그 지경에 목자들이 밖에서 밤에 자기 양떼를 지키더니 9 주의 사자가 곁에 서고 주의 영광이 저희를 두루 비춰매 크게 무서워하는지라 10 천사가 이르되 무서워 말라 보라 내가 온 백성에게 미칠 큰 기쁨의 좋은 소식을 너희에게 전하노라 11 오늘날 다윗의 동네에 너희를 위하여 구주가 나셨으니 곧 그리스도 주시니라 12 너희가 가서 강보에 싸여 구유에 누인 아기를 보리니 이것이 너희에게 표적이니라 하더니 13 홀연히 허다한 천군이 그 천사와 함께 있어 하나님을 찬송하여 가로되 [14] 지극히 높은 곳에서는 하나님께 영광이요 땅에서는 기뻐하심을 입은 사람들 중에 평화로다 하니라 [15] 천사들이 떠나 하늘로 올라가니 목자가 서로 말하되 이제 베들레헴까지 가서 주께서 우리에게 알리신바 이 이루어진 일을 보자 하고 [16] 빨리 가서 마리아와 요셉과 구유에 누인 아기를 찾아서 [17] 보고 천사가 자기들에게 이 아기에 대하여 말한 것을 고하니"

1903년 12월 17일, 라이트 형제가 비행기를 만들어서 처음으로 비행에 성공했는데, 59초 동안 떴습니다. 이 기쁜 소식을 먼저 가족에게 전보를 쳐서 알렸습니다. '59초간 비행에 성공. 크리스마스에는 집에 돌아감.' 라이트 형제의 가족은 이 소식을 지방 신문사에 알려주었습니다. 그러나 이튿날 조간에 실린 기사는 '우리 마을이 낳은 유명한 자전거 상인이 이번 성탄에 고향으로 돌아오다'라는 내용이었습니다. 성탄을 앞두고 너무 바빴던 신문기자는 그 놀라운 기쁜 소식을 제대로 못 들은 것입니다. 알맹이는 빼놓고 껍질만 귀에 들어온 실수가 아니겠습니까? 분명히 라이트 형제는 비행기를 만들어서 59초 동안 비행에 성공했다고 했는데, 기사가 엉뚱하게 실린 것입니다.

크리스마스에 대한 그림 중에 이런 것을 볼 수가 있습니다. 크리스마스카드 그림에 양들과 목자들이 모두 하늘을 쳐다보고 있는데, 하늘에는 광채가 나고 천사들이 노래합니다. 그런데 개 한 마리가 정반대쪽을 바라보고 있습니다. 무엇인가 이상한 소리가 들린다는 표정입니다. 성탄 전야제에 모인 성도 여러분, 우리가 하나님의 형상을 입은 사람들인데, 하나님의 아들딸들인데, 예수를 믿는 성도들인데, 우리가 개보다 못하면 되겠습니까?

　믿음으로 오늘 성탄전야예배를 드리시기 바랍니다. 개도 이상한 소리가 들린다는 표정을 짓고 있는데, 하물며 성도가 크리스마스의 기쁘고 놀라운 소식을 듣지 못하고 오히려 이 성스러운 계절에 바쁘고 시끄러운 소리 속에 묻혀 버린다면, 이 연말이 열매 없는 가련하고 허무한 계절이 될 수밖에 없습니다. 그러나 우리는 세상의 바쁘고 시끄러운 소리 속에서도 베들레헴 작은 마을에서 나는 생명의 울음소리를 듣습니다. 우리를 부르는 구원의 소리를 듣습니다. 올해의 마지막 연말, 열매가 있는 풍성한 계절이 되시기를 주님의 이름으로 축원합니다. 신령한 소리, 하늘의 음성을 듣는 모두가 되시기 바랍니다. 당회장부터 평신도 하나에 이르기까지 마음을 다하고 정성을 다하고 뜻을 다하여 하나님 앞에 감사하면서, 아기 예수님이 각자 내 마음에 오시고, 내 마음에 탄생하시는 축복된 역사가 있으시기 바랍니다.

I 베들레헴에 있는 목자들의 들판교회

1998년 12월 25일 금요일
성탄예배

성탄의
첫 목격자

| 누가복음 2:8-20

누가복음 2:8-20 "그 지경에 목자들이 밖에서 밤에 자기 양떼를 지키더니 9 주의 사자가 곁에 서고 주의 영광이 저희를 두루 비취매 크게 무서워하는지라 10 천사가 이르되 무서워 말라 보라 내가 온 백성에게 미칠 큰 기쁨의 좋은 소식을 너희에게 전하노라 11 오늘날 다윗의 동네에 너희를 위하여 구주가 나셨으니 곧 그리스도 주시니라 12 너희가 가서 강보에 싸여 구유에 누인 아기를 보리니 이것이 너희에게 표적이니라 하더니 13 홀연히 허다한 천군이 그 천사와 함께 있어 하나님을 찬송하여 가로되 14 지극히 높은 곳에서는 하나님께 영광이요 땅에서는 기뻐하심을 입은 사람들 중에 평화로다 하니라 15 천사들이 떠나 하늘로 올라가니 목자가 서로 말하되 이제 베들레헴까지 가서 주께서 우리에게 알리신바 이 이루어진 일을 보자 하고 16 빨리 가서 마리아와 요셉과 구유에 누인 아기를 찾아서 17 보고 천사가 자기들에게 이 아기에 대하여 말한 것을 고하니 18 듣는 자가 다 목자의 말하는 일을 기이히 여기되 19 마리아는 이 모든 말을 마음에 지키어 생각하니라 20 목자가 자기들에게 이르던 바와 같이 듣고 본 그 모든 것을 인하여 하나님께 영광을 돌리고 찬송하며 돌아가니라"

1998년 12월 25일 금요일
성탄예배

성탄의 첫 목격자

누가복음 2:8-20

창세기 2:16-17을 볼 때 "여호와 하나님이 그 사람에게 명하여 가라사대 동산 각종 나무의 실과는 네가 임의로 먹되 ¹⁷ 선악을 알게 하는 나무의 실과는 먹지 말라 네가 먹는 날에는 정녕 죽으리라 하시니라"라고 말씀하고 있습니다. 에덴동산에 있는 각종 나무의 열매는 마음대로 먹어도 되지만, 선과 악을 알게 하는 나무의 열매만큼은 먹는 날에 정녕, 결단코, 반드시 죽는다는 것입니다.

창세기 3장을 볼 때, 하나님 앞에 도전한 우리의 원수 옛 뱀, 마귀, 사단이 남자보다 연약한 여자한테 접근했습니다. 하나님과 아담 사이에 무슨 언약을 했는지, 하나님께서 무슨 말씀을 주셨는지 어둠의 세계에 있는 사단은 알 수가 없었습니다. 분명히 에덴동산에 관해서 말씀하신 것 같은데 그 내용을 알 수가 없었습니다. 창세기 3:1에 "들짐승 중에 뱀이 가장 간교하더라"라고 했습니다. 뱀이 여자한테 '하나님이 참으로 너희더러 동산 모든 나무의 실과를 먹지 말라더냐?'라고 물었습니다. 여자가 하나님의 딸이라면, 하나님의 말씀을 그대로 믿고 순종하는 신앙이 있었다면 '네가 알아서 뭐해? 정 알고 싶으면 하나님께 직접 물어봐. 하나님과 나와의 관계인데 네가 왜 곁다리로 중간에 들어와서 나를 찔러 봐? 하나님이 너를 필요로 하셨으면 너를 불러서 말씀하셨을 것 아니냐?' 이렇게 말해야 될 것 아닙니까?

우리가 평생 예수를 믿으면서 신앙의 지혜를 배워야 됩니다. 잠언 말씀을 볼 때, 지혜가 없으면 성공률이 적고 언제나 남의 밑에 들어가 있게 된다고 했습니다(참고·전 10:10). 밥을 얻어먹어도 눈치가 있어야 됩니다.

그런데 여자가 뱀에게 '아니야. 동산 안에 있는 것은 우리 마음대로 다 먹되, 중앙에 있는 선악을 알게 하는 나무의 열매만큼은 따먹지 말라고 하나님이 그러셨단다'라고 했습니다. 마귀가 비밀을 알았습니다. 여자에게 잘해 주는 척하면서 집중적으로 공격합니다. '따먹어도 죽지 않아. 먹으면 눈이 밝아서 하나님같이 된다'고 했습니다. 마귀의 말을 듣고 나서 선악을 알게 하는 나무를 보니까 먹음직하고 보암직하고 손이 갈 만큼 탐스러웠습니다. 따서 먹고 사랑하는 남편 아담한테 그걸 줬습니다. 같이 범죄했습니다.

에덴은 본래 근심의 그림자도 없는 곳 아닙니까? 모든 것이 만족스럽습니다. 어둠의 그림자가 없는 영원한 세계인데 죽음이 들어왔습니다. 한 번 불순종으로, 아담 때문에 이 땅은 저주받았습니다. 이 지구 팔만 리 땅덩어리는 저주받은 땅입니다. 그래서 우리에게 가시와 엉겅퀴를 낸다는 것입니다. 아무리 좋은 과일을 먹어도 눈에 보이지 않는 가시와 엉겅퀴가 있습니다. 남편 때문에, 자식 때문에, 사업 때문에 근심투성이입니다. 창세기 3:16-19 말씀 그대로입니다.

창세기 3:16-19 "또 여자에게 이르시되 내가 네게 잉태하는 고통을 크게 더하리니 네가 수고하고 자식을 낳을 것이며 너는 남편을 사모하고 남편은 너를 다스릴 것이니라 하시고 ¹⁷ 아담에게 이르시되 네가 네 아내의 말을 듣고 내가 너더러 먹지 말라 한 나무 실과를 먹었은즉 땅은 너로 인하여 저주를 받고 너는 종신토록 수고하여야 그 소산을 먹으리라 ¹⁸ 땅이 네게 가시덤불과 엉겅퀴를 낼 것이라 너의 먹을 것은 밭의 채소인즉 ¹⁹ 네가 얼굴에 땀이 흘러야 식물을 먹고 필경은 흙으로 돌아가리니 그 속에서 네가 취함을 입었음이라 너는 흙이니 흙으로 돌아갈 것이니라 하시니라"

'너는 이마에 땀을 흘려야 식물을 먹는다. 여자는 해산하는 수고를 크게 더한다'고 했습니다. 원래 죄가 없으면 아이를 낳을 때 '아이구 배야! 나 죽네' 하지 않고 닭이 알을 낳을 때와 같이 구로(劬勞)하는 고통이 없다고 했습니다. 그냥 은혜 가운데 나오는 거예요.

그래서 하나님의 말씀대로 된 것 아닙니까? 선악과를 따먹으므로 근심이 생겼습니다. 어둠이 생겼습니다. 모든 생활에 가시가 있습니다. 아무리 자식을 훌륭하게 길러도 역시 가시와 엉겅퀴가 있습니다. 그 자식 때문에 콕콕 찔립니다. 먹은 것이 없힙니다. 실을 가지고 이 집 저 집 왔다 갔다 하면 실이 엉키듯이 모든 것이 엉키게 됩니다.

인류에게 영원한 죽음, 영원한 사망이 왔습니다. 이해를 돕기 위해 비유적으로 말씀드리면, 우리 살을 육곳간(肉庫間)에 가서 뼈는 뼈대로, 살은 살대로 추린 다음 소여물 끓이는 큰 가마솥에 양잿물을 타서 끓여 가지고 묵같이 만들어서 태평양, 동해 바다, 어느 강물에 뿌린다 해도 우리의 죄가 없어지지 않습니다. 뼈를 밀가루같이 곱게 갈아서 하늘에 날린다든가 강물에 뿌린다 해도 죄가 없어지지 않습니다. 일찍이 하나님께서 눈물의 선지자 예레미야를 통해 이렇게 말씀하셨습니다.

예레미야 2:22 "주 여호와 내가 말하노라 네가 잿물로 스스로 씻으며 수다한 비누를 쓸찌라도 네 죄악이 오히려 내 앞에 그저 있으리니"

그래서 인간을 멸하는 사망을 근본적으로 해결하기 위해서 하나님이 사람의 몸으로 오셨습니다. 저와 여러분, 억조창생(億兆蒼生) 인간들은 부정모혈(父精母血)로 태어났습니다. 아담 이후 오늘날까지 낳고 죽고 해서 지구상에 왔다 간 사람이 950억이랍니다. 지금 살아 있는 사람이 50억이 넘는다고 합니다. 그러나 생명이 없는 존재입니다. 살았다 하는 이름은 있으나 실상은 죽은 몸입니다(계 3:1). 존재 가치가 없는 인간들입니다. 아침의 안개, 풀 끝의 이슬 같습니다. 아궁이에 불 땔 때면 굴뚝에서 사라지는 연기 같습니다(호 13:3, 약 4:14). 모든 삶이 시편 기자의 말씀대로 냉과리 같은 인생입니다.

시편 102:3 "대저 내 날이 연기같이 소멸하며 내 뼈가 냉과리같이 탔나이다"

아무리 고대광실(高臺廣室) 높은 집에서 원앙 부부같이 사이좋게 산다 해도, 자식이 공부 잘해서 유학 가고, 사업이 잘돼서 돈을 많이 번다 해도 역시 냉과리 같은 인생들입니다. 장작불이 타다가 꺼져서 연기만 내는 것을 냉과리라고 합니다. 한마디로 말해서 근심이 있는 가정, 근심이 있는 재물입니다(참고-잠 10:22下).

이 문제를 해결하기 위해 하나님께서 예수님을 보내셨습니다. 요한복음 17장 말씀을 볼 때, 예수님은 이 땅에 오시기 전에 보좌에서 하나님과 똑같은 영광을 누리던 분입니다. 예수님의 본래 영광은 '창세전에 가졌던 영광'이라고 하셨습니다.

요한복음 17:5 "아버지여 창세전에 내가 아버지와 함께 가졌던 영화로써 지금도 아버지와 함께 나를 영화롭게 하옵소서"

그 영광을 버리고 눈물의 골짜기, 한숨의 골짜기, 죽음의 골짜기, 사망의 구더기가 들끓는 이 땅에 바로 저와 여러분, 억조창생을 구원하기 위해서 오신 것입니다.

예수님을 영접하지 않은 이스라엘 백성

예수님께서 이 땅에 '아닌 밤중에 홍두깨'식으로 오셨느냐? 아닙니다. 당신의 귀한 선지자들을 통해서 만백성에게 시대마다 메시아에 관해서 증거하게 하셨습니다. 창세기 3:15 말씀도 메시아에 관해서 하신 말씀입니다. 아담이 죄짓자마자 짐승을 잡아 가죽을 벗겨서 옷을 입혀 주신 것도 역시 예수 그리스도의 예표입니다.

창세기 3:15 "내가 너로 여자와 원수가 되게 하고 너의 후손도 여자의 후손과 원수가 되게 하리니 여자의 후손은 네 머리를 상하게 할 것이요 너는 그의 발꿈치를 상하게 할 것이니라 하시고"

창세기 3:21 "여호와 하나님이 아담과 그 아내를 위하여 가죽옷을 지어 입히시니라"

아브라함의 아들 이삭이 모리아의 한 산에서 처참하게 죽을 수밖에 없었지만 숫양을 대신 잡아 하나님 앞에 바쳤는데, 이삭도 역시 예수님의 예표입니다(창 22:1-18). 그림자로 다 보여 주셨습니다.

주전 700년경, 지금으로부터 약 2,700년 전에 이사야 선지자는 이 땅에 하나님이 오시되 처녀의 몸에서 나신다는 것을 예언했습니다(사 7:14). 예수님은 부정모혈로 태어나신 사람이 아닙니다. 남자 없이, 삼위(三位)일체 하나님의 한 위가 되시는 성령님을 통해서 이 땅에 오셨습니다. 그분은 사람이되, 죄는 없다고 했습니다(히 4:15). 죄인이 죄인을 구원하지 못합니다. 하나님께서 사람으로 이 땅에 오시되 아기 예수로 오셨습니다. 그래서 요한복음 1:14에 "말씀이 육신이 되어 우리 가운데 거하시매 우리가 그 영광을 보니 아버지의 독생자의 영광이요 은혜와 진리가 충만하더라"라고 말씀하고 있습니다. 우리 연예인선교단이 부르는 노래 제목과 같이 '성탄은 하나님의 먼저 사랑'입니다. 우리가 하나님을 믿고 사랑하기 때문에 하나님께서 '알았다. 내가 구원해 줄게' 해서 예수님을 보내신 것이 아닙니다.

미가 선지자를 통해서 일찍이 예수님의 나실 장소까지 말씀해 주셨습니다(미 5:2). 창세기 22:14-17, 사무엘하 7:11-12 말씀 볼 때 '아브라함의 자손이 대적의 문을 얻는다'고 했습니다. 누가복음 1:31-33 말씀 볼 때, 다윗의 계통을 통해서 오신다고 했습니다. 그래서 마태복음 1:1에 "아브라함과 다윗의 자손 예수 그리스도의 세계라"라고 말씀하고 있습니다.

미가 5:2 "베들레헴 에브라다야 너는 유다 족속 중에 작을찌라도 이스라엘을 다스릴 자가 네게서 내게로 나올 것이라 그의 근본은 상고에, 태초에니라"

창세기 22:14-17 "아브라함이 그 땅 이름을 여호와 이레라 하였으므로 오늘까지 사람들이 이르기를 여호와의 산에서 준비되리라 하더라 15 여호와의 사자가 하늘에서부터 두 번째 아브라함을 불러 16 가라사대 여호와께서 이르시기를 내가 나를 가리켜 맹세하노니 네가 이같이 행하여 네 아들 네 독자를 아끼지 아니하였은즉 17 내가 네게 큰 복을 주고 네 씨로 크게 성하여 하늘의 별과 같고 바닷가의 모래와 같게 하리니 네 씨가 그 대적의 문을 얻으리라"

사무엘하 7:11-12 "전에 내가 사사를 명하여 내 백성 이스라엘을 다스리던 때와 같지 않게 하고 너를 모든 대적에게서 벗어나 평안케 하리라 여호와가 또 네게 이르노니 여호와가 너를 위하여 집을 이루고 12 네 수한이 차

서 네 조상들과 함께 잘 때에 내가 네 몸에서 날 자식을 네 뒤에 세워 그 나
라를 견고케 하리라"

누가복음 1:31-33 "보라 네가 수태하여 아들을 낳으리니 그 이름을 예수
라 하라 ³² 저가 큰 자가 되고 지극히 높으신 이의 아들이라 일컬을 것이요
주 하나님께서 그 조상 다윗의 위를 저에게 주시리니 ³³ 영원히 야곱의 집
에 왕 노릇 하실 것이며 그 나라가 무궁하리라"

예수님이 이 땅에 오실 때에 그냥 가만히 계시다가 오신 것이 아닙
니다. 예수님이 오실 길을 선지자들을 통해 닦게 하셨습니다. 말씀
을 보내실 때, 믿고 받는 자를 통해 이루어집니다. 이해를 돕기 위해
서, 부산까지 가기 위해 영등포까지 길을 닦았습니다. 내 대(代)가 끝
나면 또 다른 사람이 거기서 군포까지 길을 닦습니다. 말씀이 갔는데
사람들이 받지도 믿지도 않고 내동댕이칩니다. 그렇다고 해서 말씀
이 멈추지 않습니다. 또 달려갑니다. 아담이 죄지은 이후 오늘날까지
말씀은 일하고 있습니다. 말씀은 달려가고 있습니다. 마태복음 1장
을 볼 때, 아브라함 이후 14대, 또 14대, 또 14대, 총 42대 만에 예수께
서 이 땅에 오셨습니다. 이스라엘 백성이 430년 동안 고생하던 죄악
의 땅 애굽에서 가나안 땅에 들어갈 때까지 천막을 42번 쳤습니다.

음으로 양으로 하나님께서는 인류를 구원하는 데 있어서 절대 졸
지 않고, 주무시지 않고, 게으르지 않고, 새벽부터 부지런히 말씀을
주셨지만, 다 내동댕이치고 말았습니다(시 121:4, 렘 7:13, 25). 그래서
아담이 죄지은 이후 오늘까지의 유구한 역사는 하나님의 근심, 하나
님의 눈물입니다. 그 흔적을 알아야 합니다. '기쁘다 구주 오셨네'라
고 말만 하면 뭐합니까? 예수님을 우리에게 보내 주시기까지의 과정
을 알아야 합니다.

하나님이 바보가 아닙니다. 이사야 55:8-9 말씀과 같이 하나님의 생각은 우리의 생각과 다릅니다. 차원이 높으신 분입니다. 그렇게 모든 것을 아시는 분이, 아담과 하와가 죄짓자마자 곧바로 메시아를 보내시면 얼마나 좋아요? 아담과 하와만 팽개치고 다시 창조하시면, 둘만 지옥 가고 오늘날까지 죄가 없을 것 아닙니까? 그런데 자식을 낳고 낳고 한 것이 6천여 년 동안 내려왔습니다. 6천여 년 동안 믿는 사람이 많은지, 믿지 않는 불신자가 많은지 한번 계산해 보세요. 당연히 믿지 않는 사람이 많습니다. 그러면 하나님께서 그렇게 밑지는 일을 하시겠습니까?

예수님을 보내시려고 하나님이 얼마나 애쓰셨는지 모릅니다. 이스라엘 백성을 보세요. 당시 제사장들만 약 2만 4천 명입니다. 거기에 장로, 유사, 서기관, 바리새인, 회당장, 지도자들이 얼마나 많았습니까? 우리가 재림하시는 주님을 소망하고 기다리듯이 2천 년 전에 유대인들은 메시아를 학수고대하며 소망했습니다. 틀림없이 메시아가 오신다고 믿고 있었습니다.

그런데 예수님이 부잣집, 왕이나 장관이나 권력 가진 자, 많이 배운 학자의 집에 오셨습니까? 짐승 냄새 나는 헛간입니다. 문도 없습니다. 겨울입니다. 한국으로 말하면 엄동설한이에요. 나이 많은 육신의 아버지 요셉이 젊은 아내 마리아를 데리고 있는데, 여관이 있습니까? 웬만한 집에선 쳐다보지도 않습니다. 생긴 모습을 볼 때 여자의 배가 함지박만 하지, 애가 쏟아지면 핏걸레질은 누가 합니까? 보기만 해도 걱정스럽습니다. 문을 확 닫고 방이 없다고 합니다. 그러면 메시아를 기다리며 기도하던 제사장들, 오늘날의 목사님들이 왜 예수님을 몰라봤습니까?

동방박사들은 페르시아에서 3,500리 길을 석 달 정도 걸려서 왔습니다. 성경을 아는 사람들입니다. 이상한 왕의 별이 나타났습니다. 노잣돈이 얼마나 많이 듭니까? 황금을 준비해야죠. 몰약과 유향을 준비해야죠. 그 돈이 얼마입니까? 몰약은 썩지 않게 하는 약입니다. 마취제와 똑같습니다. 예수님이 십자가에 달리실 때 초(醋)같이 시게 된 포도주에 몰약을 타 가지고 예수님께 드렸는데, 맛을 보니까 너무 시어서 고개를 흔들면서 받지 않으셨습니다(막 15:23).

어린 아기입니다. 요셉을 보나 마리아를 보나, 옷에 먼지가 왜자작하고 추하기 짝이 없습니다. 짐승들은 소리 지릅니다. 애가 울까 봐 흔드는 그네도 아니고 박스도 아닙니다. 짐승 밥통에 있는 찌꺼기를 긁어 버리고, 아기 예수를 강보에 싸서 거기 담아 놨으니, 누가 영광의 주, 창조주, 만왕의 왕, 메시아로 믿겠습니까!

동방에서 온 그들은 박사들이었습니다. 별이 문득 섰죠. 말 못 하는, 난 지 얼마 안 된 핏덩어리입니다. 배꼽 줄도 안 떨어졌습니다. 보기를 합니까, 말을 합니까? 그런 아기 예수께 엎드려서 경배했습니다. 하나님을 두렵게 경외하기 때문에 경배가 나오는 것입니다. 친구지간에도 서로 못마땅해 보세요. 악수할 때 보면 압니다. 손이 송장보다 더 찹니다. 진정으로 반가운 사람은 손이 아플 정도로 꽉 쥡니다. 따뜻합니다. 그런데 박사들, 덩치 큰 어른들이 난 지 얼마 안 된 핏덩어리에게 경배한다는 것, 보통 일이 아닙니다.

사망을 영원히 해결하러 오신 예수님. 정말 저희들은 매년 12월 25일 성탄절을 맞이할 때마다 설교를 너무나 많이 들었습니다. 이제는 다람쥐 쳇바퀴 돌리듯이 무미건조하게 '내일이 성탄절이래. 교회 한번 나가 볼까?' 그래서는 안 됩니다.

성탄의 첫 목격자가 된 목자들의 순박한 신앙

사복음서인 마태복음, 마가복음, 누가복음, 요한복음 가운데 마태복음과 누가복음을 비교해 볼 때, 성탄에 대한 기록의 차이가 있습니다. 마태복음에는 왕, 제사장, 장로, 서기관, 귀족, 박사, 이러한 분들에 대해서만 기록돼 있습니다. 그런데 누가복음만큼은 서민, 노동자, 보잘것없는 가난한 자들에 대해 기록하고 있습니다. 하나님께서 왜 이렇게 기록하게 하셨을까요? 마태복음에는 이름난 사람들, 돈푼이 있는 사람들이 나옵니다. 누가복음에는 보통 사람들이 나옵니다. 평민들, 노동자들입니다. 들에서 양 치는 목자가 노동자죠(눅 2:8-20). 밤이면 옷 다 벗고 씻고, 따뜻한 이불에서 잠들기를 원하는 것이 사람인데, 돈이 많으면 왜 밤에 잠 못 자고 양 치는 일을 하겠습니까?

누가복음 2:25-38에는 시므온과 안나가 나옵니다. 안나는 시집간 지 7년 만에 과부가 되어 84년(한글 개역성경, KJV)이 흘렀습니다. 최소한 15살은 되어야 시집을 가겠죠. 그러니 100살이 넘은 할머니입니다. 그들은 하나님의 위로를 기다렸습니다. 메시아가 이 땅에 분명히 오신다는 것을 믿고, 밤잠을 자지 않고, 때와 시를 가리지 않고 기도하면서 성전을 떠나지 않았습니다. 많은 사람들이 안나를 보고 미쳤다고, 성전에 올 때마다 그 할머니가 있다고 합니다. 나이 80-90세 돼 보세요. 시야가 다르고, 듣는 게 다르고, 걸음걸이가 다릅니다. 식사하는 것도 불편합니다. 그런데 100살이 넘은 할머니가 성전에서 기도하다가 메시아를 만났습니다. 시므온도 마찬가지입니다. '너 죽기 전에 역대 선지자가 예언한 메시아를 본다' 하는 성령의 지시대로 '주의 구원'을 보았습니다.

그런데 지도층으로서 남을 가르치고 대접받던 당시 대제사장과 제사장, 서기관, 바리새인, 장로, 유사들은 왜 몰랐습니까? 요한복음 1:11 이하의 말씀을 볼 때 '자기 땅에 오매 자기 백성이 알아보지 못했다'고 했습니다. 예수님을 추방했다는 것입니다. 상식적으로 생각해 보세요. 유대 땅에 예수님이 오셨는데 유대인들이 예수님을 가짜라고 했습니다. 목수의 아들인데 자기가 메시아라고 하니까 유대인들, 지도자들이 '네 아비가 목수 아니냐? 네 어머니도 알고 동생들도 다 알아'라고 했습니다(막 6:3). 요즘 말로 하면 '너는 초등학교도 못 나왔지? 학교 다닌 적이 없지 않냐?' 한 것입니다(요 7:15). 그리고 예수님을 이방으로 추방했습니다.

이스라엘 백성이 예수님을 추방했으니, 하나님이 그들과 같이 계시겠습니까? 하나님이 예수님을 따라 나오셨습니다. 예수님이 나가셨으니까 영적으로 이스라엘은 순간적으로 이방 나라가 되고 이방이 이스라엘이 된 것입니다(행 13:46). 성경에 그렇게 기록돼 있잖아요. 몇십 년 예수 믿으면 뭐합니까? 이 말씀도 모르고 무슨 성탄을 맞이하겠습니까? 예수님이 오셨는데 메시아가 아니라고 내쫓았습니다. 그러면 당신의 아들 구세주, 창조주를 내쫓았는데 하나님이 그들과 같이 계시겠습니까? 하나님도 따라 나오실 수밖에 없죠. 예수님께서 가신 곳이 이스라엘입니다. 예수님을 내쫓은 자들은 이방이 되는 것입니다. 갈라디아서 말씀 읽어 봤으면 아시지 않습니까(참고·갈 3:8)?

제가 왜 이렇게 말씀하는가 하면, 1998년 정월 초하루부터 이 시간까지 여러분이 진정으로 이스라엘 백성이 되었습니까? 표면적 유대인입니까, 이면적 유대인입니까(롬 2:28-29)? 믿는 척하지 마세요.

'자기 땅에 오매 자기 백성이 영접지 않았다'고 했잖아요. 얼마나 서럽습니까? 사도행전 13:27 말씀 볼 때, 당시 이스라엘의 제사장들, 백성은 안식일마다 성경을 줄줄 외웠습니다. 성경을 외우려면 한두 번 봐서 됩니까? 수십 번, 수백 번 보고 눈을 지그시 감고 외워 내려가다가 막히면 또 봅니다. 그렇게 성경을 외울 정도였지만, 예수님이 자기 땅에 오셨는데 메시아인 줄을 몰랐습니다. 아직 메시아가 안 오신 줄 압니다. 하늘만 쳐다보고 기다리고 있는 거예요.

예수께서 '너희들은 아래서 났고 나는 위에서 났다' 하시자, 이스라엘 백성이 예수님의 발을 보는데, 위에서 나신 분이나 땅에서 난 자기들이나 땅을 밟고 있거든요. 하도 욕지거리 하는 바람에 '그래, 내가 이전에 있던 하나님 나라로 올라가는 것을 너희들이 볼 것 같으면 그때는 어떻게 하겠느냐? 천사가 내 머리 위에 오르락내리락한다' 하셨습니다(요 1:51, 6:62, 8:23). 예수님 머리 위에 천사가 오르락내리락하는 것이 그들 눈에 보입니까? 안 보이죠. 세례 요한은 예수께 세례를 베풀 때 성령이 비둘기같이 내려오는 것을 보았습니다. 그리고 '나도 예수가 메시아이신 줄 몰랐으나 세례 베풀 때에 하나님께서 음성으로 그분이 만인간의 구세주, 메시아라고 하시는 바람에 알았다. 나는 그분의 신들메 풀기도 감당하기 어렵다'라고 했습니다. 요한복음 1장에 기록된 말씀이 거짓말이 아닙니다(요 1:27, 32-33).

참된 성탄을 맞이하기 위해서 이렇게 말씀하는 것입니다. 역사적 배경을 모르고 어떻게 '기쁘다 구주 오셨네'라고 하겠습니까? 평생 일하지 않으면서 남한테 꾸어 먹고, 남의 주머니에 있는 돈 노리고 사기질해 먹는 사람들은 돈이 귀한 줄 모릅니다. 그러나 밤잠 못 자고 새벽부터 시장가서 물건 받아다가 팔아도 몇 푼 남지 않습니다.

발이 시려서 덜덜 떨고, 옷도 잘 입지 못하고 밥도 제대로 먹지 못합니다. 천 원짜리 우동이나 싸구려 음식을 사 먹으면서 돈을 법니다. 그러한 분들은 단돈 천 원도 쓰기 아까워하는 것입니다. 노동도 하지 않고 남의 돈 쉽게 쓰는 사람은 만 원도 우습게 여깁니다.

역사적 배경을 보세요. 하나님의 눈물입니다. 마태복음 21장을 읽어 보세요. 하나님의 종들을 다 죽입니다. 그러니 당장 사람이 있습니까? 죽은 하나님의 종들을 대신할 사람을 어릴 때부터 믿음으로 길러 가지고 그들을 뒤이어서 말씀을 전하게 합니다. 또 죽입니다. 하나님이 안타깝게 마음 졸이시는 것을 생각할 때 기가 막힙니다.

마태복음 21:33-39 "다시 한 비유를 들으라 한 집 주인이 포도원을 만들고 산울로 두르고 거기 즙 짜는 구유를 파고 망대를 짓고 농부들에게 세로 주고 타국에 갔더니 ³⁴ 실과 때가 가까우매 그 실과를 받으려고 자기 종들을 농부들에게 보내니 ³⁵ 농부들이 종들을 잡아 하나는 심히 때리고 하나는 죽이고 하나는 돌로 쳤거늘 ³⁶ 다시 다른 종들을 처음보다 많이 보내니 저희에게도 그렇게 하였는지라 ³⁷ 후에 자기 아들을 보내며 가로되 저희가 내 아들은 공경하리라 하였더니 ³⁸ 농부들이 그 아들을 보고 서로 말하되 이는 상속자니 자 죽이고 그의 유업을 차지하자 하고 ³⁹ 이에 잡아 포도원 밖에 내어좇아 죽였느니라"

예수님은 구유에서 나셨습니다. 누가 만왕의 왕으로 믿겠습니까? 얻어먹을 게 있으면 그것 때문에 따른다고 하지만, 일전 한 푼 없는 분이 예수님입니다. 자기 직분을 나타내는 예복을 입는 그러한 사람은 예수님 앞에 오지 않았습니다. 어찌해서 이 비천한 목자들이 성스러운 주님의 탄생의 첫 목격자가 됐습니까?

목자들은 옛적 다윗의 양 치는 들판의 대자연 속에서 비교적 거짓

없이 순진하게, 순박하게 살아온 것을 누구보다도 하나님이 잘 아십니다. 목자들에게 하나님께서 천사를 보내셨습니다. 본문을 볼 때 얼마나 귀한 말씀입니까? 천사가 "보라 내가 온 백성에게 미칠 큰 기쁨의 좋은 소식을 너희에게 전하노라 11 오늘날 다윗의 동네에 너희를 위하여 구주가 나셨으니 곧 그리스도 주시니라 12 너희가 가서 강보에 싸여 구유에 누인 아기를 보리니 이것이 너희에게 표적이니라"라고 했습니다. 그러더니 갑자기 허다한 천군이 나타나서 "지극히 높은 곳에서는 하나님께 영광이요 땅에서는 기뻐하심을 입은 사람들 중에 평화로다"라고 찬송하고 천사들이 떠났습니다. 목자들은 믿음이 있었습니다. '이게 사실일까?' 그러지 않고 '빨리 가서 보자' 했습니다. 양들을 들에 놓고 목자들이 빨리 가서 아기 예수님을 보고 경배했습니다. 첫 목격자입니다.

남이 볼 때는 모자란다고 하지만, 자기 자신을 속이지 않고 양심이 진주알같이 맑아서 어디를 내놔도 '저분은 믿을 만해. 거짓이 없어' 그러한 목자들에게 하나님께서 천사를 보내셨습니다.

오늘날 우리는 라디오와 TV 등을 통해서 너무나 많은 것을 보고 있습니다. 좋은 소식은 고사하고 마음이 어두워지고 인상이 찌그러지는 뉴스만 듣고 살아왔습니다. 오늘 이 아침만큼은 좀 마음을 비우세요. 마음을 비워 둬야 됩니다. 그래야 예수님이 우리 마음에 탄생하실 수 있는 것입니다. '하늘에는 영광, 땅에서는 평화', 목자들에게, 노동자들에게 처음으로 들려주신 말씀입니다. 오늘날 우리는 목자들과 같은 심정으로 성탄의 첫 목격자가 되길 바랍니다.

하늘 아래 그렇게 수많은 사람들이 메시아를 기다렸지만 참성탄이 되지 못했습니다. 당시 사람들이 믿음이 있는가 했지만 다 가짜였습니다. 믿음이 없는 패역한 시대였습니다. 헤롯왕이 동생의 처를 빼앗아 사는 때였습니다. 자기 아내를 서슴지 않고 죽였습니다. 자기 아들까지 죽인 자입니다. 그런데 목자들을 볼 때 하나님 믿는 믿음이 있었습니다. 천사가 "무서워 말라 보라 내가 온 백성에게 미칠 큰 기쁨의 좋은 소식을 너희에게 전하노라 ¹¹ 오늘날 다윗의 동네에 너희를 위하여 구주가 나셨으니 곧 그리스도 주시니라" 하고 그들에게 알려 줬습니다. 그러면 목사, 장로, 신학 교수들한테도 알려 줘야 될 거 아닙니까? 하나님께서 불공평하십니까? 알려 줄 자질이 안 됩니다. 믿음이 없습니다. 목자들은 믿음이 있습니다. 믿음으로 맞이해야 참성탄이 된다는 것을 믿으시기 바랍니다.

목자들을 보세요. 천사가 전해 준 말씀이 반드시 이루어진다고 믿기 때문에 빨리 가서 찾아보자고 한 것이죠. 강보에 싸인 아기 예수 앞에 경배한 것을 볼 때, 얼마나 아기 예수를 존경했습니까? 구주 탄생의 기쁜 소식에 있어서, 성경을 연구하던 당시 제사장이나 바리새인이나 서기관들은 하나님께로부터 따돌림을 받았습니다. 오늘 우리 평강제일교회에 그러한 자가 하나도 없어야겠습니다.

육신만 교회에 와 있으면 뭐합니까? 마음은 딴 데 왔다 갔다 하고 있는데…. 내가 누군가를 존경한다면, 그분의 인격으로 내 마음에 충만해야 됩니다. 마찬가지로 예수님이 나를 위해서 영원한 생명의 구주, 만왕의 왕으로 오셨다면 '그분 모셔야만 내 생명이 연장된다. 영원한 생명을 선물로 받을 수가 있다' 하고 목숨 걸고 자리다툼을 해 가면서 아기 예수를 맞이하려고 하는 간절함이 있어야 되겠죠. 바로 여러분의 구주입니다. 여러분 가정의 구주, 사업의 구주, 막역한 친구의 구주가 되시는 것입니다. 그러면 그분을 모셔야 될 것 아닙니까? 친구보다 먼저 예수님입니다. 예수님을 모신 다음에 친구를 사귀세요. 그러면 절대 실패가 없다고 성경은 말씀하고 있습니다.

성탄 축하는 한마디로 요약한다면 신앙의 축하입니다. 믿음의 축하입니다. 히브리서 11:1 말씀 볼 때 "믿음은 바라는 것들의 실상이요 보지 못하는 것들의 증거"라고 했습니다. 목자들은 강보에 싸여 누워 있는 아기를 보기 전에 벌써 말씀대로 성취되어 있는 것을 믿었습니다. 믿고 간 것입니다. '내가 가서 진짜인지 가짜인지, 사실인지 아닌지 보고 와서 말해 줄게', 그게 아닙니다. 구약성경의 예언과 천사의 말을 그대로 믿은 것입니다.

누구든지 예수를 믿으면 구원받습니다. 그러나 예수 그리스도가 '저희 죄에서 구원하실 분'(마 1:21)이라고 믿는 사람들만이 구원받는 것이지, 예수님의 사명, 예수께서 오신 목적, 예수님이 어떤 분인지도 모르고 막연하게 '나 예수 믿어' 그러면 안 됩니다. 목자들은 천사의 말대로 아기 예수를 만인간의 구주로 먼저 믿고 달려갔습니다. 우리도 목자들과 같이 아기 예수가 만인간의 절대 생명의 주, 구원의 주라는 것을 믿고, 오늘 평강제일교회에 달려와서 아기 예수를 목도하는 산 역사가 있기를 주의 이름으로 축원합니다.

복된 소식을 전한 목자들

시골뜨기 처녀가 우릿간에서 아기를 낳았습니다. 도시 처녀와 시골 처녀는 화장하는 것이나 옷 입은 스타일이 다르죠. 차림새가 남루하지만 목자들은 의심 없이 믿었습니다. 우릿간에서 태어난 시골 처녀의 아기를 보고 '메시아다! 빨리 전파하자' 했습니다. 목자들이 메시아가 오셨다고 할 때, 성경을 안다고 하는 당시 지도자들은 완전히 무시하면서 외면했습니다. 믿지 않았습니다. 본문 16-17절을 볼 때 "빨리 가서 마리아와 요셉과 구유에 누인 아기를 찾아서 [17] 보고 천사가 자기들에게 이 아기에 대하여 말한 것을 고하니"라고 말씀하고 있습니다. 목자들은 전도했습니다. '천사가 이렇게 말했고 우리가 믿고 가서 보니까 사실이더라. 사실을 당신들에게 전한다' 했습니다.

금년 한 해 예수님을 증거도 못 하고 전도도 못 했다면, 성탄을 맞이할 자격이 없습니다. 사실을 말씀드리는 것입니다. 다 예수님 때문에 생명 받고, 먹고 살고, 좋은 일이 있는 것인데, 예수님을 우릿간에다 내동댕이치고 찾아보지도 않고 믿지도 않고 말이죠.

여러분이 살아가면서 이 대한민국의 대통령이 누구인 줄 모릅니까? 국무총리가 누구인 줄 모르겠어요? 자기 직종에 관계된 장관들을 모르겠습니까? 건축업을 하면 건설부 장관을 알아야죠. 장사하는 분들은 상공부 장관을 알아야 되겠죠. 그들에 대해서는 말하면서, 나의 영원한 생명의 주가 되시고 영원한 왕이 되시는 예수님에 대해서, 정월 초하루부터 이 시간까지 복음을 전해서 하나의 생명이라도 주 앞으로 인도했습니까? 목자들은 복된 소식을 듣고 주저한 것이 아니라 '빨리 가서 전했다'고 말씀하고 있습니다. 전도 안 한 자, 성탄을 맞이할 자격이 없는 것입니다.

목자들이 경배하고, 찬송하고 '위대한 구세주가 저 베들레헴의 구유에, 누울 자리가 없어 가지고 짐승 밥통에 만왕의 왕 되시는 예수가 나셨다'고 할 때 누가 찾아갔습니까? 수건을 가지고 찾아갔습니까? 여러분, 양복이 몇 벌입니까? 여자분들, 치마저고리 몇 벌입니까? 이불이 없으면 옷이라도 벗어 가지고 달려가야죠. 예수님, 나의 생명의 주가 얼마나 춥겠습니까? 핏걸레도 없습니다. 이러한 내용을 모르기 때문에 한 해가 가도 전도 안 하는 것입니다. 그저 자식 공부 잘해서 일류 대학에 붙기를 바라고, 대학원 나오고 박사 학위 받았으니 좋은 직장에 먼저 가기를 바라고, 가족 일에만 몰두했지, 예수님을 우릿간에다 팽개쳐 놓고 말이죠.

사관이 없어서, 방이 없어서 짐승 밥통에 알몸으로 담겨 있는 아기 예수를 보고 경배할 자가 누가 있습니까? 기가 막히고 한심한 일입니다. 그러면서 목사고 장로고 권사고 집사고 구역장이고 선교부장이고 뭐고 그럽니다.

정월 초하루부터 우리가 살아온 것은 참성탄, 짐승 밥통에 핏덩어리로 계신 아기 예수를 보기 위해서 1년을 달려왔습니다. 목자들같이 전도도 못 했습니다. 무슨 낯짝으로 아기 예수를 보겠습니까? 말 못 하지만 그분은 하나님입니다. 누가 여러분의 아들딸에게 좋은 배우자감을 소개해 주면, 평생 그 고마움을 잊어버리지 못할 것입니다. 나를 살리러 오셨습니다. 가진 것이 많으면 뭐합니까? 죽으면 다 잃어버리는 것입니다. 우주 만물을 잃어버리지 않게, 영원한 생명을 주셔서 '네가 관리하고 마음대로 주인 노릇 하면서 살아라' 이렇게 상속권을 주기 위해서 오셨는데, 그 예수님 앞에 달려오면서 전도를 하지 않았다니 참으로 부끄럽습니다.

목자들이 아기 예수께 경배하고 찬송하면서 집으로 돌아간 것이 아니라 전도하는 모습을 보세요. 성탄의 첫 목격자들이 그랬습니다. 천사에게 들은 이야기, 이 아기가 인류의 구세주라는 사실을 그대로 증거했습니다. 목자들은 성탄의 증인들입니다. 우리 평강제일교회 모든 성도들, 성탄의 참중인이 되시기를 주의 이름으로 간절히 부탁 드립니다.

그 나라 갈 때까지 이제는 입을 다물고 있지 마세요. 목자들과 같이 첫 목격자가 되어서 보고 들은 것을 증거하시기 바랍니다. 대제사장들과 서기관들은 눈치 보고 아첨하느라, 메시아 탄생을 성경 구절로만 알았지 그 장소에 찾아가 보지도 않았습니다. 우리가 1년 동안 달려오면서 그렇게 뜻에서 동떨어진 삶을 살지는 않았습니까? 진정한 성탄 축하는 목자들처럼 믿고 찾아가야 됩니다. 전도할 때 '저분의 심령 속에 아기 예수를 탄생시켜야 되겠다' 하면서 목자들의 심정으로 찾아가야 됩니다. 복음을 전함으로 받는 사람의 마음 가운데 아기 예수를 탄생시키세요.

1년 내내 한 사람에게도 전하지 못하고, 하나님께서 전도할 여건과 시간을 다 주셨는데 내동댕이치고, 세상살이가 머리에 꽉 차서 골몰하느라 머리 아파하고 몸도 피곤하고, 어영부영하다가 30세 지나 40세 지나 50세가 됩니다. 몸이 마음대로 잘 되지 않습니다. 어언간 60-70세가 됩니다. 어떻게 하시겠습니까?

하나님께서 전도를 제일 기뻐하십니다. 주님께서 제자들에게 '보라, 추수할 것이 많되 일꾼이 적구나! 하나님 아버지께 기도해서 추수할 일꾼들을 많이 보내 달라고 하라'고 하셨습니다(마 9:37-38, 눅 10:2). 양을 치던 목자들은 거룩한 생명의 구세주, 창조주, 완전한 속죄주 되시는 아기 예수님을 믿고 달려가서 경배하고 나온 다음, 자기 직업으로 돌아가서 양 치는 데만 몰두한 게 아니라 복음을 전했다는 것을 잊지 마시기 바랍니다.

결론

제가 예산 장로교회에서 집회할 때였습니다. 예산에 가보니까 뽕나무 잎을 먹고 사는 누에가 많았습니다. 거기에 장로님이 교회를 크게 세웠습니다. 그래서 근처에 있는 몇십 개 교회 성도들이 모였는데, 한 600-700명 가량 되었습니다. 낮 시간에 마태복음 4장을 공부했습니다. 사람이 빵으로, 즉 떡으로만 사는 것이 아니라고 하니까 앞에 계신 할머니가 '아이고 목사님, 맞아요. 떡만 먹고 어떻게 살아요? 밥을 먹어야죠' 그래요. 그 할머니가 그래도 은혜를 받은 거예요. 말씀을 가르치는 선생이 없는 것을 한탄하면서, 주일학교 선생님들한테 '저 할머니가 저렇게 말하는 것은 교회의 책임이 아닙니까?' 하고, 하나님의 입으로 나오는 말씀으로 산다고 결론을 냈습니다.

성도 여러분, 예수님이 나실 때 사관이 없었습니다. 여관, 하숙집, 오늘날로 말하면 호텔이죠. 여관은 나그네가 쉬는 곳입니다. 인생은 나그네입니다. 지구는 여관방이라고 믿어야 됩니다. 떠나야 됩니다. 우리 주님께서 나그네들을 하늘 아버지의 집으로 데려가시기 위해서 짐승 밥통에 오셨습니다.

타락한 인생들은 '무엇을 먹을까, 무엇을 입을까' 하면서 눈만 떴다 하면 돈, 권력, 물질 생각입니다. 예수님께서 구유에 나신 이유가 있습니다. 그것을 깨달아야 됩니다. 금년 한 해 짐승같이(시 49:20) 그저 밥통만 들여다보고 먹을 것 있으면 배불리 먹고 편안하면 그저 아무 생각 없이 누워 자는 그러한 내가 아니었습니까? 짐승 같은 저와 여러분이 아기 예수를 모실 때, 우리는 하나님의 형상을 입은 완전한 사람, 하나님의 아들딸이 된다는 것을 믿으시기 바랍니다.

그래서 요한복음 6:33 이하를 볼 때 '나는 영원한 생명의 떡으로 왔다. 내 살과 피를 먹지 않는 자는 나와 상관이 없다. 내 살은 참된 양식이요 내 피는 참된 음료로다'라고 말씀하셨습니다.

요한복음 6:51 "나는 하늘로서 내려온 산 떡이니 사람이 이 떡을 먹으면 영생하리라 나의 줄 떡은 곧 세상의 생명을 위한 내 살이로라 하시니라"

요한복음 6:53-55 "예수께서 이르시되 내가 진실로 진실로 너희에게 이르노니 인자의 살을 먹지 아니하고 인자의 피를 마시지 아니하면 너희 속에 생명이 없느니라 54 내 살을 먹고 내 피를 마시는 자는 영생을 가졌고 마지막 날에 내가 그를 다시 살리리니 55 내 살은 참된 양식이요 내 피는 참된 음료로다"

그리고 십자가에 달려 우리에게 살을 다 주시고, 당신의 피로 새롭게 창조해서 새 생명을 주시면서 우리를 죄 없다 선언하시고, 당신의 의를 선물로 주시고 사망을 영원히 멸하셨다고 하는 말씀이 로마서 3장, 6장이나 고린도전서 15장에 정확하게 기록돼 있습니다. 짐승의 밥통에 들어가 계신 아기 예수님을 신령한 의미에서 다 영접하되, 예수의 살을 먹고 예수의 피를 마시는 산 역사가 있기를 주의 이름으로 축원합니다.

'기쁘다 구주 오셨네! 만백성 나와 맞으라!' 옳습니다. 들에서 양을 치는 목자들이 성탄의 첫 목격자가 된 것과 마찬가지로, 주시는 말씀을 통해서 우리도 신령한 목자가 된 줄로 믿고 하나님 앞에 감사를 드립니다. 오늘 나온 성도 가운데 한 사람도 신령한 목자가 되지 못한 자 없이, 아기 예수를 영접하고 경배하고 영광을 돌리고 찬송하는 역사가 있으시기 바랍니다.

금년 한 해 성탄을 위해 달려왔지만, 한 사람도 전도 못 하고, 헌신 봉사도 못 하고, 맡겨진 사명에 충실하지 못한 것 하나님 앞에 철두 철미하게 회개하면서, 다 같이 낙오자 없이 첫 목격자가 되는 거룩한 성탄이 되기를 기도합니다. '누가 뭐라고 말해도 아기 예수는 우리의 영원한 왕입니다. 나의 생명의 주입니다. 나의 구세주입니다. 나를 창조하신 창조주입니다' 그런 고백이 있으시기 바랍니다.

오늘 저녁에 부어라, 마셔라 하면서 육신적으로 놀 것이 아니라, 마태복음 1-2장이나 누가복음 2장을 보면서 금년에 사명 다하지 못 한 것을 눈물로 회개하고, 이 해가 저물어가기 전에 완전히 해결받 고, 하나님 앞에 서원 기도한 것을 이루도록 해야겠습니다. 친구 집 에 가서 쓸데없는 허탄한 일 하지 않고, 오늘 하루만큼은 거룩한 성 탄이 우리 마음에서 이루어지도록 하시기 바랍니다.

'내 살을 먹고 내 피를 마시지 않는 사람은 나와 상관이 없다'고 말 씀하신 예수님이 구유에 풀이 아니라 당신을 먹으라고 하시면서 우 리를 위해 와 계십니다. 예수님을 모시고, 신령한 의미에서 예수님의 살을 먹고 피를 마시는 역사가 있어야겠습니다. 요한복음 6장을 잘 읽어 보시고 하나님 앞에 영광 돌리시기 바랍니다.

목자들은 옛적 다윗의 양 치는 들판의 대자연 속에서
비교적 거짓 없이 순진하게, 순박하게 살아온 것을
누구보다도 하나님이 잘 아십니다.
그러한 목자들에게 하나님께서 천사를 보내셨습니다.

양들을 들에 놓고 목자들이 빨리 가서
아기 예수님을 보고 경배했습니다.
첫 목격자입니다.

목자들이 아기 예수께 경배하고
집으로 돌아간 것이 아니라
전도하는 모습을 보세요.
목자들은 성탄의 증인들입니다.

평강제일교회 모든 성도들,
성탄의 참증인이 되시기를
주의 이름으로 간절히 부탁드립니다.

ǀ 1980년 성지답사 중 예루살렘을 배경으로

우리들의
성탄절은

| 마태복음 2:1-12

마태복음 2:1-12 "헤롯왕 때에 예수께서 유대 베들레헴에서 나시매 동방으로부터 박사들이 예루살렘에 이르러 말하되 ² 유대인의 왕으로 나신 이가 어디 계시뇨 우리가 동방에서 그의 별을 보고 그에게 경배하러 왔노라 하니 ³ 헤롯왕과 온 예루살렘이 듣고 소동한지라 ⁴ 왕이 모든 대제사장과 백성의 서기관들을 모아 그리스도가 어디서 나겠느뇨 물으니 ⁵ 가로되 유대 베들레헴이오니 이는 선지자로 이렇게 기록된 바 ⁶ 또 유대 땅 베들레헴아 너는 유대 고을 중에 가장 작지 아니하도다 네게서 한 다스리는 자가 나와서 내 백성 이스라엘의 목자가 되리라 하였음이니이다 ⁷ 이에 헤롯이 가만히 박사들을 불러 별이 나타난 때를 자세히 묻고 ⁸ 베들레헴으로 보내며 이르되 가서 아기에 대하여 자세히 알아보고 찾거든 내게 고하여 나도 가서 그에게 경배하게 하라 ⁹ 박사들이 왕의 말을 듣고 갈쌔 동방에서 보던 그 별이 문득 앞서 인도하여 가다가 아기 있는 곳 위에 머물러 섰는지라 ¹⁰ 저희가 별을 보고 가장 크게 기뻐하고 기뻐하더라 ¹¹ 집에 들어가 아기와 그 모친 마리아의 함께 있는 것을 보고 엎드려 아기께 경배하고 보배합을 열어 황금과 유향과 몰약을 예물로 드리니라 ¹² 꿈에 헤롯에게로 돌아가지 말라 지시하심을 받아 다른 길로 고국에 돌아가니라"

우리들의 성탄절은

마태복음 2:1-12

20세기를 마무리하는 마지막 성탄절입니다. 물론 새 천년, 21세기에 다시 성탄절을 맞이하게 되겠지만, 오늘 그 어느 때보다도 인류의 죄를 걸머지고 하늘 영광 보좌를 버리고 이 땅에 오신 예수님을 믿음으로 정성스럽게 맞이해야 하겠습니다.

아브라함 이후 이스라엘 백성이 약속된 메시아를 얼마큼 기다렸습니까? 아담의 둘째 아들 아벨은 하나님께서 인정하신, 하나님께 소속된 사람이었습니다(히 11:4, 요일 3:12). 하나님 앞에 예배드리다가 처참하게 맞아서 순교한(창 4:1-11) 그 아벨의 믿음의 통로로 하나님께서 인류 구원 역사를 섭리하시는 것을 보세요. 이스라엘 백성이 죄를 지으면 또 연장하고 연장하는 가운데, 모세는 믿음의 선배인 아벨의 믿음의 터전 위에서 메시아를 기다렸습니다. 히브리서 11장 말씀을 보면, 모세는 자기가 예수님을 위해서 일할 때 애굽의 모든 보화보다 장차 하나님께서 주시는 상이 더 크다는 것을 알고, 애굽의 보화를 미련 없이 버리고 예수께서 이 땅에 오시는 길을 닦았습니다(히 11:26).

그래서 오늘 본문을 통해서 우리들은 성탄절을 어떻게 맞이할 것인가 생각해 보고자 합니다. 개인과 가정, 교회, 나라 전체 다 마찬가지입니다. 20세기를 마무리하는 이 성탄절. 우리가 몰랐을 때는 아기 예수님이 짐승이 밥 먹는 구유에, 강보에 싸여서 애처롭게 누워 있었지만, 우리가 하나님 말씀을 통해서 예수 믿은 지도 몇십 년이 됐습니다. '금년에 믿음으로 영원한 빛, 꺼지지 않는 생명의 빛이 되시는 예수께서 제 마음의 구유에 한번 탄생하신다면 그 나라 가기에 넉넉할 줄 믿고 하나님께 절대 순종하면서 그 뜻을 이루어드리는 신령한 군사, 역군이 되겠습니다' 하는 마음가짐으로 오늘 예배에 임해야 될 줄 믿습니다.

아담이 한 번 말씀에 순종하지 않은 죄 때문에 죄악의 어두운 밤, 빛이 없는 캄캄한 밤이 왔습니다. 로마서 5:12 말씀 볼 때, 한 사람의 죄로 말미암아 전 인류에게 죽음, 즉 사망이 왔다고 했습니다. 예수님 한 분으로 말미암아 억조창생 모든 인간들에게 사는 길, 천국 가는 길, 생명의 세계가 전개되었다고 기록되어 있습니다(롬 5:15-19). 예수님은 칠흑 같은 캄캄한 밤에, 영원히 꺼지지 않고 사라지지 않는 생명의 빛이십니다. 요한복음 1:6-13 말씀 볼 때, 일찍이 세례 요한이 참빛에 대해서 증거했습니다. 영원한 빛, 생명의 빛을 가지고 오신 예수 그리스도! 마침내 이 지구상에 탄생하셨습니다.

그러나 이스라엘 선민들은 구약성경을 달달 외울 정도였는데도 문자로만 외웠지, 문자가 말하는 이면에 숨어 있는 뜻을 몰랐습니다. 그래서 오신 메시아를 귀신, 도깨비라고 했습니다. 바알세불을 힘입었다, 사기꾼이다, 학교도 안 다니고 배우지 못했는데 어째서 글을 아느냐며 수군대고 비난했습니다(요 7:15, 20). 그리고 가는 곳마다 사람들이 멸시, 천대했습니다. 조상 중에 무슨 피 맺힌 원수가 있다고 그렇게 반대합니까?

주님께서 친히 '내가 아버지께 듣고 받은 것을 너희에게 전하는데 왜 나를 무시하느냐? 내 마음대로 말씀하는 줄 아느냐? 너희가 믿는 하나님께서 나를 보내셨다. 내 말이 너희 속에 없기 때문에 나를 추방하는구나. 내가 만약 세상의 높은 권력자의 이름을 가지고 왔다면 나를 영접했을 것이다. 내가 하나님의 이름으로 왔기 때문에 너희들이 내가 하는 것마다 족족 반대한다'고 하셨습니다(요 5:36-43).

예수 그리스도의 성탄을 맞이할 때 진심으로 각자의 마음 중심에서 찬양의 메아리 소리, 기도의 메아리 소리가 울려야 합니다. 예수 그리스도의 말씀을 들음으로 믿음이 생긴다고 했습니다(롬 10:17). 믿음으로 메아리치면서 성탄을 맞이해야지, 날짜만 지키면 무슨 소용이 있겠습니까? 아무 소용 없는 것입니다.

'하늘에서는 하나님께 영광이요 땅에서는 기뻐하심을 입은 자들에게 평화'라고 했습니다(눅 2:14). 원수진 것이 있으면 오늘부로 다 화해하시기 바랍니다. 바로 이것을 위해서 이스라엘 백성에게 희년을 주셨습니다(레 25:10-17, 눅 4:18-19). 49년 지나 50년째는 희년입니다. 부모를 때려 죽였어도 미워하면 안 됩니다. 용서해야 됩니다. 예수님이 오시는 날인데 무슨 원수가 있습니까? 그 죄를 다 담당하러 오신 분입니다.

지금 가정이나 거리나 백화점 같은 데 오색찬란하게 장식된 크리스마스트리들이 반짝이고 있습니다. 거기에 별이 빠진 것 보셨습니까? 별은 다 붙어 있습니다. 민수기 24:17을 볼 때, 일찍이 발람 선지자가 메시아에 대해서 예언한 것이 있죠. 마태복음 2:2 말씀 그대로, 동방박사들이 예수님의 별을 만나지 못했다면 어떻게 아기 예수께 인도를 받았겠습니까?

　오만불손하기 짝이 없고 시기 질투가 가득한 헤롯왕이 동방박사들한테 거짓말하는 것 보세요. 가서 유대인의 왕한테 경배하고 돌아올 때 자기에게 자세히 알려 달라고, 자기도 가서 경배하겠다고 했습니다. 아기 예수를 죽이려고 하는 것을 하나님께서 벌써 아시고 특별 비상조치로 동방박사들에게 계시를 주셔서 '헤롯왕에게 가지 마! 다른 길로 가'라고 하셨습니다. 헤롯왕이 속은 줄을 알고 베들레헴 중심으로 두 살 이하의 사내아이들을 처참하게 죽였습니다 (마 2:16-18). 예레미야 31:15의 예언대로 된 것이었습니다. 자식이 죽는데 무슨 위로를 받겠습니까? 라마의 통곡 소리가 지금도 메아리치고 있잖아요?

　갖가지 크리스마스 캐럴들이 대지에 충만하게 소리치고 있지만, 진정으로 성탄을 맞이한 사람이 몇이나 있겠습니까? 금년 성탄절은 역사에 길이 빛나는 성탄절입니다. 우리 당대에 이제 1900년대는 없습니다. 며칠 있다가 2000년 첫 달 첫 날 첫 시간을 맞이하게 되는데, 1900년대에서 2000년대로 갈 때에 무슨 변수가 있을 것 아닙니까? 한 세기를 접어 치우고 또 한 세기를 여는 시점에 인류 최대의 명절인 성탄절을 자신과 가정과 교회와 각 나라마다 맞이한다는 것을 생각할 때, 무미건조하게 목적도 없고 정신 빠진 것같이 날짜만 지켜서는 안 됩니다. '금년만큼은 믿음으로 아기 예수를 내 마음의 구유에 탄생시키겠다'는 결심과 소망을 갖지 않는다면 우리가 지금 앉아 있는 것이 말짱 헛것이 됩니다.

　예수님만이 우리의 영원한 안내자요 구원자이십니다. 영원한 인도자요 보호자이십니다. 물 떠난 고기가 살 수 없는 것처럼, 예수 그리스도께서 우리 마음에 탄생하지 않으면 이미 송장입니다. 사망입니다. 그렇기 때문에 주시는 말씀을 잘 귀담아들으면서 예배드리고, 축도 마치고 집에 돌아가기 전에 마음에 단단히 각오하고 결단을 내리시길 바랍니다. '야고보서 2:19 말씀 볼 때 귀신들도 한 번 말하고 두 번 말하면 믿고 떠는데, 수십 년 예수 믿으면서 하나님의 말씀을 들은 것이 몇십 번 아니라 몇백 번이냐? 그런데 하나님의 형상을 입은 사람인 내가 하나님 앞에 결단, 결심을 못 한다면 짐승보다 못한 것이 아니냐?'고 한번 생각해 봐야죠. 시편 49:20 말씀 볼 때 "존귀에 처하나 깨닫지 못하는 사람은 멸망하는 짐승 같도다"라고 했습니다.

일찍이 예레미야 선지자는 만물보다 거짓된 것이 사람의 마음이라고 했습니다(렘 17:9). 만물은 하나님의 말씀으로 창조받은 본연의 자세 그대로 순종하고 있습니다. 만물은 사람 때문에 저주를 받았습니다. 창세기 3:17-19 말씀 볼 때, 우리 때문에 땅이 저주받아서 가시와 엉겅퀴를 내놓습니다. 모든 사업마다, 직장마다 가시와 엉겅퀴 같은 원수들이 좀 많습니까? 일이 될 듯한데 안 풀립니다. 그러한 맥락에서 생각해 볼 때, 예수님을 우리 마음속에 모셔야만 만사형통의 축복이 개인과 가정과 직장과 자라나는 자녀들에게 있다는 것을 꼭 믿으시기를 주의 이름으로 축원하겠습니다.

종교 지도자들의 성탄절

동방박사들이 헤롯왕에게 가서 유대인의 왕으로 나신 이가 어디 계시냐고 물었습니다. 왕이 당시 제사장들, 서기관들을 불러서, 이방 사람들이 와서 뚱딴지같은 소리를 하니 한번 들어 보라고 했습니다. 본문 4-6절을 볼 때 "왕이 모든 대제사장과 백성의 서기관들을 모아 그리스도가 어디서 나겠느뇨 물으니 [5]가로되 유대 베들레헴이 오니 이는 선지자로 이렇게 기록된 바 [6]또 유대 땅 베들레헴아 너는 유대 고을 중에 가장 작지 아니하도다 네게서 한 다스리는 자가 나와서 내 백성 이스라엘의 목자가 되리라 하였음이니이다"라고 말씀하고 있습니다. 베들레헴에서 메시아가 나실 것을 주전 700여 년 전에 미가 선지자가 예언했다고(미 5:2) 종교 지도자들이 대답하자, 예루살렘의 모든 지식 계층에서 대소동이 일어났습니다. 소문이 순간으로 퍼져 나갔습니다.

동방박사들이 왕궁에서 나와서 보니까 별이 딱 서 있었습니다. 별의 인도를 따라갔습니다. 짐승의 오물 냄새가 나는 마구간에 별이 섰습니다. 동방박사들이 기뻐하고 기뻐했다고 했습니다. 이방의 박사들, 별을 보고 점을 치는 점성가들도 세계에 다시없는 만왕의 왕, 근본, 태초가 되시는 그분이 오신 것을 알고 기뻐하고 기뻐했다는데, 우리는 예수 믿은 지가 벌써 몇 년입니까? 성탄절이면 헌금 준비하고 교회에 다 나와야 된다는 말을 부담으로 듣는다면, 목사고 장로고 간에 아직 멀었습니다.

동방박사들은 가장 아끼는 귀한 보물을 다 가져왔습니다. 중심을 보시는 하나님께서 그들의 마음을 보니까 기뻐하고 기뻐하는 거예요. 하나님께서 하신 말씀입니다. 그들은 지식이 많은 사람들입니다. 바닥에 돗자리라도 깔았습니까? 냄새나는 곳에 덩치 큰 사람들이 엎드려 가지고 아기 예수께 큰절을 하고 보배합을 열어서 예물을 바치는 것을 보세요. 황금과 유향과 몰약을 바쳤습니다. 오늘 그러한 성탄절이 되어야 하는 것입니다. 부담 갖지 마세요. 예수님 안 모시면 죽습니다.

　자식을 기르는 사람들이 자기 당대에는 못살아도 자식들은 잘살기를 바라면서 기도하고, 자식을 위해 하나님께 헌금 바치면서 애를 쓰는데, 자식 대에 가서라도 열매를 따먹어야 될 것 아닙니까? 우리가 기도하면 하나님께서 '내가 너와 같이해야 되겠다. 네 집안 식구와 같이해야 되겠다' 하신다고 신명기 4:7에 정확하게 기록되어 있습니다. 마태복음 7:7, 21:22, 마가복음 11:24, 누가복음 11:9-10, 요한복음 14:13-14 말씀 봐도 무엇이든지 기도하면 하나님께서 실행하시겠다고 말씀하고 있습니다.

　그래서 끝날에 환난을 피하는 길은 어떠한 물질을 바치고 그러한 것이 문제가 아니라, 깨어 기도하라는 것입니다. 환난이 이 지구상에 다 임하는데 능히 피할 길이 있다는 것입니다. 무엇이냐? 깨어 기도하라는 거예요(눅 21:36). 그 나라를 사모하라는 것입니다. 그래서 마지막 때 가져올 계시의 말씀을 예수께서 보관하고 계시다가 우리에게 주신다고 베드로전서 1:13에 말씀하고 있습니다.

　여러분, 어영부영 신앙생활하지 마세요. 오늘 이 해를 마무리하는, 20세기를 마무리하는 성탄, 거룩한 밤, 은혜로운 날, 축복의 날, 예수님이 다른 사람들 다 제치고 각자 여러분 마음을 향해서 오신다고 한번 생각해 보시기 바랍니다. 대통령이나 높은 분이 여러분의 집에 오겠다고 해 보세요. 당사자는 물론이고 근처 동네 사람들까지 대잔치입니다.

　정말 대제사장과 서기관, 바리새인, 당시 종교 지도자들은 말과 지식뿐이었습니다. 메시아가 어디 나신다고 대주고서 자기들은 안

갔습니다. 성경을 믿는다면 가야 될 것 아닙니까? 오죽해서야 이스라엘 백성이 주일마다, 날마다 외우는바 성경 말씀을 알지 못해서 오신 메시아를 놓쳤다(행 13:27)고 했겠습니까? 밤낮 성경을 외웁니다. 교회에 와서 '인애하신 구세주여' 부르고 '아멘 할렐루야' 하면서 한껏 떠들어 댑니다. 그러나 분명히 안식일마다 외우는바 성경 말씀을 알지 못해서 만왕의 왕이신 예수님을 놓친 것입니다.

믿지 못하는 죄의 결과는 멸망입니다. 예수께서 유대인들에게 '내가 진실로 진실로 너희에게 말하노니, 동서남북 전 세계 사람들이 믿음의 조상 아브라함과 함께 앉을 수 있지만, 너희들은 앉지 못한다'고 하셨습니다(마 8:11-12). 예수님이 이 땅에 계실 때 3년 동안 전도하셨는데 그래도 믿지 않았다면, 그분은 다시 예수님을 만나지 못합니다. 심판입니다. 귀신 들렸다, 사기꾼이다, 어쩌고저쩌고 하면서 말이죠. 기회를 놓친 것입니다. 이미 버스는 지나갔는데 손들어 봐야 뭐하겠습니까? 매연에 먼지밖에 더 납니까?

잘 들으세요. 대제사장과 서기관, 바리새인들은 성경에 아주 능통합니다. 메시아가 오신다는 것과 나실 장소까지 알았습니다. 그런데 남한테 대주고 자기는 가지 않았습니다. 자신들은 베들레헴에 뛰어가지도 않고 그저 왕한테 아부해서 용돈이나 좀 타 쓰고 '지당하외다, 지당하외다' 하면서 말이죠. 마태복음 23장 말씀처럼, 남에게는 짐을 지우고 심부름 시키면서 자기는 손 하나 까딱 안 하는 자들입니다.

마태복음 23:3-4 "그러므로 무엇이든지 저희의 말하는 바는 행하고 지키되 저희의 하는 행위는 본받지 말라 저희는 말만 하고 행치 아니하며 ⁴ 또 무거운 짐을 묶어 사람의 어깨에 지우되 자기는 이것을 한 손가락으로도 움직이려 하지 아니하며"

베들레헴은 예루살렘에서 약 20리, 8km 정도 남쪽에 있습니다. 야곱의 부인이며 요셉과 베냐민의 어머니인 라헬이 묻혔던 곳입니다(창 35:19-20). 이방 사람인 동방박사들은 성탄을 맞이했는데, 성탄을 기다리던 당시 종교 지도자들, 총책임자들이 맞이하지 않았으니, 그 밑에서 교육받는 성도들이야 전부 눈뜬 소경들 아니겠습니까?

여러분, 왜 좋은 동네로 이사 가려고 합니까? 왜 자녀들을 좋은 학교에 보내려고 합니까? 좋은 학교에 좋은 선생님이 계시잖아요. 명문 고등학교, 명문 대학 나와서 좋은 취직자리 얻으려고 하죠. 그런데 아담 하와가 죄지은 후로 메시아를 보내 주시겠다(창 3:15)고 하나님께서 다 말씀하셨는데 맞이하지 못했으니 얼마나 억울합니까? 그 종교 지도자들 때문에 유대인들은 예수께서 오셨다 가신 지 2천 년이 지났는데도 아직 메시아가 오지 않았다고 합니다. 우리는 재림하시는 주님을 기다리고 있는데 유대인들은 아직까지 초림 메시아를 기다립니다. 이런 어리석은 자들이 어딨습니까?

속죄일에 아사셀 양에게 안수하고 광야로 내쫓죠(레 16:10, 21-22). 예수님이 이 땅에 오실 때 아사셀 양으로 오신 것 아닙니까? 이미 다 예언되어 있었습니다. 남자 없이 처녀의 몸에서 성령으로 나신다고 다 예언되어 있는데 믿지 않았습니다(사 7:14). 말잔치뿐입니다.

오늘날 우리가 성탄절을 맞이하는데, 말잔치! 지식으로만 알면 뭐하겠습니까? 그러면 망합니다. 20세기를 마무리하는 성탄절만큼은 지식과 말로써만이 아니라, 말씀을 믿고 확실히 마음속에 주님을 맞이해야만 되겠습니다. 그래야 내가 21세기를 맞이하고, 내가 21

세기의 주인공이 될 수가 있습니다.

사랑하는 성도 여러분, 우리 평강제일교회는 머리로만 맞이하는 성탄이 되어서는 안 됩니다. 그러한 성탄은 의미가 없습니다. 보람이 없는 거예요. 어찌 당시 제사장과 서기관들뿐이겠습니까? 오늘날도 마찬가지입니다.

예루살렘의 성탄절

본문 3절을 볼 때 "온 예루살렘이 듣고 소동한지라"라고 했습니다. 난리를 친 것입니다. 오늘날 보세요. 백화점마다 상점마다 얼마나 난리입니까? 약삭빠른 장사꾼들이 갖가지 크리스마스 캐럴을 틀어 놓고 돈 버는 데 눈이 벌게 있습니다. 마치 예루살렘이 소동하는 것과 똑같은 죄를 범하고 있는 것입니다. 예수님 없이 용돈 주고 케이크나 주고받으면서 인사하면 뭐합니까? 예수님이 마음에 탄생하셔야 합니다.

예루살렘이 얼마나 성스럽습니까? 하나님의 임재의 상징이고, 모든 약속의 터전입니다. 시온과 예루살렘은 이스라엘 백성의 머릿속에서 절대 떠난 적이 없는 것입니다.

이스라엘 백성이 얼마나 주님 오시기를 고대했습니까? 로마 제국의 식민지로 있었으니 자유가 있습니까? 억압당하죠. 마음대로 말도 못 합니다. 좋은 것은 다 빼앗아 갑니다. 세금 징수도 말 많을까봐 유대인들에게 돈 좀 줘 가지고 살살 꾀서 막 거둬들이게 합니다. 그러니 살 수가 있습니까? 그때 전체 이스라엘 백성의 머릿속은 '메시아가 오셔야 된다. 메시아가 오시면 모든 부조리, 어둠의 세계를 다 멸절시키고 하나님의 의의 나라가 건설된다. 주님이 언제 오실까?' 하는 생각으로 가득했습니다. 밤낮 눈물로 기도하던 백성이 불쌍하잖아요?

백성을 지도하는 자들이 예수님을 가짜라고 하는데 누가 예수께 가겠습니까? 동방박사들이 왔다 간 줄도 모르는 사람들도 있죠. 우리는 알고 있잖아요? 그러니까 우리가 '당신들만 동방박사들이요?' 하면서 그들을 제치고 오늘날의 동방박사들이 되어서 별의 인도를 따라 바로 찾아가서 예수님을 모시는 신령한 욕심들을 가지시기 바랍니다.

예루살렘이 소동했습니다. 기다리던 만왕의 왕 메시아가 오셨다고 하니 '왜 그렇게 소식도 없이 와? 천둥 치고 벼락 치고 지축이 울릴 정도로, 로마 놈들이 겁나고 혼비백산해서 도망갈 정도로 오시지. 조용한데? 진짜 왔대?' 하면서 입에서 입으로 전하는 거예요. 그래서 당시 예루살렘 거민들은 입의 잔치만 하고 말았습니다. 입의 성탄이었습니다.

성안이 뒤집어지니, 누구한테 물어보겠습니까? 지도자인 제사장, 서기관, 바리새인들한테 물어봤겠죠. '때가 어느 때인데 지금 메시아가 오십니까? 아직 멀었습니다.' 그러니까 마음이 놓인다면서 먹고 마시고 장가가고 시집가고 놀자고 하는 것이죠. 예수께서 재림 때도 '인자의 임함은 노아 때와 같다'고 하셨습니다(마 24:37-39). 노아 때 사람들이 먹고 마시고 집 짓고 장가들고 시집가면서, 멸망의 날이 왔지만 몰랐던 것과 마찬가지로, 성탄 전야나 재림의 전야나 똑같습니다. 에누리 없는 거예요.

크리스마스 때 보세요. 거리마다, 호텔마다, 연회장에서 말초신경까지 마비될 정도로 희한하게 머리와 얼굴을 꾸미고, 추운데도 속옷이 보일 정도로 짧게 옷을 입고 다니면서 술 취해 가지고 길거리에 토하는 광경을 보세요. 그게 성탄절입니까? 그 잘못이 누구에게 있는 것입니까? 먼저 믿는 우리에게 책임이 있다는 것을 아셔야 합니다. 그리고 성탄절에 처녀, 총각이 없어지잖아요? 성탄절에 담배 처음 피우게 됩니다. 성탄절에 술 처음 먹게 됩니다. 성탄절에 결혼하고 성탄절에 이혼합니다. 누가 '당신 남편 단속 잘 하시오' 하면서 어제 누구랑 호텔에서 잤다고 이르면, 가만있을 여자가 어디 있습니까? 성탄절이 하나님께서 제일 괴로우신 날입니다. 먼저 믿는 우리가 성탄을 잘 맞이해야 될 것 아닙니까? 그래야 전도할 수가 있죠.

봉급 조금 받아 가지고 먹고살기도 힘든데, 선물 사다 주려면 돈이 얼마입니까? 그런 것 주고받으면 뭐합니까? 성탄이 안 됐는데…. 거리마다, 백화점과 호텔 구석구석마다 호화찬란하게 법석을 떨고 요란한 것, 예루살렘이 소동한 죄와 똑같습니다.

성탄절에 충무로에 있는 대형 호텔에서 불났을 때 장로, 권사, 집사의 아들딸들이 많이 죽지 않았습니까? 창피해서 누구한테 말도 못 합니다. 그때 신문에 난 것을 보고 얘기하는 것입니다. 여러분, 14-15세 된 아들딸들 단속 잘 하세요. '제 자식 아직 어린데요' 하겠지만, 방송에 나오는 것이 거짓말입니까? 14살이랍니다. 술집 주인이 줘서 가발을 썼습니다. 손님이 돈 주니까 좋대요. 2-3만 원 아니면 5만 원 준답니다. 부유한 집안의 아들딸들이래요. 그러니까 성탄절에 하나님이 제일 괴로워하신다는 것을 우리 부모님들은 잘 깨달아야만 되겠습니다.

베들레헴의 성탄절

베들레헴은 하나님의 둘도 없는 성자 예수님께서 직접 이 땅에 말씀이 육신 되어서(요 1:14) 탄생하신 장소입니다. 구약 때부터 예언되어 있었습니다. 그러나 정작 이스라엘 백성은 예수님이 나신 곳을 몰랐습니다.

호적을 하라는 로마 황제의 명령으로 다들 고향으로 갔습니다(눅 2:1-5). 육신적으로 볼 때는 황제의 명령이지만, 뜻으로 볼 때는 인류를 구원하기 위해서 예수님을 보내시는 통로였습니다. 메시아가 오셔야만 되기 때문이었습니다. 이면에 숨어 있는 뜻을 볼 때에, 하나님께서 우리를 그만큼 사랑해 주셨습니다. 하루라도 늦으면 완전히 깨지고 부서지고 지옥 갈까 봐, 빨리 보내시기 위해서 황제의 마음을 움직이신 것입니다. 메시아가 오신다고 하면 누가 그렇게 하겠습니까? 인구를 조사해야 몇 명인지 알아서 세금을 거둬들일 수 있으니, 가이사 아구스도의 명령으로 다 한 것입니다. 그 배경에는 하나님께서 일을 하신 것입니다. 하나님의 아들이 빨리 이 땅에 탄생하셔야 되기 때문이죠.

그래서 나이 많은 목수 요셉과 젊은 마리아가 갈릴리 해변에서 베들레헴 쪽으로 갔습니다. 여자분들, 임신해서 9개월쯤 되면 얼마나 힘듭니까? 숨 쉴 때마다 숨이 차는 것 같습니다. 마리아가 만삭된 몸으로 베들레헴까지 왔습니다. 바로 저와 여러분 때문입니다. 생각해 보세요. 나 하나 살리기 위해서 하나님께서 마리아와 요셉이 몇백 리 길을 걸어오게 하셨는데, 돈이 문제고 물질이 문제입니까? 우리가 사람 같으면, 믿는 성도로서 양심이 있다면, 하던 일을 다 중단하고 교회 나와야죠. 배가 얼마나 무겁고 아픔이 심했겠습니까? 여러분 딸이나 며느리가 아이를 가졌는데, 여기서 한강까지 걸어가라고 해 보세요. 당시에 교통수단이 있었습니까? 돈이 있어야 나귀 새끼라도 얻을 수 있죠. 참 불쌍합니다.

만삭인 몸으로 베들레헴까지 왔는데, 영원한 왕, 새 왕이 누울 방이 어디 있습니까? 장사꾼, 모리배들, 권력 가진 자들이 다 예약했습니다. 여관집에 찾아가니, 나이 많은 사람이 남루한 옷을 입고 몇 날 며칠 먹지도 못한 것 같아서 보기에 걱정스럽습니다. 방이 있어도 없다고 할 겁니다. 아내는 배가 불러 있으니 '아이고, 잘못 했다가는 밤새도록 잠 못 자고, 애 낳았다 하면 핏걸레는 누가 주느냐?' 하는 생각이 들죠. 영원한 왕 되시는 예수님을 문전박대했습니다. 그분이 만왕의 왕이신 줄을 알았다면, 너 나 할 것 없이 자기 안방까지 내주었을 것입니다. 그냥 천한 사람들인 줄 알고서 내쫓았습니다. 그러한 것을 알고 정말 우리 마음 가운데 예수님을 모셔야만 '기쁘다 구주 오셨네'가 되죠. 내가 믿지 않는다면 2천 년 전에 예수께서 베들레헴에 나신 것이 나와 무슨 상관이 있겠습니까?

요한복음 1:11을 볼 때 "자기 땅에 오매 자기 백성이 영접지 아니하였으나"라고 말씀하고 있습니다. 성경을 하얀 종이에 시커먼 글자로만 볼 것이 아니라, 하나님께서 인류의 구원을 위해서 예수님을 보내 주셨는데, 얼마나 안타깝습니까? 하나님의 눈물입니다! 그래서 이따 금방울자매에게 '성탄은 하나님 먼저 사랑' 노래를 불러 달라고 했습니다. 성탄절에 불러야지 언제 부르겠어요. 요한복음 1:11은 배부르고 편안해서 껌을 씹으면서 볼 말씀이 아닙니다. 하나님께서 이 말씀하실 때 가슴이 메어집니다. 속이 터질 지경입니다.

여러분이 누구를 도와주기 위해서 아들을 보냈는데, 그 사람이 필요 없다면서 문 탁 닫고 상대도 안 하더라고 심부름 갔던 아들이 돌아와서 보고해 보세요. 사람 마음도 괴로울 것입니다. 성경을 잘 읽어야 합니다. 기가 막힌 말씀입니다. 남의 땅입니까? 자기 땅에 보냈는데 주인의 아들을 추방하고 말았으니, 하나님의 마음을 한번 생각해 보세요. 그래서 '내 마음을 누가 알리요. 주의 마음을 가진 사람이 안다'고 사도 바울이 고린도 교인들에게 말씀했던 것입니다 (고전 2:16).

참성탄을 맞이하지 못하고, 음식 사다가 가족끼리 오손도손 먹으면 뭐합니까? 주님을 대접하세요. 영광의 왕이 강보에 싸여서 구유에 있습니다. 구유는 짐승에게 먹이를 담아 주는 밥통입니다. 그 밥통 씻기나 했습니까? 물이 있어야 씻죠, 겨울인데…. 그 부모가 손으로 짐승이 먹던 찌꺼기를 걷어 팽개치고 홑이불 같은 데에 아기를 싸서 차디찬 나무 먹이통에 담아 놨습니다. 여러분 며느리나 딸이 그렇게 아기를 낳았다고 해 보세요. 아무리 원수같이 미워하는 상황에 있다 해도, 그러한 걸 보고 가만있겠습니까? '아이, 불쌍해라' 하면서 겉옷을 벗어서 아기를 감싸 줄 것 아닙니까? 금년 성탄에는 우리가 그렇게 해야죠.

사극을 보시면 알지만, 세자가 왕이 되기 전에는 부모에게 꼼짝 못 하다가 상감마마로 등극하면 열몇 살이라도 부모가 그 앞에 엎드려 절을 합니다. 예수님이 만왕의 왕이신 것을 알 때에는, 쫓아가서 내가 추울 망정 웃옷을 벗어서 구유에 있는 아이를 감싸안고 '우리의 창조주가 되시는 하나님께서 이렇게 오셨습니까!' 해야죠.

성공해서 고향 베들레헴으로 돌아온 사람들은 '그렇게 오고 싶었는데, 로마 황제가 명령해서 오긴 왔지만 내가 출세했네' 그러면서 집집마다 기쁨으로 웃음꽃을 피우고 있었겠지만, 아기 예수를 맞이한 사람은 동방박사들밖에 없었습니다. 아마 예수님이 만왕의 왕이신 줄 알았다면, 달구지에다 금은보화를 싣고서 나라의 조정백관들뿐만 아니라 밥숟가락이나 먹는다는 사람들의 행렬이 대단했을 것입니다. 꽹과리 치고 나팔 불고 깃발을 들고 말이죠. 그러나 거지 하나라도 예수님 앞에 온 사람이 없었습니다. 그렇게 냉정하고 몰인정할 수가 있습니까?

'금년에는 내가 따뜻하게 주님을 모시고 싶습니다. 주님을 모시는 은혜와 말씀을 보내 주소서. 절대 예수님을 구유에 두지 않도록 믿음으로 만반의 준비를 했습니다. 내 마음을 주님 탄생하시는 구유로 삼아 주시옵소서'라고 꼭 기도하면서 금년 한 해 마무리하시기를 주의 이름으로 축원하겠습니다.

동방박사들의 성탄절

동방박사들의 성탄절은 우리에게 영원히 잊지 못할 신앙의 귀감이 됩니다. 동방박사들은 믿음의 조상 아브라함의 신앙의 혈통을 타고난 사람들이 아닙니다. 예루살렘 시민들도 아닙니다. 메시아가 오신다고 예언된 동네, 베들레헴 사람들도 아닙니다. 이방 사람들입니다. 그러나 아브라함의 혈통으로 난 신앙 좋은 사람 못지않게 예수님을 따뜻하게 맞이했습니다. 그야말로 예배의 참모델, 모범자입니다.

동방박사들은 오직 아기 예수께만 경배했습니다. 요셉과 마리아한테 경배하지 않았습니다. 성경을 연구하는 사람들입니다. 민수기 24:17 말씀을 봤을 것 아닙니까? 본문 11절 말씀과 같이, 그들이 아기 예수께 경배하고 보배합을 열어서 세 가지 예물을 드리는 모습 볼 때 정말 부럽기가 한이 없습니다.

중세로부터 오늘날까지 천주교에서는 성모 마리아를 섬기고 있습니다. 동방박사들은 예수님의 어머니를 우상화하지 않았습니다. 성탄절의 주인공은 다만 예수 그리스도입니다. 그래서 그들은 아기 예수께만 경배했습니다. 우리 평강제일교회도 마찬가지입니다. 아기 예수께만 경배하고, 또한 믿음으로 아기 예수를 안고 집으로 돌아가서 따뜻한 안방에 모시는 참성탄의 놀라운 기적의 역사가 있기를 주의 이름으로 축원합니다.

그다음에, 동방박사들은 아기 예수를 메시아로 영접했습니다. 영원한 생명의 구주로 영접했습니다. 종교 지도자들은 메시아가 베들레헴에서 태어난다는 것을 알면서도 외면했습니다. 믿지 않았습니다. 예루살렘 시민들도 베들레헴에서 메시아가 났다고 증언은 했습니다. 말은 했습니다. 그러나 세상일에 바쁘고, 참인지 아닌지 몰라서 그곳으로 가지 않았습니다.

세례 요한도 참빛 되신 구주가 자기 땅에 나셨고, 자기는 빛이 아니며 참빛에 대해서 증거하러 왔다고 했습니다(요 1:6-11). 그러나 결과를 보세요. 마태복음 11:2-3을 볼 때, 참으로 기절할 정도로 놀랄 수밖에 없는, 숨통이 막히는 질문을 세례 요한의 제자가 예수께 한 것 아닙니까?

마태복음 11:2-3 "요한이 옥에서 그리스도의 하신 일을 듣고 제자들을 보내어 ³예수께 여짜오되 오실 그이가 당신이오니이까 우리가 다른 이를 기다리오리이까"

'이 땅에 오실 이가 당신이오니이까? 우리가 다른 이를 기다리오리이까?' 예수님이 기가 막혀서 '누구든지 나를 인하여 실족하지 않는 자가 복이 있다'고 하셨습니다(마 11:6). 예수님 때문에 시험 들지 않는 자가 복이 있다는 것입니다. 그리고 "너희가 무엇을 보려고 광야에 나갔더냐 바람에 흔들리는 갈대냐"라고 탄식하셨습니다. '좋은 옷 입은 사람은 왕궁에 있다. 정치적 음모, 모략하는 놈들, 호화스럽게 밤낮 연회를 베풀면서 오만 짓 다하는 놈들은 왕궁에 있다'하시면서 '여자가 낳은 자 중에 요한보다 큰 자가 없다. 그러나 요한은 천국에서 가장 작은 자다'라고 하셨습니다(마 11:7-11). 많은 선지자들은 멀리서 예수님을 증거했지만, 요한은 예수님보다 6개월 전에 태어나서 주님을 만질 수가 있고, 같이 먹고 잘 수가 있고, 대화를 나눌 수가 있었습니다. 요한이 큰 자였지만 의심한 것 때문에 천국에서 가장 작다고 하신 것입니다.

그렇게 성탄을 맞이해서는 안 됩니다. 세례 요한은 마무리가 좋지 않았습니다. 우리는 오늘날까지 오만 짓을 다 했다 해도 마지막에 요한과 반대로 참성탄을 맞이해서, 아브라함과 같이 자손만대 범사에 복을 받는 역사가 그 나라 갈 때까지 끊어지지 않기를 주님의 이름으로 축원합니다.

대제사장과 서기관들은 예수님 없는 말잔치로 끝났습니다. 그래서는 안 됩니다. 우리 교회는 예수님을 모시는 잔치가 돼야 합니다. 예수님 모시는 증거의 잔치! 얼마나 귀한 말씀입니까?

폴 귀스타브 도레, "별의 인도를 받은 동방박사들", 1866
Paul Gustave Doré, "The Wise Men Guided By The Star", 1866

예루살렘의 성탄절은 아주 요란합니다. 떠들썩합니다. 거리마다, 교회마다 보세요. 요란하고 떠들썩합니다. 그러나 아기 예수 없이 남의 장단에 놀아난다면 되겠습니까?

베들레헴 촌사람들은 성탄절을 몰인정하게 외면했습니다. '미가 선지자가 예언했지만 아무려면 지금 메시아가 올 때인가? 알고 보니 남편이 나이가 많던데, 딸 같은 여자 데리고 사는 모양이지? 배가 함지박만 해서 왔는데 방이 없었대. 동방박사들은 또 뭘 믿는지 거기 갔다더라' 그랬습니다.

이러한 요란하고 떠들썩하고 말잔치뿐인 성탄이 되어서는 안 되겠습니다. 우리는 동방박사들처럼 주의 별을 발견해서 아기 예수 앞에 가서 진정으로 경배하고, 또 보배합을 열어 예물을 바치는 역사가 있기를 주의 이름으로 진심으로 축원하겠습니다.

성탄절은 동방박사들 때문에 있는 것 같습니다. 그들 외에는 순진하고 마음 착한 목자들뿐이었습니다. 천사가 그들에게 '너희는 두려워하지 말고 기뻐하라. 빨리 가라' 했습니다. 양을 지키는 목자들인데, 냄새나는 옷을 갈아입을 새도 없죠. 천사의 말을 믿고 목자들이 찾아가서 아기 예수께 경배했습니다.

역사가들에 의해 대체로 승인된 정통적인 설명이 있습니다. 동방박사들이 드린 세 가지 예물 중 황금을 바친 박사의 이름은 멜키오르(Melchior)입니다. 유향을 바친 박사의 이름은 카스파르(Caspar)입니다. 몰약을 바친 박사의 이름은 발타자르(Balthazar)입니다.

황금은 예수님이 만왕의 왕으로서 의와 공의로 통치하시기 위해 오신 메시아인 줄 알고 바쳤습니다.

유향은 제사장께 바치는 예물인데, 예수 그리스도께서 만민의 죄를 위해 자기 몸을 드려 중보자 역할, 제사장으로서 우리 죄를 대신 속하는 일을 하실 줄 알고 바쳤습니다.

몰약은 죽은 시체에 바르는 향품입니다. 예수께서 인류의 죄를 속하려고 십자가에 못 박혀 죽으실 것을 내다보고 미리 장사를 준비한 것과 같습니다.

참고로 마태복음 26:6-13, 마가복음 14:3-9, 요한복음 12:1-8에 그러한 말씀들이 기록돼 있습니다.

오늘날 평강제일교회 모든 성도는 동방박사들처럼 몸과 마음을 드리고, 정성을 다해서 하나님 앞에 기쁘고 즐거운 마음으로 물질을 바칠 뿐만 아니라, 순교 정신을 가지고 '그 나라 갈 때까지 제 마음은 변함이 없습니다. 매해 돌아오는 성탄절마다 신앙생활에 주님 기뻐하시는 열매를 맺는 동시에, 절대 믿음으로 유대 땅 베들레헴 구유에 주님이 나시게 하지 않겠습니다. 제 마음에, 아내에게, 자녀들에게, 사위와 며느리에게, 부모님과 친척들에게 탄생하실 수 있도록 은혜를 주시고, 축복 주시고, 깨닫는 역사가 있게 해 주시옵소서' 하고 기도하시기 바랍니다.

진심으로 주 나신 밤에 '제 마음이 거룩한 주님의 방이 될 수 있도록 축복해 주시옵소서. 제가 몰랐을 때는 육신적으로 베들레헴에 쫓아갔지만, 믿음으로 거기 가서 아기 예수를 안고 왔습니다. 오늘날까지 가정생활이나 자녀 교육할 때나 직장생활이나 사업할 때도 주님께서 제 마음에서 떠난 적이 없습니다. 주님은 늘 신령한 성탄이 되어 제 마음에 머물러 계시는데, 이제 육신적인 베들레헴은 영원히 이별하게 해 주시고 주께서 제 마음에 탄생하시는 영원한 축복이 있게 해 주시옵소서' 하고 기도하는 모두가 되시기를 주의 이름으로 부탁을 드립니다. 그래서 고요한 밤, 거룩한 밤에 주 예수 나신 마음의 방이 되시기를 바랍니다.

결론

역사상에 주 예수 나신 밤이야말로 새 역사 창조의 신기원이 아닐 수가 없습니다. 전 세계 역사를 기록할 때 성탄을 기점으로 하여 주전과 주후로 나뉩니다. 이제 1900년대는 바이바이(bye-bye)하고 2000년대가 시작됩니다. 그 나라 갈 때까지 변함이 없는 믿음을 달라고 기도하세요. '아브라함의 하나님, 이삭의 하나님, 야곱의 하나님, 마지막에는 나의 하나님이 되실 줄 믿습니다' 그렇게 기도하시기 바랍니다.

예수 그리스도는 우주의 초점입니다. 우주의 기점, 모든 존재의 중심이 되는 것입니다. 예수 그리스도를 통해 만물과 인간과 하나님의 새로운 조화가 성립될 수 있습니다.

'주님, 제 마음에 오셔서 하나님이 원하시는 일을 해 주시기를 바랍니다. 저는 행복자입니다. 동방박사들이 문득 별이 설 때 기뻐하고 크게 기뻐하였는데, 저는 그 이상의 기쁨이 있습니다. 그들은 이중 기쁨이지만, 우리는 사중의 기쁨이 있습니다. 구원받았으니 기쁘고, 예수님을 모셨으니 기쁘고, 경배하니 기쁘고, 바쳐서 기쁘니 사중의 기쁨입니다. 그래서 제 생애에 영원한 목적이 있다면 예수님밖에 없습니다. 영원한 소망이 있다면 예수님밖에 없습니다. 영원한 길잡이가 있다면 예수님밖에 없습니다. 예수님을 중심으로 그 나라에서 세세 무궁토록 살고픕니다. 1999년 12월 25일은 저의 생

애에 있어서 종지부를 찍는 성탄이 되게 해 주시옵소서' 하고 기도
하시기를 바랍니다.

20세기를 마무리하는 12월 25일 성탄절에, 육신적인 유대 땅 베
들레헴이 아니라 우리 마음을 신령한 베들레헴으로 삼아서, 우리가
신령한 구유가 되어 주님을 모신 줄 믿습니다. 이제는 육신적인 베
들레헴 구유를 말할 것이 아니라 우리 마음속에 주님이 탄생하셔서,
그 나라 갈 때까지 직장에 있으나 집에 있으나 어디 가든지 늘 날마
다 구원의 기쁨과 즐거움이 있는 성탄이 되시기를 주의 이름으로 축
원합니다. 한 사람도 오늘 주시는 말씀에 낙오자가 없고, 이방이 되
지 않고 신령한 이스라엘이 되는 축복이 있을 줄 믿습니다.

오늘 하루만큼은 세상에 나가서 믿지 않는 친구들과 노름하든가
술 마시고 춤추고 놀고 하는 일이 없도록, 하나님께서 말씀의 권세
로, 말씀의 능력으로 강력하게 막아 주시기를 간절히 소원합니다.
정신 차려서 오늘만큼은 하나님 앞에 감사하면서 교회에서, 가정에
서 오순도순 음식을 차려 놓고 신앙을 나누는 모두가 되시기를 바랍
니다.

| 베들레헴에 있는 성탄교회

2001년 12월 23일
주일 2부예배

빈방을
준비하면서
기다립시다

| 누가복음 2:1-7

누가복음 2:1-7 "이때에 가이사 아구스도가 영을 내려 천하로 다 호적하라 하였으니 ² 이 호적은 구레뇨가 수리아 총독 되었을 때에 첫 번 한 것이라 ³ 모든 사람이 호적하러 각각 고향으로 돌아가매 ⁴ 요셉도 다윗의 집 족속인 고로 갈릴리 나사렛 동네에서 유대를 향하여 베들레헴이라 하는 다윗의 동네로 ⁵ 그 정혼한 마리아와 함께 호적하러 올라가니 마리아가 이미 잉태되었더라 ⁶ 거기 있을 그때에 해산할 날이 차서 ⁷ 맏아들을 낳아 강보로 싸서 구유에 뉘었으니 이는 사관에 있을 곳이 없음이러라"

빈방을 준비하면서 기다립시다

누가복음 2:1-7

　살아 계신 하나님께서 저를 비롯한 우리 평강제일교회 전 가족들을 누가복음 2:1-7 말씀까지 인도해 주셔서 저희들이 이 말씀 앞에 서 있습니다. 본문 7절에 "맏아들을 낳아 강보로 싸서 구유에 뉘었으니 이는 사관에 있을 곳이 없음이러라"라고 말씀하고 있습니다. 사관은 여관을 말합니다.

　내일은 크리스마스이브이고, 모레는 거룩한 우리의 생명의 주, 창조주, 영원한 구주가 되시는 예수님이 탄생하신 날입니다. 해마다 성탄절을 맞이하고 있지만, 금년 한 해의 마지막을 보내면서 복잡하고 하나님께서 기뻐하시지 않는 생각들, 있어서는 안 될 구질구질하고 잡다한 마음들을 다 비우고, 정말 우리 마음이 빈방이 되어서 '주 예수여, 오시옵소서. 시므온과 안나같이 기다렸습니다' 해야겠습니다. 거룩하고 아름다운 우리 마음속에 꼭 주님을 탄생시켜야 되겠다 해서, 일주일 동안 깊이 생각하고 기도하는 가운데 '빈방을 준비하면서 기다립시다'라는 제목을 잡았습니다.

　지금 도시의 골목마다 구세군의 자선냄비 종소리가 울리고 있습니다. 거리마다 크리스마스트리들이 오색찬란하게 장식된 연말의 분주함 속에서 성탄절을 맞이하고 있는 이때, 제가 엉뚱한 질문을 한번 하겠습니다. 여러분은 어디서 태어나셨습니까? 한번 깊이 생각하고 예수님의 탄생과 비교해 보세요. 아마도 연세가 많은 분들은 '어디서 나긴. 집에서 났지' 그렇게 대답하실 것입니다. 젊은이들, 어린 애들한테 물어보면 병원에서 났다고 할 거에요. 가끔 매스컴을 통해서 발표되는 것을 보니까, 버스 안이나 기차 안에서 나는 경우도 있습니다. 또 신문을 보니, 1998년에는 비행기에서도 났어요. 그러면 일평생 비행기를 공짜로 타는 혜택을 받는다고 합니다.

그런데 우리가 기다리는 메시아, 예수 그리스도는 그렇게나마 태어나시지도 못했습니다. 서글프죠. 2천 년 전에 특수한 환경이었습니다. 우리 중에 부모님이 사업하다 망하고 사기당하고 어려운 지경에 방 한 칸 없어서 소나 말을 기르는 외양간에서 나신 분 있습니까? 그러한 지경에서 나셨다면, 다 큰 아들딸들이 생각할 때 부모님이 얼마나 가련하고 불쌍합니까? 요즘 아이들은 얼마나 행복합니까? 의료 기구가 완비되고 냉방 시설이 잘 돼 있고 위생적인 산부인과 병원에서 태어나잖아요? 태어난 다음 바로 데려오지 않죠. 저희들이 날 때만 해도 그러한 시설이 없었습니다.

오늘 본문을 볼 때, 강보에 싸여서 짐승의 밥통, 거기에 아기 예수가 담겨 있으니, 한번 생각해 보세요. 바람막이도 없는 헛간입니다. 누구 때문에 그렇게 오셨습니까? 아기 예수가 아주 특별한 여건 속에서 탄생한 것을 다시 한번 깊이 생각 안 하려야 안 할 수가 없습니다. 그 여건이란, 짧막하게 간추려 생각해 본다면, 지저분하죠. 돼지, 소, 말의 우리나 닭장이 깨끗한 것 봤습니까? 짐승의 오물 냄새가 물씬 풍깁니다. 온기가 하나도 없습니다. 면도칼같이 아주 싸늘합니다. 너무 추워서 볼에 바람이 닿는 순간 섬뜩한 거에요. 우리의 생명의 구세주가 그렇게 오셨습니다.

오늘날까지 이러한 뜻을 알고 '기쁘다 구주 오셨네' 진심으로 믿음으로 고백하면서 불러 왔습니까? 제가 하는 말씀이 아닙니다. 저나 여러분에게 하나님께서 직접 가르쳐 주고 계십니다. 소나 말이 밥통을 낱알 하나 없이 깨끗하게 핥는 것 봤습니까? 찌꺼기가 많이 남죠. 춥습니다. 푹신푹신하고 보들보들한 포대기에 놓으면 또 몰라요. 나뭇조각에다가 거친 강보에, 거기에 오셨습니다. 누구 때문입니까? 여러분이 부정(否定)해도 하나님께서는 '너 때문이다!' 하십니다. 그저 간단하게 예수 믿는다고 생각하지 마세요.

본문 7절을 볼 때, 사관이 없었다고 했습니다. 숙박 시설이 만원이었습니다. 불을 때지는 못하더라도, 어떠한 집이라는 형태도 없었습니다. 따뜻한 의자 하나도 없었습니다. 그러면 예수님의 육신의 아버지 요셉이나 어머니 마리아가 방이 있냐고 묻지 않았겠습니까? 사정을 합니다. 금방 애가 쏟아지려고 합니다. 배는 함지박만 해서, 해산기가 있습니다. 여관 주인이나 투숙객들이 볼 때 '에구머니, 저 여자 받았다가는 잠도 못 잘 거고, 또 피비린내 나겠지' 하면서, 아마 방이 있어도 한마디로 거절했을 것입니다.

여기저기 왔다 갔다 했을 것 아닙니까? 몸은 아프죠. '여보, 한 발자국도 걷지 못하겠어' 하는 가운데, 오죽 급했어야 허술한 남의 집 우릿간, 거기에 들어갔겠습니까? 만삭된 산모가 우왕좌왕하는 그 광경을, 우리가 아무리 바보라고 해도 한번 그려 보세요.

예수님께서 오시는 것은 이미 성경에 예언돼 있습니다. 주전 700년 경 미가 선지자나 이사야 선지자가 미리 아기 예수에 대해서 정확하게 예언했습니다. 미가는 메시아가 나실 장소까지 대주었습니다(미 5:2). 당시 서기관이라고 하는 신학 교수라든가 대제사장과 제사장, 장로, 유사, 많은 교인들이 성경을 읽지 않았겠습니까? 밤낮 구세주 메시아를 기다린다고 눈물로 기도하던 자들입니다.

오늘 본문 볼 때, 참으로 비참하고 가련한 장면입니다. 여러분이 철들었다면, 자신이 그러한 장소에서 났다고 한번 생각해 보세요. 가볍게 넘길 일이 아닙니다. 할 짓 다 하고, 먹을 것 다 먹고, 갈 데 못 갈 데 다 왔다 갔다 하고, 오만 가지 죄를 지어 놓고 교회 나와서 무미건조하게 '주여, 주여' 한다면, 얼마나 가증한 일입니까? 하나님은 우리의 마음 중심, 뼛속까지 살피시는 분입니다(히 4:12).

예수님이 탄생하신 베들레헴의 형편

당시 유대는 로마 지배하에 있었기 때문에, 로마 군인들은 유할 방이 있었습니다. 왜정시대 때 순사가 온다고 하면 애들이 울음을 그칠 정도로 무서워했습니다. 일본 사람이 안 볼 때는 '일본 놈'이라고 하지만, 옆에 있으면 아무 얘기 못 했습니다. 한국 사람이지만 한국말 못 합니다. 법령을 내려서, 학교에 있으나 집에 있으나 조선말 하는 사람은 다 고발하라고 했습니다. 학생들이 뭘 압니까? 잘못하다 얻어터집니다. 성적도 나빠집니다.

사관에 돈 많은 사람들이 오면 어서 오시라고 하면서 받겠죠. 놀 장소, 유흥의 장소, 상인들이나 고관들이 흥청대는 향락의 장소도 마련돼 있었을 것입니다. 그러나 요셉은 가난한 목수에 지나지 않았습니다. 옷 입은 것도 허름하고, 아내 마리아는 만삭입니다. 머리나 손이나 귀에 장식 하나도 없습니다. 몸에서 나는 냄새가 있다면 땀내입니다. 그러니 누가 맞이하겠습니까? 온 인류의 구세주, 가장 고귀한 예수께서 말씀대로 오셨는데 영접하지 않았습니다. 남자 없이 여자의 몸에서 구세주가 나신다고, 유대 땅 베들레헴에 오신다고 정확히 예언되어 있습니다. 그러나 우리의 영원한 생명의 주가 되시는 그분이 이 땅에서 나실, 해산의 장소를 허락하지 않았습니다. 그래서 짐승의 울부짖음으로 소란하고 지저분하고 냄새나는 곳에서 나셨습니다.

저는 아기를 받아 봐서 압니다. 애 낳을 때 고통으로 헤매는 것 보면요, 여자분들 참 불쌍합니다. 애가 나온 다음에 또 배를 훑어서 태가 나와야 됩니다. 탯줄을 배꼽에서 한 뼘 넘게 꼭 묶어 가지고, 가위는 독이 있다고 해서 옥수숫대나 수숫대로 자릅니다. 피 나는 것은 말도 못 합니다. 아기를 대강 씻어서 저고리를 입힙니다. 참, 여자분들 위대합니다. 남자분들, 괜히 으스대고 그러지 마세요. 아이 낳는 어머니들 위대합니다. 생명이 생명을 탄생시키는 것, 그냥 눈 뜨고 못 봅니다. 기가 막힙니다.

내일은 성탄 이브이고, 모레 성탄절이 다가오고 있습니다. 여러분 마음 가운데 정말 빈방을 준비하고 있습니까? 남을 미워하는 것 하나만 있어도 예수님이 탄생하시지 않습니다. '나는 살고 저놈은 죽어야 돼. 원수다!' 하는 마음만 먹어도, 주님 보실 때 '너 아직 빈방이 안 됐구나! 내가 갈 데가 어디 있니? 또 짐승 밥통에서 나야겠구나' 하십니다. 답답하죠.

집집마다 상점마다 동네마다 백화점마다 여기저기 크리스마스 트리들이 번쩍거리고 있습니다. 작년에 크리스마스 행사 하는 것을 보니, 아기 예수 나신 곳을 아주 화려하게 만들어 놓았습니다. 마음 가운데 거부감이 일어났습니다. '예수님은 저런 데서 탄생하시지 않았는데….' 크리스마스트리나 성탄 카드에서 보는 그러한 마구간이 아닙니다. 예수님이 탄생하신 곳은 그렇게 화려하고 아름답고 번쩍번쩍하지 않았습니다. 얼마나 예쁘게 잘 그려 놨습니까? 그렇게 낭만적이거나 예술적인 광경이 아니었던 것입니다. 시골 마구간에 가 보세요. 그 짐승의 우리를 볼 때 먼저 서글픔이 앞섭니다. 믿는 분들은 예수님이 이러한 데서 탄생하셨다는 것을 아셔야 합니다. 예수님 나실 당시를 생각할 때 너무나도 가련해서, 깊은 슬픔에 잠겨 눈시울이 뜨거워질 때가 한두 번이 아닙니다.

제가 처음 이스라엘에 갔을 때, 성지순례 일정 중에 반드시 예수님이 탄생하신 장소에 갈 거라고 해서, 얼마나 기대에 부풀었는지 모릅니다. 2천 년 전 예수님이 탄생하신 장소가 있는 그 땅을 밟고 보게 되다니, 참 가슴이 설레었습니다. 그런데 베들레헴에 가 봤더니, 예수님 탄생하신 곳 위에 몇천 평 되는 큰 성전이 서 있었습니다. 그 안에 유명한 화가들이 그린 그림과 장식들이 걸려 있었습니다. 참 많이 실망했습니다. 예수님 나실 당시의 모습을 그대로 보여 줘야 할 텐데, 울긋불긋하게 무당집같이 굉장하게 장치를 해 놨습니다. 거기서 눈물로 기도했습니다. 주님이 탄생하신 장소를 동경하면서 그 모습이 보고팠는데, 너무나도 호화찬란했습니다. 주님이 탄생하신 때의 흔적은 없고, 어디서 가져왔는지 대리석으로 장식하고 번쩍번쩍하게 조명을 달고 말이죠. 예수님의 어머니 마리아가 화려한 저고리를 입었습니까? 아기 예수가 무슨 붉은 옷을 입었습니까? 다 떨어진 강보에 싸여서 누워 있었다고 했죠.

성지순례를 통해서, 이스라엘 백성이 애굽을 떠나 가나안 땅에

· 1980년 성지답사 중
베들레헴 성탄교회(the Church of the
Nativity) 앞에서

· 베들레헴 성탄교회 내부의
예수님 탄생 장소.
바닥에 예수님 탄생 지점을 가리키는
14각의 은별 표시가 있다.

들어가기까지 42번 진을 쳤던 그 광야에 가서 엎드려 기도하고, 만나가 내렸던 땅의 흙을 만져 보기도 했습니다. '여기 만나가 내렸겠지….' 실감이 났습니다. 바위는 2천 년 전이나 4천 년 전이나 지금이나 없어지지 않고 그대로 있죠. 그런데 예수님 탄생하신 장소의 땅은 밟아 보지도 못했습니다. 들어갈 수 없게 전부 막아 놓았습니다. 거기에서 아름답다거나 즐겁다는 느낌보다도 서글픔이 앞섰습니다.

예수님이 누추한 곳에서 탄생하신 이유

예수께서 왕궁이나 대신들의 집이나 부잣집에 나셨다면, 오늘날 예수 믿는 사람들이 다 끼리끼리 모일 것입니다. 가난하고 멸시당하고, 노동자로서 아침 먹으면 점심은 고사하고 저녁거리 걱정하면서 눈물 흘리는 그러한 사람들은 예수님을 믿으려야 믿을 수 없을 것입니다.

그런데 성경을 볼 때, 대제사장과 서기관, 바리새인, 유사, 장로들뿐만 아니라 유대인들은 안식일마다 성경을 너무 읽다 보니까 외울 정도였습니다. 그러나 문자만 달달 외웠지, 문자가 말하는 이면에 숨어 있는 뜻을 몰랐습니다. 그래서 예수님을 죽였다고 사도행전 13:27에 기록돼 있습니다.

사도행전 13:27 "예루살렘에 사는 자들과 저희 관원들이 예수와 및 안식일마다 외우는바 선지자들의 말을 알지 못하므로 예수를 정죄하여 선지자들의 말을 응하게 하였도다"

일찍이 호세아 선지자는 "내 백성이 지식이 없으므로 망하는도 다"라고 했습니다(호 4:6). 세상 지식을 말합니까? 성경 지식이 없어 서 망한다는 것입니다. 사도 요한은 예수께서 자기 땅에 오셨지만 자기 백성이 냉대했다고 했습니다(요 1:11). 예수님을 집어던졌다는 것입니다. '너희 아버지, 어머니, 형제를 다 안다. 나사렛 목수의 아 들 아니냐?'라고 했습니다. 목수의 아들이라고 칭한 것은 멸시하는 말입니다. '네가 어떻게 하늘에서 인류를 구원하기 위해 왔단 말이 냐? 우리는 학교 다니면서 공부했어. 너는 공부도 못 했지 않냐?' 그 렇게 말한 것이 요한복음 7장에 나오지 않습니까(요 7:15)? 예수님은 창조주이십니다. 지식의 근본이십니다. 글의 근본이십니다.

그래서 성경을 볼 때 '늘 깨어 있으라. 늘 성경 읽는 것을 잊지 말 아라. 기도하라. 기도하면 내가 가까이해 주겠다. 말씀을 다 대주겠 다' 하셨습니다. 신명기 4:7에도 기도하면 하나님께서 가까이해 주 신다고 했습니다. 예수님도 '내 말이 너희 속에 있으면 기도하라. 그 러면 응답 주겠다' 하셨습니다(요 15:7). 그런데 기도하지 않았습니 다. 전부 엉터리 기도였습니다. 하나님께서 원하시는 뜻에 맞는, 하 나님의 마음에 맞는 기도를 하지 않았던 것입니다.

그러니 예수님은 유대인들의 마음 가운데 탄생하러 오셨지만, 그 들은 성경도 모르고 전부 세상적이고 이해타산적이었습니다. 예수 님 알기를 우습게 알았습니다. 예수님을 십자가에 못 박을 정도면 얼마나 마음들이 악합니까? 사도행전을 볼 때 '너희가 빌라도의 손 을 빌어서 죄 없는 분을 죽여 달라고 하지 않았느냐? 그때는 몰라서 그랬지만, 다윗의 예언대로 그분은 썩지 않고 다시 살아나시지 않았 느냐?'라고 말씀하고 있습니다(행 2:23-32, 7:52, 10:38-40). 그러면서 유대인들이 아무리 예수님을 믿으라 해도 안 믿겠다고 하고, 안 믿으면 죽는다고 해도 괜찮다고 하면서 영생 얻음에 합당치 않은 자로 자처하니, 바울과 바나바가 눈물을 흘리면서 할 수 없이 이방을 향해 간다고 했습니다. 이방이 생명의 구주를 탄생시켰습니다. 유대인들은 지옥 가도 좋다면서 예수님을 믿지 않았습니다. 그분이 진짜 메시아라고 바울과 바나바가 얼마나 말씀했습니까? 할 수 없이 이방 땅으로 간다고 하지 않았어요?

> **사도행전 13:45-46** "유대인들이 그 무리를 보고 시기가 가득하여 바울의 말한 것을 변박하고 비방하거늘 46 바울과 바나바가 담대히 말하여 가로되 하나님의 말씀을 마땅히 먼저 너희에게 전할 것이로되 너희가 버리고 영생 얻음에 합당치 않은 자로 자처하기로 우리가 이방인에게로 향하노라"

성경도 읽지 않고, 밤낮 자기 식구들 위해서 어떻게 해 달라고만 기도하고, 하나님의 뜻을 위해서는 기도도 안 합니다. 영적인 일에 대해서는 인민군 토치카(tochka)처럼 너무나도 캄캄하죠. 그래 가지고 금년에 '기쁘다 구주 오셨네' 하시겠습니까? 정말 마음이 비어 있습니까?

빌립보서 2:6-7을 볼 때, 예수님은 하나님과 동등된 분이지만 동등됨을 취하지 않고 자기를 완전히 비우셨습니다. 빈 깡통, 빈 바구니, 빈 자루, 빈방을 만드신 것입니다. 오늘 제목을 보세요. 빈방을 준비하자는 것입니다. 그리고 기다리자는 것입니다. '방 있습니까?'라는 말이 떨어지자마자 '예, 있습니다!' 하고 맞아들이면서 '기쁘다 구주 오셨네' 해야죠. 예수님께서 당하신 일들은 선지자들의 예언이 응한 것이라고 누가복음 18:31-34, 24:44-49, 요한복음 19:36-37에 증거하고 있습니다.

빈방을 준비합시다

당시 베들레헴의 사관에 지체 높은 사람이 왔다면, 아마 자기가 잘 안방이라도 내줬을 것입니다. 애들한테 '다 일어나! 친구 집에 가서 자라. 귀한 손님 오셨다' 했을 것입니다. 금년에 예수님이 여러분 개인 방이나 집에, 직장, 사업장, 우리 교회에 분명히 찾아오십니다. 어떠한 마음을 가지고 모시려고 합니까? 완전히 마음을 비웠습니까? 잡다한 생각은 없습니까? 댁의 방의 사정은 어떠합니까?

우리 마음에 예수께서 들어오시기를 원하는데, 죄가 되는 것 하나만 있어도 안 들어오십니다. 간단합니다. 회개하면 됩니다. 다 내어 버리라는 것입니다. 근심, 걱정, 염려, 생각 밖에 엉뚱한 것들이 마음 가운데 가득 차 있다면 예수께서 어떻게 들어오시겠습니까? '이 엉뚱한 놈아. 네 마음이 그런데 내가 거기에 어떻게 들어가 있어?' 하실 것입니다.

어떤 분의 마음은 이악합니다.* 너무 깍쟁이입니다. 또 어떤 분의 마음은 강팍합니다. 어떤 분의 마음은 죄악으로 가득 차 있습니다. 눈만 떴다 하면 죄지을 생각만 합니다. 교회 나오면 '이러면 안 되지' 하면서 회개합니다. 축도 받고 교회 밖으로 나가면 쓸데없는 세상이 꽉 들어옵니다. 이렇게 반복하다가 연세가 60, 70이 됩니다. 어떡하시겠습니까? 금년에 오시는 메시아를 또 놓치겠습니까? 2천 년 전같이 마리아와 요셉과 예수님을 또 마구간으로 보내시겠습니까? 그래서는 안 되죠.

---

* 이악하다 : 이익을 위해 지나치게 아등바등하다, 억척스럽다.

사도 바울은 '제발 땅의 것을 생각하지 말고 위엣 것을 찾으라'고 했습니다(골 3:1). 정말 예수께서 이 땅에 천 번 만 번 나셔도, 내 마음에 한 번 탄생하시지 않는다면 끝나는 것 아니겠습니까? 시간은 내일, 모레밖에 안 남았습니다. 준비하자는 것입니다. 예수님이 찾아오시는 마음의 방을 준비하지 않고, 예비하지 않고 불도 밝히지 않고 있다가 '방 있습니까?' 할 때 뭐라고 대답하시겠습니까? 이 말씀 주실 때 제발 마음을 굳게, 강퍅하게 하지 말고 융통성 있게, 부드럽게 하시기 바랍니다.

여러분의 마음의 방 사정은 어떻습니까? 정말 예수님은 거룩하신 분입니다. 아주 깨끗하신 분입니다. '마음이 청결한 자는 복이 있나니 저희가 하나님을 본다'(마 5:8)고 하지 않았어요? 그러한 방에 들어오기를 원하십니다. 금년에 어떻게 살았든지 간에 한 해의 마지막을 보내면서 '깨끗한 방을 준비해서 생명의 구주, 영생의 구주, 창조주를 모셔야 되겠다. 그래야만 자손만대 복을 받겠다' 하셔야죠.

지금 예수님의 육신의 어머니 마리아 배 속에서 해산의 고통, 진통이 오고 있습니다. 한 걸음 한 걸음 뗄 때마다 얼마나 몸이 무겁습니까? 당장 아기가 쏟아지려고 하는 그 아픔 말이죠. 애 낳기가 얼마나 힘든 줄 아십니까? 하도 며느리가 소리 지르고 '나 죽네, 나 죽네!' 하니까, 시어머니가 '얘야, 기둥 만져 봐라. 기둥이 말랑말랑하면 애가 나온다'고 합니다. 며느리가 만져 보더니 '아직 단단해요'라고 합니다. 그렇게 힘쓰는 가운데 아기를 낳는 거죠. 그 정도 고통입니다. 그러한 상황 속에 '방 있습니까?' 하는데 '방 내줄 여건이 안 됩니다' 하는 말을 들었습니다. 어떡합니까? 너무나 딱해요. 요셉과 마리아 마음이 얼마나 급했겠습니까?

크리스마스가 되었다고 교회마다 또 가정에 작고 크고 간에 크리스마스트리를 해 놓으면서, 내 마음 가운데 트리를 해 놔야 할 텐데 못하고 있잖아요? 금년에도 예수님 나실 장소가 없지 않습니까? 교회마다 웅장하고 화려하게 성탄 준비를 하고 있지만 정작 성탄을 준비하는 목사님 이하 장로님, 전체 평신도까지 마음가짐이 어떠냐 하는 말입니다.

하나님은 화려하게 장식된 곳을 원치 않고, 거룩하고 겸손하고 깨끗하고 남에게 죄짓지 않는 그러한 마음을 원하시지 않겠습니까? 예수님은 전능하신 하나님의 아들입니다. 평화의 왕으로 오십니다. 위로자로 오십니다. 예수께서 오신 목적은 우리의 죄를 해결하여 구원해 주시고, 하나님과 원수 되었던 것을 화해시키기 위해서라고 로마서 5:10에 정확하게 기록돼 있습니다.

그분이 우리 마음에 탄생해 보세요. 모든 일이 만사형통입니다. 노란 신호, 빨간 신호가 없습니다. 천국에 갈 때까지 파란 신호만 있습니다. 전진! 앞으로 진행밖에 없는 거예요. 이러한 좋은 계기를 맞이했는데, 또 어영부영하면서 정신 못 차리고 금년 한 해 그냥 지나가겠습니까? 너무나도 안타까워서 일주일 동안 고심하면서, 이 일 하랴 저 일 하랴 왔다 갔다 뛰어다니면서, 간밤에 새벽 2시까지 설교 준비한 것입니다. 4시 10분에 깨서 목욕하고 5시에 청평에서 출발해서 왔습니다. 쉬운 일이 아닙니다.

마음에 준비해야 됩니다. 찬란한 호텔, 백화점에 예수님이 오시겠습니까? 아무리 못살고, 빚더미에 올라 있고, 실의에 빠지고, 남이 알아주지 않고, 변두리 인생 취급받고 있지만, 그래도 마음이 어질고 착하고 의롭고 선하고, 정말 주의 위로를 기다리면서 '오직 하나님밖에 없다'고 믿는 마음에 예수님이 탄생하십니다. 믿어지면 아멘 하시기 바랍니다. 저도 아멘입니다.

들에서 양을 치던 목자들같이 순박해야 됩니다. 천사가 할 일이 없어서 밤에 양 치는 목자들한테 그 비밀을 대주었겠습니까? '마구간에 찾아가라. 이 땅의 구세주가 강보에 싸여 구유에 누워 있다'고 분명히 누가복음 2:8-12에 말씀하고 있습니다. 솔직한 사람! 신약성경에 자그마치 12군데 '거짓을 버리라'고 말씀하고 있습니다. 거짓말이 나올까 봐 부패하지 않도록 말할 때마다 소금을 치라고 했습니다(골 4:6). 여러분, 단칸방에 있다고 낙심하지 마세요. 가족끼리 오순도순 하나님 앞에 찬송하고 기도하고 화목할 때, 분명히 아기 예수, 생명의 구주가 여러분 가정에 탄생하실 줄로 믿으시기 바랍니다. 걱정할 필요 없습니다.

결론

예수님을 영접할 준비를 어떻게 하겠습니까? 깨끗한 방이 있어야 됩니다. 청결한 마음, '맑을 청'(淸), '깨끗할 결'(潔)이죠. 순수한 마음, 양심의 악을 깨닫고 거짓말할 줄 모르는 그러한 사람에게 오신다고 했습니다(히 10:22). 구유에 나신 예수님이 하나님 아닙니까? 영생의 주입니다. 사람으로 오셨지만 죄가 없는 분입니다(히 4:15). 우리는 다 부정모혈로 났어요. 아버지가 있으므로 태어났습니다. 예수님은 남자 없이 성령을 통해서 나셨습니다. 아주 신령한 분입니다. 그러니까 믿을 만하잖아요? 과거에 우리의 마음이 지저분하죠. 싫은 것도 있지만 싫은 척 안 하고, 미운 사람이나 마음에 들지 않는 사람도 있지만 말 안 하고 자기만 알고 있고 말이죠. 그러한 것 다 버려야 됩니다. 예수 믿는 사람이 그런 마음 가지면 되겠어요? '원수를 사랑하라', 하나님의 명령입니다. '남을 사랑하지 않으면 너 죄 지은 것 용서치 않겠다'고 예수께서 하신 말씀이 마태복음 18:35에 정확하게 기록돼 있습니다. 얼마나 두려운 말씀입니까?

예수님을 사랑하는 마음, 사모하는 마음, 아무리 복잡해도 내가 자는 방까지 내어 드릴 수 있는 아주 너그럽고 여유 있는 마음을 가져야죠. 해마다 성탄절을 다람쥐 쳇바퀴 돌리듯이 맞이하지 않았습니까? 금년에는 구렁이 담 넘어가듯이 그렇게 넘어가지 말라는 것입니다. '정말 예수님이 내 마음 가운데 탄생하셔야 되겠다'고 결심해야 사람다운 사람이 될 수 있고, 하나님의 아들로서 깨끗하게 인생 마무리 잘 하고, 하나님 나라 갈 때 큰 상이 있을 것 아닙니까? 우리가 행한 대로, 심은 대로, 믿은 대로 거둔다고 했는데(마 16:27, 계 22:12) 하나님께서 가만히 계시겠습니까? 얼마나 좋은 세계입니까?

주님 찾아오셔서 'OOO야, 네 방문 열어도 되겠냐?' 하시면 '예!' 대답해야죠. 차갑게 문을 열지 않는다면 주님께서 '왜 이렇게 쌀쌀맞냐? 그러한 마음으로 남을 도와주는 구제 사업도 안 했구나. 그렇게 인색하냐? 과도히 아껴도 남음이 없어!' 잠언에 있는 말씀(잠 11:24)을 가지고 야단치실 것입니다.

우리 목사님들이 이제 26일에 아주 낙후된 동네를 찾아갈 겁니다. 우리 교회에서 먼 데보다도 이 일대에 어려운 가정이 280가정 있습니다. 그중에서도 아주 가난한 가정이 180여 가정 있고요. 밥도 제대로 못 먹는다고 합니다. 쌀 한 가마씩 사 드리고 따뜻한 성탄을 맞이하자고 했습니다. 지난번에 뉴스 보니까 아주 어려운 가정이

한 열몇 집이 있습니다. 청평에 있으면서 목사님한테 직접 찾아가 보라고 했습니다. 교회에서도 우리가 선한 일을 해야 할 것 아닙니까? 제가 하는 것이 아니라 여러분이 하는 것입니다. 어려운 가정들이 덜덜 떨고 있는데 '기쁘다 구주 오셨네'가 되겠습니까? 도저히 신앙 양심이 허락지 않습니다. 80세 되신 노인이 냉골에 계십니다. 아들 하나 있는데, 집 나간 지가 21년이고 소식도 없답니다. 또 거동이 불편합니다. 우리 목사님들이 찾아갔다 왔습니다. 도와드려야죠.

마태복음 25:32 이하를 보면 양과 염소의 비유가 나옵니다. 오른편에 있는 자들에게 '창세전에 예비된 나라를 상속받아라. 내가 주릴 때, 병들었을 때 도와주었다' 하시자, 의인들이 '우리가 언제 그러한 선한 사업을 했습니까?' 하면서 깜짝 놀랍니다. 그러자 '지극히 작은 자에게 한 것이 나에게 한 것이다'라고 말씀하셨습니다. 그리고 왼편에 있는 자들한테는 뭐라고 하셨습니까? '이 저주받을 놈들아! 영원한 유황불, 마귀 들어가는 데 기어 들어가라!' 아주 준엄한 심판을 내리셨습니다. 참 두려운 말씀입니다.

마태복음 25:32-41 "모든 민족을 그 앞에 모으고 각각 분별하기를 목자가 양과 염소를 분별하는 것같이 하여 [33] 양은 그 오른편에, 염소는 왼편에 두리라 [34] 그때에 임금이 그 오른편에 있는 자들에게 이르시되 내 아버지께 복 받을 자들이여 나아와 창세로부터 너희를 위하여 예비된 나라를 상속하라 [35] 내가 주릴 때에 너희가 먹을 것을 주었고 목마를 때에 마시게 하였고 나그네 되었을 때에 영접하였고 [36] 벗었을 때에 옷을 입혔고 병들었을 때에 돌아보았고 옥에 갇혔을 때에 와서 보았느니라 [37] 이에 의인들이 대답하여 가로되 주여 우리가 어느 때에 주의 주리신 것을 보고 공궤하였으며 목마르신 것을 보고 마시게 하였나이까 [38] 어느 때에 나그네 되신 것을 보

고 영접하였으며 벗으신 것을 보고 옷 입혔나이까 ³⁹ 어느 때에 병드신 것
이나 옥에 갇히신 것을 보고 가서 뵈었나이까 하리니 ⁴⁰ 임금이 대답하여
가라사대 내가 진실로 너희에게 이르노니 너희가 여기 내 형제 중에 지극
히 작은 자 하나에게 한 것이 곧 내게 한 것이니라 하시고 ⁴¹ 또 왼편에 있
는 자들에게 이르시되 저주를 받은 자들아 나를 떠나 마귀와 그 사자들을
위하여 예비된 영영한 불에 들어가라"

마태복음 25:45-46 "이에 임금이 대답하여 가라사대 내가 진실로 너희에
게 이르노니 이 지극히 작은 자 하나에게 하지 아니한 것이 곧 내게 하지
아니한 것이니라 하시리니 ⁴⁶ 저희는 영벌에, 의인들은 영생에 들어가리라
하시니라"

미국 부통령이 어느 날 옷을 허름하게 입고 오래된 낡은 차를 타
고 뉴욕의 한 호텔에 갔다고 합니다. 그분 아버지가 농사하는 분이
라 일을 돕다가 간 모양이죠. 지배인이 딱 보더니 방 없다고 하더랍
니다. 아무 말 안 하고 다른 호텔에 방 있나 알아보라고 했는데, 뒤
늦게 호텔 주인과 사람들이 알아보고 놀라서 잘못했다고 하더랍니
다. 저 같으면 '날 사람 취급도 안 해? 사람 인격을, 겉모습만 보고
그렇게 대하는 거야?' 그랬을 것입니다. 그런데 그분은 참 여유가 있
습니다. 웃으면서 '호의는 감사합니다. 그러나 저는 다른 방을 얻었
습니다. 허름한 옷을 입은 농부를 거절한다면 부통령도 거절할 것
아닙니까?' 그런 말을 남겼다고 합니다. 제가 그 기사를 보고 놀랐습
니다.

한국도 마찬가지입니다. 좋은 차를 타고 가면 호텔 앞에 있는 분
이 와서 경례를 붙이면서 '오래간만입니다' 인사합니다. 그런데 조
그마한 차를 타고 가면 '여보, 저리 가!' 그럽니다. 사실을 말하는 거

예요. 좋은 차면 대접받죠. '길이 많이 막히죠?' 하면서 좋은 자리에 딱 세워 줍니다. 작은 차가 오면 빨리 차 빼서 지하로 가라고 합니다. 여러분이 직장 부하라든가 누구를 그렇게 대했다면, 회개하면 됩니다. '그런 마음 가지면 주님이 내 마음 가운데 탄생하시지 않겠구나. 주여, 용서하여 주시옵소서. 오늘과 내일, 모레까지 회개하겠습니다'라고 겸손하게 엎드려 간절히 하나님 앞에 잘못을 뉘우치고 회개할 때, 반드시 주께서 여러분 마음 방에 오실 줄로 믿으시기 바랍니다.

주님이 2천 년 전에 베들레헴에 나실 때 방이 없었습니다. 금년에 주께서 오신다면 '우리 마음에 방 있지 않습니까? 와 주시옵소서' 하시기 바랍니다. 오늘 주께서 우리 마음에 오실 때 '아멘, 주 예수여, 어서 오시옵소서' 하시기 바랍니다.

시므온은 하나님의 위로, 하나님의 나라를 기다리는 사람이었습니다. '너 죽기 전에 메시아를 본다'는 계시를 받았습니다. 안나는 금식기도 했습니다. 기도장이입니다. 역시 위로자를 기다렸습니다. 아기 예수를 만난 것을 보세요. 마리아가 아기 예수를 안고, 모세의 법대로 결례를 위해서 성전에 갔습니다. 제사장이 앉아 있습니다. 부잣집에서 양을 가지고 오면 '아이고, 오셨습니까?' 할 텐데, 남루한 모습으로 비둘기 한 쌍을 가지고 오는 예수님의 어머니와 예수님을 볼 때 눈에 차겠습니까? 예수께서 '뱀들아, 독사의 새끼들아, 약대는 삼키고 하루살이는 걸러내? 너희들이 지옥의 판결을 피할 줄 알았더냐?'라고 하신 말씀 그대로입니다(마 23:24, 33). 누가복음 16장 말씀 볼 때, 당시 바리새인들은 돈을 좋아한다고 했습니다(눅 16:14). 예수님의 말씀입니다. 얼마나 불쌍합니까?

그런데 시므온과 안나는 성령의 계시를 받고 기다렸습니다. 마리아와 요셉이 종이에 써서 붙이고 있었습니까? 이분이 역대 선지자들이 예언한 메시아라고 말했습니까? 아기 예수를 안고 갈 때 '저분이 온 인류가 기다리는 메시아다!' 하고는, 마리아한테 묻지도 않고 아기를 빼앗아서 예배당을 돌면서 '주의 구원을 보았다'고 했습니다. 구원을 얻었다는 게 아니라 구원을 보았답니다. 죽어도 여한이 없다고 하면서 아기 예수의 앞날에 대해서 예언한 것 보세요. '이 아이 때문에 많은 사람들이 구원받고 많은 사람들이 지옥 가겠구나' 하면서 반대자가 많을 것을 미리 예언해 준 것입니다(눅 2:22-38). 마리아가 귀담아듣고 명심했다고 했죠(참고 눅 2:19).

우리도 금년만큼은 절대 아기 예수를 놓치지 말고, 시므온과 안나가 성령의 계시를 받아서 예수님을 알아보듯이 그렇게 되어야겠습니다. 마음에 있는 잡다한 세상 것들을 다 집어던지고 오로지 예수님만 탄생하시면, 하늘의 신령한 보화나 땅의 모든 보화가 주 안에 있으니, 주님 한 분만 모시면 다 가진 것인 줄 믿으시기 바랍니다. 집에 찬이 없다, 콩나물이 없다, 뭐도 없다 할 때 돈만 있으면 해결되듯이, 아기 예수를 마음속에 모시면 모든 부(富)가 다 들어오는 줄 믿으시고, 12월 25일 주님 탄생하실 때 '주여, 우리 교회 전체 성도의 마음 가운데 탄생하여 주시옵소서' 하는 기도 속에서 꼭 메시아를 기다리는 여러분 되시기를 주의 이름으로 축원하겠습니다.

이틀 남았습니다. 하나님께서 회개의 영을 보내 주시고 지식과 명철과 지혜를 보내 주셔서, 과거에 잘못된 것 다 깨달아 가지고 하나님 앞에 예수 그리스도 이름으로 회개하고 용서받고, 거룩한 마음의 성탄이 되는 역사가 있으시길 바랍니다.

너희에게 평강이 있을지어다

탄생 사건이
보여 주는
예수이심의
증거

| 누가복음 2:1-20

누가복음 2:1-20 "이때에 가이사 아구스도가 영을 내려 천하로 다 호적하라 하였으니 ² 이 호적은 구레뇨가 수리아 총독 되었을 때에 첫 번 한 것이라 ³ 모든 사람이 호적하러 각각 고향으로 돌아가매 ⁴ 요셉도 다윗의 집 족속인 고로 갈릴리 나사렛 동네에서 유대를 향하여 베들레헴이라 하는 다윗의 동네로 ⁵ 그 정혼한 마리아와 함께 호적하러 올라가니 마리아가 이미 잉태되었더라 ⁶ 거기 있을 그때에 해산할 날이 차서 ⁷ 맏아들을 낳아 강보로 싸서 구유에 뉘었으니 이는 사관에 있을 곳이 없음이러라 ⁸ 그 지경에 목자들이 밖에서 밤에 자기 양떼를 지키더니 ⁹ 주의 사자가 곁에 서고 주의 영광이 저희를 두루 비취매 크게 무서워하는지라 ¹⁰ 천사가 이르되 무서워 말라 보라 내가 온 백성에게 미칠 큰 기쁨의 좋은 소식을 너희에게 전하노라 ¹¹ 오늘날 다윗의 동네에 너희를 위하여 구주가 나셨으니 곧 그리스도 주시니라 ¹² 너희가 가서 강보에 싸여 구유에 누인 아기를 보리니 이것이 너희에게 표적이니라 하더니 ¹³ 홀연히 허다한 천군이 그 천사와 함께 있어 하나님을 찬송하여 가로되 ¹⁴ 지극히 높은 곳에서는 하나님께 영광이요 땅에서는 기뻐하심을 입은 사람들 중에 평화로다 하니라 ¹⁵ 천사들이 떠나 하늘로 올라가니 목자가 서로 말하되 이제 베들레헴까지 가서 주께서 우리에게 알리신바 이 이루어진 일을 보자 하고 ¹⁶ 빨리 가서 마리아와 요셉과 구유에 누인 아기를 찾아서 ¹⁷ 보고 천사가 자기들에게 이 아기에 대하여 말한 것을 고하니 ¹⁸ 듣는 자가 다 목자의 말하는 일을 기이히 여기되 ¹⁹ 마리아는 이 모든 말을 마음에 지키어 생각하니라 …"

2001년 12월 24일 월요일
성탄전야예배

탄생 사건이 보여 주는 예수이심의 증거

누가복음 2:1-20

소망 가운데 내일이면 인류의 죄를 담당하시고 처분하시기 위해 오신 예수님께서 탄생하신 날을 맞이하게 됩니다.

예수 그리스도는 우리의 죄 때문에 처참하게 십자가에서 버림을 당하셨다가 사망의 권세를 깨뜨리고 부활하셨습니다. 주님의 부활은 영적으로만이 아니라 영육을 아우르는 부활입니다. 그러나 3년 동안 주님을 따라다녔던 제자들이 부활하신 주님을 보고 의심했습니다. '진짜 죽었다가 영육이 살아났을까?' 생각하는 것을 주님께서 아시고 '영은 뼈와 살이 없거니와 너희 보는 바와 같이 나는 있느니라. 와서 만져 보라'고 하셨습니다. 그래도 의심할까 봐 '먹을 것이 있느냐?' 물으셨고, 생선을 드리자 다 잡수셨습니다.

누가복음 24:36-43 "이 말을 할 때에 예수께서 친히 그 가운데 서서 가라사대 너희에게 평강이 있을찌어다 하시니 37 저희가 놀라고 무서워하여 그 보는 것을 영으로 생각하는지라 38 예수께서 가라사대 어찌하여 두려워하며 어찌하여 마음에 의심이 일어나느냐 39 내 손과 발을 보고 나인 줄 알라 또 나를 만져 보라 영은 살과 뼈가 없으되 너희 보는 바와 같이 나는 있느니라 40 이 말씀을 하시고 손과 발을 보이시나 41 저희가 너무 기쁘므로 오히려 믿지 못하고 기이히 여길 때에 이르시되 여기 무슨 먹을 것이 있느냐 하시니 42 이에 구운 생선 한 토막을 드리매 43 받으사 그 앞에서 잡수시더라"

또한 주님께서는 부활하신 다음 이 땅에 40일 동안 계시면서 자그마치 11번 나타나셨습니다(행 1:3, 고전 15:3-8). 그리고 감람산에서 500여 명이 보는 가운데 하늘로 승천하셨는데, 그때 천사들이 '갈릴리 사람들아, 왜 얼빠진 것처럼 하늘만 쳐다보느냐? 너희가 올라가심을 본 그대로 재림하신다'고 하였습니다(행 1:9-11). 그리고 마가 요한의 다락방에서 120명이 10일 동안 금식 기도하는 가운데 성령의 강한 바람과 불이 내렸습니다(행 1:13-15, 2:1-3). 그래서 사도행전을 '성령행전'이라고도 말하고 있습니다.

어제 주일은 빈방을 준비해서 기다리는 가운데 아기 예수, 영생의 주를 맞이하자는 내용의 설교를 했고, 오늘은 '탄생 사건이 보여 주는 예수이심의 증거'라는 제목으로 말씀을 전하겠습니다.

'예수님을 어떻게 보는가' 하는 문제를 다루는 것을 '기독론'(基督論)이라고 합니다. 기독교인으로서 신앙의 본질 문제가 여기에 귀결됩니다. 즉, 참진리와 비진리를 구분하는 분수령이 되는 고지를 다시 한번 발견하게 되는 것입니다. 그러기 때문에 그리스도의 탄생과 예루살렘에서의 죽음, 부활과 승천, 그리고 마가 요한의 다락방에서 성령강림으로 시작된 기독교 2천 년 역사에 있어서 기독론의 문제는 중요한 대상이 되어 왔고, 지금도 그렇습니다.

예를 들면, 그노시스파(Gnosticism)*의 발렌티누스(Valentinus)나 마

---

* 그노시스파(Gnosticism) : 영지주의(靈智主義). 소수의 선택받은 자들에게만 주어지는 영적인 지식으로 구원받을 수 있다고 주장하였으며, 영은 선하고 육과 물질은 악하다고 보았기 때문에 예수 그리스도의 성육신과 육체의 고통을 부인했다.

르시온(Marcion)은 예수 그리스도가 육체로 오신 것이 아니라 영으로 왔다고 했습니다. 그래서 기독교의 대혼란을 가져왔습니다. 잘 들으시기 바랍니다. 또 그와는 반대로 아리우스파(Arianism)를 주도한 아리우스(Arius)는 '예수는 하나님이 아니라 가장 위대한 피조물이다' 이렇게 주장하여 한때 대혼란이 일어났습니다. 성경이 잘못됐다고 한 것입니다. 그들은 성경을 믿지 않는 사람들입니다. 전자는 예수 그리스도가 육으로 오지 않았다고 하고, 후자는 완전한 하나님이 아니라고 한 것입니다.

그러나 성경은 '예수 그리스도는 참하나님이시며 동시에 참사람이시다'라고 말씀하고 있습니다. 어느 신학자, 교수, 목사가 말하는 것이 아닙니다. 성령님이 말씀하셨고, 성령님이 지시하신 대로 감화, 감동받은 분들이 기록한 성경이 말씀하고 있는 것입니다(딤후 3:16, 벧후 1:20-21).

성경대로 우리를 구원하기 위해 오신 예수 그리스도

지금으로부터 약 6천 년 전 아담이 죄지은 다음, 창세기 3:15을 볼 때 분명히 메시아가 나실 것을 예언하고 있습니다. 그리고 구약시대의 여러 선지자들을 통해서 메시아의 탄생에 대해 말씀하셨습니다. 민수기 24장을 볼 때, 한 별을 봤는데 그때의 일이 아니고 장차 될 일이라고 했습니다(민 24:17). 그리고 마태복음 2장을 볼 때, 동방박사들이 분명히 아기 예수의 별을 보고 왔다고 했습니다. 석 달 정도 걸려서 오는데, 별이 그들을 인도했다고 했습니다(마 2:1-2, 9).

우리는 다 부정모혈로 태어나지만, '임마누엘' 즉 '하나님이 우리와 함께 계시다' 하는 메시아가 남자 없이 처녀를 통해 이 땅에 나신 다고 주전 700년경에 이사야가 예언했습니다(사 7:14). 또 미가는 예수님이 태어나실 장소가 유대 땅 베들레헴이라고까지 예언했습니다(미 5:2). 말라기는 예수께서 이 땅에 나시기 전에 엘리야가 먼저 온다고 예언했습니다(말 4:5-6). 속된 말로, 예수님께서 오고 싶다고 해서 엿장수 마음대로 오신 것이 아니라 4천 년 동안 예언된 대로 오신 것입니다. 역사적으로 봐도 사실이 아닙니까?

일찍이 예레미야는 우리 몸을 아무리 비누로 씻어도 죄가 없어지지 아니한다고 했습니다(렘 2:22). 양잿물을 사다가 소여물 끓이는 솥에 넣고 우리의 살과 뼈를 묵이 될 정도로, 죽이 될 정도로 푹푹 삶아 바다에 뿌린다 해도 우리의 죄가 추호도 없어지지 아니한다는 것입니다.

그런데 예수님의 말씀의 권세를 보세요. 죄 많은 여자에게 '네 죄 사함을 얻었느니라' 말씀하셨습니다(눅 7:36-50). 당시 서기관과 제사장, 장로, 유사, 또 대제사장들이 예수님보고 참람하다고 욕을 하면서 돌을 들어 치려고 했습니다. 예수께서 '내가 여러 가지 선한 일을 보였는데 왜 나를 죽이려고 하느냐?' 하시자 '선한 일로 인하여 돌로 치려는 게 아니라 네 말이 참람되다'고 했습니다(요 10:31-33). '네가 천한 목수 요셉의 아들이 아니냐? 사람이면서 하나님 자리에 앉아서 죄를 사해?'라고 하자, 예수께서 '환자에게 자리를 들고 걸어가라 하는 것과 죄 사하는 것 중에 어느 것이 쉽겠느냐?' 하셨습니다(막 2:5-11). 예수님은 말씀의 권세, 죄 사하는 권세가 있다는 것을 보여 주시기 위해서 38년 동안 걷지 못한 환자한테 '자리를 들고 걸어가라'고 하셨습니다(요 5:5-9). 사람이 한 달만 누워 있어 보세요. 걷기 힘듭니다. 날 때부터 앉은뱅이로, 38년 동안 걸은 적이 없었습니다. 그러나 걸어가지 않았어요?

목탁을 두드리고 산에 가서 고행해 가면서 3년이 아니라 30년을 배운다 해도 죄가 없어지지 않습니다. 하나님께서 우리 죄를 담당시키기 위해서, 성자 하나님을 사람의 형체를 입혀 보내셨습니다. 예수 그리스도는 참사람이자 참하나님이십니다. 그래도 의심할까 봐 '사람이지만 그분에게는 죄가 없다'고 말씀하고 있잖아요?

히브리서 4:15 "우리에게 있는 대제사장은 우리 연약함을 체휼하지 아니하는 자가 아니요 모든 일에 우리와 한결같이 시험을 받은 자로되 죄는 없으시니라"

예수께서 가이사랴 빌립보에서 사랑하는 제자들에게 '얘들아, 많은 사람들이 나에 대해 뭐라고 말하더냐?' 물으셨을 때, 제자들이 '세례 요한이라고도 하고 선지자 중에 하나라고도 합니다'라고 대답했습니다. 예수님이 그 답변에 만족하시겠습니까? 그런데 주님께서 제자들에게 '너희들은 나를 누구라 하느냐?' 물으실 때, 베드로가 '주는 그리스도시요 살아 계신 하나님의 아들이시니이다'라고 했습니다. 그러자 예수님께서 '바요나 시몬아, 네가 복이 있다. 네가 말하는 것은 하늘에 계신 아버지께서 가르쳐 주신 것이다' 하시면서 '천국 열쇠를 주리니 네가 열면 닫을 자가 없고, 닫으면 열 자가 없을 것이다'라고 하셨습니다(마 16:13-19).

예수님의 탄생 사건은 기적입니다. 어떻게 남자 없이 여자가 아이를 낳습니까? 상식 밖이죠. 남자의 씨가 들어가야 애가 되는데, 남자 없이 낳았다는 것입니다. 6천여 년 전 인류의 시조 아담 때부터 오늘날까지 왔다 간 사람들이 약 970억 된다고 합니다. 예수님 당시 세계 인구가 약 5억입니다. 지금은 55억이라고 하잖아요? 그런데 970억의 사람들 가운데 남자 없이 난 사람 있습니까? 로마서 5장 말씀 볼 때, 인류의 시조 아담이 죄를 범하는 바람에 모든 인류가 죄인이 되었습니다(롬 5:12). 이 죄를 담당하러 예수님이 오신 것입니다. 마태복음 20:28 볼 때 우리를 구원하시기 위해서 속죄 제물로 오셨다고 했습니다. 얼마나 귀한 말씀입니까?

> **마태복음 20:28** "인자가 온 것은 섬김을 받으려 함이 아니라 도리어 섬기려 하고 자기 목숨을 많은 사람의 대속물로 주려 함이니라"

우리가 살아 봤자 80년, 오래 살아 봤자 90년입니다. 많은 성인들과 위인들이 이 땅에 왔다 갔지만, 죽었다가 살아나서 영원히 계신 분은 예수님밖에 없습니다.

천사의 계시와 함께 탄생하신 예수 그리스도

예수님의 탄생은 인류, 우리가 태어난 것과 다릅니다. 가브리엘 천사장이 예수님의 육신의 어머니 마리아에게 나타나서 '복 받은 여자여! 네게서 아들이 나겠다' 할 때, 마리아가 '제가 사내를 알지 못하는데 어떻게 아이를 가집니까?' 하자 '하나님은 말씀 한마디로 다 창조하시는 분인데, 능치 못함이 있으시겠느냐?' 하면서 "아들을 낳으리니 그 이름을 예수라 하라"라고 했습니다(눅 1:30-38).

> **누가복음 1:30-31** "천사가 일러 가로되 마리아여 무서워 말라 네가 하나님께 은혜를 얻었느니라 31 보라 네가 수태하여 아들을 낳으리니 그 이름

을 예수라 하라"

누가복음 1:37-38 "대저 하나님의 모든 말씀은 능치 못하심이 없느니라 ³⁸ 마리아가 가로되 주의 계집 종이오니 말씀대로 내게 이루어지이다 하매 천사가 떠나가니라"

정혼한 요셉은 동침한 일이 없는데 아내인 마리아의 배가 불러오 거든요. 그때 누구한테 말하면, 마리아는 돌에 맞아 죽습니다. 간음 하면 재판 없이 동네 사람들이 데려다가 남자고 여자고 돌로 쳐서 죽이는 거예요(신 22:22-24). 성경 말씀 볼 때, 요셉은 의로운 자였습 니다. 그가 볼 때 마리아가 불쌍해요. 그래서 가만히 끊고자 했습니 다. 그런데 하나님께서 천사를 통해서 '요셉아, 아내 데려오기를 두 려워하지 말아라. 다른 남자와 관계해서 아이를 가진 게 아니다. 구 약에 예언된 메시아가 성령으로 네 약혼한 아내 마리아를 통해서 나 신다'고 말씀하셨습니다.

마태복음 1:18-21 "예수 그리스도의 나심은 이러하니라 그 모친 마리아 가 요셉과 정혼하고 동거하기 전에 성령으로 잉태된 것이 나타났더니 ¹⁹ 그 남편 요셉은 의로운 사람이라 저를 드러내지 아니하고 가만히 끊고자 하여 ²⁰ 이 일을 생각할 때에 주의 사자가 현몽하여 가로되 다윗의 자손 요 셉아 네 아내 마리아 데려오기를 무서워 말라 저에게 잉태된 자는 성령으 로 된 것이라 ²¹ 아들을 낳으리니 이름을 예수라 하라 이는 그가 자기 백성 을 저희 죄에서 구원할 자이심이라 하니라"

잘 들으시기 바랍니다. 이 땅에 자기가 천사라고 하면서 사기 치 는 잘못된 사람들이 있습니다. 사두개인들이 예수님께 여쭤 봤죠. 일곱 형제가 있었는데, 첫째가 한 여인과 살다가 죽었습니다. 그러면 둘째가 형수 되는 그 여인과 같이 살아야 합니다. 이스라엘 법은 그렇습니다. 대를 이어야 하기 때문입니다. 그런데 그렇게 해서 일곱 형제가 다 형수 되는 분과 관계하고 죽었다면, 천국에 가서 그 여인은 누구의 아내가 되겠느냐고 했습니다. 주님 말씀이 '너희가 성경도 모르고 크게 오해하고 있구나. 하나님의 나라는 먹고 마시는 곳이 아니다. 거기서는 장가가거나 시집가지 않고, 천사들과 같다'고 하셨습니다(마 22:23-30). 그런데 사단에게 유혹을 받으면, 사람보고 '저분이 마지막 천사다' 그렇게 말합니다. 천사가 밥 먹고 화장실 갑니까?

본문 13-14절을 보면, 예수께서 나실 때 천사가 하나가 아니라 수천만만이 나타났습니다. 천군(天軍)이라고 했죠. 군대가 하나 가지고 됩니까? 수천만만 천군이 동원됐습니다. 하늘에 메아리가 울려 퍼졌습니다. "지극히 높은 곳에서는 하나님께 영광이요 땅에서는 기뻐하심을 입은 사람들 중에 평화"라고 했습니다. 천사가 가장 순박하고 어질고 착하게 사는 목자들에게 알려 주었습니다. '빨리 베들레헴으로 가라. 오신다고 하신 메시아가 구유에 있다'고 했습니다. 그래서 목자들이 양을 지키다 말고 천사의 지시대로 간 것 아닙니까? 그리고 천사는 하늘로 올라갔습니다. 그런데 사람보고 천사라고 하는 경우가 있습니다. 마지막 말씀을 가지고 왔다고 하면서 사람한테 절을 하고 말이죠. 진짜 천사라면 물도 먹지 말고 그래야죠. 하늘로 올라가야죠.

'예수'라는 이름을 마음대로 지은 것이 아닙니다. 가브리엘 천사장이 '아들을 낳거든 이름을 예수라 하라'고 했습니다. 하나님의 지시, 명령을 받아서 마리아한테 그렇게 전한 것이죠.

이 땅에 많은 복이 있지만 영생의 구주, 창조주, 위로의 참하나님 되는 그분을 맞이한다는 것이 복 중의 복입니다. 예수 그리스도 안에 부귀영화와 모든 것이 다 들어 있습니다(골 2:3). 그래서 예수님은 모든 것의 모든 것입니다.

골로새서 2:3 "그 안에는 지혜와 지식의 모든 보화가 감취어 있느니라"

형무소에 들어가면 얼마나 창피하고 망신스럽습니까? 또 얼마나 추워요? 그런데 사람이 죽으면 곧바로 천국, 곧바로 지옥으로 갑니다. 중간 대기소가 없습니다. 기차 탈 때 표 사 가지고 대합실에서 기다리잖아요? 그러나 죽은 다음에 대기소는 없습니다. 인류가 얼마나 불쌍합니까? 하나님 믿지 않는 분들이 얼마나 불쌍합니까? 나이 40이 지나 50이 가까워 옵니다. 눈이 벌써 이상해지고 걸음이 이상해집니다. 50세 지나 60세 돼 보세요. 나이 들수록 욕심이 늘어 갑니다. 영생의 길, 구원의 길, 좋은 극락세계(시 43:4)가 있다는데, 그 세계가 얼마나 좋습니까? 내 죄를 다 담당해 주신다는데 말이죠. 믿기만 하면 됩니다. 감사하는 마음으로 맡기면 됩니다. 너무 쉬워서 믿지 못해요.

누가복음 1:26-33 말씀 볼 때 예수님은 천사의 계시와 함께 탄생하셨습니다. 본문을 봐도 양을 치는 목자들에게 '베들레헴에 아기 예수가 났어. 빨리 가 봐'라고 알려 주고, 천사들이 찬양을 했습니다. 목자들이 다 들었습니다.

그러면, 천사들이 왜 당시 신학 교수인 서기관, 바리새인, 장로, 유사, 종교 지도자들한테 나타나지 않았습니까? 그들은 기도하지 않았습니다. 성경을 읽었지만 몰랐습니다. 안식일마다 외우는 바 선지자들의 말을 믿지도 못하고 깨닫지도 못했다고 했습니다(행 13:27). '나사렛에서 무슨 의인, 무슨 선한 사람이 나겠느냐?'고 했습니다(요 1:46). '목수의 아들'이라고 한 것은 아주 천하게 여기고 비꼬는 표현입니다(마 13:55). '그 집 가난하기 짝이 없는데, 아무려면 하나님이 그러한 집에 나시겠느냐?' 하면서 다 믿지 않았습니다.

친척들이 예수님 미쳤다고 몽둥이를 들고 잡으러 다닐 때(막 3:21), 예수님이 삼십육계 줄행랑, 도망가시는 것 보세요. 그걸 본 사람들이 예수님을 하나님의 아들로 믿겠습니까? '하나님의 아들이 왜 도망 가냐? 기사이적을 나타내지…' 그렇게 생각했습니다. 예수님이 '내가 진짜 하나님의 아들인지 아닌지 한번 볼래? 이놈들, 다 눈 멀어!' 그렇게 하시면 믿을 것 아닙니까? 그런데 도망을 가셨습니다(요 8:59).

또 예수님의 친동생들은 '형님, 제발 메시아니 그리스도니 그런 말 같지 않은 소리 하지도 마시오. 어머니가 불쌍하지 않소? 아버지 돌아가시고 동생들도 많은데, 일을 해서 밥이라도 먹여야지, 밤낮 무식한 자들 열두 명 데리고 왔다 갔다 하면서 이게 무슨 짓이요? 제발 그러지 마시오. 창피해 죽겠습니다. 초막절 안 지킬 거요?' 했습니다. 그래서 동생들에게 먼저 가라고 하시고서 예수님이 마지막에 비밀히 예루살렘에 가신 것 아닙니까? 예수님의 동복동생들도 깨닫지 못하고 믿지 못했다고 요한복음 7장에 분명히 기록돼 있습니다(요 7:2-10). 집안 식구도 예수님을 인정하지 않으니 동네 사람들이 믿겠습니까? 더 나아가, 나라가 믿겠습니까? 예수님은 '여우도 굴이 있고 나는 새도 깃들일 곳이 있지만 인자는 머리 둘 곳이 없다'고 하셨습니다(마 8:20).

상상해 보세요. 당시 목사, 장로들이 예수님 집에 가서 어머니와 동생들을 볶아댑니다. '여보쇼! 나라가 시끄러워 못 견디겠소. 예수가 자기를 믿어야 산다고 하고 우리는 전부 다 뱀, 독사 새끼라고 하고 있으니, 도대체 우리가 목회할 수 있습니까? 교회 지도자가 될 수 있습니까? 벌을 내리기 전에 당장 붙잡아다가 집에 가두쇼!'라고 말합니다. 마리아와 동생들이 알겠다고 하고서 예수님께 갔습니다.

사람들이 모여 있는 데서 예수님이 땀을 흘려 가면서 위대한 설교를 하고 계십니다. 주님의 제자들이 예수님의 동생들과 어머니가 오는 것을 보고 '선생님, 어머니 오셨습니다'라고 했습니다. 예수님은 하나님이십니다. 그들이 왜 왔는지 다 아십니다. '누가 내 어머니고 누가 내 형제냐? 내 어머니와 형제들을 봐라! 하나님의 말씀을 듣고 받는 자가 내 부모요 형제요 자매니라'라고 하셨습니다(마 12:46-50, 막 3:31-35). 어머니와 동생들이 무슨 망신입니까?

예수님의 육신의 아버지가 예수님께 '저 집 문짝이 맞지 않는다더라. 톱하고 대패 가지고 가서 고치고 와라'라고 하면 그대로 순종하셨을 것 아닙니까? 그렇게 30세까지 예수님이 목수 일 하시다가 하나님의 아들로서 말씀을 증거하시니, 사람들이 '목수 요셉의 아들 아니냐?', '목수 아니냐?'라고 했습니다(마 13:55, 막 6:3). 예수님의 탄생, 성장, 공생애 다 인정하지 않았습니다.

그러나 예수님께서 십자가에 달려 돌아가신 후에야 그 앞에 있던 백부장이 '진짜 하나님의 아들이었구나!' 인정했습니다(막 15:39). 주님 부활하신 다음에 유대인들뿐만 아니라 로마인들까지 깜짝 놀란 것 아닙니까? 내일 우리가 그분을 모시는 것입니다.

결론

깨어 있는 자만이 예수님의 탄생을 맞이할 수 있습니다. 노아는 깨어 있었기 때문에 때를 알았습니다. 창세기 6-7장 볼 때, 노아는 홍수 심판 70-80년 전에 계시를 받았습니다. 그래서 방주를 짓기 시작했는데, 몇십 년 지나니 나무가 썩어요. 또 바꿔야 됩니다. 그런데 홍수 7일 전, 노아 600세 2월 10일에 하나님께서 나타나셨습니다. '노아야, 무척 기다렸다. 너만이 깨어 있구나! 이제부터 7일이면 내가 약속대로 비를 내려서 전 세계에 물이 가득 차게 하겠다. 그러나 방주에 타는 사람은 산다'고 알려 주셨습니다. 노아는 세상 심판 7일 전에 알아 가지고 가족들을 방주에 들여보내고 당시 백성들에게 전도한 것 아닙니까? 이제 7일 남았다고 아무리 말해도 '이 늙은이야, 죽으려면 곱게 죽어. 전부터 외치는 것 다 들었어. 뭐, 7일 남았다고? 누구한테 공갈치고 겁 줘? 너나 방주 들어가!' 하면서 듣지 않았습니다. 방주에 들어간 다음에 노아가 문을 닫았습니까? 성경 말씀 볼 때, 하나님께서 문을 잠그셨습니다. 당시 사람들 다 죽고 노아와 그의 일곱 식구만 살았던 것입니다(벧후 2:5).

소돔·고모라도 마찬가지입니다. 창세기 18-19장을 보면, 하나님께서 '이 성을 유황불로 태워 다 죽게 하겠다'고 하셨을 때, 깨어 기도하는 아브라함만, 또 그의 조카 롯만 안 것 아닙니까? 그래서 준비한 것이죠. 롯의 아내가 알았습니까, 자식이 알았습니까? 롯은 '하나님께서 지시하신 땅이 멀어서 거기까지 가기 전에 멸망할까 두렵습니다. 하나님, 용서하시고 가까운 소알 땅으로 가게 해 주시옵소서' 했습니다. '소알'은 '작다'는 뜻입니다. 하나님께서 그렇게 하라고 하서서, 롯이 소알에 도착하자마자 해가 뜨면서 유황불이 내려온 것 아닙니까? 분명히 '거기 도착할 때까지 절대 뒤를 돌아보지 말라'고 하셨습니다. 세상을 뚝 끊으라는 것이죠. 고향에 대한 미련, 재산 다 버리라는 것입니다. 그런데 롯의 아내가 살짝 돌아보는 순간 와장창 넘어질 때, 롯은 남편이지만 뒤돌아보지 않았습니다.

이름은 나와 있지 않지만 유다에서 온 선지자가 여로보암왕이 하나님 앞에 잘못 제사 드린 것을 책망했습니다. 여로보암이 '내가 왕인데!' 하면서 제사장들을 무시하고 분향했을 때, 그 선지자가 '유다에 한 왕이 나타날 것인데, 그 이름이 요시야다. 그가 땅에 묻혀 있는 사람의 뼈를 파내어 불을 지를 것이다'라고 예언했습니다(왕상 13:1-2). 그 예언대로 약 300년 후에 요시야왕이 나타나서 산에 있는 묘실을 파서 해골을 취해 다 불사르게 했습니다(왕하 23:15-16). 예언이 맞은 것 아닙니까?

북 이스라엘 아합왕이 남 유다 여호사밧왕에게 함께 길르앗 라못에 가서 싸우자고 했을 때, 여호사밧이 먼저 하나님께 여쭤 보자고 했습니다. 그때 나라의 녹을 먹으면서 왕에게 늘 '그러하외다' 하고 손뼉 치고 아부하는 거짓 선지자가 400명이었습니다. 하나님의 참 선지자는 미가야 하나밖에 없었습니다. 400대 1입니다. 400명의 선지자에게 물어보니 '왕이여, 기도해 보니까 길르앗 라못에 가서 전투하면 대승합니다'라고 했습니다.

여호사밧이 아합에게 다른 선지자는 없냐고 물으니, 하나 있긴 한데 밤낮 좋게 말하지 않고 아주 흉하게 말하는 예언자라고 했습니다. 그래서 미가야 선지자를 불러서 물어보니 '왕이여, 길르앗 라못에 가서 전투하게 되면 왕이 죽습니다. 백성이 아비 없는 고아같이, 목자 없는 양같이 됩니다. 절대 나가지 마십시오'라고 예언했습니다. '하나님께서 거짓말하는 영을 400명 선지자들의 입에 집어넣고 거짓말하게 하셨습니다. 왕은 전쟁에 나가면 골방에 들어갑니다'라고 했습니다. 골방에 들어간다는 말은 관 속에 들어간다는 말입니다. 절대 싸우면 안 된다고 했지만 아합이 고집부리고 나갔다가 죽은 것 아닙니까(왕상 22:1-36)? 예언대로 됐습니다.

역사를 볼 때 약 6천 년 전부터 분명히 역대 선지자들을 통해서 메시아가 나신다는 것을 예언했습니다. '홀, 지팡이, 별, 순' 등 여러 가지 면으로 증거했습니다.

창세기 49:10 "홀이 유다를 떠나지 아니하며 치리자의 지팡이가 그 발 사이에서 떠나지 아니하시기를 실로가 오시기까지 미치리니 그에게 모든 백성이 복종하리로다"

민수기 24:17 "내가 그를 보아도 이때의 일이 아니며 내가 그를 바라보아도 가까운 일이 아니로다 한 별이 야곱에게서 나오며 한 홀이 이스라엘에게서 일어나서 모압을 이편에서 저편까지 쳐서 파하고 또 소동하는 자식들을 다 멸하리로다"

스가랴 6:12 "고하여 이르기를 만군의 여호와께서 말씀하시되 보라 순이라 이름하는 사람이 자기 곳에서 돋아나서 여호와의 전을 건축하리라"

이번 성탄에는 예수님이 각 성도의 마음 가운데 믿음으로 탄생하셔야 합니다. 이를 위해서 지난 주일 말씀처럼, 우리 마음이 완전히 빈 마음이 돼야 합니다. 시기, 질투, 미움, 잡다하고 좋지 못한 세상 생각 다 버리고 빈방을 준비하고 깨끗하게 청소하면서 '주여, 주님이 이 땅에 오실 때 사관이 없었지만 제 마음, 거룩하고 깨끗한 방을 준비했습니다. 2001년이 지나기 전, 성탄절에 제 마음에 탄생하소서' 하는 마음을 가지고 성탄 이브, 오늘 준비하세요. 옛날에는 성탄 이브에 밤을 새웠습니다. 제가 중학교 때만 해도 밤새우고 굉장했습니다.

예수님 오실 때 따뜻한 포대기가 있었습니까? 짐승이 밥을 먹는 밥통에다가 핏덩어리 아기 예수를 놓았습니다. 헛간입니다. 벽도 없고 냉혹한 한기가 감도는 거기에 탄생하신 예수님. '우리가 지금 깨닫고 철들었으니 주여, 제 마음 방에 탄생해 주시기를 원합니다' 하는 믿음을 가지고 오늘 만반의 준비를 하면서, 옛날이야기가 아니라 우리 마음에 주님이 탄생하실 때 '기쁘다 구주 오셨네' 그대로 된다는 것을 믿고 찬송 부르시기 바랍니다. 주님이 우리 마음 방에 오셔서 영원히 주와 같이 사는 영생 복락의 축복을 허락받으시기 바랍니다. 한 사람도 낙오자가 없이, 우리의 마음이 주님 탄생의 장소가 되기를 주의 이름으로 축원합니다.

2005년 12월 25일 주일
성탄예배

한 아들을
우리에게 주심
(또 다른 이름)

| 이사야 9:6-7

이사야 9:6-7 "이는 한 아기가 우리에게 났고 한 아들을 우리에게 주신 바 되었는데 그 어깨에는 정사를 메었고 그 이름은 기묘자라, 모사라, 전능하신 하나님이라, 영존하시는 아버지라, 평강의 왕이라 할 것임이라 [7] 그 정사와 평강의 더함이 무궁하며 또 다윗의 위에 앉아서 그 나라를 굳게 세우고 지금 이후 영원토록 공평과 정의로 그것을 보존하실 것이라 만군의 여호와의 열심이 이를 이루시리라"

한 아들을 우리에게 주심(또 다른 이름)

이사야 9:6-7

하늘과 땅이 정말 '기쁘다 구주 오셨네'라고 할 수밖에 없는 성탄절입니다. 흑암에 앉았던 백성이 살 길을 찾았습니다(사 9:1-2). 영원한 광명이 오셨기 때문입니다.

제가 어렸을 때, 한 62년 전쯤 됩니다. 당시에는 양복 입은 분들이 별로 없었습니다. 공무원이나 좀 여유 있는 분들이 입었죠. 보통은 흔히 말하는 핫바지, 여자들은 치마저고리 입었죠. 심지어 어떤 분은 돈이 없어서 고무신도 못 신고 짚신을 신었습니다. 성탄절 되면 모든 교회 목사님들이 자세히 설명해 줍니다. '손발톱 깎고, 양말, 내의까지 다 빨아 입으세요. 가정에 일국의 왕이 온다 해도 겸허한 자세로 집안 치우고 냄새 안 나게 할 것 아닙니까? 인류를 살리신 만왕의 왕, 만주의 주가 여러분 개인과 가정에 오시는데, 냄새나는 그대로 맞이할 수 있습니까?' 한 달 전부터 듣기 싫을 정도로 잔소리합니다. 권고하는 것이죠. 절기 때 아이들은 색동저고리 입고 신발 하나 흐트러짐 없이, 짚신이라도 새 것으로 신고 옵니다. 얼마나 깨끗한지 몰라요. 여자들은 다 머리를 감고 곱게 땋습니다. 열흘 전부터 몸단장 시작하고 다 목욕합니다.

한번 생각해 보세요. 달리 저주받는 게 아닙니다. 몰라도 저주받고, 알고 행치 않으면 더 저주받는다고 했습니다(눅 12:47-48). 하나님께서 사람이 되어서서 우리 죄를 해결하러, 소망 없는 우리에게 영원한 소망을 주시고 또 위로자, 동반자가 돼 주시고 영원한 생명의 길을 열어 주시는 그분이 오시는데, 오늘 준비 없이 이 자리에 나왔다면 단단히 회개해야 됩니다. 저는 강단에서 기분 좋게 귀에 달달한 말이나 하는 목사가 아닙니다. 목욕했습니까? 발톱, 손톱 깎았습니까? 내의 다 빨고, 머리 감고 깨끗하게 왔습니까? 아이들한테 그러한 교육을 했습니까? 정치 잘 못하는 대통령이 온다 해도 아마 잘 대접할 거예요.

그래서 제가 몸이 좋지 않지만, 굳은 각오와 결심으로 일주일 이상 기도했기 때문에 '생명의 말씀을 그대로 전해야 되겠다' 하고 단에 섰습니다. 제가 말씀하는 것은 글로 배운 것이 아니라, 믿음으로 그때의 사건 현장에 가서 보고 모든 것을 낱낱이 말씀하는 것입니다. 주워들은 것으로 허풍 떠는 게 아닙니다. 여러분 잘되라고 축원하는 것입니다.

몸 구석구석 잘 씻고 오셨습니까? 겨우 양치나 세수만 하고 말이죠. 더운 물이 없고 추워서 미처 못 닦았다고 핑계 대는 것은 말도 안 되는 얘기입니다. 저는 나이 80인데도 하나님 뜻을 위해서 겨울에도 찬물로 씻습니다. 증인들이 다 있습니다. 옆에 있던 분들은 찬물에 들어가면 코가 맹맹해지고 감기 든다고 도망갑니다. 성경 볼 때, 제사장들은 제사드릴 때 온몸을 닦으라고 했습니다. 설교할 때 온몸을 닦고, 1부예배 끝나면 또 목욕하고, 2부예배 때 내의 다 새로 갈아입고 단에 섭니다.

제사장들도 그렇게 하는데 1년에 한 번, 영원히 죽을 수밖에 없는, 죄와 허물로 멸망당하고 유황불에 들어갈 수밖에 없는 우리를 살리러 하나님께서 사람이 되어 오신 날입니다. 더군다나 아기가 무슨 힘이 있습니까? 아기 예수 말이죠. 깊은 뜻이 숨어 있습니다. 그분은 만왕의 왕입니다. 하나님이라고도 하고, 영존하시는 아버지라고도 하고 말이죠. 한 아기로만 보면 안 됩니다. 이 땅에서 사람이 일류 대학 나오고 성장해서 어른이 됐다고 해도 아기 예수보다 못합니다. 그 어깨에 정사를 멨다고 했습니다. 그 이름은 기묘자, 모사라고 했습니다. 그분을 맞이하는데, 콧속뿐만 아니라 귓속까지 다 닦고, 몸에 향수도 좀 뿌리고, 아이들 다 깨끗이 입혀서 오셨다면, 그 가정은 자손 만대 복 받습니다. '네가 나를 위해서 이렇게 했구나.' 중심을 보시는 하나님 아닙니까? 성탄을 맞이하면서 정말 다시 한번 회개하세요.

마태복음 2:1을 보면, 예수님이 나실 때를 '헤롯왕 때'라고 했습니다. 헤롯왕 때에 대해서 먼저 잠깐 말씀하겠습니다. 마태복음 2:1-11에 나오는 헤롯1세(Herod the Great)는 예수 탄생 전후로 팔레스타인과 그 주변 여러 나라를 통치하던 왕입니다. 그는 헤롯 안티파터(Herod Antipater II)의 아들이었는데, 25세에 갈릴리 지방의 도지사가 됐습니다. 주전 37년에 로마 원로원에 의해서 유대의 왕이 되어, 예수님 나실 당시 왕 노릇 하고 있었습니다.

그는 유대인의 환심을 사려고 주전 20년부터 성전을 크게 짓고 있었습니다(참고-요 2:20). 그러나 유대인들은 외면했습니다. 헤롯왕은 이삭 계통이 아니라 에서, 즉 에돔의 종자입니다. 혈통이 다릅니다. 아브라함과 이삭으로 시작되는 예수님의 족보, 혼합되지 않은 순수한 그 혈통이 진짜입니다. 유대인들이 그것을 알기 때문에 헤롯왕을 도외시했습니다. 헤롯왕이 보는 앞에서는 못하지만, 지나가면 침을 뱉을 정도였습니다.

헤롯왕은 10명의 부인과 많은 자녀들이 있었습니다. 역사의 기록입니다. 우리 조선왕조실록이 거짓말입니까? 그때 왕이 한 말들이 역사에 다 기록돼 있잖아요? 그런데 헤롯왕은 그의 아내 마리암네(Mariamne)가 말을 조금 듣지 않는다고 칼로 찔러 죽였습니다. 마리암네의 두 아들 아리스토불루스(Aristobulus)와 알렉산더(Alexander)도 꼴 보기 싫다고 쳐 죽였습니다. 바로 그러한 '헤롯왕 때' 예수님이 오셨습니다. 예수님이 안 오시면 안 됩니다. 헤롯왕이 그렇게 난폭한 사람입니다. 할아버지, 계모, 장모를 죽이고, 그의 또 다른 처 도리스(Doris)도 죽이고, 그 아들 안티파터(Antipater)도 죽였습니다. 육신적으로 관계하다가 마음에 들지 않으면 죽이는 거예요.

유대인의 최고 통치기구인 산헤드린의 공회원들을 죽이려고 하다가 뜻을 이루지 못했는데, 조정 백관들을 불러 놓고 '나 죽을 때 저 자들도 다 죽여서 내 무덤 옆에 묻어 달라'고 할 정도로 잔인무도한 인간이 당시 유대의 통치자였던 것입니다. 아침에 말해 놓고 불리하면 저녁에 말을 바꿉니다. 지금 세계적으로 그러한 통치자들이 많잖아요? 왕이나 수상이나 대통령이 무게가 있어야 될 텐데, 체통이 없어지는 것이죠. 당시의 어두운 시대상을 일일이 말하지 않아도, 일국의 통치자가 그 지경이니 알 만합니다. 빛이 없는 암흑세계, 그때 예수님이 오셨습니다.

오늘 말씀의 제목은 '한 아들을 우리에게 주심(또 다른 이름)'입니다.

성탄의 참된 표적이 무엇인지 아십니까? 들에서 양을 치는 목자들에게 천군 천사가 나타났습니다. 우리 성가대만 해도 소리가 우렁찬데, 수천만만 천군 천사가 노래하는 거예요. 빛이 황홀하게 비칩니다. 그리고 순박한 목자들에게 '빨리 베들레헴에 가라. 강보에 아기가 싸여서 구유에 누워 있다. 이것이 표적이다'라고 알려 주었습니다(눅 2:8-12). '표적'은 한자로 '겉 표'(表), '자취 적'(迹)인데, '겉으로 나타난 형적'이라는 뜻입니다. 사람이 주목할 만한 대상입니다. 도무지 희한하고 야릇해서 알 수가 없습니다. 여러분이 아무리 가난하다고 해도 소 여물통, 개나 말이나 돼지의 밥통에 아기를 낳아서 보자기에 싸 가지고 두겠습니까? 강보에 싸인 아기, 바로 그분이 하나님이십니다.

또한 동방박사들에게 하나님께서 성령을 통해 계시를 주셨습니다. 동방의 '박사'들입니다. 지금 박사 되기가 얼마나 힘듭니까? 어느 박사가 핏덩어리 아기한테 경배하겠습니까? 더군다나 짐승 똥내가 물씬 풍기는 곳에 가서 아기 예수께 큰절을 하고 황금과 유향과 몰약, 세 가지 예물을 드리고 돌아간다는 것이 쉬운 일인지 한번 생각해 보세요.

우리가 그러한 마음을 가지고 왔습니까? 그러한 내용도 깨닫지 못하고 그냥 '성탄절이니까 교회 가자' 한다면, 그 나라 가기 전까지 철이 들겠습니까? 목욕도 안 하고 '어젯밤에 했어요' 그럽니다. 어제는 어제고 오늘은 새 날 아닙니까? 오늘 아침에 몇 사람 야단쳤습니다. 진짜 하나님의 아들딸이냐고 말이죠.

살기 힘들어서 남편이 외국에 가서 일하면서 몇 년 만에 돈 모아 가지고 돌아온다는 연락을 받았다면, 아내가 몸단장하지 않겠습니까? 상식 문제입니다. 100년도 못 사는 나그네 같은 짧은 인생에, 남편이 온다 해도 깨끗이 청소하고 만반의 준비를 하거늘, 하물며 영원하신 생명의 구주, 우리의 소망이요 위로자요 동반자요 안내자인 그분이 오시는데, 마음의 준비도 안 하고 교회 왔다면 큰 문제입니다.

한 아기가 우리에게 났고 한 아들을 우리에게 주신 바 되었는데

성탄절의 새벽이 소리치면서 밝아 오고 있습니다. 성경 볼 때, 베들레헴 목장에서 천군 천사가 부르는 찬양의 메아리가 지금도 전 지구를, 지축을 울릴 정도입니다.

지금 우리는 이 거룩한 새벽에 나신 아기 예수를 맞이하러 왔습니다. 아기이지만 그분은 만세 전에, 영원부터 영원까지 계시는 하나님이십니다. 모든 것을 아시는 분입니다. 사단 마귀를 속이기 위해서 하나님이 그대로 오실 수가 없습니다. 인류의 시조 아담이 사람입니다. 그러니까 하나님이 사람을 살리기 위해서, 구원하시기 위해서 사단 몰래 사람의 몸을 입기 위해서는, 어른으로 나실 수가 있습니까? 세인(世人)과 똑같이 어머니 배 속의 핏덩어리로 나실 수밖에 없죠. 그래서 성령으로 잉태되어 오신 것입니다.

그분은 전능하신 하나님입니다. 영존하시는 아버지입니다. 기묘자입니다. 모사입니다. 귀한 분입니다. 이분을 맞이하기 위해서 정말 하나님 앞에 기도하고 자기 생애를 정리했습니까? 부모 몰래, 아내 몰래, 남편 몰래, 자식 몰래 죄지은 것 많잖아요? 그러면 예수께서 그 죄를 해결하러 오셨다 할 때, 나의 죄를 모두 보자기에 싸 가지고 드리기 위해서 경건한 마음으로 성탄을 맞이해야죠.

거룩한 새벽에 예수님이 나 같은 걸 위해서, 내 죄를 다 갚기 위해서 찾아오셨습니다. 사람은 죽습니다. 로마서 6:23 말씀 볼 때 죄의 값은 사망이죠. 죄 없으면 죽는 법이 없다고 가르치고 있습니다. 죽지 않게 하기 위해서 사망을 회수하러, 거두러 예수님이 오셨습니다. 그런데 우리가 준비 안 하면 되겠습니까? 진정으로 주님의 뜻을 위해서 헌금을 준비했습니까? 마음 중심 뜨겁게 하나님을 사랑하고 주의 몸 된 교회를 사랑하면, 하나님께서 가만히 계시겠습니까? 본인과 자식들과 집안이 복을 받습니다.

사랑하는 성도 여러분, 무엇보다도 만왕의 왕이요 만민의 구주로 오신 주님을 맞이할 준비를 해야 합니다. 준비 못 했다면 회개하고, 단단히 마음먹고 성탄을 맞이하세요. 늦지 않았습니다. '오늘부터 정말 하나님의 사자가 말씀한 것을 겸허한 자세로 받아들이고 준비해야 되겠다' 하고 결심하세요. 아들딸 교육을 잘 시켜 보세요. 늘그막에 고생 안 합니다.

제가 신림동에서 목회할 때입니다. 교회가 자리 잡기 전이죠. 남가좌동, 원효로, 응암동, 상도동, 흑석동, 청량리 등 무척 헤맸습니다. 돈은 없죠. 성창합판 사장님과 사모님이 한 달 성경 공부하고 나서 소원이 뭐냐고 묻길래 교회 짓는 거라고 했더니, 11톤 트럭으로 네 차 분량의 합판과 돈을 보태 주셨습니다. 또 명지대학 총장, 통일부 장관을 지내신 유상근 박사님이 인부 200여 명을 보내 주셔서 신림동 교회를 2층으로 지었습니다. 짓고 나니까 1년도 못 돼서 300여 명이 모이는 거예요.

그때는 대심방을 1년에 두 번, 봄과 가을에 했습니다. 우리 교회뿐만 아니라 교회 제도가 그랬습니다. 1973년 봄인가, 신림동 달동네에 혼자 사시는 할머니가 있었는데, 이름이 김복래입니다. 그래서 '할머니 이름 볼 때 복 받게 돼 있습니다' 했더니 '아이고, 복이 다 뭡니까? 자식한테 구박받고, 찾아오지도 않아요. 홀몸으로 삽니다' 그래요. 파출부로 가서 일하고, 하루하루 아주 피곤하게, 아궁이에 연탄불도 못 때고 살고 있었습니다. 집에 가 보니까, 벽에 신문지를 발라놓고 장판도 다 떨어지고, 조그만 군인 담요 같은 걸 아랫목에다 펴놨어요. 부엌 하나, 방 하나 있는데 냉골이죠. 간절히 기도하고 예배를 마쳤습니다. 할머니가 대접을 하겠다길래, 어렵게 사는 사람이 뭘 대접하나 했더니 보리차를 가져왔어요. 당시에는 여유 있는 사람이나 커피를 대접하죠.

그런데 보리차를 마시면서 벽을 보니까 수표 한 장이 붙어 있어요. 가짜려니 하고 보니까 진짜 자기앞수표예요. 그 액수를 보고 진짜 놀랐습니다. 제가 봤으니 다행이지, 만약 다른 사람이 떼어 갔으면 어쩔 뻔했나 하고 할머니한테 물어봤더니, 봉천동에 부잣집 할아버지가 있는데 아들 셋이 노름하고 사업하다 재산을 다 말아먹었다고 합니다. 이제 돈 없다고 했더니 아들도, 여우 같던 며느리도 찾아오지 않더래요. 그 할아버지가 병들었는데 간호해 주면 용돈을 준다길래 두 달을 정성껏 간호했답니다. 대소변도 받아 내고 목욕도 시켜 주고 말이죠. 할아버지가 보니 자기 며느리, 아들딸, 죽은 자기 부인보다도 더 잘하더래요. 죽기 일주일 전에 3억짜리 수표를 주면서, 돈이라고 하지 않고 '이거 귀한 겁니다. 할머니가 복 받을 겁니다. 고생 면할 겁니다' 그랬답니다. 할머니가 너무 감사해서 그걸 벽에다 붙여 놓은 거예요.

할머니는 자기 이름도 쓰지 못하는 까막눈이었습니다. 제가 '할머니, 이거 큰돈입니다' 그러니까 '에구, 종잇조각이 무슨 돈이오?' 그래요. '이게 수표예요. 현찰은 무겁잖아요? 강도, 도둑 만나잖아요? 그러니까 은행에 맡기고 거기서 보증으로 주는 겁니다!' 그랬더니, 저보다 할머니가 더 떨어요. 그런데 갑자기 큰돈이 생기니까 그렇게 외면하고 어머니 돌보지 않던 큰아들이 와서 조금 뭐 해 드리고는 다 가지고 가더니 행방불명이에요. 할머니가 울면서 얘기해도 어떡하겠습니까?

이 말씀을 하는 것은, 아프리카를 점령한 유럽인들이 초콜릿 하나 가지고 하얀 다이아몬드와 바꾸는 거예요. 아프리카 사람들은 모르니까 초콜릿 몇 개 받아먹고 주먹만 한 다이아몬드를 준 것 아닙니까? 기가 막히죠. 모르면 다이아몬드를 그냥 돌로 알고 팽개치는 거예요.

바로 성탄절이 그러한 날입니다. 하나님의 아들 예수께서 이 땅에 오신 날입니다. 그런데 그 귀하신 예수님을 알아보는 자가 하나도 없었습니다. 전부 멸시, 천대하고 우습게 여겼습니다. 가문을 보니 갈릴리 목수의 아들입니다. 옷도 남루하기 짝이 없습니다. 예수님을 알아보지 못하고 영접하지 않았습니다. 만일 예수께서 애굽의 바로왕이나 헤롯왕의 아들로 태어나셨다면 어땠겠습니까? 왜정시대 천황의 아들이 태어났다고, 저희 학교 다닐 때 얼마나 축제를 크게 했는지 모릅니다. 사탕가루를 배급 주고, 공도 주고 말이죠. 대단했습니다. 만약에 칭기즈칸이나 나폴레옹처럼 보무당당하게 군복을 입고 오셨다면 대접했을 것입니다. 그런데 예수님은 목수의 아들로 베들레헴에서 나셨습니다. 호적 때문에 출생지가 어디냐고 물을 때 '베들레헴의 구유입니다' 그러면 누가 알아주겠습니까? '정신 나간 놈이구먼. 진짜 구유에서 났단 말이냐?' 그러겠죠. 힘도 없고 초라하기 짝이 없습니다.

여수·순천 사건 당시, 여수에 애양원(愛養園)이라는 곳이 있었습니다. 문둥병 환자에게 어느 목사가 가겠습니까? 웬만한 믿음 없으면 못 갑니다. 이도 다 빠지고, 귀도 그렇고, 손도 없어서 손등으로 박수를 칩니다. 그 애양원의 손양원 목사님에게 동신과 동인이라는 두 아들이 있었습니다. 미국에 유학 가기 위해서 준비했죠. 그런데 여수·순천 사건 나자마자 고등학교 3학년인 동신이의 동급생이 '이 새끼 예수 믿는 놈, 미 제국주의자 앞잡이'라고 말이죠. 곡괭이, 나무로 패고 마지막에 총을 쐈습니다. 두 아들이 처참하게 죽었습니다. 진압하던 국군들이 반도(叛徒)를 잡았죠. 손양원 목사님이 당시 야전사령관인 송호성 장군에게 가서 그 동급생을 살려 달라고 하니까 '정신 있소? 이 새끼 빨갱이야. 당신 아들 죽였는데 양아들 삼겠다고?' 그랬는데도 손양원 목사님이 이틀 동안 울면서 얘기했습니다. 거기 믿음 있는 장교들이 평생 문둥병 환자를 돌보는 손양원 목사님을 알고 있었어요. 그래서 그 동급생을 내줬습니다. 그러한 내용을 당시 작가들이 쓴 책이 '사랑의 원자탄'입니다.

그런데 생전에 손양원 목사님을 부흥사로 모시는 교회가 몇 없었습니다. 외모가 볼품이 없었어요. 키는 여리고의 세리장 삭개오처럼 작고 말이죠(눅 19:1-3). 그런데 소문에 소문이 나서 각 교회에서 목사님을 모시는데, 얼굴은 못 보고 전화나 인편으로 '우리 교회에서 부흥회 해 주십시오' 부탁하면, 싫다는 소리 없이 다 허락했습니다. 손양원 목사님을 강사로 초대하면 세 가지 깜짝 놀라는 것이 있다고 합니다. 첫째, 키가 작고 풍채도 없어서 말이죠. 부흥사라고 하면 옷도 미끈하게 잘 입고 그러는데, 이분은 핫바지에 꺼무죽죽한 두루마기 입고 고무신 신고, 엿장수 모양으로 찌그러진 헌 모자 쓰고 기차 타고 가면 누구 하나 못 알아본대요. 목사님, 장로님들이 맞이하려고 기차역에 나가서 아무리 찾아봐도, 기차는 떠났는데 오신다는 분이 안 보입니다. 교회로 가 보니 안에서 기도하고 계시더랍니다. 겉모습만 보고 무시했죠. 두 번째는, 강단에서 설교할 때 쩌렁쩌렁하게, 또박또박 권위 있게 말씀을 잘 쪼개서 가르치는 데 놀랐다고 합니다. 세 번째는, 보통 말하는 게 아니라 말씀의 권세와 능력이 나가서 듣는 자로 하여금 '어찌할꼬' 하고 회개의 역사가 막 일어나는 데 놀랐다고 합니다.

예수님은 어떠셨습니까? 예수님도 겉으로 보기에 볼품이 없었습니다. 잘생긴 미남자가 아니라 초라하기 짝이 없었습니다. 일찍이 주님에 대해서 이사야 선지자가 예언했는데 참 기가 막히죠.

이사야 53:1-2 "우리의 전한 것을 누가 믿었느뇨 여호와의 팔이 뉘게 나타났느뇨 ² 그는 주 앞에서 자라나기를 연한 순 같고 마른 땅에서 나온 줄기 같아서 고운 모양도 없고 풍채도 없은즉 우리의 보기에 흠모할 만한 아름다운 것이 없도다"

고운 모양도 없고 풍채도 없고 흠모할 만한 아름다운 것이 없다고 했습니다.

또 이사야 11:1을 보면 "이새의 줄기에서 한 싹이 나며"라고 했습니다. '한 싹'은 연약합니다. 쉽게 부러지고 망가집니다. 그러나 싹이 자라 크게 되면 산을 덮을 만큼 큰 거목(巨木)이 될 수 있잖아요?

오늘 본문 6절에 "한 아기가 우리에게 났고 한 아들을 우리에게 주신 바 되었는데"라고 말씀하고 있습니다. 이 한 아기가 보배덩어리입니다. 자손만대 집안이 부하고 흥하고, 정말 낳는 자식마다 복 받는 역사인데, 인간들이 모릅니다. 아기는 힘도 없죠. 스스로 서지도 못하고 걷지도 못합니다. 그 아기에 대한 내용을 선지자들은 깊이 있게 설명하고 있습니다.

그 어깨에는 정사를 메었고

본문 6절을 볼 때, 아기로 오시는 메시아이지만 그 어깨에 정사(政事)를 메었다고 말씀하고 있습니다. '정사'는 '왕의 통치와 권위'를 말합니다. 그의 통치는 백성을 괴롭히거나 한숨 쉬고 눈물 나게 하지 않는 것입니다.

우리 국민들이 '어느 시대, 어느 대통령 때 그래도 좋았는데…' 지금은 그러한 말도 안 하잖아요? 선거 잘못했다고 말이죠. 그러한 말이 나오지 않아야죠. 수상이나 대통령이나 왕이나 정치를 잘 해야 됩니다. 왕이 되긴 했지만 왕 노릇 제대로 못하는 왕도 있습니다. 나라를 망치고 백성의 삶을 도탄(塗炭)에 빠뜨리고 눈물 흘리게 합니다. 옛날에는 아버지가 왕이면 자식도 쉽게 왕이 될 수 있었습니다. 그러나 왕 노릇 못하는 왕이 한둘입니까? 나라가 쑥밭이 되고 백성, 아이들 다 죽이고 말이죠. 정치 못하고 국력을 기르지 못해서 밤낮 침략당하면 집이 불타고, 사랑하는 자녀, 아내, 남편까지 빼앗깁니다.

예수님이 어린 아기로 오셨는데, 어깨에 정사를 메었다고 했습니다. 하나님의 말씀의 권능과 지혜, 명철과 지식으로 나라를 다스린다는 것입니다. 평화의 왕입니다. 근심을 없게 하는 왕입니다. 이 왕을 오늘 우리가 믿음으로 마음 가운데 모셔야 됩니다. 통치의 권세와 능력이 있습니다. 정치에 흐트러짐이 없습니다. 당신이 말한 것은 세상이 뒤집어져도 꿋꿋하게 책임집니다. 자기가 말해 놓고 아니라고 하는 건 왕도 아니죠.

동방박사들은 별의 인도를 따라서 예루살렘에 찾아왔습니다. 마태복음 2:2 말씀 볼 때 '그의 별' 즉 예수님의 별입니다. 동방박사들은 메시아가 아기이지만 그 어깨에 정사를 멘 것을 구약시대 이사야의 예언 그대로 계시 받아서 보고 있습니다. 될 사람은 떡잎부터 알아본다고, 크게 될 아이는 자랄 때부터 벌써 노는 게 다르고 말하는 게 다릅니다. 이 아이가 자라서 어떻게 될까 싶죠. 예수님은 육신의 부모님도 깜짝 놀랄 말만 하셨습니다. 마리아는 그 말을 마음에 담아 두었습니다(눅 2:51).

헤롯왕이 당시 신학 교수인 서기관, 제사장들을 불러 가지고 박사들이 와서 엉뚱하게 왕을 찾는다는 얘기를 하니까, 그들이 메시아가 베들레헴에 나신다고 한 미가 선지자의 예언을 대줬습니다(미 5:2). 그러니까 헤롯왕이 동방박사들한테 '가서 보고 경배하고 돌아올 때 나한테 알려 주시오. 내가 가서 경배하리다'라고 했습니다(마 2:4-8). 이게 음모입니다.

동방박사들이 왕궁에서 나오자 별이 또 안내하는데 베들레헴, 짐승의 냄새가 나는 쓰레기 같은 곳에 별이 서는 거예요. 박사들이 기뻐하고 크게 기뻐했다고 했습니다. 별이 몇 달을 안내해서 산과 강과 황무지, 모래밭을 넘어서 왔는데, 별이 딱 섰습니다. 보니까 짐승 밥통에 강보에 싸인 아기가 들어 있습니다. 예수님의 육신의 어머니, 아버지가 깜짝 놀랐습니다. 박사들 옷과 모자가 벌써 다릅니다. 그런데 바닥에 자리라도 깔았습니까? 구유에 누워 있는 아기 예수께 큰 어른들이 넙죽 절을 합니다. 고개를 들지 못해요. 만왕의 왕으로 알았죠. 경하(敬賀)를 드린 다음에 나와서 다시 헤롯왕에게 가려고 하니까, 하나님의 계시가 '그리로 가지 마라. 다른 길로 고향에 돌아가라' 해서 다른 길로 돌아갔습니다(마 2:9-12).

사랑하는 성도 여러분, 시편 5:2에 "나의 왕, 나의 하나님", 시편

145:1에 "왕이신 나의 하나님이여 내가 주를 높이고 영원히 주의 이름을 송축하리이다"라고 했습니다. '예수님은 어깨에 정사를 멘 나의 왕이십니다. 나의 하나님께 찬양을 해야 되겠습니다' 하는 겸허한 자세로 말씀을 깨닫는 입장에서 이번 성탄절을 맞이해야 되겠습니다.

그 이름은 기묘자라 모사라

본문 6절에서 '기묘자'는 히브리어로 볼 때 '경이로운, 불가사의한'이라는 뜻의 '펠레'(פֶּלֶא)가 쓰였는데, 한글 개역성경은 이를 '초월하신 자, 뛰어나신 분, 탁월하신 분'이라는 뜻의 기묘자(奇妙者)로 번역하였습니다. 그리고 '모사'(謀士)는 히브리어로 볼 때 '지혜자, 가르치는 자, 조언자'라는 뜻의 '야아츠'(יָעַץ)로 되어 있습니다. '하나도 빠짐없이, 빈틈없이 가르치는 자'라는 것입니다.

어떻게 하나님이 사람이 되십니까? 우리를 극진하게 사랑하시기 때문에(요 3:16), 우리를 살리기 위해서 그렇게 하셨습니다. 하나님 아버지께서 예수님에게 '인류를 구원해야 될 텐데 어떡하면 좋으냐? 사단 마귀를 속여야 될 텐데, 네가 사람으로 아브라함의 혈통을 통해서 태어나야 되겠다' 하실 때, '아멘' 하셨습니다. 그러니 예수님을 그냥 아기로만 생각하면 안 됩니다. 하나님이 축소해서 사람으로 오신 것입니다. 인류의 시조 아담이 사람이기 때문에, 사람을 구원하기 위해서 하나님이 사람으로 오실 수밖에 없었습니다. 이 말씀이 히브리서 4:14-15에 정확하게 기록되어 있습니다.

한마디로 예수님은 보통 사람과 달리 뛰어나신 분입니다. 인간성을 초월하신 분입니다. 이상하고 놀라울 정도로 초자연적 능력을 가지신 분이 사람으로 오셨습니다. 하나님이 줄이고 줄여서 사람으로 오셨습니다. 저와 여러분은 부정모혈로 어머니와 아버지를 통해서 태어났지만, 예수님은 남자 없이 성령으로 오신 분입니다. 그래서 성경 말씀 볼 때 그분은 죄가 없습니다(히 4:15).

메시아는 우리를 구원하시는 기묘자입니다. 슬기로운 꾀, 계책, 남다른 데가 있잖아요? 인류를 구원하시는 데 티끌만 한 오차도 없습니다. 인간의 눈으로 볼 때 실수 같고 안 되는 것 같지만, 예수님이 하시는 일은 솜털만큼도 오차가 없습니다.

누가복음 2장을 보면 예수님이 12살 때 부모님과 같이 예루살렘에 왔는데, 가족들이 집으로 돌아가다 보니 예수님이 오지 않아요. 다시 예루살렘으로 돌아와서 찾아보니까 성전에서 예수님이 당시 서기관, 제사장들과 대화하고 있습니다. '너 때문에 얼마나 애가 탄 줄 아느냐? 3일 동안 찾았다' 하니까 '제가 아버지 집에 있어야 될 줄 몰랐습니까?' 그렇게 대답하실 정도입니다. 아버지, 어머니가 나무라지 못했습니다. 그게 아이의 말입니까? 하나님 말씀입니다.

누가복음 2:41-49 "그 부모가 해마다 유월절을 당하면 예루살렘으로 가더니 42 예수께서 열두 살 될 때에 저희가 이 절기의 전례를 좇아 올라갔다가 43 그날들을 마치고 돌아갈 때에 아이 예수는 예루살렘에 머무셨더라 그 부모는 이를 알지 못하고 44 동행 중에 있는 줄로 생각하고 하룻길을 간 후 친족과 아는 자 중에서 찾되 45 만나지 못하매 찾으면서 예루살렘에 돌아갔더니 46 사흘 후에 성전에서 만난즉 그가 선생들 중에 앉으사 저희에게 듣기도 하시며 묻기도 하시니 47 듣는 자가 다 그 지혜와 대답을 기이히 여기더라 48 그 부모가 보고 놀라며 그 모친은 가로되 아이야 어찌하여 우리에게 이렇게 하였느냐 보라 네 아버지와 내가 근심하여 너를 찾았노라

⁴⁹ 예수께서 가라사대 어찌하여 나를 찾으셨나이까 내가 내 아버지 집에
있어야 될 줄을 알지 못하셨나이까 하시니"

고린도전서 1:24-30을 볼 때 '그리스도는 하나님의 능력이요 주 안
에는 지혜와 의로움과 거룩함과 구속함이 있다'고 했습니다. 여러분
의 아들딸들이 아무리 못나고 공부도 못한다 해도 예수님 잘 믿으면
하나님의 지혜와 총명, 명철, 지식의 신이 들어와서, 성령이 역사해서
남에게 뒤떨어지지 않고 잘될 줄 믿습니다. 노벨상 탄 사람들을 보세
요. 어느 종교보다도 우리 기독교인들이 많습니다. 참 뛰어난 지혜를
받죠.

전능하신 하나님이라, 영존하시는 아버지라

'전능한 하나님'은 히브리어 '엘 깁보르'(אֵל גִּבּוֹר)입니다. '힘이 있
는 하나님'이라는 뜻입니다. 어느 정도인가 하면, 힘이 한이 없다고
했습니다. 우리는 '아휴, 간밤에 철야했더니 목이 뻣뻣하고 맥이 빠지
는구면' 그럽니다. 그러나 성경 말씀 볼 때 하나님은 우리가 죄지을
까 봐, 또 누가 우리를 가져갈까 봐, 밤에 주무시지 않고 오늘날까지
역사하십니다. 주무시지 않는 분입니다(시 121:4).
'영존하시는 아버지'는 히브리어 '아비아드'(אֲבִיעַד)입니다. 그의
백성에 대한 사랑스러운 보호가 영원하다는 뜻입니다. 인간은 순간
기분 좋으면 헤헤 웃고 마음에 들면 도와줬다가, 마음이 상하면 외면
하고 도와주지도 않고 전화도 안 합니다. 그러나 여러분에 대한 하나
님의 보호하심은 영원하다는 것을 믿으시기 바랍니다.

바로 이게 성탄입니다. 깨달아야 아기 예수를 영접할 것 아닙니까? 볼품없게 생기고, 신발도 다 떨어지고, 세수도 못 하고 지저분해서 사람들이 외면했는데, 누가 '이분이 대통령 아들이다' 그래 보세요. 신앙이 없어도 떡고물이라도 떨어질까 봐 '잘 씻기고 옷 입혀 주면 날 알아주겠지' 그러한 입장에서라도 잘 할 수 있잖아요? 예수님은 만왕의 왕이십니다. 그런데 '그 애가 뭐 알아?' 하면서 다 외면했습니다.

예수님은 전능하신 하나님, 영존하시는 아버지가 되시는 분입니다. 아기 예수가 하나님이십니다. 요한복음 1:1을 볼 때 "태초에 말씀이 계시니라 이 말씀이 하나님과 함께 계셨으니 이 말씀은 곧 하나님이시니라"라고 했습니다. 그가 우주 만물을 다 창조하셨습니다. 그가 없이는 하나도 지음받은 것이 없다고 했습니다(요 1:3). 대단하신 분입니다.

그래서 빌립보서 2:6-8 말씀 볼 때 '그는 근본 하나님의 본체시나 하나님과 동등됨을 취할 것으로 여기지 아니하셨다'고 했습니다. 누구 때문입니까? 바로 우리 때문입니다. '오히려 자기를 비웠다'고 했습니다. 빈 깡통같이, 쌀이 없는 빈 자루같이 전부 비웠습니다. '종의 형체를 가지고 사람과 같이 되셔서' 이 땅에 우리의 구원을 위해서 오셨습니다.

그리고 "사람의 모양으로 나타나셨으매 자기를 낮추시고 죽기까지 복종"하셨습니다. 하나님께서 '인류를 살려야 된다!' 하실 때 예수께서 '아멘. 어떻게 살립니까?' 그러니까 '십자가에 달려서 처참하게 죽어라. 성체가 찢어지고 깨져서 네 피로 인류의 원죄, 유전죄, 자범죄, 모든 죄악을 다 사해 주어야 인류를 살릴 수가 있다' 그래서 죽기까지 복종하셨습니다. 만약 저라면 '아버지, 해도 너무하십니다.

아버지의 아들로서 정말 죽으라면 죽는 시늉까지 했는데, 제가 천대받고 처참하게 매 맞고 십자가에 달려 죽어야만 아버지 속이 시원하시겠습니까?' 그럴 거예요. 예수님은 '아멘' 하셨습니다. 마태복음 20:28을 볼 때 '나는 많은 사람을 섬기러, 많은 사람의 대속물로서 이 땅에 왔다. 모든 죄를 사해 주는 제사 제물로 왔다'고 하셨습니다.

역사 기록에 나오죠? 조선의 한 임금이 평복을 하고, 가마도 타지 않고 사냥꾼같이 활을 어깨에 차고 나가서 시찰을 했습니다. 부잣집 양반이 냉대하더래요. 밥 달라고 한 것도 아니고 '물 한 그릇 먹을 수 없습니까?' 했는데 '저 개울에 가면 물 흐릅니다. 그거 잡수쇼' 그러니, 왕이 기가 차더랍니다. '우리나라 인심이 이것밖에 안 되냐?' 생각했습니다. 어디 가나 다 그 모양입니다. 몸종들이 발길로 차고 나가라고 하면서 대문을 꽝 닫습니다. 찬밥 덩어리라도 좀 달라고 하니까, 종이 자기 먹을 것도 없는데 줄 게 어딨냐고 말이죠. 몇 부락을 다니려고 했는데 계속 천대받고 보니 자기 신세가 아주 처참하더랍니다. '내가 선정을 베풀지 못했구나. 정치를 잘 못했구나' 깨달았습니다.

궁에 돌아가서 조정 백관들에게 아무 얘기 하지 않고 한 20명 초대할 정도로 음식을 차리라고 한 다음, 방문했던 그 집 사람들을 부른 거예요. 왕이 부른다니까 양반들이 이게 웬일이냐 했겠죠. 동네에서는 경사가 났다고 그랬습니다. 반쯤 먹은 다음에 왕이 '자네들을 왜 부른 줄 아는가?' 물었습니다. 모르겠다고 하니까 '그래? 나를 깨우치게 한 것이 너무 고마워서 자네들을 불렀네' 그러면서 '물 달라고 하니까 저기 개울에, 도랑에 가서 먹으라고 했지?' 그 말을 들은 사람이 사시나무 떨듯이 떠는 거예요. '종한테 대문 닫으라고 그랬지?' 종이 발길질한 것 다 얘기했습니다. 이렇게 해서 정치를 맑게 했다는 임금도 있습니다.

오늘 우리도 마찬가지입니다. 해마다 다람쥐 쳇바퀴 돌리듯 성탄절이 돌아옵니다. 아까 말씀했지만, 목욕도 하지 않고 옷도 갈아입지 않고 준비 없이 그냥 오지 않았습니까? 기묘자, 모사, 전능하신 하나님, 영존하시는 아버지인 분을 맞이하러 온 것입니다. 평강의 왕입니다. 그분은 '샬롬'(שלום)입니다. 평화의 왕이에요. 성부 하나님, 성자 하나님, 성령 하나님, 삼위일체 하나님 가운데 한 위(位)입니다. 믿음으로 맞이할 때, 아기 예수님이 여러분 마음에 임하실 줄 믿습니다. 여러분의 가정과 사업체, 가는 곳마다 동행의 축복이 임할 줄 믿으시기 바랍니다. 얼마나 좋아요?

주님 이 땅에 계실 때 당시 목사, 장로들이 하도 주님에 대해서 오만 얘기를 다 하는 바람에 예수님이 '왜들 그러십니까? 하나님과 나와는 하나요!' 하시니까, 그들이 욕하면서 돌로 죽이려 할 때 '여러 가지 선한 일을 많이 보였는데 나를 왜 돌로 죽이려 합니까?' 하셨습니다. 그러자 '네가 선한 일을 많이 하는 것 때문이 아니라 네 입이 참람하다. 사람이 돼서 네가 하나님이라고? 하나님과 일체야? 아이구 이 놈아, 네가 나사렛 목수의 아들이지 어떻게 하나님의 아들이냐?' 그랬습니다(요 10:30-33).

요한복음 5:19 "그러므로 예수께서 저희에게 이르시되 내가 진실로 진실로 너희에게 이르노니 아들이 아버지의 하시는 일을 보지 않고는 아무것도 스스로 할 수 없나니 아버지께서 행하시는 그것을 아들도 그와 같이 행하느니라"

요한복음 5:21 "아버지께서 죽은 자들을 일으켜 살리심같이 아들도 자기의 원하는 자들을 살리느니라"

요한복음 14:9 "예수께서 가라사대 빌립아 내가 이렇게 오래 너희와 함께 있으되 네가 나를 알지 못하느냐 나를 본 자는 아버지를 보았거늘 어찌하여 아버지를 보이라 하느냐"

요한복음 17:12 "내가 저희와 함께 있을 때에 내게 주신 아버지의 이름으로 저희를 보전하와 지키었나이다 그중에 하나도 멸망치 않고 오직 멸망의 자식뿐이오니 이는 성경을 응하게 함이니이다"

요한복음 17:22 "내게 주신 영광을 내가 저희에게 주었사오니 이는 우리가 하나가 된 것같이 저희도 하나가 되게 하려 함이니이다"

당시 목사들이 치를 떱니다. 예수께서 '나는 하나님의 아들이다. 아버지와 나와 하나다. 아버지는 내 말만 들으신다' 하시면서 '너희 조상 아브라함도 나를 보고 즐거워했다. 너희는 직접 봐도 나를 원수같이 여기느냐?' 그렇게 말씀하실 때, 사람들이 '나이 50도 못 됐으면서 우리 조상 아브라함을 왜 들먹거려?' 그랬습니다. 그러나 예수께서는 자신이 아브라함보다 먼저 계셨다고 하셨습니다. 듣는 사람들이 까무러칠 정도입니다.

요한복음 8:56-58 "너희 조상 아브라함은 나의 때 볼 것을 즐거워하다가 보고 기뻐하였느니라 57 유대인들이 가로되 네가 아직 오십도 못 되었는데 아브라함을 보았느냐 58 예수께서 가라사대 진실로 진실로 너희에게 이르노니 아브라함이 나기 전부터 내가 있느니라 하시니"

예수님이 나이 서른밖에 안 됐는데 2천 년 전의 아브라함보다 먼저 계셨다고 하셨습니다. 아기 예수, 그분은 창조의 근본입니다. 우주 만물 창조보다 먼저 계신 분입니다. 그분을 오늘 모셔야 됩니다.

평강의 왕이라 할 것임이라

메시아는 평강의 왕, 화목의 왕이십니다. 돈 벌어 오지 못한다고 아내가 남편 구박하고, 자식 봐도 집안 봐도 쑥밭이고 도저히 재미가 없습니다. 아무것도 모르고 결혼해서 나이가 40, 50, 60이 됐는데, 빛이 하나도 안 보입니다. 그런데 예수님이 영원한 광명으로 오신 분 아닙니까? 그러니까 화목입니다. 고린도후서 5:18-21 말씀 볼 때 화목의 대사(大使)로, 화목을 위해서 오셨습니다.

고린도후서 5:18-21 "모든 것이 하나님께로 났나니 저가 그리스도로 말미암아 우리를 자기와 화목하게 하시고 또 우리에게 화목하게 하는 직책을 주셨으니 ¹⁹ 이는 하나님께서 그리스도 안에 계시사 세상을 자기와 화목하게 하시며 저희의 죄를 저희에게 돌리지 아니하시고 화목하게 하는 말씀을 우리에게 부탁하셨느니라 ²⁰ 이러므로 우리가 그리스도를 대신하여 사신이 되어 하나님이 우리로 너희를 권면하시는 것같이 그리스도를 대신하여 간구하노니 너희는 하나님과 화목하라 ²¹ 하나님이 죄를 알지도 못하신 자로 우리를 대신하여 죄를 삼으신 것은 우리로 하여금 저의 안에서 하나님의 의가 되게 하려 하심이니라"

우리가 하나님과 원수 되었으나 예수님 때문에 화목해지고, 집안끼리 원수된 것도 예수님 때문에 화목해집니다. 교인끼리 돈 꿔줬는데 안 갚아서 원수가 됐어요. 그걸 해결하러 오신 분입니다. 오늘 아기 예수님 맞이할 때 성도들의 가정마다 화목하시기를 주의 이름으로 축원하겠습니다. 얼마나 좋습니까? 평강의 영광이 태양보다 7배나 밝은 빛(사 30:26)을 통해서 가정마다 개인마다 교회마다 오시니, 어둠이 다 물러갈 줄로 믿으시기 바랍니다.

이 땅 위에 종교가 많죠. 그중에 특히 이슬람교, 회교(回敎)는 한 손에는 칼, 다른 손에는 코란을 가지고 있습니다. 허리에 폭탄을 차고 자살해도 영광스럽답니다. 천국에 즉시 간다고 합니다. 남을 죽이고 파괴하고도 행복하다고 느끼는 종교가 종교입니까? 부모 잘못 만나면 그렇습니다. 예수님은 다른 사람을 살리기 위해서 자기는 죽어야 된다고 하셨습니다(막 10:45). 희생, 속죄의 제물입니다. 이슬람교와 다른 것입니다.

주님은 평화의 왕입니다. 화목의 주가 되십니다. 천군 천사들이 하늘에서 합창을 하는데, 누가복음 2:14을 볼 때 "지극히 높은 곳에서는 하나님께 영광이요 땅에서는 기뻐하심을 입은 사람들 중에 평화로다"라고 했습니다. 아기 예수가 강보에 싸여 보잘것없는 구유에 뉘여 있지만, 천군들의 찬송을 들어 보세요. 이게 가짜입니까? 천사들의 말을 들으면 됩니다. '기뻐하심을 입지 못한 사람들'은 믿지 못하는 사람들입니다. '기뻐하심을 입은 사람들', 즉 믿는 자는 화목의 주, 평화의 주, 근심 걱정을 다 청소하고 오직 기쁨과 즐거움과 영원한 생명을 주기 위해서 오신 예수님을 믿음으로, '기쁘다 구주 오셨네' 하면서 마음 뜨겁게 예수님을 모시기를 주의 이름으로 부탁드립니다.

결론

본문 7절에 메시아가 '다윗의 위(位)에 앉는다'고 했습니다. 마태복음 1:1 말씀과 같이 다윗의 자손으로 오신다는 것입니다. 사무엘하 7:12-13이나 시편 132:11-12, 예레미야 23:5-6에 예언된 대로 예수께서 오셨습니다. 신약에도 많이 기록돼 있죠.

사무엘하 7:12-13 "네 수한이 차서 네 조상들과 함께 잘 때에 내가 네 몸에서 날 자식을 네 뒤에 세워 그 나라를 견고케 하리라 ¹³ 저는 내 이름을 위하여 집을 건축할 것이요 나는 그 나라 위를 영원히 견고케 하리라"

시편 132:11-12 "여호와께서 다윗에게 성실히 맹세하셨으니 변치 아니하실찌라 이르시기를 네 몸의 소생을 네 위에 둘찌라 ¹² 네 자손이 내 언약과 저희에게 교훈하는 내 증거를 지킬찐대 저희 후손도 영원히 네 위에 앉으리라 하셨도다"

예레미야 23:5-6 "나 여호와가 말하노라 보라 때가 이르리니 내가 다윗에게 한 의로운 가지를 일으킬 것이라 그가 왕이 되어 지혜롭게 행사하며 세상에서 공평과 정의를 행할 것이며 ⁶ 그의 날에 유다는 구원을 얻겠고 이스라엘은 평안히 거할 것이며 그 이름은 여호와 우리의 의라 일컬음을 받으리라"

그리고 본문 7절 하반절을 볼 때 "만군의 여호와의 열심이 이를 이루시리라"라고 했습니다. 잊지 마세요. 하나님께서 기묘자, 모사, 아버지로 오신다고 하면서, 그 마지막 결론이 뭡니까? '내 열심이 이루리라'라고 하셨습니다. 여기서 '열심'(熱心)은 히브리어로 '키느아트'(הָאִנְקָ)인데, '시기, 질투'라는 뜻도 있습니다. 그런데 예수님 당시 목사, 장로, 신학자들이 시기 질투 때문에 예수님을 죽였다고 했습니다. 천하에 죽일 놈들이죠. 자기네는 인기가 없는데 예수님은 교회도 없고 허허벌판에서 모이는데도 몇만 명씩 모입니다. 말씀의 권세가 있죠. 사람들이 '예수 말씀 들어 보니 우리 목사, 제사장들 설교 때 하는 말과 다르지 않냐? 권세가 있더라' 했습니다(마 7:29, 막 1:22, 27). 그 말이 그들 귀에 안 들어가겠습니까? 그러니까 '예수 죽여야 되겠다.

그래야 우리 밥벌이가 될 것 아니냐?' 한 것입니다. 시기로 예수님을 죽였다는 말씀이 마태복음 27:18, 마가복음 15:10에 있습니다. 성경에 두 군데밖에 없습니다. 여기서는 시기가 나쁜 의미로 사용된 것입니다.

그러나 본문 7절에 나오는 '열심', 그 시기는 좋은 의미입니다. 야고보서 4:5에 "너희가 하나님이 우리 속에 거하게 하신 성령이 시기하기까지 사모한다 하신 말씀을 헛된 줄로 생각하느뇨"라고 했죠? 여기서 말하는 시기는 좋은 의미입니다. 곧 예수께서 자기 백성을 원수 마귀에게 빼앗기지 않으려는 뜨거운 마음을 가지고 십자가에 죽어서 피를 흘려 희생하기까지 사랑하신 것입니다(롬 5:8). 하나님께서 그 외아들, 독생자를 처참하게 죽일지언정 당신의 백성을 살리기 위해서는 할 수 없지 않느냐고 하신 것입니다. 그래서 오신 거룩한 성탄이라는 것을 꼭 믿으시기 바랍니다.

얼마나 감사합니까? 아들을 죽이기까지 해 가면서 나를 택해 주시고 구원해 주시는 하나님의 뜨거운 사랑 앞에 정말 눈물이 안 날 수가 없습니다. 하나님이 우리 죄 때문에 예수님을 버리는 순간입니다. 뜻을 깨달을 때 얼마나 불쌍합니까?

이제는 아기 예수를 놓칠까 봐 뜨거운 신앙으로, 구유가 아니라 마음에 모시는 모두가 되시기를 주의 이름으로 축원하겠습니다. 우리에게 영원한 빛으로 오셨습니다. 영원한 위로자요 소망이며 진리와 길, 안내자 되신 분이 사람의 몸을 입고 오신 이유는, 우리 때문입니다. 감사하죠. 그래서 아기 예수가 오셔서 나 때문에, 내 죄 때문에, 내가 믿지 못한 불신 때문에 처참하게 죽으실 것을 생각할 때, 십자가에 달리시기 전까지 우리가 믿음으로 뜨겁게 모시면서 하나님 앞에 감사 찬송이 끊어지지 않는 거룩한 밤, 거룩한 성탄절이 되시기를 주의 이름으로 축원합니다.

어느 해보다 2005년, 아기 예수에 대해서 자세히 말씀을 들었습니다. 모든 백성이 고통, 괴로움, 눈물 없이 정말 평화스럽게, 형통의 복을 받고 살게 하기 위해서 예수님이 오셨는데, 인간들은 깨닫지 못하고 영접하지 않고 내동댕이쳤습니다. 우리 때문에, 우리 죄 때문에 하나님이 사람이 되셔서 죄 있는 모양으로 오셨지만, 죄는 없습니다. 엄동설한에 얼마나 춥습니까? 처량하기 짝이 없습니다. 이불도 없고 얇은 강보에 싸여서 짐승의 밥통에 누워 계시는 예수님을 볼 때 눈물이 납니다.

이번 성탄절은 정말 뜨겁게 말씀을 깨닫고 맞이하고자 합니다. 한 사람도 외면하는 자 없이, 인색한 마음이나 아까워하는 마음 없이 믿음의 부요를 가지고 아기 예수를 감싸 드리는 산 역사가 있으시기 바랍니다. 오늘 말씀 받은 모든 성도들, 자손만대 예수님의 축복이 떠나지 않는 개인과 가정, 사업, 교회가 되시기를 주의 이름으로 축원합니다.

천군 천사들이
목자들에게 전한
성탄 메시지

| 누가복음 2:1-20

누가복음 2:1-20 "… ³모든 사람이 호적하러 각각 고향으로 돌아가매 ⁴요셉도 다윗의 집 족속인 고로 갈릴리 나사렛 동네에서 유대를 향하여 베들레헴이라 하는 다윗의 동네로 ⁵그 정혼한 마리아와 함께 호적하러 올라가니 마리아가 이미 잉태되었더라 ⁶거기 있을 그때에 해산할 날이 차서 ⁷맏아들을 낳아 강보로 싸서 구유에 뉘었으니 이는 사관에 있을 곳이 없음이러라 ⁸그 지경에 목자들이 밖에서 밤에 자기 양떼를 지키더니 ⁹주의 사자가 곁에 서고 주의 영광이 저희를 두루 비춰매 크게 무서워하는지라 ¹⁰천사가 이르되 무서워 말라 보라 내가 온 백성에게 미칠 큰 기쁨의 좋은 소식을 너희에게 전하노라 ¹¹오늘날 다윗의 동네에 너희를 위하여 구주가 나셨으니 곧 그리스도 주시니라 ¹²너희가 가서 강보에 싸여 구유에 누인 아기를 보리니 이것이 너희에게 표적이니라 하더니 ¹³홀연히 허다한 천군이 그 천사와 함께 있어 하나님을 찬송하여 가로되 ¹⁴지극히 높은 곳에서는 하나님께 영광이요 땅에서는 기뻐하심을 입은 사람들 중에 평화로다 하니라 ¹⁵천사들이 떠나 하늘로 올라가니 목자가 서로 말하되 이제 베들레헴까지 가서 주께서 우리에게 알리신바 이 이루어진 일을 보자 하고 ¹⁶빨리 가서 마리아와 요셉과 구유에 누인 아기를 찾아서 ¹⁷보고 천사가 자기들에게 이 아기에 대하여 말한 것을 고하니 ¹⁸듣는 자가 다 목자의 말하는 일을 기이히 여기되 ¹⁹마리아는 이 모든 말을 마음에 지키어 생각하니라 ²⁰목자가 자기들에게 이르던 바와 같이 듣고 본 그 모든 것을 인하여 하나님께 영광을 돌리고 찬송하며 돌아가니라"

2006년 12월 24일
주일 2부예배

천군 천사들이 목자들에게 전한 성탄 메시지

누가복음 2:1-20

이스라엘 백성은 하나님께 선택받은 백성입니다. 창세기 18:18-19 말씀을 볼 때, 소돔과 고모라의 부르짖음이 커서 하나님께서 직접 하감하셔서 살피러 가시는 도중에 아브라함을 만나 '아브라함아, 네 자식과 권속, 가족들에게 하나님의 말씀, 율례와 법도를 가르치라. 그러면 자손만대 축복이 떠나지 않고 메시아를 맞이할 수 있는 그러한 나라가 된다'고 하셨습니다.

창세기 18:18-19 "아브라함은 강대한 나라가 되고 천하 만민은 그를 인하여 복을 받게 될 것이 아니냐 ¹⁹ 내가 그로 그 자식과 권속에게 명하여 여호와의 도를 지켜 의와 공도를 행하게 하려고 그를 택하였나니 이는 나 여호와가 아브라함에게 대하여 말한 일을 이루려 함이니라"

여러분이 이제 공부하면 알겠지만, 창세기 5장을 볼 때 아담의 9대손이 노아의 아버지 라멕입니다. 인류의 시조 아담이 노아의 아버지 라멕과 몇 년 동안 동시대에 살았느냐? 56년입니다. 아담과 그 자손 2대, 3대, 4대, 5대, 6대, 7대, 8대, 9대까지 동시대에 살았습니다. 그러면, 아담과 하와가 하나님께서 창설하신 에덴동산, 죄 없는 낙원의 세계에 대해서 자손들에게 말하지 않았겠습니까? 어느 교단이나 어느 신학자, 목사, 기도한 사람이 계시 받은 것이 아닙니다. 성경에 기록되어 있습니다. 노아의 아버지 라멕과 아담이 56년 동안 동시대에 살았습니다.

창세기 6장을 보면, 노아 때 하나님의 아들들이 사람의 딸들과 눈에 맞는 사람끼리 결혼했습니다(창 6:2). 말라기 2:15 이하 말씀 볼 때, '하나님의 영이 유여(有餘)하실지라도 하나만 만드셨다'고 했습니다. 경건한 자손을 얻기 위해서입니다. 그런데 노아 때 하나님께서 마음이 얼마나 상하셨습니까? 사람 창조한 것을 한탄하셨습니다. 슬퍼하셨습니다. 땅과 함께 깨끗이 청소하겠다고 하셨습니다. 인간의 죄악이 악취가 날 정도입니다. 땅에 죄악이 관영(貫盈)했습니다. 사발에 물을 가득 부으면 찰랑찰랑 차듯이 전 세계에 죄악이 다 찼다는 것입니다. 그래서 심판하신 것 아닙니까? 베드로후서 2:5 말씀 볼 때, 경건한 자손이 없어서 세상에 홍수를 내리셨다고 말씀하고 있습니다.

하나님께서 시내산에서 모세를 통해 율법을 왜 주셨습니까? 신명기 6:5 이하 말씀을 봐도 마음을 다하고 뜻과 정성을 다해서 하나님을 사랑하라고 했습니다. 그리고 자녀들에게 말씀을 가르치라고 했습니다.

신명기 6:5-7 "너는 마음을 다하고 성품을 다하고 힘을 다하여 네 하나님 여호와를 사랑하라 6 오늘날 내가 네게 명하는 이 말씀을 너는 마음에 새기고 7 네 자녀에게 부지런히 가르치며 집에 앉았을 때에든지 길에 행할 때에든지 누웠을 때에든지 일어날 때에든지 이 말씀을 강론할 것이며"

예수님이 엿장수 마음대로 오셨습니까? 만사가 때가 있습니다. 갈라디아서 4:4을 볼 때 "때가 차매" 오셨다고 했죠? 마태복음 1장의 족보를 볼 때, 아브라함부터 14대, 14대, 14대, 총 42대만에 예수님이 오셨다고 했습니다.

갈라디아서 4:4 "때가 차매 하나님이 그 아들을 보내사 여자에게서 나게 하시고 율법 아래 나게 하신 것은"

마태복음 1:17 "그런즉 모든 대 수가 아브라함부터 다윗까지 열네 대요 다윗부터 바벨론으로 이거할 때까지 열네 대요 바벨론으로 이거한 후부터 그리스도까지 열네 대러라"

우리는 지금 재림하시는 주님을 기다리고 있지만, 2천 년 전 이스라엘 선민들은 초림 메시아를 기다린 것 아닙니까? 구약성경을 볼 때 누누이 메시아에 관해서 말씀을 전해 주셨습니다. 그런데 구약의 마지막 선지자 말라기를 통해서 "보라 여호와의 크고 두려운 날이 이르기 전에 내가 선지 엘리야를 너희에게 보내리니 ⁶ 그가 아비의 마음을 자녀에게로 돌이키게 하고 자녀들의 마음을 그들의 아비에게로 돌이키게 하리라 돌이키지 아니하면 두렵건대 내가 와서 저주로 그 땅을 칠까 하노라"라고 하셨습니다(말 4:5-6). 이것이 마지막 말씀이었습니다.

그러면, 말라기 이후 예수님 오실 때까지 기간이 약 400년입니다. 이스라엘 백성은 율법과 선지자와 예언, 그 세 가지만 믿고서 메시아를 기다렸습니다. 예수님이 오시기 전에 엘리야를 보내신다고 했는데, 엘리야는 말라기로부터 450년 전 사람입니다. 열왕기하 2:11 말씀 볼 때, 사명을 다하고 회리바람을 타고 죽지 않고 살아서 변화하여 하늘나라로 올라간 분입니다. 말라기 이후 예수님까지 400년, 합하면 약 850년입니다.

예수님께서는 사랑하시는 제자들, 12제자를 중심으로 70문도에게 말씀을 가르치시고 나가서 전도하게 하셨습니다. 당시 대제사장, 제사장, 서기관, 율법사, 바리새인, 내로라하는 사람들이 메시아를 알았습니까? 사도 요한은 '예수님이 자기 땅에 오매 자기 백성이 영접지 않았다'고 했습니다(요 1:11). 축구공같이 발길로 차서 내쫓았습니다. 요한복음 1:29을 볼 때, 세례 요한이 예수님을 "보라 세상 죄를 지고 가는 하나님의 어린양"이라고 했죠. 그분이 메시아인 줄 몰랐지만 예수님이 세례 받고 물에서 올라오실 때 하늘이 갈라지면서 하늘에서 소리가 나기를 분명히 '사랑하는 아들'이라고 해서 비로소 알았다고 고백했습니다(마 3:16-17, 요 1:31-34).

예수님을 먼저 누가 맞이해야 되겠습니까? 종교 지도자들, 대제사장들 아니겠습니까? 당시 제사장 반열에 선 사람들이 약 2만 4천 명입니다. 그 가운데 예수님을 맞이한 사람이 단 한 명도 없었습니다. 세리, 창녀, 천대받던 사람들이 영접했습니다.

메시아의 계시를 받은 사람은 시므온과 안나였죠. 시므온은 나이 많은 선지자였습니다. 안나는 시집간 지 7년 만에 과부가 돼서 84년(한글 개역성경, KJV), 그러면 91년입니다. 최소한 15살 넘어야 시집갈 것 아닙니까? 100살이 넘은 할머니가 예수님을 알아본 것입니다. 모세의 법대로 결례를 행하기 위해 예수님의 부모가 성전에 갈 때, 시므온에게 하나님의 계시가 와서 '젊은 여자가 안고 가는 저분이 만인간이 기다리는 메시아다' 하니까, 쫓아가서 아기를 빼앗아 가지고 성전을 빙빙 돌면서, 죽어도 여한이 없다고 했습니다. 우리는 구원받기 위해서 오늘날까지 애쓰는데 시므온은 '주의 구원을 보았다'고 했습니다(눅 2:22-38).

우리 인생은 유한합니다. 무한하지 않습니다. 한 번 났다가 한 번 죽는 것은 정하신 것입니다. 그런데 한 가지 겁나는 것은, 그 후에는 심판이 있습니다(히 9:27). 진정 여러분이 하나님의 아들딸들입니까? 그러면 예수님을 닮아야죠. 빌립보서 2:5을 볼 때 "너희 안에 이 마음을 품으라 곧 그리스도 예수의 마음이니"라고 했습니다. 주님의 사랑은 처음 만난 사람이나 고향 사람이나 똑같이 나갑니다. 살인하고 간음하고 도적질한 자를 만나도 그렇습니다. 우리는 그렇지 않잖아요? '저놈 형무소 갔다 왔대' 하면서 마음이 가지 않습니다. 동창이나 같은 고향 사람 만나면 반갑다고 하죠. 그게 예수 믿는 사람들입니까? 예수님의 마음은 누구에게나 똑같습니다.

예수님의 동복동생들도 예수님을 인정하지 않았습니다. '형님, 지금 아버지가 세상 떠난 지 얼마인데, 홀어머니 불쌍하지 않소? 만왕의 왕이니 메시아니, 그런 소리 하지 마세요. 종교 지도자들이 집에 와서 공갈협박 하는데 살 수가 있어야죠. 형님이 맏형이니 가족을 돌봐야죠. 진짜 메시아 같으면 왜 동네 사람들이 와서 엎드려 절하고 그러지 않습니까?'라는 식이었습니다. 분명히 요한복음 7:3-5에 그 형제들이 믿지 못했다고 기록돼 있습니다. 초막절에 예루살렘에 올라가야 되는데, 예수께서 동생들에게 안 가겠다고 하셨습니다. 그리고 동생들이 올라간 다음에 예수님이 올라가셨는데, 숨어서 만나지 않으려고 애쓰셨습니다(요 7:8-10).

그러니, 만왕의 왕이 되시는 하나님께서 우리 죄악된 인간 때문에 사람의 몸을 입으시고, 하나님과 동등됨을 취하지 않으시고 깡통같이 다 비웠습니다(빌 2:6). 완전히 천한 신분, 사람으로 오신 것입니다. 사람이 죄가 있기 때문이죠.

저와 여러분은 부정모혈로 태어났지만, 예수님은 남자 없이 성령으로 나셨습니다. 말씀 한마디로 우주를 창조하신 하나님께서 인간을 죄에서 구원하시는데 방도가 그것밖에 없습니다. 그래서 말씀이 육신이 되신 것입니다. 그런데 오실 때 무엇으로 오셨습니까? 요한복음 1:14 말씀 볼 때, 하나님의 독생자의 영광, 즉 은혜와 진리로 오셨습니다. '은혜 받았다' 하면 곧 예수를 받은 것입니다. '진리를 깨달았다' 하면 예수를 깨달은 것입니다.

천사가 전한 복음에 즉각 반응한 목자들

매년 성탄을 맞이할 때 백화점마다 크리스마스 캐럴들이 얼마나 복잡하게 울리고 있습니까? 우리 교회만도 교역자가 100여 명입니다. 그러면 우리 목사님들, 진정으로 마음 가운데 목자들과 같이 성탄을 맞이하고 있습니까? 본문을 볼 때, 목자들은 천군 천사의 찬송을 들었습니다. 음성을 들었습니다. 천사가 예수 나신 장소까지 가르쳐 주었습니다. 즉각적인 목자들의 반응을 보세요. 바로 가지 않았습니까? 핏덩어리 아기 예수 앞에, 짐승이 밥 먹는 밥통에 누워 계시는 예수께 덩치 큰 사람들이 경배하는 것을 보시기 바랍니다.

2006년 정월 초하루부터 지금까지 우리가 왜 달려오고 있습니까? 예수님 한 분을 맞이하기 위해서입니다. 설교를 만 번 하고, 성탄절을 백 번 지킨다 해도 내 마음에 예수님이 탄생하시지 않는다면 뭐하겠습니까?

베들레헴 근방에서 양 치는 목자들, 천한 신분입니다. 먹고살 만한 형편이면 왜 밤잠 못 자고 양을 지키는 일을 하겠습니까? 목욕을 제대로 하겠습니까? 세수를 제대로 하겠어요? 밥을 제대로 먹겠습니까? 그런데 천군 천사가 나타나서 구주가 나셨다는 성탄 메시지를 전하고 찬양하는 소리를 들었습니다. "지극히 높은 곳에서는 하나님께 영광이요 땅에서는 기뻐하심을 입은 사람들 중에 평화로다"라고 했습니다. 모든 사람에게 해당하는 것이 아닙니다. 기뻐하심을 입은 자들, 선택된 자, 예정받은 자, 진정으로 믿음이 있는 자는 마음 가운데 평화가 임하는 것입니다. 돈푼이나 있고 권력 가진 사람들이 멸시, 천대합니다. 눈으로 깔아뭉개고 인간 취급도 하지 않습니다. 그러나 그 목자들, 얼마나 복입니까? 아브라함의 축복이 임하잖아요.

성경을 보면서 한편으로 부럽기도 하고, 살아온 생애를 재조사, 검토하면서 눈물로 회개도 하게 됩니다. 천사들이 전한 그 영원한 생명의 복음, 메시아 탄생에 대한 증거를 받았으면 먼저 인가귀도(引家歸道)*가 되어야 할 텐데, 가족들에게, 할아버지, 할머니, 아버지, 어머니, 형제들한테 전하지 못하고 있잖아요? 창세기 18:19 말씀과 같이 하나님의 말씀으로 아들딸들을 제자 삼아서 가르쳐야 될 텐데, 가르치고 있습니까? 마태복음 28:19-20을 볼 때, 만민에게 복음을 전하라고 하셨습니다.

오늘날 목사, 장로, 권사, 집사님들, 자기 아들딸들을 제자 삼았습니까? 고등학생 때 교회를 많이 떠납니다. 대학교 다니게 되면 더 많이 떠납니다. 목사님 아들딸이 문란하다, 이혼했다 그럽니다. 제가 지어서 하는 얘기가 아닙니다. 그러한 가족이 '기쁘다 구주 오셨네' 할 수 있겠습니까? 여러분도 마찬가지입니다. 자식을 제자 삼아서 하나님 말씀으로 양육했습니까? 자식이 나이 40-50세가 되어도 가정을, 교회를 떠나는 일이 없어야죠.

---

* 　인가귀도(引家歸道) : 가정을 신앙의 길로 인도함.

성탄절을 맞이하면서, 쥐꼬리만큼 깨달은 제 마음도 슬프고 좋지 않은데 하나님의 마음은 어떠시겠습니까? 믿는다고 하면서 성경을 1년에 몇 번 읽었습니까? 기도를 간절히 믿음으로 올렸습니까? 주의 몸 된 교회(골 1:24)가 눈으로 보기에는 나뭇조각, 시멘트, 쇳조각으로 지어졌지만 하나님 몸입니다. 열왕기상 8:16, 29, 9:3 말씀 볼 때, 우리가 기도하는 것을 하나님께서 귀로 듣고 눈으로 다 보신다고 했습니다. 경건한 마음으로 교회 와서 기도했습니까? 곗돈 때문에, 조직 때문에, 뭐 때문에 교회 안 나온다고 해요. 답답합니다.

목자들에게 천군 천사들이 메시아 탄생을 증거했습니다. 천사들이 전해 준 생명의 복음, 영생의 복음을 듣고서 목자들이 가만히 있었습니까? 즉각 반응했습니다. 우리도 '기쁘다 구주 오셨네' 부르기만 하지 말고, 정말 예수님이 우리 마음 가운데 탄생하실 수 있도록 반응해야죠. 우리 생활이 달라져야 하겠습니다.

구주가 나셨으니 곧 그리스도 주시니라

본문 11절을 볼 때 "오늘날 다윗의 동네에 너희를 위하여 구주가 나셨으니 곧 그리스도 주시니라"라고 말씀하고 있습니다. 여기 '그리스도'는 히브리어로 '마쉬아흐'(מָשִׁיחַ)입니다. 잘 들으세요. 헬라어로는 '크리스토스'(Χριστός)입니다. 여기서 메시아를 나타내는 3중의 낱말이 크고 무게 있게 우리를 자극하고 있습니다. 첫째, '구주가 나셨으니', 둘째, '그리스도', 셋째, '주시니라'입니다.

사복음서의 말씀을 통해서 우리 주님의 사역을 찾아볼 수가 있습니다. 주님은 위대한 스승이십니다. 왕권을 가지고 만민을 다스리십니다. 또한 하나님께서 이 땅에 오셔서 우리에게 '형제'라고 하셨습니다(히 2:11). 예수님이 맏형이고 우리는 동생들이라고 말이죠(롬 8:29).

그러나 그리스도는 엄밀히 말해서 하나님이십니다. 인성(人性)을 겸했지만 신성(神性)을 가지신 분입니다. 천상천하에 예수님을 영접하지 않고, 믿지 않고 구원받을 종자가 없습니다. 다 멸망입니다. 예수님을 영접하지 않는 심령, 그 가정, 직장, 사업은 칠흑 같은 밤입니다. 암담하기 짝이 없습니다. 잘되는 것 같지만 되지 않습니다. 예수님으로 시작하고 예수님으로 진행하고 예수님으로 마쳐야 됩니다. 그분만이 생명이고 진리이고 길입니다(요 14:6).

메시아는 우리의 구주이십니다. 일찍이 철학자 파스칼(Blaise Pascal)은 '유대인들은 그를 메시아로 인정치 않고 용납지 않았기 때문에 십자가에 못 박아 죽였다. 그러나 그로써 그가 메시아라는 최후의 증거를 해 주었다'고 했습니다. 유대인들이 예수님을 메시아로, 구세주로 인정하지 않고 죽였지만, 그렇게 함으로써 결국 메시아로 증거해 주었다는 것입니다. 예수님은 우리가 믿지 않아도 하나님이고 믿어도 하나님이십니다.

메시아의 사역은 마태복음 1:21 말씀 그대로입니다. '자기 백성을 죄악에서 구원한다'는 것이 '예수' 이름의 뜻입니다.

마태복음 1:21 "아들을 낳으리니 이름을 예수라 하라 이는 그가 자기 백성을 저희 죄에서 구원할 자이심이라 하니라"

성도 여러분, 자연계는 약육강식의 원리가 적용돼서, 약한 자는 언제나 빼앗기고 죽임을 당합니다. 강한 자는 승리합니다. 강한 자에게 약한 자가 먹힙니다. 그러나 예수님은 늘 빼앗기고, 못나고, 보잘것없고, 가진 것 없고, 존재가치 없는 변두리 인생들을 찾아오셨습니다. 병든 자, 가난한 자, 억울함을 당한 자를 찾아오셨습니다. 천군 천사가 첫 번째로 성탄을 전해 준 사람들이 목자들 아닙니까? 고대광실(高臺廣室) 높은 집에 살면서 내로라하는 권력 가진 사람들, 돈푼이나 가진 사람들, 당시 대제사장, 제사장, 서기관, 바리새인, 유사, 그들한테 나타내지 않으셨습니다.

우리 평강의 성도들, 스스로 잘났다고 하지 말고 겸손한 마음으로 2천 년 전으로 돌아가서, 양 치는 목자들과 같은 심정을 가지고 천사가 전해 준 성탄 소식을 듣기만 한다면 얼마나 좋겠습니까? 예수님의 이름으로 자손만대 축복받습니다. 여러분과 아들딸들만 잘 살면 뭐합니까? 2세, 3세 있잖아요. 주님 재림하실 때까지 축복이 떠나지 않아야죠. 그것이 아브라함의 복입니다. 갈라디아서 3:7-9 말씀 볼 때, 믿음이 있는 사람은 아브라함과 똑같은 복을 받는다고 정확하게 기록돼 있습니다. 얼마나 좋아요?

한 사람이 죄를 지으므로 모든 사람에게 사망이 왔습니다(롬 5:12). 죄가 있기 때문에 하나님의 영광에 이르지 못한다고 로마서 3:23에 말씀했습니다. 죄의 삯, 죄의 값은 사망입니다(롬 6:23). 살 수가 없습니다. 욥기 4:7 말씀 볼 때 죄 없이 망한 자가 누구냐고 했습니다. 죄가 있기 때문에 망한다는 것입니다. 죄는 망하게 합니다. 못살게 굽니다. 죄는 죄를 짓게 합니다. 그리고 죄가 죽입니다.

사람들은 죄를 싫어하면서도 죄를 좋아합니다. 죄지을 때 말초신경까지 고사리 모양으로 오그라들잖아요? 그 맛, 짜릿하겠죠. 그러나 하나님 앞에서 죄짓는 것입니다. 하나님께서 '아담아, 네가 어디 있느냐?'라고 물으실 때, 하나님의 말씀으로 창조하신 세계인데, 주관자이신 하나님께서 아담이 어디 있는지 몰라서 물으셨겠습니까? 아담이 벌거벗고 있기 때문에 부끄러워서 나무 사이에 숨었다고 했습니다(창 3:9-10). 무화과나무 이파리로 가리면 뭐합니까? 몇 시간도 안 지나서 바싹 말라 꼬드러지면 밑천이 다 드러나는 판인데…. 죄는 가릴 수가 없습니다. 마지막에 죄가 다 공개방송 됩니다. 숨기려야 숨기지 못합니다. 천군 천사 앞에, 하나님 앞에, 오늘까지 왔다 간 수억만의 사람들 앞에서 공개방송 하는 것입니다.

그러니까 방도는, 죄를 회개하면 없어집니다. 회개하면 하나님께서 기억도 안 하십니다. 회개도 보통 회개입니까? 마태복음 3:8 말씀대로 합당한 회개, 열매 있는 회개를 해야 합니다. 그러한 입장에서 성탄을 맞이하시기 바랍니다. 오만 죄를 다 짓고 거짓말해서 남의 돈 뺏고 사기 치고 그러면서 성도(聖徒)라고 합니까? 거룩한 무리가 되겠습니까? 히브리서 12:14 말씀 볼 때, 거룩하지 못하면 하나님을 볼 수도 없다고 했습니다. 데살로니가전서 5:23 말씀과 같이 점과 흠이 없어야 합니다. 티가 없어야 합니다.

> **히브리서 12:14** "모든 사람으로 더불어 화평함과 거룩함을 좇으라 이것이 없이는 아무도 주를 보지 못하리라"
>
> **데살로니가전서 5:23** "평강의 하나님이 친히 너희로 온전히 거룩하게 하시고 또 너희 온 영과 혼과 몸이 우리 주 예수 그리스도 강림하실 때에 흠 없게 보전되기를 원하노라"

예수님의 십자가 피는 우리의 원죄, 유전죄, 자범죄를 단번에 깨끗하게 사해 주십니다(히 9:12). 여러분, 과거에 관계한 남자나 여자가

한 트럭이다, 도적질했다 해도 걱정하지 마세요. 성탄을 계기로 정말 예수님을 영접하시기 바랍니다. 그러면 반응이 일어납니다. 죄는 예수님과 같이 있지 못합니다. 죄가 튀어나오려고 하면, 그때 바로 내쫓으면 됩니다. 그때 바로 회개하세요.

나이 60, 70이 잠깐입니다. 제가 금년에 80세입니다. 하나님의 은혜 가운데 아직 눈이 흐리지 않습니다. 시력이 1.2, 1.5입니다. 성경 관주 조그만 글씨도 다 보입니다. 얼마나 감사해요. 주일에 설교 두 번 할 때도 있고, 세 번 할 때도 있고, 수요일, 목요일도 설교할 수 있습니다. 사람의 힘으로 됩니까? 하나님 은혜입니다. 오산학교 근방에 남강 이승훈 선생의 비석이 있는데 '자기 위해서는 아무것도 한 것이 없고, 주님을 위해서만 일하고 갔다'고 써 있다고 합니다.

인생에 슬픔과 괴로움과 눈물과 고통과 한숨과 질병을 주는 것이 죄입니다. 죄 문제를 해결하면 다 없어집니다. 예수께서 '딸아, 안심하라. 내 말로 네 죄 사했다' 선언하시는 순간 병이 달아난 것 보세요. 물론 이사야 53장에 기록돼 있지만, 마태복음 8:16-17 볼 때 모든 질병을 담당하러 오신 분이 예수님 아닙니까?

마태복음 9:22 "예수께서 돌이켜 그를 보시며 가라사대 딸아 안심하라 네 믿음이 너를 구원하였다 하시니 여자가 그 시로 구원을 받으니라"

이사야 53:4 "그는 실로 우리의 질고를 지고 우리의 슬픔을 당하였거늘 우리는 생각하기를 그는 징벌을 받아서 하나님에게 맞으며 고난을 당한다 하였노라"

마태복음 8:16-17 "저물매 사람들이 귀신 들린 자를 많이 데리고 예수께 오거늘 예수께서 말씀으로 귀신들을 쫓아내시고 병든 자를 다 고치시니 [17] 이는 선지자 이사야로 하신 말씀에 우리 연약한 것을 친히 담당하시고 병을 짊어지셨도다 함을 이루려 하심이더라"

이번 성탄절만큼은 이러쿵저러쿵 말할 필요 없습니다. 가정에 구질구질한 것, 가족 간이나 형제간에 화목하지 못하고 불목한 것, 또 교회 생활에 만족하지 못하고 짜증나고, 닭발같이 긁어 버린 일들, 성탄을 맞이해서 완전히 해결하시기를 주의 이름으로 축원합니다.

강보에 싸여 구유에 누인 아기를 보리니 이것이 표적이니라

일찍이 이사야 25:6-8에 기록돼 있지만, 예수님은 아예 사망을 부수러 오셨습니다. 아주 멸하러 오셨습니다. 요한일서 3:8에 예수께서 오신 목적은 죄악을, 마귀를 없애기 위함이라고 기록돼 있습니다. 히브리서 2:14도 마찬가지입니다.

이사야 25:6-8 "만군의 여호와께서 이 산에서 만민을 위하여 기름진 것과 오래 저장하였던 포도주로 연회를 베푸시리니 곧 골수가 가득한 기름진 것과 오래 저장하였던 맑은 포도주로 하실 것이며 7 또 이 산에서 모든 민족의 그 가리워진 면박과 열방의 그 덮인 휘장을 제하시며 8 사망을 영원히 멸하실 것이라 주 여호와께서 모든 얼굴에서 눈물을 씻기시며 그 백성의 수치를 온 천하에서 제하시리라 여호와께서 이같이 말씀하셨느니라"

요한일서 3:8 "죄를 짓는 자는 마귀에게 속하나니 마귀는 처음부터 범죄함이니라 하나님의 아들이 나타나신 것은 마귀의 일을 멸하려 하심이니라"

히브리서 2:14 "자녀들은 혈육에 함께 속하였으매 그도 또한 한 모양으로 혈육에 함께 속하심은 사망으로 말미암아 사망의 세력을 잡은 자 곧 마귀를 없이하시며"

성경을 읽어 보세요. 저와 여러분이 어쩌다 이러한 복을 받았습니까? 다 하나님에 대해서 듣고는 있죠. 애국가 부를 때마다 '하나님이 보우하사 우리나라 만세'라고 합니다. 그러나 다 하나님을 믿습니까? 믿음이라는 것은 하나님의 주권적인 은혜 가운데 우리에게 주신 것입니다. 믿는 자에게 특권을 주셨습니다. 남이 믿지 못하는 게 믿어진다는 것이 큰 복입니다.

성경은 그림의 떡이 아닙니다. 실제입니다. 히브리서 11:1에 "믿음은 바라는 것들의 실상"이라고 했습니다. 얼마나 좋습니까? 믿으세요. 이 땅에서 100년을 살아 봐야 소용없습니다. 하나님의 생명은 영원한 것입니다. 이 땅에서 만 년을 산다 해도, 하나님의 세계와 대조해 볼 때, 눈 한 번 깜박이는 순간밖에 안 됩니다. 그거 살겠다고 발버둥치면서 남을 멸시, 천대하고 거짓말로 남을 죽이고 그럽니까? 왜 그런 바보짓을 하고 있습니까? 살리는 운동을 해야죠.

아마 대한민국에 저같이 안 좋은 소리 많이 들은 사람도 없을 겁니다. 그러나 걱정 안 합니다. 눈 하나 깜짝하지 않습니다. 하나님 앞에 가면 알게 될 텐데요. 최후 심판은 하나님이 하시지 않습니까? 하나님 앞에 말씀드립니다. 제가 예수 더 잘 믿으려고 성경을 1,700번 이상 봤습니다. 아침저녁마다 기도하고, 밤에는 산에 가서 한두 시간씩 기도합니다.

우리 평강제일교회는 사도신경을 부인하지 않습니다. 예수님이라면 사족을 못 씁니다. '오직 예수'예요. 그런데 종교 연구한다는 사람들이 자기들의 요구대로 해 주지 않으면 이단이라고 합니다. 그 말에 장단 맞춰 춤추는 것을 볼 때 너무나 한심합니다. 예레미야 5장 말씀 그대로입니다. 와 보기나 했습니까? 저에게 묻고 권면해 줬습니까? 남의 집에 도둑 들었다고 개가 짖으면 따라서 짖는 거예요. 그러나 저는 그분들 위해서 기도할지언정 저주하거나 욕한 적이 없습니다.

예수님의 십자가 피가 아니면 구원이 없습니다. 죄는 가정에 가시와 엉겅퀴입니다. 짐승이나 사람의 변이 방구석에 꽉 차 보세요. 악취가 나고 숨을 쉴 수가 없습니다. 죄가 그런 것입니다. 그걸 왜 가지고 삽니까? 토해 내세요. 회개하세요. 죄를 회개하지 않고 무슨 '기쁘다 구주 오셨네'입니까? 성탄절에 큰 호텔에서 화재가 나는 사건이 있었을 때, 신원 조사해 보니까 목사 딸, 장로 아들들이 있었습니다. 얼마나 창피합니까? 교회에서 성도들은 철야기도 하고 메시아 맞이 하겠다고 애쓰고 있는데 말이죠. 신문에 나온 얘기입니다.

말씀이 육신이 되어 오셨습니다(요 1:14). 사람이 죄를 지었기 때문에 하나님이 사람으로 오시지 않을 수가 없습니다. 그래야 우리 죄를 대신할 수가 있습니다. 고린도후서 5:21 말씀 볼 때, 우리 죄를 대신 걸머지고 속죄 제물, 희생의 제물이 되신 것 아닙니까?

예수님도 불쌍하지만 육신의 어머니 마리아나 아버지 요셉도 불쌍합니다. 아이 낳게 되면 여자의 하체가 약해지지 않습니까? 딸이나 며느리가 아이 낳으면 한두 달은 일을 못 하게 합니다. 참기름 한 방울 쳐서 미역국 먹게 하고, 도우미 두고 말이죠.

가이사 아구스도가 영을 내려서 호적하러 갔는데, 목수 생활이 뻔하죠. 가난하잖아요. 사관에 갔습니다. 쓱 쳐다보니 옷이 남루하고 거지 같습니다. 아마 신분 높고 부자였으면 여관 주인이 자기 안방이라도 내주었을 것입니다. '보다시피 방이 어딨습니까? 다른 데 가

보시오' 그럽니다. 근처에 있는 짐승의 우릿간에 가자마자 그냥 메시아가 쏟아지는데, 구유에다 아기를 강보에 싸서 뉘어 놨으니…. 여러분이나 저나 아무리 가난해도 짐승의 밥통에서 나지는 않았잖아요? 하나님이 그 지경에 있었습니다.

우리 믿는 성도가 정말 말씀을 깨닫고 예수님을 생명의 구주로 영접한다면, 예수께서 내 죄 문제를 해결하고 영생을 주러 오셨다는 것이 만분의 일이라도 믿어진다면, 어떠한 마음 자세를 가져야 되겠습니까? 1년에 한 번씩 돌아오는 성탄절을 다람쥐 쳇바퀴 돌리듯이 맞이하면 되겠습니까? 경건한 마음으로, 두렵고 떨리는 마음으로 맞이해야죠. 자기 집에 군수, 경찰서장, 도지사가 온다, 더 높은 대통령께서 주무시겠다 할 것 같으면 가만히 있겠습니까? 청소한다, 도배한다, 뭐한다 하면서 아마 난리법석을 떨 것입니다. 성탄을 맞이하면서 지위 높은 사람, 재력 있는 사람 맞이하듯이 그러한 마음 자세를 가졌습니까? 정신 못 차리고 '성탄절이야? 할 일 많은데 또 교회 헌금 가져가야 되나…' 그런 말이나 하고 말이죠. 예수님은 우리의 모든 것의 모든 것 되시는데, 주 앞에 아까울 것이 있겠습니까? 한번 생각해 보세요. 못 바칠 게 어디 있겠습니까?

나를 위해 오셔서 굶고 헐벗고 쫓겨 다니고, 갈릴리 해변에서 불어오는 바람을 친구 삼고 하늘의 이슬을 이불 삼아 선잠 주무실 때 너무 추워서 발을 폈다 오므렸다 하죠. 성안에 있는 개나 돼지, 소들은 우리 안에 들어가 있다가 동이 트기 시작하면 주인인 목자를 따라서 성 밖의 푸른 초장으로 나옵니다. 예수님은 반대로 성안으로 들어가십니다.

이 거리 저 거리 헤매면서 '여러분, 역대 선지자가 말한 메시아가 접니다' 그러면 '공부도 못 한 놈이 참람한 말을 한다. 네가 메시아야? 그리스도, 하나님이야?' 하면서 이단이다 뭐다 그러는 바람에, 예수님께 냉수 한 그릇만 줘도 교회에서 제명당합니다. 요한복음 9장에 기록돼 있잖아요. 만나기만 해도 제명당합니다. 하나님께서 나 때문에 오셔서 그러한 일을 당하셨습니다. 푸대접을 받았습니다.

> **요한복음 9:22** "그 부모가 이렇게 말한 것은 이미 유대인들이 누구든지 예수를 그리스도로 시인하는 자는 출교하기로 결의하였으므로 저희를 무서워함이러라"

이스라엘의 박물관에서 보니까, 예수님 당시 채찍이 굵은 가죽은 세 가닥, 얇은 건 아홉 가닥으로 되어 있습니다. 끝에 쇠붙이 아니면 생선뼈가 붙어 있습니다. 한 번 치면 살에 꽉꽉 박힙니다. 견딜 자가 없습니다. 시편에 예언돼 있죠. 인류의 죄를 위해서 얻어터지고 맞아서 등에 밭고랑이 생겼다고 했습니다(시 129:3). 봄 되면 농부들이 쟁기를 가지고 밭을 갑니다. 우리 때문에 얻어터지고 매 맞아서 등이 밭고랑같이 됐습니다. 또 예수님 수염을 붙잡고 흔들었습니다(사 50:6). 이단자, 마귀로 취급하는데, 예수님 아프실까 봐 가만히 흔들었겠습니까? 주먹다짐하고 귓방망이를 쥐어 패지 않나, 가래침을 뱉지 않나, 그렇게 우리 죄 때문에 당하셨습니다(마 27:30, 막 14:65). 보통 고난과 고통, 멸시, 천대입니까?

그러면 예수님을 우리가 어떠한 자세로 맞이해야 되겠습니까? 정성을 다해야죠. 온 집안이 하나가 되고, 마음 가운데 아낌없이 정성다해 모시면서 '기쁘다 구주 오셨네' 찬송을 불러야 하지 않겠습니까? 그런데 '오늘 설교 몇 시에 끝난대?' 그런 거나 물어봅니까? 원래

평강제일교회 원로목사 설교 긴 것은 하나님이 아시고 천지가 다 알
잖아요.

　예수님이 생명의 떡으로 오셨습니다. 구유에 생명의 떡이 되시는
예수님이 뉘어 있습니다. 짐승의 밥통에 먹이가 없으면 살 수 있겠습
니까? 예수님이 강보에 싸여서 구유에 뉘어 있다고 설명만 하지 말
고, 기도하는 가운데 한번 깊이 생각해 보세요. 요한복음 6:35 이하
의 말씀을 볼 때, 예수께서 생명의 떡이라고 하시면서 '내 살과 내 피
를 먹지 않으면 나와 상관이 없다'고 하셨습니다. 가버나움에서 하신
말씀입니다. 그때 많은 제자들이 물러가지 않았습니까? 정신 나간
사람 취급했습니다.

　요한복음 6:35 "예수께서 가라사대 내가 곧 생명의 떡이니 내게 오는 자는
　결코 주리지 아니할 터이요 나를 믿는 자는 영원히 목마르지 아니하리라"
　요한복음 6:53 "예수께서 이르시되 내가 진실로 진실로 너희에게 이르노
　니 인자의 살을 먹지 아니하고 인자의 피를 마시지 아니하면 너희 속에 생
　명이 없느니라"
　요한복음 6:59-60 "이 말씀은 예수께서 가버나움 회당에서 가르치실 때
　에 하셨느니라 ⁶⁰ 제자 중 여럿이 듣고 말하되 이 말씀은 어렵도다 누가 들
　을 수 있느냐 한대"
　요한복음 6:66 "이러므로 제자 중에 많이 물러가고 다시 그와 함께 다니
　지 아니하더라"

　우리가 예수님을 믿고 예수님을 안다고 고백하고 있잖아요. 깨닫
지 못한 세계에서는 예수님이 처참하고 불쌍하지만, 믿는 우리는, 하
도 인간이 깨닫지 못하기 때문에 그렇게 오셨다는 것을 알 수 있습니

다. 시편 49:20에 '존귀에 처하나 깨닫지 못하는 사람은 짐승과 같다'
고 하지 않았습니까? 짐승 같은 세상에 예수께서 생명의 먹이로 오
신 것입니다. 생명의 떡으로 오신 것입니다.

　이방 사람들은 다 배척하고 예수님이 어디서 나시든지 말든지 상
관 않겠지만, 우리 기독교인들은 강보에 싸여 짐승 밥통에 뉘어 있는
핏덩어리 아기 예수님을 생명의 떡으로 믿으면 되는 것입니다. '베들
레헴' 뜻이 무엇입니까? '떡집'입니다.

　아까도 말씀했지만, 예수님은 하나님과 동등됨을 취하지 않으셨
습니다. 완전히 비하(卑下)입니다. 낮고 천하게 되셨습니다. 메시아
가 태어나서 짐승의 꼴을 요 삼아 누워 계십니다. 당시에 귀족들이나
천문학 박사들이 많이 있었겠죠. 그런데 유독 동방박사들만 메시아
탄생을 알고 수천 리 길을 멀다 하지 않고 왔습니다. 메시아를 보러
왔다고 헤롯왕한테 가서 말하자 속으로 '내가 왕인데 또 어떤 왕이
있단 말이냐?' 하면서 악심을 품고 '가서 경배하거든 나한테 와서 말
해 주시오. 나도 가서 경배하겠습니다' 그랬습니다. 살인 계획을 마
음 가운데 가졌습니다.

　하나님께서 지시하신 것을 보세요. 동방박사들에게 다른 길로 돌
아가라고 하셨습니다. 특수 노선입니다. 그들이 왕궁으로 갔다면 상
받고 대접받았겠죠. 그러나 예수님을 생각할 때, 그들이 왕궁으로
갔다면 아찔합니다. 동방박사들이 오지 않자, 헤롯이 속은 줄을 알
고 두 살 이하의 사내아이들을 다 죽이라고 했습니다. 일찍이 예레미
야가 예언한 대로 됐습니다(렘 31:15). 라헬의 애곡과 같은 '라마의 통
곡 소리'가 들린 것입니다.

　동방박사들을 인도하던 별이 아기 예수 앞에 섰을 때 동방박사들이 기뻐하고 기뻐했다고 했습니다. 성탄을 맞이하면서 우리도 그렇게 기뻐했습니까? 성경을 볼 때 머리가 숙여집니다. 별이 가다가 아기 예수 앞에서 딱 서니까 박사들도 발걸음을 멈출 수밖에 없죠. 지체 높은 박사들이 구유에 있는 그 핏덩어리 아기 예수께 넙죽 엎드려 큰절하고 황금과 유향과 몰약, 세 가지 예물을 바쳤습니다. 그런데 예수님을 믿으면서도 그렇게 기뻐하는 가운데 예배드리지 못하고, 예수님 맞이할 준비도 없이 말이죠. 정말 메시아를 맞이하겠다는 마음으로 목욕하고 옷 갈아입고 와야죠.

　예수님은 태어나서 짐승의 꼴을 담요 삼았습니다. 참 불쌍하죠. 동방박사들과 양 치는 목자들이 찾아왔습니다. 만약 예수님이 고대광실 높은 집에서 귀족으로 태어나셨다면 가난한 자는 얼씬도 못 했을 것입니다. 들어갔다가는 어딜 들어오려고 하냐고 귓방망이 터지고 발길로 걷어차였을 것입니다. 그러나 마구간에는 교만하고 거만하고 내려오려 하지 않는 사람들, 자기가 왕인 사람들은 못 옵니다. 예수님이 만왕의 왕이십니다. 그러나 천한 서민보다 못하게 오셨습니다. 완전히 비하, 낮고 낮게 오셨습니다. 자, 찬송가 113장을 부르겠습니다.

찬송가 113장(새찬송가 108장) 그 어린 주 예수

1. 그 어린 주 예수 눌 자리 없어 그 귀하신 몸이 구유에 있네
   저 하늘의 별들 반짝이는데 그 어린 주 예수 꼴 위에 자네
2. 저 육축 소리에 아기 잠 깨나 순하신 예수 우시지 않네
   귀하신 예수를 나 사랑하니 새날이 밝도록 함께하소서

3. 주 예수 내 곁에 가까이 계셔 그 한없는 사랑 늘 베푸시고
　온 세상 아기들 다 품어 주사 주 품 안에 안겨 살게 하소서

결론

　사랑하는 성도 여러분, 2006년 이 한 해 우리가 달려온 목적은 오직 아기 예수의 거룩한 성탄을 위해서입니다. 우리 마음 가운데 아기 예수 탄생이 막힌다면, 그분을 영접하지 못한다면 우리는 끝입니다. 나의 부모나 형제, 사랑하는 아들딸들에게 무슨 소망이 있겠습니까? 오늘날까지 잘못 믿고 어영부영 형식과 외식으로 지낸 것 다 회개하면서, 이번 성탄만큼은 '거룩한 밤, 고요한 밤' 우리 마음 가운데 예수께서 탄생하셔서 정말 '기쁘다 구주 오셨네' 하는 복음을 전해야 됩니다. 우리만 기뻐하면 뭐하겠습니까? 만백성에게, 만방에 전해야 합니다. 예수님을 영접할 때 최고의 생애가 됩니다. 그 이상 보람이 없습니다.

　그것이 하나님께 영광입니다. 땅에서는 기뻐하심을 입은 사람들에게 평화입니다. '기뻐하심을 입은 사람들', 예정된 사람들입니다. 성탄에 예수님을 영접하지 않고서 어떻게 기뻐하심을 입겠습니까? 이 한 해가 다 가기 전에, 마무리되기 전에, 만인간이 배척한 예수님을 마음 가운데 모시고 집에 가서 생활하고, 또 직장이나 어디 가든지 오직 예수님만이 늘 임마누엘, 함께하시는 역사가 있기를 주의 이름으로 축원하겠습니다.

　권력과 명예, 돈, 물질, 또한 세상의 정욕과 자랑도 다 지나가지만 하나님의 뜻을 행하는 사람은 영원히 거한다고 했습니다(요일 2:16-

17). 이번 성탄절이 정말 마음 가운데 예수님이 성탄하시는 거룩한 날, 평생에 기쁘고 즐거운 날이 되시길 바랍니다. 주와 같이 살고, 주의 뜻대로 행하고, 주의 뜻이 무엇인지 헤아리면서, 신구약성경을 깨닫기를 원하는 우리의 심령을 보시고, 이번 성탄만큼은 헛되지 않고 거룩한 예수님이 마음 가운데 탄생하실 수 있는 믿음을 허락해 주실 줄 믿습니다.

오늘날까지 모든 얽히고설키고 잘되지 않은 것들이 많지만, 예수님을 영접함으로 의의 태양이 개인과 가족과 직장과 사업과 교회에, 그리고 우리 민족에 떠오를 때 모든 어둠이 달아나는 역사가 있을 줄 믿습니다. 오직 예수님만 우리 생활 가운데, 생각 가운데 늘 남게 해 주시고, 예수님만을 자랑하고 예수님만을 위해서 사는 모두가 되게 하여 주시기를 주의 이름으로 축원합니다.

나의 영원한 생명의
주님을 맞이할 수 있는
성탄 진심으로 감사합니다

2007년 12월 25일 화요일
성탄예배

예수
그리스도의
나심은
이러하니라

| 마태복음 1:18-25

마태복음 1:18-25 "예수 그리스도의 나심은 이러하니라 그 모친 마리아가 요셉과 정혼하고 동거하기 전에 성령으로 잉태된 것이 나타났더니 ¹⁹ 그 남편 요셉은 의로운 사람이라 저를 드러내지 아니하고 가만히 끊고자 하여 ²⁰ 이 일을 생각할 때에 주의 사자가 현몽하여 가로되 다윗의 자손 요셉아 네 아내 마리아 데려오기를 무서워 말라 저에게 잉태된 자는 성령으로 된 것이라 ²¹ 아들을 낳으리니 이름을 예수라 하라 이는 그가 자기 백성을 저희 죄에서 구원할 자이심이라 하니라 ²² 이 모든 일의 된 것은 주께서 선지자로 하신 말씀을 이루려 하심이니 가라사대 ²³ 보라 처녀가 잉태하여 아들을 낳을 것이요 그 이름은 임마누엘이라 하리라 하셨으니 이를 번역한즉 하나님이 우리와 함께 계시다 함이라 ²⁴ 요셉이 잠을 깨어 일어나서 주의 사자의 분부대로 행하여 그 아내를 데려왔으나 ²⁵ 아들을 낳기까지 동침치 아니하더니 낳으매 이름을 예수라 하니라"

예수 그리스도의 나심은 이러하니라

마태복음 1:18-25

아침부터 깊이 기도하는 가운데 성도들의 얼굴을 보면서 한없이 부러운 생각을 가졌습니다. 평신도로서 그렇게 말씀을 사모하는 모습이 참으로 부럽습니다.

본문 18절에 "예수 그리스도의 나심은 이러하니라"라고 말씀하고 있습니다. 그다음 20절에 "다윗의 자손 요셉아 네 아내 마리아 데려오기를 무서워 말라"라고 했습니다. 정혼하고 나서 아내 근처에 간 적이 없는데, 사랑하는 아내의 배가 점점 불러 온다면 어떤 남자가 좋아하겠습니까? 마리아가 오해하지 말라고 요셉에게 미리 말했습니다. 외간 남자를 만난 것이 아니라, 가브리엘 천사장이 와서 '너를 통해 거룩한 메시아가 나셔야겠다'고 해서 허락했더니, 성령님이 덮으셔서 성령의 능력으로 아기가 잉태됐다고 했습니다. 요셉이 그게 믿어지겠습니까? 당시 제사장이나 장로들한테 고발하면 종교재판 없이 동네 중앙에 데려다가 사람들이 돌로 쳐 죽이게 됩니다. 율법에 그렇게 돼 있습니다(신 22:23-24). 요셉이 마리아를 보니 불쌍해서 가만히 끊고자 했습니다.

아침부터 사복음서를 읽는 가운데, 특히 누가복음에 베들레헴 근처의 목자들이 기록된 부분을 보았습니다. 그들은 가난하고 생활이 구차합니다. 옷도 제대로 입지 못합니다. 늘 양들을 데리고 시냇가 아니면 푸른 초장으로 안내하는데, 광야에서 새 옷 갈아입을 필요가 있습니까? 그들에게 천사가 나타났습니다. 놀랐죠. 베들레헴에 나타난 천군 천사들의 찬양이 하늘과 땅에 우렁차게 울려 퍼졌습니다. 지금 지구 8만 리 땅덩어리 위에 메시아, 그리스도가 탄생했다고 오색찬란하게 장식하고 춤을 추고 갖가지 행사들을 하고 있잖아요? 그렇게 하늘땅이 진동하면 뭐하겠습니까? 우리 마음에 진동이 와야죠.

지금 우리는 거룩한 새벽에 인류의 구세주로 탄생하신 아기 예수를 마음 뜨겁게 믿음으로 맞이하기 위해서 예배드리러 나온 줄 압니다. 한마디로 말하면 아기 예수를 만나기 위해서 나왔습니다. 주의 전으로 찾아 나왔다면 예수님 만나서 모시고 돌아가야 될 텐데, 교회에서만 만나고 교회 문 밖에 나가자마자 예수님이 행방불명된다면 얼마나 불행합니까? '임마누엘'은 '하나님이 함께 계신다'는 뜻입니다. 그런데 교회에서 예수님 만나고, 축도 끝나고 교회 바깥에 나가자마자 예수님이 없다면 앞날이 다 캄캄한 것이죠. 불쌍합니다.

지금 우리는 거룩한 아침에 나신 하나님의 독생자 예수님, 그분을 만나기 위해서 교회에 나온 줄 믿습니다. 요한복음 1:1 이하를 볼 때 '태초에 말씀이 계셨으니, 이 말씀이 하나님과 함께 계신 고로 말씀이 하나님이다' 하신 그 하나님이 도성인신(道成人身), 다시 말하면 사람의 몸을 입고 나타나셨습니다. 그분을 보니 은혜와 진리가 충만합니다. 우주 만물뿐 아니라 보이는 세계나 보이지 않는 세계가 그분이 아니면 지음받은 것이 하나도 없습니다.

요한복음 1:1-4 "태초에 말씀이 계시니라 이 말씀이 하나님과 함께 계셨으니 이 말씀은 곧 하나님이시니라 2 그가 태초에 하나님과 함께 계셨고 3 만물이 그로 말미암아 지은 바 되었으니 지은 것이 하나도 그가 없이는 된 것이 없느니라 ⁴그 안에 생명이 있었으니 이 생명은 사람들의 빛이라"

우리를 창조하신 하나님께서 사람의 몸을 입으시고 낮고 천한 이 땅에 여러분과 저를 찾아오셨다는 것을 생각할 때, 말로 표현이 안 됩니다. 믿고 안 믿고 상관없습니다. '너 죽지 않고 살아야 되겠다' 해서 찾아오셨습니다. '영생이 네 앞에 환하게 열려 있는데 왜 보지 못하느냐?' 하시는 것입니다.

거룩한 날, 거룩한 아침, 예수님을 만나기 위해서는 첫째 '사모하는 마음', 둘째 '간절한 마음', 셋째 '기다리는 마음', 넷째 '집중적으로 예수님을 모셔야겠다는 열망', 이 네 가지가 없이는 안 됩니다.

무엇보다도 우리는 만왕의 왕이요 만민의 구주로 오신 예수님을 맞이할 수 있도록 마음이 정말 깨끗해야 됩니다. 검부러기 하나 있어도 안 됩니다. 세상의 지체 높은 어른을 모셔도 먼지 하나 없도록, 휴지 하나 땅에 떨어지지 않도록 다 살피고 쓸지 않습니까?

일찍이 이사야 선지자는 주전 700년경, 만백성이 잠꼬대하고 있을 때 "흑암에 행하던 백성이 큰 빛을 보고 사망의 그늘진 땅에 거하던 자에게 빛이 비춰도다"라고 예언했습니다(사 9:2). 사망의 그늘진 땅에 영원한 빛이 비추는 것입니다. 이사야가 예언한 거대한 사건이 지금 이 땅에서 벌어지고 있는 것입니다. 주전 700년경 당시에 믿은 자들은 그 예언을 듣기만 했습니다. 그런데 우린 지금 보고 있잖아요? 기가 막힙니다.

지금으로부터 약 2천 년 전에 예수님이 나시고, 그로부터 약 1,400년 전, 그러니까 지금부터 약 3,400년 전에 발람 선지자가 '한 별이 야곱에게서 나오며 한 홀이 이스라엘에게서 나서 소동하는 자식들을 다 멸하리라'라고 예언했습니다(민 24:17).

이 우주의 주인 되시는 분이 팔레스타인 땅 이스라엘의 아주 작은 마을 베들레헴에 나실 것을 말씀했습니다. 화려하고 광대한 도시가 아니라 촌입니다. 베들레헴은 작은 고을이지만 상고(上古), 태초가 되시는 분이 그 땅에서 나신다고 주전 700년경에 미가 선지자가 예언했습니다(미 5:2). 그 예언이 지금 이뤄지고 있습니다.

참으로 많은 위대한 믿음의 사자들이 목숨을 걸고 예언했던 일들이 예수님의 탄생을 통해서 척척 이뤄지고, 하늘나라가 가까워 오고 있습니다. 예수님 오시기 전 어둡고 캄캄한 '주전', B.C.(Before Christ) 시대의 역사는 이제 막을 내리고, 희망찬 생명이 넘치는 영생의 포구가 열리면서 '주후', A.D.(Anno Domini) 시대가 시작됩니다. 아담이 죄지은 후에 '여자의 후손', 즉 메시아가 오시면 마귀의 머리를 깨부순다고 하신 창세기 3:15 말씀이 이루어지는 시대입니다.

예수님께서 오신 목적이 무엇입니까? 요한일서 3:8을 볼 때 마귀의 일을 멸하기 위해서입니다. 돈 있는 자나 없는 자나, 권력 가진 자나 못 가진 자나 전 인류가 죽기를 무서워하잖아요? 죽을까 봐 겁을 먹고 달달 떨고 있습니다. 그러한 인생들을 붙잡아 주고 살리기 위해서 오셨다고 히브리서 2:14 이하에 기록돼 있습니다. 참 반가운 소식입니다.

성탄은 영어로 크리스마스(Christmas)입니다. '마스'(mass)는 하나님께 예배드린다는 뜻입니다. 즉 '그리스도에게 예배를 드린다'는 것입니다. 불란서 말로는 '노엘'(Noël)입니다. 어제도 우리가 '노엘' 찬송 부르지 않았습니까? 그리스도의 나심을 올바로 깨닫고 예배드리는 날이 성탄입니다. 마태복음 1:16을 볼 때 "야곱은 마리아의 남편 요셉을 낳았으니 마리아에게서 그리스도라 칭하는 예수가 나시니라"
라고 말씀하고 있습니다. 오늘 '예수 그리스도의 나심은 이러하니라'
라는 제목의 말씀을 통해 저와 여러분이 하나님의 은혜를 풍성하게
받기를 원합니다.

사가랴와 엘리사벳을 통해 주신 그리스도 탄생의 메시지

예수님께서 나시기 전에 길잡이가 있었습니다. 예수님보다 6개월
전에 태어난 세례 요한입니다. 세례 요한의 부모는 제사장 사가랴와
엘리사벳이었습니다(눅 1:5, 13).

세례 요한의 출생을 예고한 가브리엘 천사장은(눅 1:19) 6개월이 지
나 마리아에게 가서 수태할 것을 말하였습니다(눅 1:26-33). 마리아가
'내가 사내를 알지 못하는데 잉태하다니요?'라고 했습니다. 가브리엘
이 '하나님께 능치 못한 일이 있겠느냐?' 하고 떠나려고 하니까, 마리
아가 '주여, 주의 계집종이오니 뜻대로 하옵소서' 했습니다. 성령의
능력이 덮어서 순간 아기 예수가 마리아의 배 속에 잉태됐습니다. 거
룩한 메시아가 나신다는 천사의 말에 마리아가 순종하니까 바로 잉
태가 된 것입니다(눅 1:34-38).

그리고 마리아가 친척 되는 사가랴의 아내 엘리사벳을 찾아갔더
니, 엘리사벳의 배 속에 있는 6개월 된 아이가 예수님을 보고 춤을
추고 절을 하는 거예요. 누추한 집에 왕림하심을 기뻐한 것을 성령
님이 가르쳐 주신 것 아닙니까? 그래서 세례 요한의 어머니와 마리
아가 석 달 동안 함께 있다가 헤어졌습니다(눅 1:39-56).

본문 18-20절을 보면, 예수님의 육신의 아버지 요셉이 아내 마리아가 잉태한 것을 알고 가만히 끊고자 할 때, 주의 사자가 '의심하지 말고 너의 아내 데려오기를 두려워하지 말아라. 이 일은 성령으로 된 것이다'라고 했습니다. 하나님의 영광 가운데 주의 사자가 말씀한 것을 안 믿을 수 없지 않습니까? 그래서 그 말씀을 믿었습니다.

'사가랴'라는 이름의 뜻은 '주는 기억하심'이고, '엘리사벳'은 '하나님의 맹세, 맹약(盟約)'이라는 뜻입니다. 맹세로 약속했다는 것입니다. 사가랴가 반차를 따라 제사장 직무를 행하기 위해서 성전에 들어갔는데, 가브리엘이 향단 우편에 섰습니다. 사가랴에게 '너의 간구함이 들렸다. 네 아내 엘리사벳이 네게 아들을 낳아 주리니 이름을 요한이라 하라. 너도 기뻐하고 즐거워할 것이요, 많은 사람도 그의 남을 기뻐하리라' 하면서 수태고지서를 발부했습니다(눅 1:13-14).
그러나 사가랴는 좋은 소식을 들었지만, 자기와 아내가 나이 많은 것을 말하면서 하나님의 역사를 믿지 못했습니다. 그래서 사가랴의 입에 지퍼를 딱 채웠습니다(눅 1:19-20). 엘리사벳이 아들을 낳고 이웃과 친척들이 이름을 지으려고 모여서 부친의 이름을 따라 사가랴로 하자고 할 때, 사가랴가 손짓하면서 서판을 가져오라고 했습니다. '아들을 낳거든 이름을 요한이라 하라'는 음성을 들었기 때문에(눅 1:13) '요한'이라고 이름을 짓자 혀가 풀렸습니다(눅 1:57-64). 그러한 기적이 있었습니다. 그리고 6개월 후에 예수님이 태어나셨습니다.

마가복음이나 누가복음을 볼 때 세례 요한의 사명은 무엇입니까? 우툴두툴한 땅을 불도저로 매끈하게 밀어서 신작로(新作路)를 만들죠. 높은 것을 깎아서 메우고, 골짜기는 또 돋웁니다. 이래서 만왕의 왕이 지나가실 때 발에 부딪히지 않도록 하는 것이 요한의 사명입니다. "여호와의 크고 두려운 날이 이르기 전에 내가 선지 엘리야를 너희에게 보내리니"(말 4:5-6)라고 예언된 그 엘리야의 사명이 세례 요한의 사명 아닙니까? 세례 요한은 만백성이 예수님을 맞이할 수 있게 하는 길잡이, 안내자였습니다.

마가복음 1:2-4 "선지자 이사야의 글에 보라 내가 내 사자를 네 앞에 보내노니 저가 네 길을 예비하리라 ³광야에 외치는 자의 소리가 있어 가로되 너희는 주의 길을 예비하라 그의 첩경을 평탄케 하라 기록된 것과 같이 ⁴세례 요한이 이르러 광야에서 죄 사함을 받게 하는 회개의 세례를 전파하니"

누가복음 1:17 "저가 또 엘리야의 심령과 능력으로 주 앞에 앞서 가서 아비의 마음을 자식에게, 거스리는 자를 의인의 슬기에 돌아오게 하고 주를 위하여 세운 백성을 예비하리라"

누가복음 3:3-6 "요한이 요단강 부근 각처에 와서 죄 사함을 얻게 하는 회개의 세례를 전파하니 ⁴선지자 이사야의 책에 쓴 바 광야에 외치는 자의 소리가 있어 가로되 너희는 주의 길을 예비하라 그의 첩경을 평탄케 하라 ⁵모든 골짜기가 메워지고 모든 산과 작은 산이 낮아지고 굽은 것이 곧아지고 험한 길이 평탄하여질 것이요 ⁶모든 육체가 하나님의 구원하심을 보리라 함과 같으니라"

누가복음 1:39-45을 보면 마리아가 예수님의 잉태 소식을 듣고 엘리사벳에게 가서 문안할 때, 엘리사벳이 성령이 충만하여 큰 소리로 "여자 중에 네가 복이 있으며 네 태중의 아이도 복이 있도다 ⁴³내 주의 모친이 내게 나아오니 이 어찌된 일인고 ⁴⁴보라 네 문안하는 소리가 내 귀에 들릴 때에 아이가 내 복중에서 기쁨으로 뛰놀았도다"라고 했습니다. 그리고 "믿은 여자에게 복이 있도다 주께서 그에게 하신 말씀이 반드시 이루리라"라고 했습니다.

구약의 예언대로 오신 예수 그리스도

요셉, 마리아, 세례 요한의 아버지 사가랴에게 천사가 소식을 전했습니다. 그중에 천사가 요셉에게 나타났을 때 그를 부른 호칭에 유의해야 합니다. "다윗의 자손 요셉아"라고 했습니다(마 1:20). 예수님의 탄생 예언이 성취되는 거대한 사건 가운데, 천사가 요셉을 '다윗의 자손'이라고 부른 것은 굉장히 중요한 의미가 있습니다. 마태복음 1:1에 "아브라함과 다윗의 자손 예수 그리스도의 세계라"라고 기록돼 있습니다. '세계'는 '계보'(系譜), '족보'(族譜)라는 뜻입니다. 마태복음 1:1-17에는 메시아의 족보가 기록돼 있는데, 마태는 족보를 기록함으로써 예수께서 이 땅에 구약 예언의 성취자로 오신 것을 증거하고 있습니다.

예수 그리스도는 구속 역사의 마지막 현장의 주인공으로 오셨습니다. 그 시대는 가장 어둡고 답답하고 괴로운 때였습니다. 앞이 보이지 않을 정도로 칠흑 같은 밤입니다. 인간의 마음에 빛이 하나도 없습니다. 사망의 음침한 골짜기로 내닫고 있는 때입니다. 죽을 둥 살 둥 모르고 막 달려갑니다. 브레이크가 없습니다.

아브라함부터 다윗까지 14대(마 1:2-6)는 주인도 알아보지 못하는 노예와 같은 방황과 방종의 시대입니다. 그다음 다윗부터 요시야까지 14대(마 1:6-11)는 불순종과 몰락의 시대입니다. 다 붕괴되고 무너져 박살나게 생겼습니다. 그리고 여고냐부터 예수 그리스도까지 14대(마 1:11-17)는 치욕과 곤욕의 시대입니다. 그러므로 예수님의 탄생은 유일한 기쁨과 구원의 소망이 될 수밖에 없습니다.

본문 22절 말씀과 같이, 예수님은 한마디로 구약 선지자들이 예언한 말씀을 이루기 위해서 오셨습니다. 남자 없이 처녀가 아이를 낳는다는 것도 성경에 없으면 믿지 못하죠. 이사야 7:14을 볼 때 "보라 처녀가 잉태하여 아들을 낳을 것이요 그 이름을 임마누엘이라 하리라"라고 말씀했습니다. 우리는 다 부정모혈로 태어났지만 예수님은 다릅니다. 로마서 1장에 예수님의 신성과 인성이 나타나 있습니다.

로마서 1:2-4 "이 복음은 하나님이 선지자들로 말미암아 그의 아들에 관하여 성경에 미리 약속하신 것이라 ³ 이 아들로 말하면 육신으로는 다윗의 혈통에서 나셨고 ⁴ 성결의 영으로는 죽은 가운데서 부활하여 능력으로 하나님의 아들로 인정되셨으니 곧 우리 주 예수 그리스도시니라"

주전 700년경에 처녀를 통해 메시아가 나신다고 선지자가 말할 때 미친 줄 알았습니다. 이사야 선지자는 3년 동안 옷을 벗고 예언했습니다(사 20:2-3). 보통 때는 하나님의 말씀을 전해도 나와 보지 않던 사람들이 그제서야 나와서 봤습니다. 사람들이 구경할 때를 이용해서 말씀을 증거한 것 아닙니까? 하나님의 말씀을 전해도 사람들이 믿지 않고 돌팔매질하고 욕하는 바람에 울면서 기도하니까, 하나님께서 옷을 벗으라고 하셨습니다. 그러면 보러 나와서 그 말을 들을 거라고 하셨습니다. 우리는 복음을 위해서 이사야처럼 벗기는 고사하고, 입고도 일을 하지 못하죠.

예수님은 아담 때부터 예언된 대로(창 3:15) 오셨습니다. 발람 선지자가 '한 별을 보니 이때 이야기가 아니다. 깨닫지 못하고 믿지 못하고 소동하는 자식들을 다 멸하겠다'고 했습니다(민 24:17). 동방박사들에게 별이 우연히, 갑자기 나타난 것이 아니라(마 2:2), 예수님 나시기 1,400여 년 전에 발람이 예언한 말씀대로 이루어진 것입니다.

마태복음은 유난히 다른 복음서와 달리, 예수께서 이미 예고된 대로 오셨다는 것을 강조해서 말씀하고 있습니다. 마태복음 2:15에 "주께서 선지자로 말씀하신 바"라고 하였고, 17-18절에 "선지자 예레미야로 말씀하신 바"라고 하였습니다(렘 31:15). 23절에도 '이는 선지자로 하신 말씀을 이루려 함이라'고 하였습니다. 예언된 말씀들이 다 이루어진 것입니다(마 2:5, 13:35, 21:4, 26:24, 31, 56, 27:9-10). 일점일획도 틀림이 없습니다.

> **마태복음 4:14-16** "이는 선지자 이사야로 하신 말씀을 이루려 하심이라 일렀으되 [15] 스불론 땅과 납달리 땅과 요단강 저편 해변 길과 이방의 갈릴리여 [16] 흑암에 앉은 백성이 큰 빛을 보았고 사망의 땅과 그늘에 앉은 자들에게 빛이 비취었도다 하였느니라"

> **마태복음 8:17** "이는 선지자 이사야로 하신 말씀에 우리 연약한 것을 친히 담당하시고 병을 짊어지셨도다 함을 이루려 하심이더라"

> **마태복음 12:17-21** "이는 선지자 이사야로 말씀하신 바 [18] 보라 나의 택한 종 곧 내 마음에 기뻐하는바 나의 사랑하는 자로다 내가 내 성령을 줄 터이니 그가 심판을 이방에 알게 하리라 [19] 그가 다투지도 아니하며 들레지도 아니하리니 아무도 길에서 그 소리를 듣지 못하리라 [20] 상한 갈대를 꺾지 아니하며 꺼져 가는 심지를 끄지 아니하기를 심판하여 이길 때까지 하리니 [21] 또한 이방들이 그 이름을 바라리라 함을 이루려 하심이니라"

'예수'라는 이름은 이미 구약 때부터 예언되어 있었습니다. 예수님의 메시아 사역을 알려 주는 두 이름이 있는데, '예수'는 '자기 백성을 죄악에서 구원한다'는 뜻입니다. 다른 하나는 '임마누엘'인데 '하나님 이 우리와 함께 계신다'는 뜻입니다.

> **마태복음 1:21** "아들을 낳으리니 이름을 예수라 하라 이는 그가 자기 백 성을 저희 죄에서 구원할 자이심이라 하니라"
>
> **마태복음 1:23** "보라 처녀가 잉태하여 아들을 낳을 것이요 그 이름은 임 마누엘이라 하리라 하셨으니 이를 번역한즉 하나님이 우리와 함께 계시다 함이라"

우리가 집이나 직장, 사업에, 길을 가거나 놀러 가거나 어디 갈 때 주께서 늘 함께 계시는 것입니다. 얼마나 좋아요? 그러니까 말씀에 눈뜨고 신앙이 두터우면 '나 혼자 간다'고 하지 않습니다. 주와 같이 동행합니다. 그것이 임마누엘입니다. 예수님이 나의 구주이심을 믿 을 때, 어떤 죄를 지었든지 회개하면 없어집니다. 소망이 있습니다. 죽는 것을 두려워하지 않습니다. 예수님이 죽음을 없이하러 오시지 않았습니까? 죄 없다고 선언하시고 말이죠. 아주 귀한 말씀입니다.

예수님은 아버지께서 보여 주신 대로 움직이지, 마음대로 한 것이 없다고 하셨습니다(요 5:19). '아버지가 보여 주시고 가르쳐 주시고 하 라시는 대로 외치는데 내가 왜 이단이냐? 무시하지 마라. 하나님 아 버지가 나와 함께 계신다' 그러니까, 사람들이 돌을 들어서 치려고 했습니다. 예수께서 '말씀을 받은 사람들을 신이라 하였거든, 하물며 하나님께서 나를 거룩하게 해서 이 땅에 보내셨는데, 여러 가지 선한 일을 많이 보였는데 왜 돌로 치려 하느냐?' 하셨습니다. 그러자 사람 들이 '선한 일 때문이 아니라 네 입이 참람하다. 사람이 돼 가지고 하 나님이라고?' 그랬습니다(요 10:30-38).

사람은 죄를 사할 권세가 없습니다. 그런데 예수님은 병에 걸려 불쌍한 여자라든가 간음한 여자를 만나셨을 때 말씀으로 죄를 사하시고 고쳐 주셨습니다(마 9:22, 요 8:11). 38년 된 병자에게 '일어나 자리를 들고 걸어가라!' 말씀하시자, 38년 동안 걸은 적이 없는 사람이 자리를 들고 걸어갔습니다(요 5:5-9). 당시의 장로, 서기관, 제사장들이 '나사렛 목수의 아들, 촌구석 놈인 네가 하나님이야? 죄를 사해?' 했지만, 예수께서 중풍병자에게 '소자야 안심하라. 내 말로 네 죄 사했다' 하시자 그 사람이 일어났습니다. '이래도 내 말로 죄 사하는 것을 믿지 못하겠느냐?' 하실 때 그들이 찍 소리 못 했습니다(마 9:2-8). 예수님이 '나를 많이 사랑하면 많은 죄가 사해지고, 조금 사랑하면 죄가 조금 사해진다'고 하신 말씀이 거짓말입니까(눅 7:47)? 예수님을 뜨겁게 사랑하세요. '주여, 저를 사랑해 주시옵소서' 그런 말 안 해도 됩니다. 예수님을 뜨겁게 사랑하면 우리 죄를 다 사해 주시고 우리를 사랑해 주십니다. 믿어야 됩니다.

마태복음 11:10이나 21:13을 볼 때, 예수님께서 성경을 제시하면서 말씀을 하셨습니다. 사람들이 읽어 보니 맞거든요.

마태복음 11:10 "기록된 바 보라 내가 내 사자를 네 앞에 보내노니 저가 네 길을 네 앞에 예비하리라 하신 것이 이 사람에 대한 말씀이니라"

마태복음 21:13 "저희에게 이르시되 기록된 바 내 집은 기도하는 집이라 일컬음을 받으리라 하였거늘 너희는 강도의 굴혈을 만드는도다 하시니라"

예수님은 말씀대로 오셨습니다. 말씀대로 사시고, 말씀대로 일하시다가, 말씀대로 가신 분입니다(고전 15:3-4). 우리는 잘 깨달아야 됩니다.

'예수'는 히브리어로 '예호슈아'(יהושע)인데, '여호와가 구원하신다, 여호와여 구원하소서'라는 뜻입니다. "아들을 낳으리니 이름을 예수라 하라 이는 그가 자기 백성을 저희 죄에서 구원할 자이심이라"라고 천사가 알려 주었기 때문에(마 1:21), 바람 불면 먹구름 사라지듯이 요셉에게 가득 찼던 의심과 갈등이 싹 사라졌습니다. 요셉은 그때 성탄을 맞이했습니다. 자기 아내이지만 예수님 나실 때까지 동침하지 않았다고 기록돼 있습니다(마 1:25). 만지지도 않았습니다. 쉬운 일이 아니죠. 요셉도 구원받으려면 자기 아내 배 속에 있는 아기 예수를 믿어야 됩니다.

예수님은 마리아의 배 속에 잉태되어 있지만 창조주이십니다. 하나님이 사람으로 오시기 위해서는 똑같이 사람 낳는 과정을 통해 오실 수밖에 없는 것입니다. 오늘 여러분 가정에 '예수', '임마누엘' 그 이름대로 임하실 줄 믿으시기 바랍니다. 가정을 구원해 주시고, 또 직장 가고 사업하고 아이들이 학교에 가도, 고향에 가도 하나님이 함께하시는 축복이 충만하게 임하기를 주의 이름으로 축원합니다.

골로새서 1:27, 2:2을 볼 때 '예수는 하나님의 비밀'이라고 말씀하고 있습니다. 예수님이라는 보자기를 벗겨 보면 그 안에 지혜와 의로움과 구속함과 거룩함이 들어 있습니다(고전 1:24, 30). 그러니까 예수님만 영접하면 내가 거룩해지려고 애쓰지 않아도 거룩하게 해 주십니다. 하나님의 비밀인 예수님만 모시면 됩니다. 하나님이 모르는 것이 있으시겠습니까?

요셉이 만약에 입을 놀려서 동네 사람들이 마리아의 머리채를 쥐어뜯고 질질 끌어다가 돌로 쳐서 죽이면 예수님께서 나실 수 있겠습니까? 요셉은 의로운 사람이라서 가만히 끊고자 했습니다(마 1:19). 하나님께서 보실 때 안 되겠어요. 그래서 주의 사자에게 '빨리 요셉 한테 가서 사정을 얘기해 줘라' 하셨습니다. 신명기 22:23-24 말씀 볼 때 간음하면 즉시 죽이게 돼 있습니다. 죽여도 죄가 안 됩니다. 그래도 마리아가 불쌍해서 드러내지 않고, 말하지 않고 끊으려는 요셉의 그 심령을 보시고 기쁜 소식을 전하신 것을 보시기 바랍니다.

마태복음 1:20에 나오는 '생각할 때에'는 헬라어로 '엔뒤메덴토스'(ἐνθυμηθέντος)입니다. 요셉이 어찌할 바를 몰라 당황하여 고민하고 혼돈 속에 빠져 있었다는 뜻입니다. 허우적대고 도무지 헤어날 수가 없습니다. 하나님의 은혜와 믿음이 아니면 안 됩니다. 하나님께서 그걸 보신 거예요. '네가 죽을 지경에 빠져 있구나' 하고 주의 사자를 파견하셨습니다. '요셉아, 마리아 배 속의 아기는 성령으로 잉태된 것이니 아내 데려오기를 꺼림칙하게 생각하지 말고 두려워하지 마라. 너에게 복이다' 하셨습니다. 그런 아내를 얻는 것이 얼마나 복이냐 말이에요. 그리고 나서 아내를 보니까 너무나도 찬란한 거예요. 육의 생각으로 볼 때는 처참하고 답답하고 머리가 깨질 듯이 아픈데 말이죠.

마태복음 1:20에, 한글 개역성경에는 번역되지 않았지만, 헬라어로 '이두'(ἰδοὺ)라는 단어가 있는데, '보라'라는 뜻입니다. 요셉의 흔들리는 마음을 꽉 붙잡아 주시는 음성입니다. '요셉아, 봐!' 하나님께서 딱 붙잡아 주셨습니다.

그리고 천사는 요셉에게 중요한 사실을 확실히 심어 주었습니다. 첫째, 성령으로 잉태하였음을 증거했습니다(마 1:20). 둘째, 이름을 '예수'라고 하라고 이름까지 대주었습니다(마 1:21). '예수'는 '자기 백성을 죄에서 구원한다'는 뜻입니다. 만백성이 그 아들을 통해서 구원 받는다는 것입니다. 얼마나 좋아요? 이는 마리아에게 먼저 계시됐고 (눅 1:31), 요셉에게도 동일하게 계시해 주었습니다. 의로운 요셉은 성 령으로 잉태되었음을 의심하지 않았습니다. 셋째, 이 아이의 탄생이 갑자기 된 것이 아니고 구약의 예언이 성취된 것임을 알려 주었습니 다(마 1:22-23). '구약 예언의 성취로 오신 분이 네가 보는 마리아 배 속 에 있는 아이다' 할 때, 요셉이 마음 가운데 '아! 하나님께서 인류의 역사를 위해서, 대사(大事)를 위해서 내 아내를 통해 하신 일이구나!' 하고 깜짝 놀랐습니다.

그리고 예수님이 나시기까지 마리아와 동침하지 않았습니다. 하 나님의 계시이기 때문에 요셉은 자기 아내이지만 그 배를 만지지 못 했습니다. 신성불가침(神聖不可侵)이에요. 동침도 안 했다는 말은 만 지지도 않았다는 것입니다. 보통 남자로서는 그렇게 못 합니다. 요 셉이 위대합니다. 요셉이나 마리아, 엘리사벳, 사가랴, 이분들이 다 예수님 태어나실 때 협조한 분들 아닙니까? 얼마나 좋아요.

예수님의 탄생은 갑자기 된 일이 아니라 역대 선지자들이 돌에 맞 고 깨지고, 산과 토굴 속에 숨어 다니면서 전한 하나님의 말씀이 마 침내 이뤄진 것입니다. 아담이 죄지은 이후 4천여 년 만입니다. 엄청 납니다.

마태복음 1:22에 구약의 성취로 오신 분이라고 했고, 23절에는 예 수님이 하나님이라고 했습니다. 그러니까 마리아나 요셉이 감히 '이 배 속에 뭐가 들었나?' 그럴 수가 없죠. 말씀이 육신 되어 은혜와 진 리로 오셨습니다(요 1:14). 그걸 알고 믿기 때문에 마음대로 취급하지 못했습니다. 온 우주를 창조하시고 만인간과 세상을 말씀의 권세와 능력으로 섭리하시는 분이 아기가 되어 마리아 배 속에 들어 있으니, 누가 믿겠습니까? 영화나 사극을 보면 상감마마의 아이가 나죠? 아기가 자신이 절 받는 것을 알기나 합니까? 대신들이 와서 큰절을 합니다. 어린아이인데 세자마마라고 합니다. 그런 것을 보면 이해가 되실 거예요. 우주 만물을 다스리고 주관하시는 창조주 하나님이 아기의 모습으로 오시니, 믿기가 쉽지 않습니다. 철저하게 비하(卑下) 되셨습니다. 낮아지고 겸손해야 믿을 수가 있는 것입니다.

베들레헴의 목자들에게 말씀하신 표적

누가복음 2:12-16을 볼 때, 천사가 양 치는 목자들에게 나타나서 '빨리 베들레헴으로 가서 강보에 싸여 구유에 누인 아기 예수를 보아라. 그것이 너희들에게 표적이다'라고 했습니다. '표적'은 한자로 '겉 표'(表), '자취 적'(迹)입니다. '겉으로 나타난 흔적', 사람들의 주목의 대상이죠. 목자들이 그 말씀을 듣고 가서 보니 맞거든요. 강보에 싸인 아기 예수를 보자마자 마음이 떨립니다. 인류를 구원하실 하나님 이니, 덩치 큰 목자들이 넙죽 엎드려 경배했습니다. 강보(襁褓)는 보자기죠. '강보에 싸여 구유에 있는 아기를 너희가 보는 순간 그것이 표적이다' 하신 말씀대로 아기 예수를 보고 증거했습니다. 감사하고 찬송했습니다. 목자들같이 보자마자 믿고 찬송하고 증거한다는 것이 쉬운 일이 아닙니다.

천사가 전한 말씀을 보세요. 오래도록 인류의 죄 문제가 해결되지 않아서 무덤에서 슬피 울고 가슴 치고 천지가 캄캄해지는 그러한 죽음의 문제를 아기 예수께서 해결하러 오셨다고 하니, 얼마나 기쁘니까? 내 큰아들이 죽었다 해도 이제 다 만날 것 아닙니까? 주님의 부활이 우리 아들의 부활이고 내 부활이기에 소망이 있는 것입니다. 누가복음 2:10 상반절에도 "보라", '이두'(ἰδού)가 있습니다. 마음을 확고하게, 왔다 갔다 하는 마음을 교통정리 하듯이 정리해 주고 믿게 해 주는 것입니다. 감사하죠. 여기 '보라!'는 천사의 첫 음성, 첫 번째로 성탄을 알려 주는 것이었습니다.

누가복음 2:16을 볼 때 목자들이 천사의 말을 듣자마자 곧장 가자고 했습니다. 우물쭈물하지 않고 '빨리 가자. 빨리 찾자' 했습니다. 강보에 싸인 아기 예수가 구유 속에 있어요. 넙죽 절하고 찬송한 다음, 천사에게 들은 말을 육신의 어머니 마리아에게 대주니까 마리아는 그 말을 마음에 품었다고 했습니다(눅 2:17, 19).

유구한 역사 가운데 오랫동안 기다렸던 메시아가 마침내 작은 고을에 나셨습니다. 미가 선지자가 700여 년 전에 예언했죠? 미가 5:2를 볼 때 '가장 작고 보잘것없는 고을이지만 태초, 상고(上古)에 계신 예수, 하나님이 거기서 나신다'고 했습니다. '베들레헴'은 '떡집'이란 뜻입니다. 요한복음 6장 말씀 볼 때, 예수님은 생명의 떡이십니다. 사람이 떡으로만 사는 것이 아니요 하나님의 입으로 나오는 말씀으로 산다고 했습니다(마 4:4). 말씀이 영육 간에 죽지 않게 하는 신령한 떡입니다.

오랫동안 고대했던 일이 이제 눈앞에 당도했습니다. 구주가 태어나셨습니다. 그래서 목자들은 '빨리 가자, 곧장!' 하면서 찾아갔습니다. 그들을 생각하면서 마음 가운데 많은 눈물을 흘렸습니다. 오늘 그들과 같이 성탄을 위해 빨리, 곧장 오셨습니까? 유구한 역사 가운데 보지 못한 복을 지금 받는 것입니다. '너희 눈은 봄으로, 너희 귀는 들음으로 복이 있다. 많은 선지자들이 보려고 해도 보지 못했다. 너희들 얼마나 복이냐' 그 말씀대로입니다(마 13:16-17).

천사의 말을 들은 목자들은, 메시아가 나신 곳이 훌륭하고 좋은 곳일 줄 알았습니다. 그런데 여관방도 아니고 짐승의 오물 냄새나는 짐승 밥통에, 강보에 싸여 아기 예수가 누워 있으니 기가 차죠. '임마누엘이래. 그 이름은 예수래' 하면서 심심풀이로 교회 나오지 마세요. 마지못해 헌금 바치면서 성탄을 맞이합니까? 말도 안 되는 얘기입니다. 형식적으로 예배드리는 태도, 버리시기 바랍니다. 정말 집중적으로 자기 마음속에, 식구마다 예수님이 성탄하실 수 있도록 도와주시고, 하나님께서 붙잡아 주시고 인도해 주시고, 성령님이 역사해 달라고 기도하시기 바랍니다.

누가복음 2:16을 공동번역에서는 "곧 달려가 보았더니 마리아와 요셉이 있었고 과연 그 아기는 구유에 누워 있었다"라고 번역하고 있습니다. 천사가 말한 것을 확인했죠. 예언대로 베들레헴에 오셨습니다. 미가 5:2 말씀대로 이루어졌습니다.

동방박사들은 발람 선지자의 예언대로 그 별을 봤습니다. 똑같은 별인데, 다른 사람들은 다 무심히 지나가는데, 동방박사들만큼은 그 별을 따라 몇천 리 길을 오는 것을 보세요. 일류 박사들이 핏덩어리 아기 예수 앞에 정중하게 엎드려서 경배하고 덜덜 떨면서 황금과 유향과 몰약, 세 가지 예물을 바치는 그 모습을 보세요.

누가복음 2:13을 볼 때, 잠들어 있는 온 누리의 새벽잠을 깨웠습니다. 수천만의 천군 천사가 성가를 부르는데 잘 사람이 누가 있습니까? '이게 웬일이야?' 할 때 목자들이 나가서 증거한 것 아닙니까?

누가복음 2:13 "홀연히 허다한 천군이 그 천사와 함께 있어 하나님을 찬송하여 가로되"

누가복음 2:20 "목자가 자기들에게 이르던 바와 같이 듣고 본 그 모든 것을 인하여 하나님께 영광을 돌리고 찬송하며 돌아가니라"

예수님은 '임마누엘'입니다. 예수님을 믿는다 하면, 하나님을 마음에 모시고 늘 동행하는 것입니다. 얼마나 좋아요? 하늘 영광 보좌를 버리고 별 볼일 없는 나 같은 것의 죄를 해결하고 살리기 위해서 육신을 입고 오신 분이 예수님이십니다. 고린도후서 5:21 말씀만 봐도 가슴이 뭉클해집니다.

고린도후서 5:21 "하나님이 죄를 알지도 못하신 자로 우리를 대신하여 죄를 삼으신 것은 우리로 하여금 저의 안에서 하나님의 의가 되게 하려 하심이니라"

하늘 영광 보좌를 버리셨습니다. 보좌의 기초는 시편 97:2을 볼 때 '의와 공평'입니다. 얼마나 귀한 말씀입니까?

죄로 말미암아 더러워진, 칠흑같이 캄캄한 밤과 같은 마음이 의의 태양 되시는 예수님의 탄생으로 환하게 밝아져서, 정말 아담 하와 죄 짓기 전 세계가 바로 여러분의 본고향이 되시기 바랍니다. 성탄절을 맞이해서 꼭 깨닫고 믿으시기를 주의 이름으로 축원하겠습니다.

결론

마태복음 2:1을 볼 때, 마침내 베들레헴에 예수께서 미가 선지자의 예언대로 오셨습니다. 누가복음 2:13-14을 볼 때, 천군 천사의 찬양은 온 누리의 잠을 깨웠습니다. '하늘에는 영광이요 땅에서는 기뻐하심을 입은 사람들 중에 평화로다'라고 했습니다.

예수님의 또 다른 이름은 '임마누엘'입니다. 예수님을 믿는다면 하나님을 마음 가운데 모시고 여러분 직장과 사업에도, 사위·손주·며느리·아들딸들의 마음에도 하나님의 보좌를 만들어야 됩니다. 그보다 더 큰 영광이 어디 있습니까? 대통령 당선자가 여러분 집에 온다고 해도 놀랄 일인데, 그분을 만드신 하나님이 오신다면 어떻겠습니까? 이것이 성탄입니다. '예수', '임마누엘'입니다. 하나님을 내 마음에 모시고 내 집에 모셔 들일 때, 그보다 복된 일이 어디 있겠습니까? 살맛이 납니다.

성도 여러분, 하늘 영광 보좌를 버리고 이 땅에 겸손히 임하신 주님 앞에 헛된 교만을 버리고, 겸손한 마음으로 주님을 영접하시기 바랍니다. 거친 인간성, 더러워진 마음의 길을 다 부수고 다듬고 고쳐서 다시 수축(修築)하시기 바랍니다(사 62:10). 주님 오시는데 불편이 없도록, 우리 마음 가운데 원수가 없도록 말이죠. 사랑만이 원수가 없습니다. 뜨거운 하나님의 사랑을 가지고 예수님을 사랑하면서 모실 때, 자손만대 여러분 가정에 오늘부터 축복이 떠나지 아니한다는 것이 믿어지면 아멘 하시기 바랍니다.

빌립보서 2:6-8 "그는 근본 하나님의 본체시나 하나님과 동등됨을 취할 것으로 여기지 아니하시고 [7] 오히려 자기를 비어 종의 형체를 가져 사람들과 같이 되었고 [8] 사람의 모양으로 나타나셨으매 자기를 낮추시고 죽기까지 복종하셨으니 곧 십자가에 죽으심이라"

십자가는 하나님의 사랑을 보여 줍니다. 오죽하면 하나님께서 우리 인생들에게 '내가 너희들을 얼마나 사랑하는 줄 아느냐? 내 아들을 십자가에 죽이기까지 해 가면서 널 사랑했다'고 하셨겠습니까?

로마서 5:8 "우리가 아직 죄인 되었을 때에 그리스도께서 우리를 위하여 죽으심으로 하나님께서 우리에게 대한 자기의 사랑을 확증하셨느니라"

이제부터 쇠하지 않고 없어지지 않고 망하지 않고 영원히 살아 있는 말씀을 믿고, 끝날에 죽지 않고 영육 간 변화받아서 영원한 천국에 입성할 때까지, 산 소망 가운데 날마다 거룩한 나날이 되시기를 주의 이름으로 축원합니다. '기쁘다 구주 오셨네.' 어디에? 내 마음에, 아들딸과 부모·형제들, 내 집과 사업체, 동창들·일가친척들에게 오늘 '기쁘다 구주 오셨네'입니다. 하나님 앞에 감사하는 모두가 되시기를 주의 이름으로 축원합니다.

우리 모두가 예수 잘 믿기를 소원합니다. 말씀의 뜻대로 살기를 소원합니다. 하나님께서 우리가 오늘날까지 열심 다하지 못하고 충성 다하지 못한 죄를 다 용서해 주시고, 다시 한번 말씀에 집중하여 깨닫고 집중적으로 하나님의 뜻을 위해서 헌신하는 모두가 되게 해 주시기를 소원합니다. 오늘날까지 모든 답답하고 괴롭고 안타까운 것들을 하나님께서 다 내쫓아 주시고, 환난 날에 주를 부르라고 하셨으니(시 50:15) 주를 부를 때 모든 환난을 해결해 주실 줄 믿습니다. 금년 말까지 정신 차려서, 모든 문제를 남김없이 결산해서 하나님 앞에 인정받는 셈을 하시기를 주의 이름으로 축원합니다.

2008년 12월 25일 목요일
성탄예배

큰 기쁨의
좋은 소식

| 누가복음 2:8-20

누가복음 2:8-20 "그 지경에 목자들이 밖에서 밤에 자기 양떼를 지키더니 ⁹ 주의 사자가 곁에 서고 주의 영광이 저희를 두루 비춰매 크게 무서워하는지라 ¹⁰ 천사가 이르되 무서워 말라 보라 내가 온 백성에게 미칠 큰 기쁨의 좋은 소식을 너희에게 전하노라 ¹¹ 오늘날 다윗의 동네에 너희를 위하여 구주가 나셨으니 곧 그리스도 주시니라 ¹² 너희가 가서 강보에 싸여 구유에 누인 아기를 보리니 이것이 너희에게 표적이니라 하더니 ¹³ 홀연히 허다한 천군이 그 천사와 함께 있어 하나님을 찬송하여 가로되 ¹⁴ 지극히 높은 곳에서는 하나님께 영광이요 땅에서는 기뻐하심을 입은 사람들 중에 평화로다 하니라 ¹⁵ 천사들이 떠나 하늘로 올라가니 목자가 서로 말하되 이제 베들레헴까지 가서 주께서 우리에게 알리신바 이 이루어진 일을 보자 하고 ¹⁶ 빨리 가서 마리아와 요셉과 구유에 누인 아기를 찾아서 ¹⁷ 보고 천사가 자기들에게 이 아기에 대하여 말한 것을 고하니 ¹⁸ 듣는 자가 다 목자의 말하는 일을 기이히 여기되 ¹⁹ 마리아는 이 모든 말을 마음에 지키어 생각하니라 ²⁰ 목자가 자기들에게 이르던 바와 같이 듣고 본 그 모든 것을 인하여 하나님께 영광을 돌리고 찬송하며 돌아가니라"

큰 기쁨의 좋은 소식

누가복음 2:8-20

세계적으로 봐도 한국 교회가 신앙생활 열심히 하죠. 새벽기도도 열심히 합니다. 그런데 성탄절에 예배드리지 않는 교회들이 많이 있습니다. 어떤 신학자는 예수께서 태어나신 날짜가 알쏭달쏭하다는 이유를 듭니다. 어떤 사람들은 성탄절 전날에 진탕 먹고 마시고 늦게까지 놀죠. 하나님 앞에 가면 다 경칩니다.

제가 헌금을 제일 많이 드리는 때가 성탄절과 신년예배 때입니다. 그중에서도 성탄절에 제일 많이 합니다. 이해를 돕기 위해서, 여러분 아들이 징역 30년 형을 받았다고 해 보세요. 백방으로 애써도 풀려나올 길이 없는데, 어떤 분이 '제가 대신 징역 살겠습니다' 한다면, 그 고마운 마음은 글로 말로 표현이 안 됩니다.

교수대에 올라가서 목이 달리든가 전기의자에 앉게 되면 1분 30초 만에 죽습니다. 눈이 터지고 귀에서 피가 터지고 혀가 나옵니다. 미국의 극악무도한 사형수가 전기의자에서 사형당하는 것을 보니까, 입에서 거품이 나오고 떨다가 죽어요.

그렇게 사형당할 수밖에 없는 나 대신 예수님이 그 자리에 들어가시고 나를 끄집어내 주셨습니다. 그러면, 머리를 하늘로 향하고 사는, 인골(人骨)을 쓴 사람이라면 어떻게 감사가 없겠습니까? 겉으로가 아니라 마음을 다하고, 기둥뿌리를 뽑아 집을 다 팔아도 아까움이 없을 만큼 감사를 드리는 날이 성탄절입니다. 내 죄를 사해 주시러 하나님이신 분이 죄 있는 사람의 모양을 입고 오셨다고 로마서 8:3, 빌립보서 2:7에 기록돼 있습니다. 사도 바울은 고린도 교회를 향해 눈물로 권면할 때, 예수께서 죄가 없으시지만 인류의 죄를 걸머지고 죄 있는 모양으로 오셨다고 정확하게 말씀했습니다. 그래도 감사가 없습니까?

로마서 8:3 "율법이 육신으로 말미암아 연약하여 할 수 없는 그것을 하나님은 하시나니 곧 죄를 인하여 자기 아들을 죄 있는 육신의 모양으로 보내어 육신에 죄를 정하사"

빌립보서 2:7 "오히려 자기를 비어 종의 형체를 가져 사람들과 같이 되었고"

고린도후서 5:21 "하나님이 죄를 알지도 못하신 자로 우리를 대신하여 죄를 삼으신 것은 우리로 하여금 저의 안에서 하나님의 의가 되게 하려 하심이니라"

간밤에 친구 만나서 밤새 노름하고 술 먹고 '아, 고단하다. 나 오늘 교회 못 가겠어. 당신이 대신 가서 헌금해' 그런다면 참으로 불쌍하죠. 여러분의 하나밖에 없는 아들을 죽을 자리에서 구해 주었다면 눈에 흙 들어가기 전까지 평생 잊지 못할 것입니다. 저를 비롯한 평강제일교회 전 가족들, 죄와 허물로 멸망당하여 바로 유황불에 들어갈 우리를 오늘 예수님이 오셔서 끄집어내 주셨습니다. 예수님이 오심으로 연대의 신기원이 시작됐습니다. 예수님이 주전과 주후를 정확하게 가르셨습니다. 죄지었던 옛사람이 그리스도 안에서 새로운 피조물이 되었습니다. 이것을 알 때 감사가 없습니까?

제가 지리산에서 3년 6개월 동안 기도하면서 금식기도 두 번 하고 뼈만 남았을 때 쓴 원고가 있잖아요. 성경을 통해서, 성령의 조명을 통해서 배웠습니다. 그래서 그때부터 제 생애에서 부모님 생신, 결혼기념일, 처음 예수 믿게 된 그 날짜보다도 성탄절을 가장 귀하게 여깁니다. 썩어 문드러질 인간을 살려 주실 뿐만 아니라 썩지 않게 부활을 주셨습니다. 그 뜻을 알 때 어떻게 소홀하겠습니까? '오늘 할 것도 없으니 교회 가서 예배나 한번 드려 볼까?' 하면서 헌금도 미리 준비하지 않고 주머니에 있는 대로 꺼내서 내놓습니까? 하나님 앞에 그렇게 짠돌이 노릇 하고 인색하니, 그 가정이나 사업이 복 받겠습니까? 그러지 마세요.

누가 뭐라고 말해도 저는 성탄절이 인류 역사상 가장 큰 명절이고 큰 생일이고 큰 해방을 받은 날이라고 믿습니다. 아무리 부자라도 죄에서 해방받지 못하면 유황불에 갑니다. 지옥이에요! 그걸 해결해 주러 오신 분이 예수님입니다. 그래도 감사가 없어요? 다 회개하세요. 여러분, 잘 살기를 원하시잖아요? 나이 들수록 좋은 음식 먹고, 좋은 약 먹고, 좋은 환경에서 건강하게 살길 바라죠? 하나님의 말씀을 제대로 믿으면 건강해집니다.

제가 목사님들한테 '집에 10만 원밖에 없다. 그런데 애가 넷이라 식구가 6명이다. 그래서 돈 없다고 아이들한테 천 원씩만 헌금하라고 그러면 망한다'고 했습니다. '마태복음 6장에 공중에 나는 새를 보고 들에 있는 백합화를 보라(마 6:26-28)는 그 말씀 뜻이 뭐냐? 그리고 너희도 사람이 떡으로만 사는 것이 아니라 말씀으로 산다(마 4:4)고 설교는 잘 하더라. 10만 원밖에 없으니 식구대로 1만 원씩 바치면 4만 원 남아. 앞이 캄캄해져. 어떻게 먹고사나 하는 것은 인간의 생각이야. 그러나 믿음으로, 감사한 마음으로 바쳐 봐라. 전에는 밥 먹어도 배고프고 또 허덕여. 그러나 어려운 가운데 바치면 하루 이틀 밥 안 먹어도 배고픈 생각이 없어. 하나님의 입으로 나오는 말씀, 성경 말씀으로 산다는 것을 체험하게 될 거다. 그러한 신앙을 가져' 그렇게 권면했습니다. 성도님들, 오늘 말씀 듣기 전에 먼저 깨닫고, 잘못 생각해서 하나님 앞에 미리 감사를 준비하지 못한 분들, 다시 감사하시기 바랍니다.

이미 일모황야(日暮荒野), 서산낙조(西山落照)같이 묵은해가 저물어 가고 있습니다. 새해를 맞이하는 여울목에 있습니다. '여울목'의 뜻이 무엇입니까? 물이 깊으면 흘러가는 속도를 모르는데, 얕으면 알 수 있습니다. 또 어느 정도 흘러가다가 넓은 강이 좁아지면 물살이 빠릅니다. 그것이 여울목입니다. 세월이 그렇게 빠릅니다.

해마다 12월 25일이면 성탄절을 맞이하게 되는데, 로마 교회 입장에서 12월 25일은 일 년 중에 낮이 가장 짧은 때였습니다. 그러니까 12월 25일부터 다시 해가 길어지기 시작하는 것이죠. 소망이 있잖아요?

주말이 있고 월말이 있고 연말이 있는데, 25일 같으면 연말이라 그간 빚지고 갚지 못한 것 청산하려고 분주하게 왔다 갔다 합니다. 자녀 공부시키려고 등록금 꾸었는데 갚지 못합니다. 집을 사서 몇 달마다 한 번씩 나가는 불입금을 못 냅니다. 아파트 들어가는 데 돈을 다 썼습니다. 심정이 착잡하죠. 그렇다고 남의 집에 가서 강도짓할 수 있습니까? 아내 마음도 무겁겠지만 남편 마음이 참 무겁습니다. 또 공무원들은 부산, 천안, 대전 등 각지로 발령이 납니다. 회사도 마찬가지입니다. 생산량이 없으니 생활비 못 받아도 말을 못 합니다. 이러한 12월을 만났습니다. 그런데 하나님께서 모든 근심, 걱정, 염려, 질병, 죽음까지 해결해 주시러 오늘 아침에 오셨습니다.

그래도 기쁜 날이 아닙니까? 얼마나 좋아요.

12월 25일을 채우면 서서히 낮이 길어집니다. 소망이 있잖아요? 생활 가운데 밤을 만나지 않고 밝은 낮을 만났습니다. 요한복음 9장을 볼 때도, 예수께서 '밤이 오리니 그때는 아무도 일할 수 없다. 내가 있는 동안이 낮이니, 낮 시간에 말씀을 많이 받으라'고 하셨습니다(요 9:4-5). 오늘부터 움츠리고 있던 생명들이 움트기 시작합니다. 2008년 한 해를 결산하는 중대한 이 시점에 예수 그리스도의 탄생을 맞이한다는 것, 그래서 모든 문제가 해결된다는 것을 믿으시기를 주의 이름으로 축원하겠습니다.

성탄은 하나님의 때가 찬 경륜으로 이루어진 것입니다

성탄은 갑자기 된 것이 아니라 창세기 3:15에 예언되어 있고, 역대 선지자들과 의인들, 하나님의 종들을 통해서 누누이 예언되었습니다. 그렇기 때문에 성탄은 '하나님의 때가 찬 거룩한 경륜'으로 이루어진 것입니다.

갈라디아서 4:4 "때가 차매 하나님이 그 아들을 보내사 여자에게서 나게 하시고 율법 아래 나게 하신 것은"

에베소서 1:9 "그 뜻의 비밀을 우리에게 알리셨으니 곧 그 기쁘심을 따라 그리스도 안에서 때가 찬 경륜을 위하여 예정하신 것이니"

일찍이 아모스 선지자는 하나님께서 아닌 밤중에 홍두깨 내밀듯이 갑자기 치고 들어오시는 게 아니라, 당신의 종을 통해서 예고해 주신다고 하였습니다. 백성에게 이렇게 하면 된다고, 준비하고 있으라고 해도 정신 못 차려요. 아모스 선지자 같은 사람이 와서 호통을 처도 깨닫지 못합니다.

아모스 3:7 "주 여호와께서는 자기의 비밀을 그 종 선지자들에게 보이지 아니하시고는 결코 행하심이 없으시리라"

호세아 선지자는 거룩한 집안의 사람이었는데 하나님께서 '너 장가갈 때가 됐지 않냐? 창녀를 아내로 맞이하라'고 하셨습니다(호 1:2). 잘 믿는 권사, 장로님 아들한테 제가 그런 계시 받았다고 얘기해 보세요. '내가 아들을 어떻게 낳고 길렀는데, 창녀를 아내로 얻으라고? 이 교회 나오지 말자' 하면서 아마 동서남북 돌아다니면서 별말을 다 할 것입니다. 그런데 호세아가 그렇게 된 것입니다. 자식들이 속 썩이면 '커서 시집가 봐라. 그때 에미의 마음을 알 거다' 하듯, 당시 백성이 하도 깨닫지 못하고 철이 없어서 호세아에게 창녀를 데려오도록 하셨습니다.

호세아는 하나님의 종으로서, 아침마다 계시 받고 나가서 백성에게 전하죠. 그러니까 매일 남자 상대하던 여자가 심심해요. 다시 또 남자를 만나러 나가는 거예요. 호세아가 하나님의 말씀을 전하고 집에 오니 여자가 없습니다. 나가서 찾아보니 '이 여자한테 화장품 사주고 이불 사 주고 방 꾸며 준 돈 내고 데리고 가시오' 그럽니다. 호세아가 다른 얘기 못 하고, 돈을 갚고 도로 데려왔는데 또 나갑니다(호 3:1-3).

구약성경 호세아서 읽을 때 머리가 숙여집니다. 가슴이 너무 아픕니다. 한 번이 아니라 몇 번을 그렇게 했습니다. 하나님께서 '호세아야, 너 마음 아프지? 바로 이스라엘 민족이 사신우상 섬기는 것 때문에 네 마음과 같이 내 마음이 아프다. 내가 너한테 말로만 했으면 네 마음이 그렇게 아프겠느냐?' 하나님의 말씀을 듣긴 듣죠. 그러나 진짜로 결혼한 아내가 다른 남자에게 왔다 갔다 한 것을 알면, 남편이 기절할 뿐만 아니라 아내가 꼴도 보기 싫고 살맛이 안 납니다. 하나님의 마음이 그 지경이라는 것입니다. 이스라엘 백성이 창녀와 같이 되었다는 것입니다. 그런데 예수님께서 이 문제를 해결하러 오셨습니다. 내 아들딸은 깨끗하다고 믿지 마세요. 믿는 집 자녀들이 더 죄짓습니다. 호세아가 울면서 기도할 때, 하나님께서 '네가 당한 것같이 이스라엘 민족이 내 앞에서 음란히 행했다'고 하셨습니다. 사신우상을 음란하듯 섬겼다는 것입니다.

호세아 4:12-13 "내 백성이 나무를 향하여 묻고 그 막대기는 저희에게 고하나니 이는 저희가 음란한 마음에 미혹되어 그 하나님의 수하를 음란하듯 떠났음이니라 13 저희가 산꼭대기에서 제사를 드리며 작은 산 위에서 분향하되 참나무와 버드나무와 상수리나무 아래서 하니 이는 그 나무 그늘이 아름다움이라 이러므로 너희 딸들이 행음하며 너희 며느리들이 간음을 행하는도다"

하나님의 때가 찬 경륜으로, 온 우주의 주인이 되시고 만인간의 생사화복을 주장하시고 역사의 주가 되시는 하나님이 모든 문제를 해결하러 오셨습니다. 요한일서 3:8을 볼 때 죄를 멸하러, 완전히 짓밟으러 오신 분이 예수님입니다. 얼마나 감사합니까? 부부지간도 남편이 아내에게, 아내가 남편에게 못할 말이 많이 있잖아요? 예수님이 그러한 것들을 알고 오신 것입니다. '내가 다 안다. 내가 해결해 줄게. 다 내놔' 그리고 죄 없다 선언하십니다. 로마서 4:25에 기록돼 있잖아요? 성경을 믿어야죠.

요한일서 3:8 "죄를 짓는 자는 마귀에게 속하나니 마귀는 처음부터 범죄함이니라 하나님의 아들이 나타나신 것은 마귀의 일을 멸하려 하심이니라"
로마서 4:25 "예수는 우리 범죄함을 위하여 내어 줌이 되고 또한 우리를
의롭다 하심을 위하여 살아나셨느니라"

또 어떤 사람은 여자를 만져 봤지만 관계는 하지 않았으니 죄짓
지 않았다고 합니다. 그러나 죄지은 것입니다. 구약 율법으로는 실
제로 남녀가 관계를 해야만 죄가 되지만, 예수님 오신 이후에 자유
율법으로는 만지지 않아도 마음속에 음욕을 품고 있으면 이미 간음
죄를 범한 것입니다(마 5:28). 그러니까 구약 때를 촛불이라고 한다
면, 예수님의 자유 율법 시대는 전깃불입니다. 촛불 켜 놓으면 콧구
멍이 새까매집니다. 촛불은 불어서 끄고 밝은 전깃불 켜야죠. 그 밝
은 빛을 가지고 우리가 알게 모르게 죄지은 것을 깨끗하게 청소하러
오신 분이 예수님이십니다. 그래도 감사가 없습니까?
여러분 죄지은 것 다 회개도 못 합니다. 언제, 몇 살 때 죄지었다
고 다 고백하면 트럭 분량보다 더 많을 것입니다. 그러니 하나님께
서 무조건 우리 이름을 부르시면서 죄 없다고 해 주시는 것입니다.
예수께서 중풍병자에게 죄 없다고 하시니까, 바리새인들이 '네가 뭔
데 사람이 돼 가지고 참람한 말을 하느냐?' 그랬습니다(마 9:2-8). 예
수께서 "딸아 안심하라 네 믿음이 너를 구원하였다" 하면서 여인의
병을 고쳐 주셔도(마 9:22) 믿지 못했습니다. 38년 동안 걷지 못한 앉
은뱅이가 있는데 예수께서 "일어나 네 자리를 들고 걸어가라" 하시
자 다리에 힘을 얻고 일어섰습니다. '너 누웠던 자리, 이불 들어! 말
아서 걸머지고 네 집으로 걸어가라' 하실 때 목사, 장로, 유사, 많은
분들이 봤습니다(요 5:5-9). '이래도 내 말로 죄 사하는 것 믿지 못하
느냐?' 하시는 것입니다. 말씀은 눈에 보이지 않지만, 38년 된 병자

가 일어서는 것은 봤거든요. 예수님은 말씀으로 죄를 사하는 권세를 가지고 오신 분입니다.

마태복음 9:5-7 "네 죄 사함을 받았느니라 하는 말과 일어나 걸어가라 하는 말이 어느 것이 쉽겠느냐 ⁶ 그러나 인자가 세상에서 죄를 사하는 권세가 있는 줄을 너희로 알게 하려 하노라 하시고 중풍병자에게 말씀하시되 일어나 네 침상을 가지고 집으로 가라 하시니 ⁷ 그가 일어나 집으로 돌아가거늘"

오늘 태어나신 예수님은 말도 못 하는 아기이지만 그분이 하나님이십니다! 하나님의 아들을 믿고 보니까 그분이 아버지 품속에 있던 독생하신 하나님이죠. 예수님이 하나님이십니다.

요한복음 1:18 "본래 하나님을 본 사람이 없으되 아버지 품속에 있는 독생하신 하나님이 나타내셨느니라"

사람들이 '네가 사람이 돼서 어찌 하나님이라고 하느냐?' 할 때, 예수께서 '나는 하나님이고, 나를 보내신 그분은 아버지다!'라고 하셨습니다. 당시 이스라엘 백성은 하나님이 하늘에 계시다고 생각했는데, 예수님이 오셔서 '내가 하나님이다'라고 하시니까 돌을 들어서 죽이려고 했습니다. 요한복음 10:30 이하 말씀 볼 때, 예수께서 '내가 여러 가지 선한 일을 많이 보였는데 왜 나를 돌로 쳐 죽이려 하느냐?' 하시자 '네가 선한 일 하는 것 때문이 아니라, 사람으로서 자칭 하나님이라 하기 때문이다'라고 했습니다. 요한복음 1:18에 '아버지 품속에 있는 하나님'이 오셨다고 기록돼 있지 않습니까? 성경을 믿으세요. 성부 하나님, 성자 하나님, 성령 하나님, 삼위일체 하나님 아니십니까? 성경을 깨닫지 못해서 온 가족을 믿지 못하게 만들고 교회 안 나오겠다고 하고 그러면 안 됩니다.

온 우주의 주인이신 예수님께서 아주 작은 땅, 보잘것없는 이스라엘 땅, 더구나 구석에 있는 베들레헴 에브라다에 오셨습니다. 베들레헴의 옛날 이름이 에브라다입니다. 베들레헴은 야곱의 아내 라헬이 죽은 곳입니다(창 35:19). 룻기 4:11을 볼 때 '에브랏'이라고 했습니다. 거기서 이새의 아버지 오벳을 낳았습니다. 다윗의 고향도 거기입니다(삼상 17:12). 예수님의 고향도 거기죠. 약 700년 전에 미가 선지자가 '인류의 구세주, 부활의 주, 영원한 생명의 주가 베들레헴 작은 마을에 나신다'고 예언했습니다(미 5:2). 성경을 가지고 있으면서도 성경을 믿지 못하고, 공부를 안 해서 모릅니다. 그러면서 자기가 집사, 권사, 장로, 목사라고 합니다.

일본의 대(大)신학자, 동경대 박사를 만나러 이 목사님이 가서 서평을 부탁했는데, 아담부터 노아 때까지는 사람들이 800-900세를 살았는데 노아 후에 수명이 짧아진 것을 그 신학자가 모르더랍니다. 아브라함이 장수했다고 하니까 175세가 무슨 장수냐고 하더래요. 그래서 창세기 15:15을 대주고, 노아 때까지는 800-900세 이상 살았지만 홍수 심판 이후로 갑자기 수명이 짧아진 이유를 설명하니까, 그건 정말 몰랐다고 하더랍니다. 그러면서 '제가 신학 박사이지만 성경을 많이 읽지 못했습니다. 제가 배운 전문 분야에서만 박사지, 이것은 어렵네요'라고 하더래요. 인류의 시조 아담과 노아의 아버지 라멕이 56년 동안 동시대에 살았고, 노아와 믿음의 조상 아브라함이 58년 동안 동시대에 살았다고 하니까 깜짝 놀라더라는 거예요. 그리고 '서울로 돌아가시면, 서평 써서 팩스로 보내 드리겠습니다' 했답니다. 그분 마음 가운데 성탄 되는 거죠. 그렇잖아요?

성도 여러분, 성탄이 온 백성에게, 가정 구석구석마다 미칠 좋은 소식, 기쁨의 소식이 되시기를 주의 이름으로 축원하겠습니다. 온 세상 사람들이 성경을 믿지 못해요. 참목자가 없습니다! 마태복음 9장 말씀대로 교인들이 먹지 못해서 바싹 말라 꼬드러진 이삭같이 되어서 다 유리(流離)합니다(마 9:36). 예수님 오실 당시 제사장들이 2만 4천 명에 장로, 유사 합해서 3만 명 가까이 됩니다. 250만 명 이스라엘 백성을 영도하는 종교 지도자들이 예수님을 몰랐습니다.

별 보고 점을 치는 점성가들이 유난히 빛나는 별을 보고 '아, 인류를 다스릴 구세주가 났구나!' 하고 별을 따라서 약 석 달 동안 강과 산과 사막을 건너서 예루살렘에 왔습니다. 헤롯왕한테 갔더니 '당신들 옷 입은 것 보니까 아라비아 사람들이구먼' 할 때 '예, 우리는 그곳에서 별 보고 점 치는 박사들입니다. 유대인의 왕으로 나신 이가 어디 계십니까?' 물었습니다. 헤롯왕이 주저앉을 정도로 놀랐습니다. 신학 박사들과 목사들을 불러서 물어보니까 '메시아가 베들레헴에서 난다고 했습니다'라고 대답했습니다(미 5:2). 헤롯왕이 동방박사들보고 '가서 경배하고 나한테 와서 장소를 알려 주면 나도 가서 당신들같이 왕께 경배하겠습니다. 꼭 가다가 들러 주시오' 그랬습니다(마 2:1-8).

하나님께서 계시로 예수님의 육신의 아버지 요셉에게 '빨리 도망가라. 헤롯왕이 아기의 생명을 찾는다'고 알려 주셨습니다. 여러분, 아이 낳은 후에 여자의 몸이 엉망입니다. 따뜻한 미역국이라도 있습니까? 피가 줄줄 흐르는데, 아기가 추우니까 급히 싸 가지고 애굽으로 도망가는 거예요. 일찍이 호세아 선지자가 "내 아들을 애굽에서 불러내었거늘"이라고 예언한 대로 되었습니다.

마태복음 2:13-15 "저희가 떠난 후에 주의 사자가 요셉에게 현몽하여 가로되 헤롯이 아기를 찾아 죽이려 하니 일어나 아기와 그의 모친을 데리고 애굽으로 피하여 내가 네게 이르기까지 거기 있으라 하시니 14 요셉이 일어나서 밤에 아기와 그의 모친을 데리고 애굽으로 떠나가 15 헤롯이 죽기까지 거기 있었으니 이는 주께서 선지자로 말씀하신 바 애굽에서 내 아들을 불렀다 함을 이루려 하심이니라"

호세아 11:1 "이스라엘의 어렸을 때에 내가 사랑하여 내 아들을 애굽에서 불러내었거늘"

그래서 아기 예수와 부모가 애굽에 가서 있다가, 헤롯왕이 죽었다는 통지와 함께 비로소 '고향으로 돌아가라' 해서 나사렛으로 돌아온 것도, 예언의 성취로 이루어진 일이었던 것입니다.

마태복음 2:19-23 "헤롯이 죽은 후에 주의 사자가 애굽에서 요셉에게 현몽하여 가로되 20 일어나 아기와 그 모친을 데리고 이스라엘 땅으로 가라 아기의 목숨을 찾던 자들이 죽었느니라 하시니 21 요셉이 일어나 아기와 그 모친을 데리고 이스라엘 땅으로 들어오니라 22 그러나 아켈라오가 그 부친 헤롯을 이어 유대의 임금 됨을 듣고 거기로 가기를 무서워하더니 꿈에 지시하심을 받아 갈릴리 지방으로 떠나가 23 나사렛이란 동네에 와서 사니 이는 선지자로 하신 말씀에 나사렛 사람이라 칭하리라 하심을 이루려 함이러라"

성탄은 큰 기쁨의 좋은 소식입니다

원래 크리스마스 캐럴은 로마의 감독 텔레스포러스(Telesphorus)

가 교회에 모인 사람들에게 '존귀하신 하나님께 영광을 돌리세'라는 노래를 부르게 한 데서 유래했다고 합니다. 원래 진짜 크리스마스 캐럴은 누가복음 2:14에 기록된 "지극히 높은 곳에서는 하나님께 영광이요 땅에서는 기뻐하심을 입은 사람들 중에 평화로다"라는 찬송입니다. 한둘이 아니라 천천만만의 천군 천사들이 나타났습니다. 아기 예수 나신 베들레헴을 중심해서 빛이 환히 비추면서 천사들이 노래하는 그 선율, 그 음성을 종교 지도자들은 듣지 못했습니다. 첫 번째 성탄을 맞이한 사람들은 누구였습니까? 가난하고 멸시당하고 보잘것없고 모든 생활이 구차하기 짝이 없는 목자들! 남들은 잠잘 때 수십 마리, 수백 마리 양떼를 지킵니다. 천사가 그 거짓 없고 경건하게 사는 목자들에게 나타났습니다. 그러니까 당시 목자들이 첫 번째 성탄, 첫 번째 크리스마스를 맞이한 것입니다.

본문을 볼 때, 예수께서 유대 땅 베들레헴에 탄생하신 일을 한밤에 천사가 목자들에게 처음으로 알렸습니다. 목자들이 천사를 보고 놀랐습니다. 눈이 부셔요. 그들은 평민이죠. 아무 권세, 능력, 가진 것이 없습니다. 양떼에게 꼴을 먹이러 데리고 가는 곳이 바로 집이고, 그게 직업이고 생활입니다. 사람들에게 천대받고 외면당하는 목자들입니다. 들에서 양을 지켜야 되니까 목욕도 못 합니다. 옆에만 가면 땀내가 물씬 나는 그런 사람들입니다. 그들에게 천사가 찾아와서 첫 번째 크리스마스의 소식을 알려 준 것을 보세요.

누가복음 2:8-10 "그 지경에 목자들이 밖에서 밤에 자기 양떼를 지키더니 9 주의 사자가 곁에 서고 주의 영광이 저희를 두루 비취매 크게 무서워하는지라 10 천사가 이르되 무서워 말라 보라 내가 온 백성에게 미칠 큰 기쁨의 좋은 소식을 너희에게 전하노라"

양 치는 목자들의 곁에 주의 사자가 서고 주의 영광으로 두루 비추었다고 했습니다. 목자들이 크게 무서워했습니다. 덜덜 떨어요. 이때 그들에게 '두려워하지 말아라' 그랬습니다. 순간적으로 마음에 평안을 심어 주었습니다. 그리고 '보라!'라고 했습니다. 헬라어로 '이두'(ἰδού)입니다. 오랫동안 기다렸던 일이 눈앞에 당도했으니, 보라는 것입니다. 징 소리가 울리면 극장 막이 올라가듯이, 오랫동안 가려진 일이 이제 보인다는 것입니다.

그리고 본문 11절에 "오늘날 다윗의 동네에 너희를 위하여 구주가 나셨으니 곧 그리스도 주시니라"라고 했습니다. 이 말씀이 2천년 전에 첫 번 크리스마스를 맞이한 목자들같이 우리의 가정에도 임하기를 주의 이름으로 축원합니다.

'오늘날'은 헬라어로 '세메론'(σήμερον)입니다. 하나님께서 오래도록 이끌어 오셨던 구속사의 결정적인 그날이라는 것입니다. 구주가 오신다, 오신다 했는데 딱 오셨어요. 바로 오늘, 이분이라는 것입니다. 얼마나 좋아요. '그리스도 주'는 헬라어로 '크리스토스 퀴리오스'(Χριστὸς Κύριος)입니다. 오늘날까지 권력, 명예, 돈 붙잡으려고 얼마나 이 사람 저 사람 다리를 놓고 왔다 갔다 했습니까? 여러분 가정에 다 잊어버려도 주가 되시는 예수님을 먼저 붙잡음으로 모든 문제가 해결될 줄 믿습니다. 성경을 보고 말씀하는 것입니다.

이어서 본문 12절을 볼 때, 보통 아기들과 달리 특이하게도 구유에 누워 있다고 했습니다. 천사가 '빨리 베들레헴에 가서 찾아라. 그 아기가 구유에 누워 있다. 다른 데 누워 있으면 가짜고, 짐승 밥통에 누워 있는 것을 보거든, 그것이 표적이다'라고 했습니다. 천사의 말을 믿어야죠. '우리가 이러고 있으면 되겠냐?' 하면서 목자들이 양들을 다 내버려두고 베들레헴까지 갔다는 것, 보통 일이 아닙니다. 베들레헴에 가서 두리번두리번하다가 마침내 마구간에 가서 보니까 사람이 있긴 있는데, 아기 예수가 구유에 있는 것을 보고서 천사가 가르쳐 준 진짜 메시아, 표적임을 알았습니다.

'표적'은 헬라어로 '세메이온'(σημεῖον)인데, 한자로 '겉 표'(表), '자취 적'(迹), '겉으로 나타난 흔적, 형적(形跡)'이라는 뜻입니다. 사람들의 주목의 대상이죠. '아이를 낳았는데 짐승 밥통에 두었대.' 뭐? 그렇게 방이 없단 말이냐? 이 추운 겨울에?' 그렇게 사람들의 주목의 대상이 되는 것이 표적입니다.

그러니까 동방박사들이 '인류의 구세주가 고대광실 높은 집에서, 좋은 환경에서 나시지 않고 짐승이 울어 대고 냄새나는, 짐승이 먹이를 먹는 밥통에 있다니, 그 아이 앞날이 기가 차겠구먼' 그랬을 것 아닙니까?

사람들이 '그 애가 성공하겠냐? 산모는 핏걸레를 어떻게 했대? 탯줄은 무엇으로 끊고 태는 어디다 묻었대?' 그러겠죠. 한국은 그래도 미역국을 따끈하게 끓여서 참기름 반 숟갈 딱 넣어서 먹으면 몸이 풀리잖아요. 부기가 없어집니다. 마리아는 그런 것도 없었습니다.

하루 지나기 전에 또 천사가 예수님의 육신의 아버지 요셉한테 '아기 데리고 빨리 빨리 도망가라. 헤롯왕이 죽이러 간다'고 전했습니다. 그래서 몇백 리 길을 가는 예수님의 어머니 마리아나 요셉을 한번 생각해 보세요. 밥 먹고 이빨 쑤시고 그저 편안한 자리에서 '기쁘다 구주 오셨네' 만 번 아니라 천만 번 불러도 의미를 모릅니다.

남자들은 아이를 낳아 보지 못했기 때문에 모릅니다. 직장에서 가족들한테 연락해 물어보고, 아들 낳았다고 하면 좋아하지만 딸 낳았다고 하면 집에 들어오지도 않습니다. 여자가 맘대로 아이 성별을 정합니까? 남자가 해 놓고 여자보고 아들 낳았니 딸 낳았니 그럽니다. 하나님의 은혜 가운데 그 나라에서는 딸도 아들입니다. 성경 볼 때 그 나라 가면 남자나 여자가 따로 없고 여자들도 그 나라에서는 아들들이라고 했습니다(마 22:30, 엡 1:5).

본문 14절을 볼 때 "지극히 높은 곳에서는 하나님께 영광이요 땅에서는 기뻐하심을 입은 사람들 중에 평화로다"라고 했습니다. '기뻐하심을 입은 자들'이 되어야 합니다. 예수님을 영접해야 됩니다. 예수님을 믿고 뜻을 알아야 됩니다. 그래야만 남은 평생에 평화, 평강이 있습니다. 잊지 마세요. 날라리로 믿는 사람들은 해당도 되지 않습니다. 일류 대학이 아니라 유학을 가고, 만석꾼의 아들이라고 해도 마지막에 가난해지고 생활이 비참해집니다.

수천만만 셀 수 없는 천군 천사들이 함께 목자들 주변에서 찬양하는 그 장엄한 모습. 아름다운 선율이 하모니를 이루는 가운데, 목자들이 기뻐하면서 '빨리 가자!' 하고 양떼를 버려두고 찾아가는 그 모습을 보세요. 우리 평강제일교회가 성탄절을 맞이해서 목자들의 심정으로 '빨리 가서 아기 예수를 만나자!' 그러면서 '기쁘다 구주 오셨네' 불러야죠.

천군 천사가 어쩌면 하나도 틀리지 않고 한 사람이 노래하듯이 하모니를 이룹니까? 하늘의 큰 경사(慶事)입니다. 인류에게 영원한 생명의 선물입니다. 성탄 선물 받으러 교회에 와야 됩니다. 하나님께서 인류에게 약속하신 단 하나가 무엇입니까? 요한일서 2:25을 볼 때 '영원한 생명'이라고 했습니다. 오늘 이 시간에 말씀을 통해서 영원한 생명을 다 받아 가시기를 주의 이름으로 축원합니다.

본문 15절을 볼 때 "목자가 서로 말하되 이제 베들레헴까지 가서 주께서 우리에게 알리신바 이 이루어진 일을 보자"라고 말씀하고 있습니다. '목자들에게 알리신바'입니다. 우리 평강제일교회 성도들에게 성탄, 25일이 알리신 바 됐습니다. 성탄절 되면 마음에 부담 갖지 마세요. 자진해서 나와야 됩니다. '오늘 약속이 있는데…' 그러면 안 됩니다. 목자들은 양을 들에 두고 예수님을 뵙고자 찾아갔습니다. 어린애입니다! '핏덩어리 애를 만나서 뭐하냐? 말이나 하냐? 우리를 반갑게 대해 주겠냐?' 이런 사람 하나도 없었습니다. 천사가 말했기 때문에 예수님을 만나고자 하는 마음이 용솟음쳤습니다. 샘물처럼 콸콸 올라옵니다. 아직 눈으로 보지 못했어요. '천사가 말한 것을 내가 확인해야 되겠다' 하고 달려갔습니다.

이어서 16절을 보니까 "빨리 가서 마리아와 요셉과 구유에 누인 아기를 찾아서"라고 했습니다. 참으로 인상적인 말씀 아닙니까? '한 시라도 빨리 가 보자' 했습니다. 그런데 그때는 누가복음 2:8 말씀과 같이, 밤이었습니다. 오늘날로 말하면 손전등이 있습니까? 들에서 양 치는 목자들이 무슨 등불이 있습니까? 발이 돌에 부딪치고 넘어지고 하면서 찾아가는데, 베들레헴 사방으로 왔다 갔다 하는 그 모습을 보세요.

그러한 것을 생각하면서 교회 나오면, 멀다거나 지루하다는 얘기 안 합니다. 목자들은 간절한 마음, 사모하는 마음, 만나고자 하는 마음으로 간 것 아닙니까? 교회 오실 때 무거운 부담을 안고 나오신 분 있습니까? 회개하세요. 여러분을 살리러 예수님이 오셨습니다.

아직 결혼 안 하신 분들, 하나님께서는 여러분이 몇 년 몇 월 몇 시 몇 분에 결혼할 것을 아십니다. 그리고 아이 낳는 것도 알고 계십니다. 그러니까 그 아이의 자라는 것까지 하나님 앞에 맡기고 감사 기도하면서 '제가 언제 결혼할지 모르지만 결혼해서 아이 낳게 되면, 제 아이도 저와 같이 주님을 급하게 찾고자 하는 마음, 사모하는 마음, 만나고자 하는 마음을 갖게 하여 주시옵소서'라고 미리 기도해 두세요. 다 같이 하세요. '믿는 대로 되리라.' 예레미야 선지자에게 '너의 어머니가 너를 낳기 전에 내가 너를 이미 보았다'고 말씀하셨습니다(렘 1:5). 예레미야가 기절할 정도로 놀랐습니다. 예레미야가 어머니 배 속에 들기 전에 하나님께서 아시고 미리 보셨다는 것입니다.

남선교회나 여선교회나 각 기관마다 나중에 누구한테 '그날 교회 왜 안 왔어?' 그런 전화 받기 싫어서 체면 유지하려고 오늘 예배 오신 분들 있다면 회개하세요. 병폐입니다. 그러한 것이 자신을 망하게 만듭니다. 성탄절에 무슨 체면 유지입니까? 자신이 죽고 사는 문제가 달려 있습니다.

누가복음 2:7에 "맏아들을 낳아 강보로 싸서 구유에 뉘었으니 이는 사관에 있을 곳이 없음이러라"라고 말씀하고 있습니다. 그리고 12절에 "너희가 가서 강보에 싸여 구유에 누인 아기를 보리니 이것이 너희에게 표적이니라"라고 했습니다. 12절 말씀이 오늘 전체 평강제일교회 성도의 가족들에게 해당되시기를 주의 이름으로 축원합니다!

누가복음 2:17-20 "보고 천사가 자기들에게 이 아기에 대하여 말한 것을 고하니 [18] 듣는 자가 다 목자의 말하는 일을 기이히 여기되 [19] 마리아는 이 모든 말을 마음에 지키어 생각하니라 [20] 목자가 자기들에게 이르던 바와 같이 듣고 본 그 모든 것을 인하여 하나님께 영광을 돌리고 찬송하며 돌아가나라"

들는 사람들이 '아이고, 천사가 직접 말했단 말이오?' 하면서 이상하게 여겼습니다. 목자들이 천사가 베들레헴에서 강보에 싸여 구유에 누워 있는 아기를 보는 것이 표적이라고 했다는 얘기까지 해 줬습니다. 마리아만큼은 모든 말을 믿고 마음에 지키어 생각한 것입니다. 그리고 그들은 다시 양들이 있는 목자들의 세계로 돌아갔다고 했습니다.

애써 찾은 만왕의 왕, 인류의 구세주 예수님을 보니, 변변한 집도 아니고 여관도 아니고 짐승의 똥내가 나는 우릿간, 거기에 가마니 하나 없이 땅바닥에 뒹구는 냄새나는 여물통, 구유에 있는 아기가 만왕의 왕이라고 합니다. 그래도 의심치 않고 덩치 큰 목자들이 땅에 엎드려서 넙죽 절하는 것을 보세요. 목자들이 참성탄을 맞았습니다.

향수 뿌리고 좋은 옷 입고 좋은 차 타고 와서 그저 아무 감격도 없이 성경 말씀도 모르고 앉아 있다가 '헌금하라니까 내야지' 하면서, 헌금 속에 모든 신앙이 담겨 있어야 될 텐데 그냥 냅니다. '하나님! 2천 년 전 첫 번째 성탄, 목자들과 같은 마음으로 제가 주님을 찾아서 거룩한 이 교회에 왔습니다. 눈에 보이는 구유는 없지만, 강보에 싸여 구유에 누워 있는 아기 예수께 경배하고 모든 것을 바치고 살겠습니다. 나의 영생의 주, 나의 생명의 시작이 되시는 분이 바로 예수님입니다. 예수님, 감사합니다' 그런 마음을 가져 보세요. 하나님은 영이십니다. 다 아십니다.

본문 16절을 공동번역에서는 "곧 달려가 보았더니 마리아와 요셉이 있었고 과연 그 아기는 구유에 누워 있었다"라고 번역하고 있습니다. 목자들이 정확히 확인하고, 강보에 싸여 구유에 누인 아기를 보는 것이 표적이라고 하신 말씀을 100% 믿었습니다. 의심하지 않았습니다. 목자들의 입을 통해 이스라엘 전체에 퍼졌는데, 공부깨나 한 자들은 '무식한 것들이 뭘 알아? 훌륭하고 유명한 박사가 있고, 명문 신학교 나온 목사가 있는데, 그 목사 인격이 얼마나 좋아? 양 치는 목자들은 머리나 깎아? 옷이나 갈아입어? 그런 놈들 얘길 믿어? 우리는 먹고 마시고 그저 편안히 믿다가 하늘나라 가자' 그럽니다.

목자들은 실망한 흔적을 전혀 보이지 않고, 천사가 전해 준 소식을 정확히 확인하고 감사하면서 '그분이 메시아야. 4천 년 전에 하나님께서 말씀하신 메시아를 우리 눈으로 봤어' 그리고 보고 들은 것을 전하기 시작했습니다. 마리아는 목자들의 말을 마음에 지키어 생각했다고 했습니다. 우리 평강제일교회 성도님들은 마리아같이 '이 모든 말을 마음에 지키어 생각하는' 모두가 되시기를 바랍니다. 우리가 신령한 마리아입니다.

목자들의 말에 두 가지 반응이 있었죠. 본문 18절을 현대인의성경으로 보면 "듣는 사람들이 다 목자들의 말에 놀라는 표정이었으나"라고 했습니다. 한 번쯤 신기하다고 말만 하고 잊어버렸습니다. 그런데 마리아는 영원히 잊어버리지 않았습니다. 마음에 두고 지키어 생각했습니다. 우리 교회가 예수님의 육신의 어머니 마리아 같은 성도가 되시기를 주의 이름으로 축원합니다. 얼마나 좋아요. 목자들의 놀라운 말을 듣고 소중히 간직하고 생각하고 계속 되씹으면서, 그들이 듣고 본 체험을 전했기 때문에 '아, 진짜 천국을 만났구나' 했습니다. 목자들은 돌아가면서 '양들은 잘 있나?' 그런 소리 안 했습니다. 본문 20절 볼 때 목자들이 감사 찬송하면서 돌아갔습니다. 오늘 예배 끝나고 가면서 찬송하고 감사하는 전 성도가 되시기를 주의 이름으로 축원합니다.

성탄절은 하나님께서 인류를 구원하시기 위해서 그 표적을 세상에 나타내신 날이고, 가장 완벽하고 완전한 표적이 구유에 누인 아기 예수입니다. 하나님께서 인류를 사랑하십니다. 하나님이 사람이 되셨다는 것, 이 표적만 봐도 사랑하시는 것을 알 수 있습니다. 우리를 구속하기 위해서 성탄하신 예수 그리스도를 보세요. 선물입니다. 하나님께서 우리에게 '죽지 말고 영원히 살아라. 영원한 소망을 가져라. 근심 걱정 하지 말아라. 내 아들 예수만 네 마음속에 모셔 봐. 그러면 내가 책임지고 자손만대에 잘해 줄게' 하는 선물을 주신 것입니다. 이걸 안 받아요?

제가 작사한 노래 가운데 '성탄은 하나님의 먼저 사랑' 있죠? 그거 괜히 부르는 게 아닙니다. 그 노래를 네 번 듣고, 가사의 문자가 말하는 이면에 숨어 있는 뜻을 깨닫고 회개했다고 교회에 감사하신 분이 있습니다.

성탄이 좋은 소식, 기쁜 소식입니다. 죄를 사해 주시는 것이 얼마나 좋습니까? 예수님은 전 인류의 소망입니다. 인류의 새 생명입니다. 또 창세기 24:1 말씀과 같이 '범사에 형통의 복'을 주기 위해서 오신 분이 예수님입니다. 여러분 죄지을 때 모르고 지었습니까? 알고 있습니다. 마음은 '죄지으면 안 되는데…' 하지만 육신이 약합니다. 마귀가 '죄지으면 어떠냐? 지난번에 죄지었잖냐. 또 한 번 지어 봐라' 하면서 부추겨요. 그래 놓고 마지막에 죽이는 것입니다. 민수기 32:23 말씀 볼 때, 죄짓고 회개 안 하면 그 죄가 찾아다닙니다. '몇 년 몇 월 몇 시에 너 죄지었잖냐?' 그러는 거예요. 모른 척해도 자꾸 찾아다닙니다. 마지막에는 사단도 죽고 속은 자도 죽습니다. 그러니까 사망과 음부를 마지막에 다 유황불에 집어넣는 거 보세요(계 20:14). 다 죽습니다.

성도 여러분, 우리 평생에 오늘 주신 말씀 '큰 기쁨의 좋은 소식'을 가슴속에 믿음으로 품고 사시길 바랍니다. 돈 빌려준 분에게 '절대 안 떼먹습니다. 제 마음속에 좋은 소식과 기쁜 소식이 있거든요. 그 말씀대로 꼭 벌어서 갚을게요. 너무 다그치지 말고, 욕하지 말고, 저를 위해서 기도해 주세요' 하시기 바랍니다. 뻔뻔하라는 게 아니라, 말이 씨가 됩니다. 여러분은 하나님의 아들딸입니다. '제가 거지같이 보입니까? 그러나 제 마음에는 세상의 부자 부럽지 않을 정도로 부요의 축복이 말씀으로 와 있습니다. 이 말씀이 펼쳐지면 다 부요의 복을 받습니다' 하고 자신 있게 말하세요.

큰 기쁨의 좋은 소식이 개인에게, 다윗의 동네에, 가정과 직장과 사업에, 온 백성에게, 유대와 사마리아 땅 끝까지 미칩니다. 우리 민족, 대한민국 전체에 큰 기쁨의 좋은 소식이 충만할 때, 우리가 근심 걱정 없이 나라를 믿고 살 수 있다는 것을 믿으시기 바랍니다.

결론

하나님의 독생자를 우리에게 영원한 선물로 보내셨습니다. 누구든지 주님을 영접하면 멸망치 않고, 땅에서 육의 생활도 다 형통의 복을 받을 줄로 믿습니다. 병들지 않습니다. 마태복음 8:16-17에 예수님께서 우리의 모든 질병을 담당하셨다고 하신 말씀을 믿고 기도하시기 바랍니다. 예수께서 '너희 질병, 앞으로 아플 것도 내가 가지러 왔어' 하셨는데, 귀로 듣기만 하지 믿지 못합니다. 십자가에 달려서 살이 찢기고 처참하게 피를 흘리고 돌아가셨습니다. 그 피가 우리의 원죄, 유전죄, 자범죄, 세 가지를 단번에, 믿는 순간 싹 사해 주신다는 것을 믿으시기 바랍니다(히 9:12).

여러분, 자식이 속 썩인다고 욕만 하지 말고, 하나님 앞에 '거룩한 성탄입니다. 예수님 제 마음 가운데 탄생하신 줄 믿고, 모시고 왔습니다. 제 아들 망나니지만 꼭 주께서 그 마음 가운데 성탄해 주셔서 하나님 기뻐하시는 큰 믿음을 가지고 하나님의 일 하는 데 앞장서는 아들이 될 줄로 믿습니다' 그렇게 기도하시기 바랍니다. '믿습니다. 아멘!' 해 놓고 '걔가 되긴 뭐가 돼?' 그러면 안 됩니다. 자기가 기도해 놓고 눈 뜬 다음에 '걔가 될까? 될 놈은 떡잎부터 알아본다고, 걔는 틀렸어' 그러면 안 됩니다. 맡겼으면 믿으세요.

우리 평강제일교회 다른 건 없어도 믿는 데는 세계에서 일등입니다. 그러니까 평강제일교회 한 사람하고 다른 교인 3천 명 안 바꿉니다. 어림없습니다. 저는 여러분 위해서 눈물을 흘렸고, 기도했고, 말씀을 선포했습니다. 오늘도 세 번 네 번 울면서 기도했습니다. 믿지 않는 남편, 아내, 자식들에게 거룩한 좋은 소식, 기쁨의 소식, 성탄이 있게 해 달라고 말이죠. '그 마음에 예수께서 한 번만 탄생하시면 잘될 줄 믿습니다' 예수님의 이름으로 기도하고 아멘 한 다음에 눈 뜨고 의심 안 합니다.

　오늘 영생의 주로 오신 예수님의 탄생으로 말미암아 세계 모든 개인과 민족과 역사가 '주전'에서 '주후'로 바뀌었습니다. '주전'은 심판받습니다. '주후'는 누구든지 믿는 자마다 죄 사함 받고 하늘의 새 소망 가운데, 이 땅에서 정말 사람으로서, 하나님의 아들딸로서 보람 있고 가치 있게 살 수 있습니다. 모든 삶에 능력과 힘을 얻어서, 생활의 종이 되는 것이 아니라 생활의 주인이 되어서 하나님과 동행하는 승리의 역사가 전 성도의 개인과 가정과 직장과 사업에 임하기를 주의 이름으로 축원합니다!

　예수님의 거룩한 성탄으로, 죄와 죄의 삯인 사망에서 완전히 해방받고, 만세전에 예수 그리스도 안에서 선택받아 하나님께로부터 새 이름을 받아 가지고 하늘나라 입성하기에 넉넉한 믿음이 있게 해 주시는 줄 믿습니다. 오늘 기쁘고 즐거운 날, 예수님의 영원한 생명을 선물로 받을 때 감사가 차고 넘치는 역사가 있으시길 바랍니다. '예수' 이름이 '자기의 백성을 죄악에서 구원한다'는 뜻 아닙니까? 그 나라 갈 때까지 하나님께서 각 개인과 가정과 직장과 사업에, 우리 교회에 예수 이름으로 충만케 해 주실 줄 믿습니다. 모든 생활에 예수님이 빠지지 않고, 예수님이 계시는 생활을 하시길 바랍니다. 그 나라 갈 때까지 살아 계신 주님께서 우리를 오른손으로 붙잡아 주심으로 주와 동행하는 가운데 천국까지 입성하는 산 역사가 있을 줄 믿습니다.

성탄은 하나님의 먼저 사랑

휘선 박윤식 목사 작사

1. 베들레헴 말구유에 아기 예수 나셨네
   엄동설한 모진 바람 널 자리 없네
   우리 죄를 구속하려 독생자 보내셨네
   하나님 참사랑은 헤일 수 없어라
   아, 가지 많은 나무에 바람이 일듯
   주님의 가슴에는 물결만 높네

2. 동방박사 별을 따라 우리 예수 찾았네
   하늘 영광 땅의 평화 온 세상 덮었네
   라마의 통곡 소리 메아리쳐 오는데
   십자가의 구속 길을 그 누가 알리요
   아, 가지 많은 나무에 바람이 일듯
   하나님의 가슴에는 서러움만 차네

3. 사랑으로 보내 주신 우리 영광 예수님
   어느 누구 영접 않는 밤 같은 세상
   불신 천대 모진 고생 더하여만 가는데
   흘러가는 긴 세월은 하나님 눈물
   아, 가지 많은 나무에 바람이 일듯
   아버지 가슴에는 물결만 높네

2009년 12월 20일
주일 2부예배

흑암과 사망의
그늘진 백성에게
친히 보이신
임마누엘의
징조

| 이사야 7:1-14,
　마태복음 1:22-23

이사야 7:1-14 "웃시야의 손자요 요담의 아들인 유다 왕 아하스 때에 아람 왕 르신과 르말리야의 아들 이스라엘 왕 베가가 올라와서 예루살렘을 쳤으나 능히 이기지 못하니라 ² 혹이 다윗집에 고하여 가로되 아람이 에브라임과 동맹하였다 하였으므로 왕의 마음과 그 백성의 마음이 삼림이 바람에 흔들림같이 흔들렸더라 ³ 때에 여호와께서 이사야에게 이르시되 너와 네 아들 스알야숩은 윗못 수도 끝 세탁자의 밭 큰 길에 나가서 아하스를 만나 ⁴ 그에게 이르기를 너는 삼가며 종용하라 아람 왕 르신과 르말리야의 아들이 심히 노할찌라도 연기나는 두 부지깽이 그루터기에 불과하니 두려워 말며 낙심치 말라… ¹⁰ 여호와께서 또 아하스에게 일러 가라사대 ¹¹ 너는 네 하나님 여호와께 한 징조를 구하되 깊은 데서든지 높은 데서든지 구하라 ¹² 아하스가 가로되 나는 구하지 아니하겠나이다 나는 여호와를 시험치 아니하겠나이다 한지라 ¹³ 이사야가 가로되 다윗의 집이여 청컨대 들을찌어다 너희가 사람을 괴롭게 하고 그것을 작은 일로 여겨서 또 나의 하나님을 괴로우시게 하려느냐 ¹⁴ 그러므로 주께서 친히 징조로 너희에게 주실 것이라 보라 처녀가 잉태하여 아들을 낳을 것이요 그 이름을 임마누엘이라 하리라"

마태복음 1:22-23 "이 모든 일의 된 것은 주께서 선지자로 하신 말씀을 이루려 하심이니 가라사대 ²³ 보라 처녀가 잉태하여 아들을 낳을 것이요 그 이름은 임마누엘이라 하리라 하셨으니 이를 번역한즉 하나님이 우리와 함께 계시다 함이라"

2009년 12월 20일
주일 2부예배

흑암과 사망의 그늘진 백성에게
친히 보이신 임마누엘의 징조

이사야 7:1-14, 마태복음 1:22-23

오늘 본문을 통해서 언약의 성취로 흑암과 사망의 그늘진 땅에 큰 빛, 평강의 왕으로 오신 예수님에 대해 말씀을 증거하고자 합니다. 본문으로 이사야 9장과 11장, 누가복음 2장도 포함되는데, 봉독하지는 않았지만 그 내용들을 통해서 광범위하게 살펴보도록 하겠습니다.

1년에 주일이 52번인데 오늘이 51번째이고, 2009년 한 해도 이제 주일이 한 번 남았습니다. 이렇게 빠릅니다. 날이 가고 달이 가면 세월이 갑니다. 사람은 누구나 소망이 있죠. 자녀를 낳으면 '얘가 언제 크나…' 합니다. 또 대학 졸업을 앞두면 대학원이나 행정고시, 사법고시 준비한다고 머리 싸매고 공부 많이 하겠죠. 소망 가운데 바라봅니다. 그런데 그만큼 죽음의 날이 가까워 오고 있습니다. 세월이 갈수록 점점 남은 시간이 짧아지잖아요? 그런 가운데 자기의 종말을, 어떤 위치에서 종말을 맞이하느냐 하는 것을 아는 사람은 없습니다. 마음속에 세상이 가득 차서 세상 지식으로 성공해야겠다고 생각하지만, 눈에 보이지 않는 이면에는 벌써 날이 가고 달이 가고 해가 가고, 그만큼 사람이 늙는 것입니다.

2009년 정월 초하룻날이 며칠 전 같더니, 어느새 한 해가 다 지나가고 있습니다. 묵은해가 기울어지는데, 결산할 때가 됐습니다. 한 날의 결산이 있고, 일주일의 결산이 있고, 한 달의 결산이 있고, 한 해의 결산을 해야 되겠죠.

모든 삶의 결산의 시기에 중대한 사건을 일주일 남겨 놓고 있는데, 바로 '성탄'입니다. 남자 없이 처녀의 몸에서 아들이 태어난다는 것은 상식 밖의 일입니다. 어느 남자와 관계해서 그렇게 됐느냐고 비난하는 것은 예수님 때나 지금이나 똑같습니다. 요셉이 약혼만 하고 관계하지 않았는데 마리아의 배가 점점 불러 옵니다. 당시 제사장들, 장로회의에 얘기하면 수많은 사람들이 끌어다가 돌로 쳐 죽이게 되어 있습니다. 젊은 여자가 불쌍하니 남편 되는 요셉이 '누구한테도 얘기하지 않고 내가 끊으면 되지' 하고 가만히 끊고자 했습니다. 하나님께서 보실 때 의로운 사람입니다.

비상조치로 요셉에게 꿈으로 나타나셔서 '요셉아, 너의 약혼녀가 다른 남자와 관계해서 아기가 생긴 것이 아니라 내가 성령을 통해서 한 일이다. 인류를 구원하려는데, 메시아를 세상에 보내야 하는데 방도가 없어. 그래서 여자 몸을 통해서 메시아, 구세주, 하나님의 아들이 이 땅에 오시는 것임을 알아라'라고 전하였습니다. 하나님의 계시를 황홀한 빛 가운데 받고서 얼마나 놀랐는지, 주저하지 않고 즉시 순종했습니다. '그 아기를 낳거든 예수라 하라. 그분은 임마누엘이다'라고 알려 주셨습니다. '임마누엘'은 '하나님이 우리와 함께 계시다'라는 뜻입니다(마 1:18-24).

이러한 사건의 내용을 이사야 선지자는 700여 년 전에 받았습니다. 오늘이 12월 20일이니까, 우리는 닷새 남겨 놓고 보고 있는 것입니다. 아마 우리가 이사야와 똑같이 700여 년 전에 계시를 받았다면, 그 후로도 20대도 훨씬 더 지나게 될 것입니다. 받은 계시가 이루어지는 것을 우리는 보지 못하고 후손들이 보겠죠. 이사야는 받은 계시가 성취되기를 무척 기다렸지만 보지 못하고 죽었습니다. 그는 평생 눈물로, 베옷을 입고 지냈습니다. 사람 죽으면 베옷을 입잖아요? 우리는 닷새 남겨 놨습니다. 성탄절이 닷새 남았죠. 그러니 우리는 행복자입니다.

메시아의 탄생을 바라보고 예언한 이사야 선지자

이사야 선지자는 '흑암에 행하던 백성이 큰 빛을 보고 사망의 그늘진 땅에 거하던 자에게 빛을 비추어, 사망을 멸하기 위해 메시아가 오신다'고 예언했습니다. 이사야 25장에도 오래 저장하였던 새 술로 연회를 베푼다고 했습니다. 사망을 완전히 멸하는 세계가 온다고 말씀한 것입니다.

이사야 9:1-2 "전에 고통하던 자에게는 흑암이 없으리로다 옛적에는 여호와께서 스불론 땅과 납달리 땅으로 멸시를 당케 하셨더니 후에는 해변 길과 요단 저편 이방의 갈릴리를 영화롭게 하셨느니라 ² 흑암에 행하던 백성이 큰 빛을 보고 사망의 그늘진 땅에 거하던 자에게 빛이 비취도다"

이사야 25:6-8 "만군의 여호와께서 이 산에서 만민을 위하여 기름진 것과 오래 저장하였던 포도주로 연회를 베푸시리니 곧 골수가 가득한 기름진 것과 오래 저장하였던 맑은 포도주로 하실 것이며 ⁷ 또 이 산에서 모든 민족의 그 가리워진 면박과 열방의 그 덮인 휘장을 제하시며 ⁸ 사망을 영원히 멸하실 것이라 주 여호와께서 모든 얼굴에서 눈물을 씻기시며 그 백성의 수치를 온 천하에서 제하시리라 여호와께서 이같이 말씀하셨느니라"

흑암과 사망의 그늘진 땅에 큰 빛으로, 평강의 왕 예수님이 오셨습니다. 요엘 선지자도 이날을 예언했습니다. 늙은이가 꿈을 꾸고 젊은 사람들은 환상을 본다는 계시를 받고 춤을 췄습니다. 하나님께서 사망을 모두 거둬서 다 처치하시고, 인류에게 죽음이 없는 세계가 도래할 것을 말씀했습니다. 사도행전 2장에도 요엘 선지자의 예언을 다시 인용하고 있습니다.

요엘 2:28-32 "그 후에 내가 내 신을 만민에게 부어 주리니 너희 자녀들이 장래 일을 말할 것이며 너희 늙은이는 꿈을 꾸며 너희 젊은이는 이상을 볼 것이며 29 그때에 내가 또 내 신으로 남종과 여종에게 부어 줄 것이며 30 내가 이적을 하늘과 땅에 베풀리니 곧 피와 불과 연기 기둥이라 31 여호와의 크고 두려운 날이 이르기 전에 해가 어두워지고 달이 핏빛같이 변하려니와 32 누구든지 여호와의 이름을 부르는 자는 구원을 얻으리니 이는 나 여호와의 말대로 시온산과 예루살렘에서 피할 자가 있을 것임이요 남은 자 중에 나 여호와의 부름을 받을 자가 있을 것임이니라"

사도행전 2:16-21 "이는 곧 선지자 요엘로 말씀하신 것이니 일렀으되 17 하나님이 가라사대 말세에 내가 내 영으로 모든 육체에게 부어 주리니 너희의 자녀들은 예언할 것이요 너희의 젊은이들은 환상을 보고 너희의 늙은이들은 꿈을 꾸리라 18 그때에 내가 내 영으로 내 남종과 여종들에게 부어 주리니 저희가 예언할 것이요 19 또 내가 위로 하늘에서는 기사와 아래로 땅에서는 징조를 베풀리니 곧 피와 불과 연기로다 20 주의 크고 영화로운 날이 이르기 전에 해가 변하여 어두워지고 달이 변하여 피가 되리라 21 누구든지 주의 이름을 부르는 자는 구원을 얻으리라 하였느니라"

이사야 선지자를 통해 아닌 밤중에 홍두깨 내밀듯 난데없이 예언한 것 같지만, 전쟁으로 시달리던 백성에게 얼마나 소망적인 말씀입니까? 이사야는 메시아에 대해서 누구보다도 밝고 또렷하게 공개한 선지자입니다. 보통이 아니죠. 앞으로 석 달 아니라 3년 후에 이루어질 일이라고 해도 잘 믿지 않을 것입니다. 그런데 이사야는 700여 년 후에 될 일을 보고서 춤을 추었습니다.

이사야는 60년 동안(주전 739-680년) 선지자로 사역했습니다. 웃시야, 요담, 아하스, 히스기야 네 왕을 모시면서 예언을 했습니다(사 1:1). 칼에 목이 달아난다 해도 할 말을 다 하는 것입니다. 본문 이사야 7:8-9을 볼 때, 이스라엘 백성이 하도 듣지 않으니까 '북 이스라엘은 65년이 지나면 흔적도 없이 완전히 망한다'고 예언했습니다.

이사야는 속옷 하나 입지 않고 동네마다 다니면서 예언을 하기도 했습니다. 사람들이 말씀은 듣지 않고 '하나님의 사람이면 옷이나 입고 다니지 그러느냐'고 욕했습니다. 그럴 때 이사야가 '내가 벗은 것처럼 당신들이 하나님 앞에 죄악으로 수치를 드러내고 있다'고 하면서 실물교육을 시켰습니다(사 20:2-4). 여러분이 아무리 은혜와 믿음이 충만하다 해도, 하나님의 명령이 떨어질 때 이사야처럼 벗고 전국을 돌아다니면서 예언할 수 있겠습니까? 서울 시내는 관두고 오류동 바닥만 돌아다니래도 못 할 것입니다. '죽으면 죽었지, 하나님 안 믿으면 안 믿었지, 그렇게 전도하지는 못하겠다'고 할 것입니다. 이사야는 만 3년 동안 그렇게 했습니다. 창피함, 부끄러움도 모르고 예언했습니다. 쉬운 일이 아닙니다.

이사야는 메시아가 오심으로 동이 터 오르는 은혜의 왕국, 그 세계를 바라보고 예언했습니다. 말씀을 선포할 때마다 춤을 추었습니다. 이사야는 큰 광명을 본 것입니다. 그 빛이 얼마나 큰지, 천하만국에 환하게 비추는 것을 보았습니다. 처녀의 몸에서 아기 예수님이 나시는데 그분이 상고(上古), 태초부터 계신 분입니다(미 5:2). 요한복음 1:1을 볼 때 "태초에 말씀이 계시니라 이 말씀이 하나님과 함께 계셨으니 이 말씀은 곧 하나님이시니라"라고 말씀하고 있습니다. 그분이 우주 만물을 창조하셨다고 했습니다(요 1:3). 그분을 보고 너무 좋아서 춤을 추는 것입니다.

그러면서 이새의 줄기에서 한 싹, 어린 싹이 나오는데 그분이 메시아라고 했습니다. 환상 가운데 다윗의 아버지 이새로부터 줄기가 나오는 것이 눈에 보이는 거예요. 그 왕국은 임시방편이 아니라 영원한 왕국이라고 했습니다. 메시아의 평화의 복음 운동이 성령님의 역사로 신비롭게 태동할 것을 말씀하고 있습니다. 아기 예수가 이 땅에 오시면 공의와 성실의 기둥이 탄탄하기 때문에 고생 안 하고 살 수 있으니, 죄를 다 회개하고 예수님을 맞이할 준비를 하라고 말씀하는 것입니다.

이사야 11:1-5 "이새의 줄기에서 한 싹이 나며 그 뿌리에서 한 가지가 나서 결실할 것이요 ² 여호와의 신 곧 지혜와 총명의 신이요 모략과 재능의 신이요 지식과 여호와를 경외하는 신이 그 위에 강림하시리니 ³ 그가 여호와를 경외함으로 즐거움을 삼을 것이며 그 눈에 보이는 대로 심판치 아니하며 귀에 들리는 대로 판단치 아니하며 ⁴ 공의로 빈핍한 자를 심판하며 정직으로 세상의 겸손한 자를 판단할 것이며 그 입의 막대기로 세상을 치며 입술의 기운으로 악인을 죽일 것이며 ⁵ 공의로 그 허리띠를 삼으며 성실로 몸의 띠를 삼으리라"

메시아의 천국 복음 운동으로 새 하늘과 새 땅, 즉 창세 이후로 없었던 이상적인 은혜 시대, 큰 빛이 꺼지지 않고, 지지 않고, 가려짐이 없는 밝은 세상이 이 땅에 도래할 것을 예언했습니다.

신약시대의 누가는 자연과학을 연구하는 의사였습니다. 합리적인 사람이라 무조건 믿지 않습니다. 그러한 누가도 "저가 큰 자가 되고 지극히 높으신 이의 아들이라 일컬을 것이요 주 하나님께서 그 조상 다윗의 위를 저에게 주시리니 ³³ 영원히 야곱의 집에 왕 노릇 하실 것이며 그 나라가 무궁하리라"라고 기록했습니다(눅 1:32-33). 그 나라가 임시로 끝나는 게 아니라는 것입니다.

하나님께서 아브라함과 언약을 맺으셨으나, 후손인 이스라엘 백성이 계속해서 죄를 지었고, 그때마다 하나님께서 징계하셨습니다. 본문 이사야 7장은 아하스왕 때의 일을 말씀하고 있습니다. 아하스왕 때 얼마나 많은 죄를 지었습니까? 그래서 두 나라가 쳐들어왔습니다. 하루에 용사 12만 명이 죽임을 당했습니다. 또 백성 남녀노소 20만 명을 사로잡아 갔습니다(대하 28:1-8). 그러니까 유다 민족이 완전히 망할 수밖에 없었습니다. 1개 사단이 1만 명입니다. 12개 사단을 하루에 죽이고 20만 명을 끌고 갔는데, 하나님께서 언약하신 아브라함을 생각해서 용서해 주시고 남은 백성을 통해서 다시 일으키시는 하나님의 섭리를 보시기 바랍니다. 말씀의 뜻을 알면, 하나님의 사랑이 보통이 아닙니다. 우리가 아무리 말 안 듣는 자녀에 대해 참는다 해도, 하나님만큼 참지는 못할 것입니다. 유다를 완전히 멸하려고 하다가, 아브라함과의 언약을 생각해서 다시 용서해 주시고 나라를 회복시켜 주셨던 것입니다(참고-왕하 13:23).

오늘 주시는 말씀은 주님의 초림과 재림으로 완전히 이루어집니다. 평화의 날 앞에 이사야 선지자의 눈이 집중되고 있습니다. '아! 분명히 그 시대가 오기는 오는구나. 나는 계시 받고 말씀하지만, 보지는 못하지만, 700년 후에는 분명히 이 땅이 하나님께서 기뻐하시는 나라가 되겠구나' 하는 가운데 이사야의 마음은 소망으로 넘실대고, 춤을 추며 기뻐했습니다. 세탁물이 젖듯이 마음이 소망에 완전히 적셔졌습니다. 이사야의 몸속에 있는 피가 도래하시는 예수님의 성탄을 보고 춤을 춥니다. 그 정도로 믿었습니다. 보통 사람 같으면 '오든가 말든가 알게 뭐예요. 내 때도 아닌데, 내가 볼 수나 있습니까? 700여 년 후에 내 자손들이 어떻게 될지 압니까? 믿는 사람 데리고 일하시오' 했을 것입니다. 이사야는 그러지 않았습니다. 요한복음 12:41에 "이사야가 이렇게 말한 것은 주의 영광을 보고 주를 가리켜 말한 것이라"라고 말씀하고 있습니다. 이사야의 눈은 영광의 세계에 집중하고, 소망 가운데 춤을 추며, 그의 몸속의 피도 은혜의 시대로 인해 끓어올랐습니다. 그는 앞으로 나타날 큰 광명, 큰 빛을 바라보고 있었던 것입니다.

왜 오늘 이 말씀을 설교하는가 하면, 어영부영하다가 25일 돼서 '오늘 성탄절이래' 하지 말고, 지금부터 준비해야 합니다. 우리는 못 살아도 자식들이 잘살아야 될 것 아닙니까? 부모는 못 배웠어도 자식은 부모 이상으로 공부 많이 하고 좋은 세상 만날 수 있도록 축원해 줘야 아들딸들이 잘됩니다. 농사지을 때 씨 뿌리고 내버려두면 벌레 먹고, 물 안 주면 말라 꼬드러집니다. 관심을 갖고 아침저녁으로 물주고, 비료 주고, 벌레 잡아 주고 그럴 때 잘 자라지 않습니까? 토실토실한 열매를 맺는 것입니다. 사람 농사도 마찬가지입니다. 공부 많이 하면 뭐하겠습니까? 그 속에 욕심만 있고, 못돼 먹고, 마음 가운데 살인강도가 들어 있습니다. 남을 미워하는 것은 살인죄입니다(마 5:21-22, 요일 3:15). 부모들이 자녀들 가정교육을 잘 시켜야 합니다. 일류대학 나와도 가정교육 잘 시키지 못하면 빵점입니다. 하나님의 말씀을 전수하라는 것이 하나님의 명령입니다. 자녀들에게 말씀을 부지런히 가르치는 것이 부모의 책임입니다.

> **창세기 18:19** "내가 그로 그 자식과 권속에게 명하여 여호와의 도를 지켜 의와 공도를 행하게 하려고 그를 택하였나니 이는 나 여호와가 아브라함에게 대하여 말한 일을 이루려 함이니라"

> **신명기 6:7** "네 자녀에게 부지런히 가르치며 집에 앉았을 때에든지 길에 행할 때에든지 누웠을 때에든지 일어날 때에든지 이 말씀을 강론할 것이며"

> **신명기 11:19** "또 그것을 너희의 자녀에게 가르치며 집에 앉았을 때에든지, 길에 행할 때에든지, 누웠을 때에든지, 일어날 때에든지 이 말씀을 강론하고"

만물이 새롭게 되는 세계에 대한 예언

이사야 선지자는 메시아가 오심으로 동터 올 큰 광명의 세계, 은혜의 시대를 예언했습니다. 요한계시록 20장에 기록된 바와 같이 천년왕국이 있다는 것입니다. 신천신지(新天新地), 무궁한 세계입니다. 그때는 햇빛, 달빛, 별빛이 필요 없다고 했습니다. 어린양 예수님이 빛이 되셔서 만국을 환하게 비추신다고 했습니다(계 21:23, 22:5). 태양은 물질입니다. 원소가 다 타서 없어지면 암흑세계가 됩니다. 그러나 예수 그리스도는 영원히 꺼지지 않는 의의 태양이십니다(말 4:2, 눅 1:78). 빛 자체이십니다(요 1:4, 9, 9:5).

이사야 선지자는 그러한 메시아를 통해 이루어질 새로운 피조세계를 예언했습니다.

이사야 11:6-9 "그때에 이리가 어린 양과 함께 거하며 표범이 어린 염소와 함께 누우며 송아지와 어린 사자와 살찐 짐승이 함께 있어 어린아이에게 끌리며 ⁷암소와 곰이 함께 먹으며 그것들의 새끼가 함께 엎드리며 사자가 소처럼 풀을 먹을 것이며 ⁸젖 먹는 아이가 독사의 구멍에서 장난하며 젖 뗀 어린아이가 독사의 굴에 손을 넣을 것이라 ⁹나의 거룩한 산 모든 곳에서 해됨도 없고 상함도 없을 것이니 이는 물이 바다를 덮음같이 여호와를 아는 지식이 세상에 충만할 것임이니라"

인간의 죄 때문에 땅이 저주를 받아서 우리에게 가시와 엉겅퀴를 낸다고 했습니다. 아무리 영양가 있고 좋은 것을 먹어도, 저주받은 땅에서 난 것이기 때문에 인간이 죽음을 면치는 못합니다. 사망은 저주의 결과, 하나님께 불순종한 결과입니다. 창세기 3:16-19을 읽어볼 때, 하나님께서 아담에게 '너 때문에 땅이 저주받은 것 아니냐. 저주받은 땅이 너한테 곱게 좋은 것을 주겠냐? 너는 이마에 땀을 흘려야 밥을 먹고, 여자에게는 자식을 낳을 때 해산의 고통을 더한다'고 하셨습니다.

그런데 그러한 세계가 회복될 것이라고 이사야 선지자가 예언하고 있습니다. 아이를 낳을 때 '여보, 나 죽어!' 하는 해산의 고통이 없어진다고 했습니다(사 66:7-8). 닭이 알을 낳듯이 순간으로 낳는 것입니다. 그러한 세계를 보고 예언했습니다. 참 기가 막히죠.

한술 더 떠서, 이사야 11:6-8을 볼 때, 이리와 양이 함께 거한다고 했습니다. 이리가 양을 잡아먹는데 어떻게 함께 있습니까? 또 표범이 염소와 함께, 송아지와 어린 사자가 함께 있고, 어린애들이 독사구멍에 손을 넣어도 독사가 물지 않는다고 했습니다. 만물이 회복된다는 것입니다.

로마서 8:19 이하를 보면, 하나님의 아들들이 나타남으로 만물이 회복될 것을 말씀하고 있습니다. 고린도후서 5:17에서는 예수님을 믿으면 새로운 피조물이 된다고 하였고, 요한계시록 21장에서는 만물도 새롭게 된다고 말씀하고 있습니다.

로마서 8:19-21 "피조물의 고대하는 바는 하나님의 아들들의 나타나는 것이니 ²⁰ 피조물이 허무한 데 굴복하는 것은 자기 뜻이 아니요 오직 굴복케 하시는 이로 말미암음이라 ²¹ 그 바라는 것은 피조물도 썩어짐의 종노릇한 데서 해방되어 하나님의 자녀들의 영광의 자유에 이르는 것이니라"

고린도후서 5:17 "그런즉 누구든지 그리스도 안에 있으면 새로운 피조물이라 이전 것은 지나갔으니 보라 새것이 되었도다"

요한계시록 21:5 "보좌에 앉으신 이가 가라사대 보라 내가 만물을 새롭게 하노라 하시고 또 가라사대 이 말은 신실하고 참되니 기록하라 하시고"

이사야 55:12을 볼 때 "너희는 기쁨으로 나아가며 평안히 인도함을 받을 것이요 산들과 작은 산들이 너희 앞에서 노래를 발하고 들의 모든 나무가 손바닥을 칠 것이며"라고 말씀하고 있습니다. 만물 가운데 나무들이, 말씀 받고 은혜 받은 하나님의 아들딸들이 지나가면 너무 좋아서 손뼉을 친다는 것입니다. 그래서 사도 바울도 기도하는 가운데 끝날을 보면서, 하나님의 아들딸들이 나타날 것을 만물이 학수고대한다고 했습니다(롬 8:19). 여러분이 산책할 때 도둑놈, 사기꾼 같은 마음, 나쁜 마음 있으면 나무들이 손뼉 치지 않습니다. 그렇게 하나님의 은혜를 받아도 깨닫지 못하고, 그리스도의 형상을 닮지 않아 마음속에 독사가 들어 있고 악이 가득 차 있으면 만물들이 외면합니다. 그러나 하나님의 사람이 지나가면 손뼉을 칩니다. 소나무면 소나무가 '내가 오늘날까지 이렇게 꺾이지 않고 싱싱하게 자라는 것, 하나님의 아들딸이 내 앞에 지나가는 것을 보기 위해서 존재하고 있다'고 말이죠. 낮은 낮에게 말하고, 밤은 밤에게 지식을 전한다고 했습니다. 언어가 없고 들리는 소리도 없지만 그 소리가 온 땅에 통하는 세계가 오는 것입니다(시 19:2-4).

2천 년 전에는 아기 예수를 모르고 다 내동댕이치고 무시했습니다. 아기 낳을 곳이 없어서 짐승의 똥내 나는 우릿간에서, 더군다나 짐승이 먹이를 먹는 밥통에, 그것도 포대기도 없어서 헝겊 조각에 둘둘 말아서 뉘었습니다. 하나님께서 목자들에게 강보에 싸여 구유에 누인 아기가 증표가 될 것이라고 하셨습니다(눅 2:12). 그 말씀의 뜻을 한두 번 들었습니까? 2009년 성탄절만큼은 '하나님, 우리 가정이 자손만대 잘되기 위해서, 예수님을 외면하지 않고 믿음으로 예수님 누우실 수 있는 구유를 준비하고 따뜻하게 맞이해서, 예수님이 제 마음속에 탄생하실 수 있도록 축복해 주시옵소서' 그렇게 기도하는 가운데 살아 보세요. 정말 집안이 펴기 시작합니다. 여러분 듣기 좋으라고 하는 말이 아닙니다.

암소와 곰이 함께합니다. 곰이 얼마나 무섭습니까? 그런데 짐승 새끼가 같이 있어도 잡아먹지 않습니다. 독사의 구멍에 아이가 손을 넣고 장난해도, 독사가 '하나님의 아들을 내가 왜 물어?' 하면서 너무 좋아서 벌쭉 웃습니다. 만물을 전부 새롭게 합니다. 예수님은 죄를 가지러 오신 분입니다. 저주받은 땅이 다시 가나안 복지(福地) 같이 은혜의 땅, 복된 땅이 됩니다. 동물들이 실제로 오늘 말씀한 문자 그대로 되는, 새로운 세계가 이루어집니다.

유명한 신학자 아브라함 카이퍼(Abraham Kuyper)는 이에 대해서 '요한계시록 21-22장에 나타난 신천신지, 그 세계는 사실 세계이다. 다시 만물을 새롭게 할 때 짐승들도 회복된다'라고 했습니다. 짐승 옆에서 자면 도리어 짐승이 지켜 준다는 것입니다. 이러한 사실에 대하여 '그렇게 될까?' 의심하지 마세요. 하나님께서 못하시는 것이 있습니까? 풍랑 가운데도 '바다야, 바람아, 좀 조용히 하라'는 예수님의 말씀에 순간으로 조용해졌습니다. 의심 많은 제자가 '아니, 이분이 누구기에 바다와 바람이 순종하는고' 그랬습니다(막 4:37-41). 베드로도 의심이 많았지만, 예수님을 믿고 갈 때는 바다 위를 걸어갔습니다. 예수님을 보지 않고 풍랑을 보는 순간 가라앉을 때 주님께 살려 달라고 하자 예수께서 오른손을 들어 베드로의 손을 붙잡고 '왜 의심하느냐? 의심하니까 바다에 빠져 죽을 뻔했잖냐' 하셨습니다(마 14:28-31).

로마서 8:19-21의 내용은 신천신지, 자연 만물이 새롭게 회복되는 광경을 말씀합니다. 우리 기독교가 말하는 구속(救贖) 교리는 사람 뿐만 아니라 짐승까지도 새롭게 된다는 것을 가르쳐 주고 있습니다 (사 65:25).

결론

성도 여러분, 정월 초하루에 우리가 하나님 앞에 서원 기도하면서 마음 가운데 다짐하고 맹세했지만, 살다 보니 그대로 못 지키지 않았습니까? 기도하는 은혜를 달라고, 성경 보고 깨닫는 은혜를 달라고 기도도 못 했습니다. 금년에 교회에 헌신 봉사 충성하겠다고 다짐하고도 그렇게 못 했습니다. 벌써 한 해가 다 지나가고 일주일 남았는데, 일주일 동안에 언제 하겠습니까? '금년 한 해는 어떠한 일이 있어도 아들딸한테 말씀을 가르쳐야겠다, 교회에 데리고 나와야겠다' 결심했지만 실천하지 못한 것 아닙니까?

로마서 7:5-6을 볼 때, 우리 육신은 죄의 몸입니다. 성령님의 강력한 도우심으로 해방해 주셔야 됩니다. 갈라디아서 5:19-21을 볼 때, 아직 육의 생각으로 육체의 일을 행하고 있습니다. 로마서 8:5 이하에 육의 생각은 사망이요 하나님과 원수가 되고 아무것도 하나님의 뜻대로 못한다고 했습니다.

로마서 8:5-8 "육신을 좇는 자는 육신의 일을, 영을 좇는 자는 영의 일을 생각하나니 ⁶ 육신의 생각은 사망이요 영의 생각은 생명과 평안이니라 ⁷ 육신의 생각은 하나님과 원수가 되나니 이는 하나님의 법에 굴복치 아니할 뿐 아니라 할 수도 없음이라 ⁸ 육신에 있는 자들은 하나님을 기쁘시게 할 수 없느니라"

그러나 영의 생각은 생명과 평안입니다. 그러니까 잘되지 말래도 아들딸, 사위, 며느리, 손자가 다 잘됩니다. 성경에 믿는 대로 된다고 했습니다(마 21:21-22). 믿지 못하고 육의 생각이 충만하면 하는 일마다 손해 봅니다.

지금 때가 어느 때인데 증권 하고 있습니까? 경마 좋아하고 말이죠. 이해가 안 갑니다. 겉으로 볼 때 멀쩡한데 게임에 미쳐서 집에도 안 들어오고 하다가, 지금은 성경 보고 기도하고 열심히 일하고 있는 분이 있습니다. 12월 25일, 주님 이 땅에 오실 때 그러한 분들 다 살리러 오시는 줄 믿고, 또 우리도 마찬가지입니다. 서원 기도해도 되지 않았잖아요? 자식 위해서 기도도 못 하고, 남편과 아내, 가족들, 친척들 위해서 복음 전하지도 않고 말이죠. 그러다가 나이 50-60세 됩니다. 건강이 그대로 갑니까? 벌써 65세, 70세 되면 걸음걸이가 달라지고 생각이 좁아집니다.

그다음에 장사한다, 계약한다 하면서 왔다 갔다 하는데, 하는 일마다 하나님 없는 마음으로 합니다(시 14:1). 그러면 하나님께서 다 불어 팽개치십니다(학 1:9). 하나님께서 '나를 모시고 해도 될까 말까인데, 나를 내동댕이쳐? 나를 버려?'라고 하시면서 우리 몸을 불어 버리시면 몸이 망가집니다. 물질을 불어 버리시면 다 날아갑니다. 거짓말해서 친척 돈까지 가져다 사업한다고 하다가 다 날아갑니다.

정월 초하루에 '하나님, 항상 주와 동행하는 마음을 주시고, 은혜 가운데 살 수 있게 해 주시고, 말씀을 사모하는 마음을 주시고, 기도의 영을 허락하셔서 쉬지 않고 기도할 수 있게 해 주시옵소서'라고 기도하고, 그대로 실천 안 했잖아요? 요한계시록 22:2 볼 때, 강 좌우에 생명나무가 있어서 열두 가지 과실을 맺고, 그 잎사귀는 만국을 소생시키는 약재료가 된다고 했는데(겔 47:12), 그런 삶을 살지 못했습니다. 그 세계를 바라보지도 않고 자기 꾀로 살았습니다.

요한계시록 21:1을 볼 때, 처음 하늘과 처음 땅이 없어지고 새로운 세계가 된다고 했습니다. 베드로후서 3:10에도 하늘이 큰 소리로 떠나가고 체질이 뜨거운 불에 풀어진다는 말씀이 있습니다.

요한계시록 21:1 "또 내가 새 하늘과 새 땅을 보니 처음 하늘과 처음 땅이 없어졌고 바다도 다시 있지 않더라"

베드로후서 3:10 "그러나 주의 날이 도적같이 오리니 그날에는 하늘이 큰 소리로 떠나가고 체질이 뜨거운 불에 풀어지고 땅과 그중에 있는 모든 일이 드러나리로다"

이사야 66:15, 요엘 2:30-31, 마태복음 24:29을 보시기 바랍니다.

이사야 66:15 "보라 여호와께서 불에 옹위되어 강림하시리니 그 수레들은 회리바람 같으리로다 그가 혁혁한 위세로 노를 베푸시며 맹렬한 화염으로 견책하실 것이라"

요엘 2:30-31 "내가 이적을 하늘과 땅에 베풀리니 곧 피와 불과 연기 기둥이라 ³¹ 여호와의 크고 두려운 날이 이르기 전에 해가 어두워지고 달이 핏빛같이 변하려니와"

마태복음 24:29 "그날 환난 후에 즉시 해가 어두워지며 달이 빛을 내지 아니하며 별들이 하늘에서 떨어지며 하늘의 권능들이 흔들리리라"

새로운 신령한 말씀의 불이 우리 개인과 가정마다 떨어져서, 알게 모르게 죄지은 것을 성령의 불로 다 태워 주시고, 우리 마음을 새롭게 해 주실 줄 믿습니다. "누구든지 그리스도 안에 있으면 새로운 피조물이라"라고 하신 고린도후서 5:17 말씀대로 되어서 2009년을 잘 마무리하는 가운데, 이번에 오는 성탄절만큼은 정말 믿음으로 준비하시기 바랍니다.

이사야 선지자가 700여 년 전에 바라본 예수님을 우리는 닷새 남겨 놓고 바라봅니다. 예수님이 이 땅에 오실 때 사관이 없고 누울 곳이 없었습니다. 그래서 다 떨어진 낡은 강보, 헝겊 조각에 둘둘 말아서 구유에 만왕의 왕, 창조주 하나님을 뉘었습니다. 우리가 말씀을 통해서 깨달았으니, 2009년만큼은 정말 정성 다해서 우리 남편, 아내, 자식들, 사위, 며느리, 손자, 친척에 이르기까지 다 예수님을 믿음으로 마음속에 따뜻하게 모시는 가운데, 자손만대 하나님의 영광의 빛, 축복의 은혜가 떠나지 않고 충만해서 하나님 앞에 늘 찬송하고 감사와 감격이 끊어지지 않는 삶을 사시기를 주의 이름으로 축원하겠습니다.

2009년 오늘날까지 불통이었지만 주시는 말씀을 통해서 금년 12월 31일까지 형통의 복, 아브라함이 늙었으나 하나님께서 범사에 복을 주셨듯이(창 24:1) 그러한 축복을 받으시기 바랍니다. 그리고 2010년으로 기차같이 연결돼서 그 나라 갈 때까지 끊어지지 않고, 가정과 직장과 사업마다, 온 가족이 얼굴이 밝아지는 역사가 있기를 주의 이름으로 축원하겠습니다.

요한계시록 6:12-13에 마지막 때 해가 총담(驄毯)같이 검어지고 달이 피같이 된다고 말씀하고 있습니다. 그러나 우리 말씀 받은 평강의 식구들은 그 나라 갈 때까지 태초의 말씀에서 떠나지 않고 말씀을 마음속에 간직해서, 말씀대로 축복받고 말씀대로 살고 말씀대로 일하다가 말씀대로 천국에 입성하게 해 주실 줄 믿습니다. 일이 안되고 답답하고 막막한 가정들, 하나님께서 말씀의 큰 빛을 보내어 모든 어둠을 내쫓아 주시고, 말씀의 충만함을 허락해 주시고 하나님의 은혜가 식구마다 머리 위에 머물게 하여 주시기를 간절히 소원합니다.

주님을 맞이하는 성탄절, 지금부터 닷새 동안 만반의 준비를 해서 정말 믿음으로 주님을 마음에 모셔야겠습니다. 마치 2천 년 전구유와 같이 우리 마음을 구유로 삼아서 주님이 탄생하시는 축복이 있으시길 바랍니다. 천국에 갈 때까지 예수님을 놓치지 않고, 잊어버리지 않고, 예수님의 손을 붙잡고 동행하는 역사만이 있으시기를 주의 이름으로 축원합니다.

자기 백성의 죄를 구속하려고 성육신하신 구주(성탄의 본질)

| 누가복음 2:8-14,
  요한복음 1:14

누가복음 2:8-14 "그 지경에 목자들이 밖에서 밤에 자기 양떼를 지키더니 9 주의 사자가 곁에 서고 주의 영광이 저희를 두루 비춰매 크게 무서워하는지라 10 천사가 이르되 무서워 말라 보라 내가 온 백성에게 미칠 큰 기쁨의 좋은 소식을 너희에게 전하노라 11 오늘날 다윗의 동네에 너희를 위하여 구주가 나셨으니 곧 그리스도 주시니라 12 너희가 가서 강보에 싸여 구유에 누인 아기를 보리니 이것이 너희에게 표적이니라 하더니 13 홀연히 허다한 천군이 그 천사와 함께 있어 하나님을 찬송하여 가로되 14 지극히 높은 곳에서는 하나님께 영광이요 땅에서는 기뻐하심을 입은 사람들 중에 평화로다 하니라"

요한복음 1:14 "말씀이 육신이 되어 우리 가운데 거하시매 우리가 그 영광을 보니 아버지의 독생자의 영광이요 은혜와 진리가 충만하더라"

2009년 12월 25일 금요일
성탄예배

자기 백성의 죄를 구속하려고
성육신하신 구주(성탄의 본질)

누가복음 2:8-14, 요한복음 1:14

죄가 얼마나 무서운지, 인류의 말을 다 동원해도 죄의 깊이에 대해서 다 알 수 없습니다. 하나님께서 인류의 시조 아담에게 '에덴동산 안의 각종 나무의 실과는 마음대로 다 먹어. 그러나 중앙에 있는 선과 악을 알게 하는 나무의 실과는 먹지 마라. 먹는 날에는 정녕, 반드시, 결단코 죽는다'고 말씀하셨습니다(창 2:16-17). 창세기 3:1을 볼 때, 들짐승 중에 뱀이 가장 간교(奸巧)하다고 했습니다. 요사스럽고 거짓말해도 양심에 가책받지 않고 눈 하나 깜짝하지 않습니다. 남자는 그래도 의지가 있고 배짱도 있었지만, 여자 혼자 있을 때 뱀이 와서 꼬이기 시작하는데, 열 번 찍어서 안 넘어가는 나무 없죠. 선악과를 따 먹었습니다(창 3:1-6).

창세기 2:22부터 보면, 아담과 하와가 부부인데 옷 하나 입지 않았어도 죄가 없기 때문에 부끄러워하지 않았습니다. 아무리 부부라도 밤에는 괜찮지만 대낮에 다 벗고 왔다 갔다 하면 보기 흉합니다. 선악과를 따먹는 순간, 죄에 대해서 눈이 밝아졌습니다. 죄짓기 전에는 아담과 하와가 죄에 대해서 무식했습니다. 양심에 가책될 것이 없었습니다. 그런데 죄짓고 나니까 가슴이 두근두근하고, 따먹지 말라고 하신 것을 먹었으니 하나님 낯을 뵙기도 두렵고 말이죠. 남편이나 아내나 서로 보기 부끄러웠습니다. 아주 꼴불견이었습니다. 그래서 나무 사이에 숨은 것 아닙니까? 임시방편으로 무화과 이파리로 부끄러움을 가렸습니다(창 3:7-8). 해가 쪼이면 그게 그대로 있겠습니까? 바싹 말라서 거동할 때, 움직일 때마다 이파리가 부서지고 가루가 되는 것이죠.

그 순간 하나님께서 '아담아, 네가 어디 있느냐?' 부르셨습니다. 창조주 하나님께서 모든 것을 다 아시는 분인데, 아담과 하와가 어디 있는지 몰라서 물어보셨겠습니까? 아담이 '내가 벌거벗었으므로 나무 사이에 숨었습니다'라고 했습니다. 하나님께서 '먹지 말라 한 나무 실과를 먹었느냐?' 물어보시자, 아담이 '하나님께서 짝지어 주신 여자가 줘서 먹었습니다'라고 대답했습니다. 남자 여자 모두 죄에 대한 책임을 지지 않고 남자는 여자에게, 여자는 뱀에게 전가한 것입니다(창 3:9-13).

이 죄 때문에 온 인류가 피투성이, 만신창이가 되었습니다. 사기, 협잡, 공갈, 살인, 강도, 도둑질… 사람들이 그렇게 되었습니다. 또 짐승들까지도 사나워졌습니다. 분명히 하나님께서 짐승들한테 '풀이 너희의 양식이 되리라' 하셨는데(창 1:30), 짐승끼리 잡아먹고 사람도 해치고 있지 않습니까?

그뿐입니까? 모든 초목도 저주를 받았습니다. 하나님께서 아담과 하와에게 따먹지 말라고 하신 선악과를 먹으므로 땅이 저주를 받은 바람에 모든 독소가 들어갔습니다(창 3:17). 그러니까 과일이라든가 무엇이 몸에 좋다, 영양가가 있다, 먹으면 기운 뻗친다 해도, 실제 그렇게 됩니까? 며칠은 좋지만 독소가 있어서 결국 늙어갑니다. 모든 세포가 파괴됩니다. 죄짓지 않았으면 수백만 개의 세포들이 그대로 살아 있습니다. 영생불사죠. 인간의 죄로 말미암아 저주받은 땅이 인간에게 가시와 엉겅퀴를 내게 되었습니다(창 3:18). 하나님 말씀을 순종하지 않은 사람 때문에 땅이 저주받고, 땅은 우리에게 죽을 수밖에 없는, 저주스러운 독소를 주는 것입니다. 아무리 좋다는 것을 먹고 영양분을 주사로 맞고 해도, 결말에는 땅의 것을 다 땅에 내놓고 가는 것입니다.

제가 장례식을 많이 지내 봤는데, 원래 사람이 누우면 허리 부분이 바닥에서 한 주먹 들어갈 정도 떠 있습니다. 그런데 숨을 한 번 들이마시고 마지막 내쉬는 순간, 허리가 꺼져서 바닥에 닿게 됩니다. 그러면 운명한 것입니다. 그리고 악취가 나면서 썩게 됩니다. 마지막에는 뼈까지도 만지면 꺾일 정도가 되고, 몇십 년 지나면 다 가루가 되는 것입니다. 하여튼 이 땅에서 마시고 먹은 것은 하나님 나라 가기 전에 다 놓고 갑니다. 하나도 못 가져갑니다.

죄로 말미암아, 행복하다 해도 그 속에 근심이 있다고 했습니다. 잠언 14:13에 "웃을 때에도 마음에 슬픔이 있고 즐거움의 끝에도 근심이 있느니라"라고 말씀하고 있습니다. 로마서 8:19 이하를 보면, 인간이 죄지은 이후로 우주 만물이 탄식합니다. 하나님의 형상을 입은 하나님의 아들이 없기 때문입니다. 다시 말하면, 사람 같은 사람이 하나도 없다는 것입니다. 원래는 만물이 사람 앞에 순종하게 되어 있는데, 순종하지 않습니다. 창조는 하나님께서 하셨지만, 만물의 이름 짓는 것을 아담에게 시키시고, 그가 지은 대로 허락하셨습니다(창 2:19). 그런데 그 만물이 볼 때 하나님의 형상을 입은, 하나님이 인정하시는, 하나님이 좋아하시는 믿음의 아들이 없습니다. 다 사람 같지 않고 짐승 같은 것입니다(시 49:20). 그래서 만물이 우리에게 굴복을 하지 않습니다. 만물이 기뻐하지 않습니다.

그러니까 참되게 하나님을 믿는 사람, 예수님을 믿는 사람이 나타나야 합니다. 아무리 자기가 잘 믿는다 해도 첫째, 하나님께서 아시고. 둘째는 만물이 압니다. 만물이 '저 가짜로 믿고 정직하지 못하고 성실하지 못하고, 날이 가고 달이 가고 해가 가는 가운데 그냥 어영부영하는 송충이, 버러지 같은 놈'이라고 합니다. 하나님께서 만물에게 왜 인간에게 굴복하지 않느냐고 하시면 만물이 '사람 같은 사람이 없습니다. 하나님의 아들이 나타나기 전까지는 우리가 순종하지 않겠습니다' 그러는 것입니다.

　　로마서 8:19-22 "피조물의 고대하는 바는 하나님의 아들들의 나타나는 것이니 ²⁰ 피조물이 허무한 데 굴복하는 것은 자기 뜻이 아니요 오직 굴복케 하시는 이로 말미암음이라 ²¹그 바라는 것은 피조물도 썩어짐의 종노릇한 데서 해방되어 하나님의 자녀들의 영광의 자유에 이르는 것이니라 ²² 피조물이 다 이제까지 함께 탄식하며 함께 고통하는 것을 우리가 아나니"

　　그래서 이 죄를 다 회수하러, 거두러 예수님이 오셨습니다. 근심 걱정, 속상하고 사기당하고 먹지 못하고 집 한 칸 없이 고생스럽고 자녀 공부 못 시키고 그러한 것을 하나님께서 다 아시고, 예수님께 '네가 하나님이지만 사람의 몸을 입고 내려 가서 인류의 죄를 다 걸머지고, 모든 괴로움과 슬픔, 탄식, 살인강도, 나쁜 마음, 다 회수하라. 다 거둬서 십자가에 못을 박아라. 그러면 네가 십자가에 죽지만 내가 살려 줄게' 그렇게 말씀하신 것입니다. 로마서 8:9 이하를 볼 때 하나님께서 예수님을 살리셨습니다.

　　그러면서 인류에게 '너희 죄 때문에 내 아들 죽는 거 다 봤지? 믿어. 너희 죄, 너희가 회개 안 했어. 그러나 예수가 하나님의 강권적인 역사로 너희 죄를 다 인계했어. 믿어! 믿으면 된다' 하시는 것입니다. 그런데 너무 쉬워서 믿지를 못합니다.

오늘 바로 하나님께서 사람으로, 아기 예수로 이 땅에 오셨습니다. 그리고 자기 생명을 주셨습니다. 우리 때문에 처참하게 발길질 당하고, 귓방망이 쥐어 맞고, 채찍으로 얻어맞고, 멸시당하고, 굶고, 헐벗고, 고생 많이 하셨습니다. 그런데 나 때문에 오신 그분 대접하는데, 봉투에다 몇 푼 넣고 그것도 아까워서 계산하고 말이죠. 여러분 외아들이 있다면 그렇게 하겠습니까? 회개하세요. 회개도 못 하겠습니까? 하나님은 우리가 예수님의 이름으로 믿고 회개하면 죄를 다 사해 주시고, 우주 만물을 다 합해서 바치는 것보다도 진정으로 우리 마음속에 아기 예수를 탄생시키기를 원하신다는 것을 알아야 하겠습니다.

말씀이 육신이 되어 우리 가운데 거하시매

2천 년 전 유대 땅 베들레헴에 예수님이 오셨습니다. 예수님의 부모가 가난하죠. 호적하러 베들레헴에 왔는데 여관방이 없었습니다 (눅 2:7). 여관 주인이 나와서 쓱 보니까 예수님의 부모 옷 입은 꼴이 벌써 거지 같아요. 지체 높은 사람 같았으면 '방은 없지만 내 안방 쓰십시오' 했겠죠. 장관이나 부자가 얘기했으면 주인이 그 손님을 놓치겠습니까? '나는 건넌방에 잘 데 있습니다' 했을 것입니다. 젊은 여자가 배는 함지박만 하지, 늙은 남자는 옷도 냄새가 날 정도입니다. '방 없어요! 딴 데 가 보세요' 그렇게 문전박대 당하다가, 배 속에 있는 아기가 쏟아지려고 합니다. 보니까 헛간이 있는데 벽도 없습니다. 거기 짐승 먹이는 밥통, 구유가 있습니다. 부잣집 같으면 양단 이불은 아니라도 좋은 포대기나 이불이 있을 텐데, 커다란 보자기 하나로, 아기를 낳아서 탯줄도 제대로 끊지 못한 채 둘둘 말아서 구유에 뉘었습니다.

본문 누가복음 2:8 이하 말씀을 볼 때, 하나님께서 천사를 통해서 목자들에게 '다윗의 동네에 메시아가 나신다고 선지자가 예언했는데, 가 봐라. 구유에 누워 있는 아기가 너희에게 표적이 되리라' 하고 알려 주셨습니다. 증표가 된다는 것이죠. 그리고 난데없이 천군 천사가 한둘이 아니라 수백만이 나타나서 "지극히 높은 곳에서는 하나님께 영광이요 땅에서는 기뻐하심을 입은 사람들 중에 평화로다"라고 하늘이 진동할 정도로 우렁차게 찬송을 부르는 것을 목자들이 보았습니다. 그리고 '빨리 가 보자' 하면서 베들레헴으로 갔습니다(눅 2:15-17).

목자들이 천사의 음성을 듣고 진심으로 놀랐죠. 메시아를 믿고 기다린다고 하는 종교 지도자들은 천사의 음성을 듣지 못했습니다. 대제사장은 제사장들의 우두머리입니다. 신학 교수인 서기관, 유사, 장로와 같이 당시 사회를 좌지우지하는 사람들은 하나도 없었습니다. 이방 사람으로 별 보고 점 치는 점성술사들, 그리고 가난한 목자들이 있었습니다. 양 몇 마리 가지고 젖을 짜서 팔고 양 새끼 쳐서 남으면 팔고, 평생 집 한 칸 없이 허허벌판에서 천막 치고 사는 사람들입니다. 하나님께서 그런 사람들에게 나타나셨습니다.

그러니 내로라하는 부자, 권력자, 왕이라든가 장관, 그분들이 꿈엔들 알기나 했습니까? 소문은 들었는데, 그래도 유능하고 지식 있고 명예 있고 지위 있고 돈 좀 있는 사람이 말하면 믿겠지만, 목자들의 말을 사람들이 듣겠습니까?

나사렛은 가진 것 없는 사람들이 사는 동네인데, 거기서 예수님이 30년 동안 민초같이 묻혀 사셨습니다. 가난한 목수의 아들입니다. 사람들이 예수님의 동생들을 다 봤습니다. 가난한 집에 자식이 많습니다. 벌써 아들만 해도 넷이고 딸이 또 몇 있죠. 그런데 난데없이 예수께서 '내가 하나님의 아들이다. 나는 아버지 없이 성령으로 났다' 하시니까, 사람들이 '네가 날 때부터 동네에서 다 봤어. 너희 어머니 아버지 다 아는데 어째서 하늘에서 내려왔다고 하느냐?' 그랬습니다. '너 학교도 못 다니고 배우지 못했는데, 누구한테 주워듣고 우리를 가르치느냐? 말씀에 권세가 있고 능력이 있다는데 참 기이하다' 그랬습니다. '너 떠들어 봤자 가난뱅이 목수의 아들이야' 그랬습니다.

마태복음 13:54-56 "고향으로 돌아가사 저희 회당에서 가르치시니 저희가 놀라 가로되 이 사람의 이 지혜와 이런 능력이 어디서 났느뇨 ⁵⁵ 이는 그 목수의 아들이 아니냐 그 모친은 마리아, 그 형제들은 야고보, 요셉, 시몬, 유다라 하지 않느냐 ⁵⁶ 그 누이들은 다 우리와 함께 있지 아니하냐 그런즉 이 사람의 이 모든 것이 어디서 났느뇨 하고"

마가복음 6:2-3 "안식일이 되어 회당에서 가르치시니 많은 사람이 듣고 놀라 가로되 이 사람이 어디서 이런 것을 얻었느뇨 이 사람의 받은 지혜와 그 손으로 이루어지는 이런 권능이 어찌됨이뇨 ³ 이 사람이 마리아의 아들 목수가 아니냐 야고보와 요셉과 유다와 시몬의 형제가 아니냐 그 누이들이 우리와 함께 여기 있지 아니하냐 하고 예수를 배척한지라"

요한복음 6:42 "가로되 이는 요셉의 아들 예수가 아니냐 그 부모를 우리가 아는데 제가 지금 어찌하여 하늘로서 내려왔다 하느냐"

요한복음 7:15 "유대인들이 기이히 여겨 가로되 이 사람은 배우지 아니하였거늘 어떻게 글을 아느냐 하니"

그런데 주의 사자가 말하지 않았습니까? 이사야 7:14에 기록돼 있죠? 남자 없이 처녀가 아들을 낳는다고 예언했습니다. 마리아와 요셉은 약혼하고 나서 관계도 안 했는데 마리아의 배가 갑자기 불러오거든요. 사람들에게 말했다 하면 데려다가 돌로 쳐 죽이게 돼 있습니다. 젊은 여자가 불쌍하죠. 그래서 요셉이 '내가 끊으면 됐지' 하고 가만히 끊고자 했는데, 하나님께서 천사를 통해서 '요셉아! 두려워하지 마라. 네 약혼한 여자 배 속에 있는 아기는 어느 사람과 관계해서 된 것이 아니라 성령을 통해서 된 것인데, 이사야 선지자가 700여 년 전에 예언한 것이 이 땅에 이루어지기 위해서, 인류를 구원하기 위해서 그렇게 한 것이다. 너희 집에 데려오기를 두려워하지 말아라' 말씀해 주셨습니다. 깨 보니까 꿈이에요. 요셉이 그것을 믿었습니다. 그리고 마리아를 데려와서 예수님 낳기 전까지는 절대 관계를 하지 않았다고 기록돼 있잖아요? 옆에 가지도 않고 만지지도 않았습니다(마 1:18-25).

한 가지 신기한 것은, 예수님께서 나시기 6개월 전에 예수님의 길잡이로 세례 요한이 태어났습니다(눅 1:26, 36). 예수님의 어머니 마리아가 계시를 받고 세례 요한의 어머니 엘리사벳을 만나러 갔는데, 그 배 속에서 아기가 막 뜁니다. 엘리사벳이 '하나님, 6개월밖에 안 된 이 아기가 배 속에서 요동합니다. 이게 뭡니까?' 하는 가운데 '인류의 구세주 메시아를 잉태한 마리아가 오니, 메시아를 보고 경배하고 좋아서 춤추는 것이다' 그렇게 알려 주셔서 놀랐던 것입니다(눅 1:41-44).

마리아가 아기를 낳을 때가 됐는데, 마침 가이사 아구스도가 영을 내려서 유대 민족은 자기 고향으로 돌아가서 다 호적하라고 했습니다. 외국에 있던 유대인들도 다 고국에 돌아갑니다. 마리아와 요셉도 베들레헴 사람이기 때문에 호적하러 갔죠. 그때 아기를 낳은 것입니다(눅 2:1-7).

가정마다 어두운 문제가 있죠. 아무리 부부지간에 사이가 좋은 척해도 갈등이 있습니다. 동네 사람들은 모르고 '저 집은 원앙 부부야' 하지만, 실은 속이 상하고 있죠. 아내가 남편 믿지 못해도 믿는 척하고, 남편이 아내 좋아하지 않아도 좋아하는 척하는 그러한 갈등이 있습니다. 또 시기, 질투, 금전 문제 때문에 형제간에 의가 끊어집니다. 형제도 어렸을 때 가깝지, 결혼해서 자기 아내와 자식들이 있게 되면 부모 슬하에서 철없이 자라던 때와 같지 않습니다. 물질적으로 형제 도와줬다가 아내가 어떻게 살려고 그러냐면서 입방아 찧을까 봐 두려워서 도와주지도 못하잖아요? 전쟁은 전부 시기, 질투, 욕심 때문에 생기는 것입니다.

우리는 미래를 겪어 봐야 알잖아요? 예를 들어 말하면, 2010년 정월에 무슨 일이 생길지 모릅니다. 2월에 여러분 가정에 무슨 일이 있을지, 우환질고가 생길지 모르잖아요? 그런데 하나님은 거기까지 다 갔다 오셔서 아시고 우리에게 걱정하지 말라고 하십니다. 가지 말라고 하면 호기심에 더 가고프죠. 하나님께서 아시고 가지 말라고 하시는 것입니다. 오늘 하나님이신 예수님께서 모든 인간의 우수사려, 근심 걱정, 눈물 나는 것, 괴로운 것, 전부 '구원'이라는 보자기에 거두러 오셨습니다.

오늘 예수님을 맞이하되, 무식해서 창조주 되시는 하나님을 몰라보면 안 됩니다. 대지주가 자기 땅 소작인의 집에 갔는데, 그 집 아버지가 나가고 없습니다. 그 집 아들딸, 며느리는 지주가 누군지 모르기 때문에, 지주가 '밥 좀 해 줄 수 있소?' 하니까 '때가 어느 때인데 밥을 달라고 합니까? 덩치는 커 가지고, 멀쩡하게 생겼구먼. 바빠서 못 해 줍니다' 그랬습니다. 소작인이 시내 갔다 와 보니까 지주가 집에 와 있는데 자기 식구들이 함부로 대했거든요. 놀라 가지고, 우리 아들딸들이 몰라서 그랬으니 용서해 달라고 할 때, 지주를 막 대하던 그 가족들 마음이 어떻겠습니까? 예수님께서 다 알고 오시는 거예요.

우리가 몇 년을 살았든지 간에 오늘까지 정성 다해 집중적으로 예수님을 믿지 못하고, 기도도 못 하고, 또 성경 보지도 않고 교회 생활 충성도 못 하고, 가정생활도 어영부영했습니다. 힘써 땀을 흘려서 먹으라 했는데 땀 흘리지 않고 남의 주머니에 있는 돈을 노리고 거짓말해서 내 주머니에 넣는 세상이잖아요? 그러한 것들을 오늘 예수께서 다 거두러 오셨습니다.

여러분, 걱정하지 말고, 오늘날까지는 답답하고 서럽고 괴롭고 부끄럽고 창피한 일이 많았지만, 오늘부터는 다 예수님을 마음속에 모시기 바랍니다. 생명의 주, 영원한 하나님이 아기 예수가 되어 우리 마음 가운데 믿음으로 탄생하시기만 하면 자손만대 여러분 가문이 복을 받을 줄 믿습니다. 정말 여러분의 아들딸들이 나이가 자라고 키가 자랄 때 믿음과 지혜가 자라서, 하나님께서 제일 기뻐하시는 큰 믿음으로 부모 앞에 효도하고, 가문을 빛내고, 나라와 민족에 충성하고, 교회에 헌신 봉사하는 귀한 하나님의 자녀들이 되기를 주의 이름으로 축원하겠습니다.

자기 백성을 저희 죄에서 구원할 자

오늘 예수께서 이 땅에 나심을 축하하고 있는데, 자기 백성의 죄를 구속하려고 말씀이 육신이 되어 오신 것이 바로 성탄의 본질입니다. 말씀이 사람이 되셨습니다. 그분이 죄를 해결하러 오셨죠. 죄를 다 없애러 오셨습니다. 죄라는 것을 근본적으로 멸하러 오셨습니다. 죄를 아예 깨끗이 멸망시키는 것입니다.

요한일서 3:5 "그가 우리 죄를 없이하려고 나타내신 바 된 것을 너희가 아나니 그에게는 죄가 없느니라"

요한일서 3:8 "죄를 짓는 자는 마귀에게 속하나니 마귀는 처음부터 범죄함이니라 하나님의 아들이 나타나신 것은 마귀의 일을 멸하려 하심이니라"

그래서 예수님만이 우리의 참위로자이며 참친구이고 참그리스도이며, 그분만이 우리를 살리십니다. 예수님을 믿어야 합니다. 예수님만이 길입니다. 천국 가는 길, 하나님 아버지와 직통하는 길입니다. 그분의 말씀만이 진리요 참입니다. 또 예수님만이 생명입니다. 우리가 죽을 수밖에 없는 것, 곧 사망을 다 거둬서 멸망시키러 오셨습니다. 그리고 영원히 살 수 있는 새 생명을 말씀으로 주십니다. 얼마나 감사합니까?

요한복음 14:6 "예수께서 가라사대 내가 곧 길이요 진리요 생명이니 나로 말미암지 않고는 아버지께로 올 자가 없느니라"

본문 누가복음 2:11에 "너희를 위하여 구주가 나셨으니"라고 말씀하고 있는데, 여기서 '구주'는 헬라어로 '소테르'(σωτήρ)입니다. 비참한 상태에서 구속해 주시는 '구세주'입니다. 메시아, 그리스도, 그분만이 우리의 구세주이십니다.

이 땅에서 부부지간으로 40-50년 살아도 피차에 울타리 없이 마음 터놓고 다 얘기합니까? 얘기했다가는 오해하고 괜한 구실 될까봐 말 안 하고 살고 있지 않습니까? 예수께서 답답하셔서 '너희 부부끼리도 말 못 하지 않냐? 숨길 것 숨기고 있지 않냐? 내가 참신랑이다' 하셨습니다. 예수님이 신랑이고 인류는 남자든 여자든 전부 다 신부입니다. 하도 믿지 못하는 바람에 비유로 '내가 신부를 취하러 왔으니, 너희는 나한테 시집오면 돼' 그렇게 말씀하셨습니다(요 3:29, 계 19:7-8, 21:2, 9).

예수님께 몰래 죄지은 것을 다 고백합니다. '창조주 하나님께는 벌거벗은 몸과 같이 다 드러난다고 했는데(히 4:13), 제가 이러한 죄를 지었는데 몰랐습니다' 하면, 예수께서 '안심하라. 내 말로 네 죄 사했다'고 말씀해 주십니다. 성경 말씀이 거짓말입니까? 얼마나 좋아요? 세상 아내나 남편은 '오만 짓 다 하고 와서 무슨 낯짝으로 울면서 죄 사해 달라고 그래? 가서 그 사람이랑 살아!' 그러면서 죽을 때까지 용서 안 합니다. 용서했다 해도 속으로 '진짜 용서했을까?' 하는 쓸데없는 근심에 사로잡혀서, 평생 살아가는 가운데 이맛살이 찌푸려집니다. 걱정 많이 하고 마음이 불안하면 암에 걸립니다. 병의 원인이 근심이에요(잠 17:22, 18:14). 큰일 납니다. 예수님께서 우리 죄를 사해 주시고 마귀를 멸하기 위해서 오셨다니 그저 감사뿐입니다.

그런데 우리는 대개 성탄절 하면 천사들의 낭만적인 합창, 평화스러운 마구간을 생각합니다. '동방박사들이 가져온 화려한 황금과 유향과 몰약, 그것 갖다 팔면 몇천만 원 될 텐데…' 하는 어리석은 생각을 합니다. 그러나 사실 그 밤은 우리가 생각하는 것처럼 평안한 밤이 아니었습니다. 헤롯왕이 유대인의 왕을 찾는 동방박사들에게 '가서 경배하고 와서 그 장소를 알려 달라' 하고는 군인들을 동원해서 완전무장시켜 놓고 있는데, 동방박사들이 돌아오지 않거든요. 하나님께서 그들에게 '헤롯왕한테 가지 마라. 그놈은 살인자라! 다른 길로 고향에 돌아가라' 알려 주셔서 다른 길로 고국에 돌아갔습니다(마 2:1-12). 헤롯왕이 '박사들한테 속았구나' 하고 '베들레헴 일대 두 살 이하 사내아이들을 다 목 자르고 처참하게 죽여!' 그렇게 지시했습니다.

마태복음 2:16 "이에 헤롯이 박사들에게 속은 줄을 알고 심히 노하여 사람을 보내어 베들레헴과 그 모든 지경 안에 있는 사내아이를 박사들에게 자세히 알아본 그때를 표준하여 두 살부터 그 아래로 다 죽이니"

갓난아기들이 무슨 죄가 있습니까? 몇 대 만에 손자 본 가정도 있을 텐데 두 살 이하 아들들을 난도질했으니, 한두 집도 아니고 피가 강을 이룰 정도였습니다. 그 아버지, 어머니, 집안이 전부 통곡입니다. 일찍이 예레미야가 600여 년 전에 예언한 것 아닙니까? 메시아가 나시면 피비린내가 나게 된다고, 라마의 통곡 소리가 들린다고 했습니다.

예레미야 31:15 "나 여호와가 이같이 말하노라 라마에서 슬퍼하며 통곡하는 소리가 들리니 라헬이 그 자식을 위하여 애곡하는 것이라 그가 자식이 없으므로 위로받기를 거절하는도다"

마태복음 2:17-18 "이에 선지자 예레미야로 말씀하신 바 [18] 라마에서 슬퍼하며 크게 통곡하는 소리가 들리니 라헬이 그 자식을 위하여 애곡하는 것이라 그가 자식이 없으므로 위로받기를 거절하였도다 함이 이루어졌느니라"

이스라엘 백성을 바벨론에 포로로 잡아갈 때 라마라는 지역에 다 집합시켰습니다(참고·렘 40:1). 반대하는 자들의 목을 자르고, 눈알을 빼고, 손발 자르고…, 아들 잡혀가는 것을 보고 있던 가족들까지 끌고 갔습니다. 아주 살벌하기 짝이 없었습니다. 라헬이 아들을 못 낳아서 위로받기를 거절했잖아요? 그 예언대로 됐습니다. 안 맞은 것이 없습니다.

헤롯왕이 자기 자리 뺏길까 봐 두려움에 군사를 동원해서 베들레헴 일대 두 살 이하의 사내아이들을 다 죽여 놨으니, 독자밖에 없거나 딸만 낳다가 옥동자를 낳은 집도 있을 텐데, 그렇게 대가 끊어진 집안도 있을 것이고, 온 가족의 마음을 어둡게 하고 소망이 끊어지게 만든 것입니다.

가진 자, 권세 있는 자들은 방이 있죠. 예수님은 방이 없습니다. 만일 여러분이 사정이 어려워서 집에서 쫓겨나는 상황에 만삭이 돼서 친정이나 시댁에 연락했더니 '누구 애인지 알게 뭐냐? 길거리에서 낳든가 강에 팽개치든가 해라' 그러면서 냉대해 보세요. 먹을 게 있습니까? 아기 낳아서 닦을 수 있는 핏걸레가 있습니까? 배는 점점 아프죠. 소독약도 있어야 되고, 가위도 있어야 아기가 나오면 탯줄을 한 뼘 재서 잘라서 묶을 텐데, 준비 안 돼 보세요. 아기 예수 낳은 산모 마리아, 고통스럽습니다. 하다못해 미역국을 따끈하게 끓여서 밥도 좀 되지 않게 해서 참기름 몇 방울 쳐서 산모한테 먹여야 몸이 풀어지잖아요? 그런 것도 없습니다.

그런데 하나님의 계시가 왔습니다. '요셉아, 마리아야, 빨리 핏덩어리 안고 애굽으로 도망가서, 내가 부를 때까지 애굽에 있어라. 아기를 찾아서 죽이려 하는 살인자들이 곧 닥친다'고 지시하셨습니다.

마태복음 2:13 "저희가 떠난 후에 주의 사자가 요셉에게 현몽하여 가로되 헤롯이 아기를 찾아 죽이려 하니 일어나 아기와 그의 모친을 데리고 애굽으로 피하여 내가 네게 이르기까지 거기 있으라 하시니"

산모가 애 낳자마자 걸을 수 있어요? 33일 돼야(참고-레 12:4) 골반뼈, 자궁 벌어진 것이 서서히 아무는 거예요. 산후조리 잘 못하면 평생 고생합니다. 남편들은 알아야 돼요. 애 낳고 사흘이 지났는데도 아프다고 핑계대고 드러누워 있다고 그렇게 말하면 안 됩니다. 사람이, 생명이 나오는데 몸이 그대로 있습니까? 다 터지고 째지고, 또 골반뼈가 벌어져 있습니다. 제자리로 가야 할 거 아닙니까? 제가 아기를 받아 봐서 압니다. 그러니 아기를 낳자마자 몇 시간도 안 돼서 애굽으로 피난 갈 때, 애굽이 무슨 이웃집입니까? 몇백 리입니다!

아기 예수 낳을 때의 그 과정을 볼 때, 나 때문에, 내 생명을 살리기 위해서 오신 예수님께서 그렇게 고생하셨습니다. 그것도 모르고 쉽게 '기쁘다 구주 오셨네' 부르면 되겠습니까? 우주 만물을 창조하신 주인이 자기 땅에 오셨습니다. 그런데 자기 땅이 영접하지 않고 냉대해서 내쫓았던 것입니다(요 1:11).

임마누엘, 하나님이 우리와 함께 계시다

성탄의 최대 소식은 '임마누엘'입니다. 임마누엘의 뜻은 하나님께서 인간, 우리와 함께 계신다는 것입니다.

마태복음 1:23 "보라 처녀가 잉태하여 아들을 낳을 것이요 그 이름은 임마누엘이라 하리라 하셨으니 이를 번역한즉 하나님이 우리와 함께 계시다

함이라"

대통령이 이러니저러니 해도 여러분 집에 전화해서 '댁의 집에서 한 3일 동안 쉬어야겠습니다' 해 보세요. 놀라죠. 반대하는 국민이 있는가 하면 좋아하는 국민도 있겠지만, 일국의 대통령이 3일 동안 신세 지게 되면 가만있겠습니까? 여러분의 직장 상사가 여러분 집에 함께 계셔 보세요. 아침에 일 나가려고 할 때 지체 높은 총책임자가 '나가지 말고 나와 같이 있자. 내가 잘 말해 줄게' 한다면 100% 믿지 않겠습니까? 하물며 하나님께서 '너와 함께 있겠다' 하시는데, 이래도 기쁜 소식이 아닙니까?

이사야 선지자는 700여 년 전에 그걸 바라보고 하루같이 믿었습니다. 우리는 예수 믿은 지 700년 됩니까? 몇 년, 몇십 년밖에 안 되는데도 믿지 못하잖아요. 가난한 집에 제사 돌아오듯이 '벌써 크리스마스가 됐어?' 그래서는 안 됩니다. 영원히 죽을 수밖에 없는 우리에게 생명을 주셔서 죽지 않게끔 해 주셨는데, 봉투에다 몇 푼 넣으면서 계산할 수가 있습니까?

말씀이 육신이 되어 우리 가운데 거하신다는 자체가 얼마나 복입니까? 예수님은 말씀대로 오시고, 말씀대로 일하시고 사시고, 말씀대로 우리를 구원하셔서 죽지 않게 하셨습니다. 하도 걱정할까 봐 예수께서 '내가 십자가에 달려서 죽는다. 잠깐 하늘에, 아버지께 가서 내가 할 일이 있어' 하시자 제자들이 눈이 동그래졌습니다. 예수님이 '너희들을 위해서 천국에서 있을 곳을 예비한 다음에 다시 와서 너희들을 데리고 가겠다' 하셨습니다. 얼마나 자상하십니까? 얼마나 세밀하십니까?

요한복음 14:1-3 "너희는 마음에 근심하지 말라 하나님을 믿으니 또 나를 믿으라 ²내 아버지 집에 거할 곳이 많도다 그렇지 않으면 너희에게 일렀으리라 내가 너희를 위하여 처소를 예비하러 가노니 ³가서 너희를 위하여 처소를 예비하면 내가 다시 와서 너희를 내게로 영접하여 나 있는 곳에 너희도 있게 하리라"

제자들이 너무 근심에 싸이니까 예수께서 '내가 죽었다가 사망의 권세를 깨뜨리고 3일 만에 부활할게'라고 말씀하셨습니다(마 17:22-23, 20:19). 예수님이 가짜면 살아나지 못하죠. 예언대로 부활하신 것 아닙니까? 부활하신 후 40일 동안에 자그마치 열한 번 나타나시고, 마지막에 500여 명이 일시에 보는 데서 나타나셨습니다(행 1:3, 고전 15:4-8).

예수님 말씀을 믿지 못하고 두 제자가 자기 고향 엠마오로 가는데, 주께서 아시고 나타나셨습니다. 어디로 가냐고 물으시니까 '고향에 갑니다. 예루살렘에서 사건이 일어났는데, 나사렛 예수란 사람이 구세주로 나라를 구할 줄 알았더니 처참하게 십자가에 못 박혀 죽었습니다. 그분을 믿고 따르다가 가족, 친척, 동네 사람들로부터 오해를 많이 받았는데, 3년 만에 이제 할 수 없이 고향으로 갑니다' 그랬습니다. 그때 예수께서 길에서 구약성경을 쫙 풀어 주셨습니다.

말씀하는 동안에 제자의 집에 다 왔습니다. 예수께서 일부러 더 가려는 척하시니까, 제자들이 날도 저물었는데 집에서 쉬고 가시라고 붙잡았습니다. 예수께서 못 이기는 척 들어가시자 밥상이 나왔는데 예수님은 없어졌습니다. 놀란 두 제자가 '길거리에서 말씀을 풀어 주실 때 우리 마음이 뜨겁지 않더냐?' 하면서 밥도 안 먹고, 예수님이 부활하실 것이라는 얘기는 그동안 들었겠다, 예루살렘으로 다시 간 것 아닙니까? 예수님을 봤다고 하니까 사방에서 다들 봤다고 하는 거예요(눅 24:13-35).

예수님의 제자들이 한 방에 앉아 있을 때, 예수께서 문을 열지도 않고 그냥 벽으로 쑥 들어오셨습니다. 부활하신 신령한 몸 아닙니까? "너희에게 평강이 있을지어다", "너희에게 평강이 있을지어다" 마지막에 "너희에게 평강이 있을지어다" 세 번 말씀하셨습니다.

다른 제자들은 다 부활하신 예수님을 봤는데, 도마는 8일 동안 보지 못했습니다. '내 손으로 십자가에 못 박히신 자리 구멍 난 것 만져 보고 가시관에 이마 찔린 것, 창에 옆구리 찔린 것 만져 보기 전에는 믿지 않겠다' 그랬습니다. 여드레 지각생 도마까지 다 있을 때 예수께서 오셔서 '도마야! 너는 못 자국, 창 자국 보기 전에는 믿지 않겠다고 했지? 와서 만져 봐라' 하셨습니다. 도마가 놀라서 보니 상처가 있거든요. 그러면서 예수께서 '너는 나를 보고 믿지만, 보지 못하고 믿는 자가 복 있다. 제발 믿지 못하는 자가 되지 말고 믿는 자가 되라'고 말씀하셨습니다(요 20:19-27). 제자들에게 영광의 소망을 주신 것이죠.

제가 이렇게 말씀하는 것은, 우리도 구세주를 진짜 마음 가운데 모시고 하나님이 나의 죄를 없애기 위해서 오셨다는 것을 믿어야겠습니다. 그분은 죄를 알지도 못하시는 분입니다(고후 5:21, 히 4:15). '내 죄를 거두러 오셨구나! 내가 믿으면 되겠다' 해서 믿으면, 나 때문에 십자가에 달리신 주께서 죄를 도말하심으로, 내 죄가 십자가에 못 박혀 다 없어지는 것입니다. 이렇게 좋은 날인데 '좋은 소식, 기쁜 소식' 아닙니까? 믿으시기를 주의 이름으로 축원합니다.

고린도전서 15:3-4 볼 때, 예수님은 하나님의 예언대로 오셨습니다. 말씀대로 나시고 말씀대로 사셨습니다.

고린도전서 15:3-4 "내가 받은 것을 먼저 너희에게 전하였노니 이는 성경대로 그리스도께서 우리 죄를 위하여 죽으시고 ⁴ 장사 지낸 바 되었다가 성경대로 사흘 만에 다시 살아나사"

창세기 3:15에 예언된 대로 여자의 후손이 원수 사단의 머리를 깨부수기 위해서 오셨습니다. 우리를 죄짓게 한, 인류의 시조 아담과 하와를 꾄 옛 뱀, 사단, 마귀의 대가리를 말씀의 철장으로 깨부수기 위해서 예수님이 오셨다고 했습니다(시 2:9, 계 2:27, 12:9).

예수님 탄생의 시기는, 다니엘 9:24-25에 "왕이 일어나기까지 일곱 이레와 육십이 이레가 지날 것이요"라고 예언된 대로 오셨습니다. 그리고 예수님이 어디서 나셨느냐? 유대 땅 가운데 베들레헴, 미가 5:2에 기록된 대로 베들레헴에 틀림없이 나셨습니다.

다니엘 9:24-25 "네 백성과 네 거룩한 성을 위하여 칠십 이레로 기한을 정하였나니 허물이 마치며 죄가 끝나며 죄악이 영속되며 영원한 의가 드러나며 이상과 예언이 응하며 또 지극히 거룩한 자가 기름 부음을 받으리라 ²⁵ 그러므로 너는 깨달아 알찌니라 예루살렘을 중건하라는 영이 날 때부터 기름 부음을 받은 자 곧 왕이 일어나기까지 일곱 이레와 육십이 이레가 지날 것이요 그때 곤란한 동안에 성이 중건되어 거리와 해자가 이룰 것이며"

미가 5:2 "베들레헴 에브라다야 너는 유다 족속 중에 작을찌라도 이스라엘을 다스릴 자가 네게서 내게로 나올 것이라 그의 근본은 상고에, 태초에니라"

예수님 탄생의 표시는, 이사야 7:14 말씀대로 처녀에 의해서 한 아기로, 남자 없이 나셨습니다. 얼마나 귀합니까? 이것이 표적이라고 했습니다. 이새의 줄기에서 싹이 난다고 했습니다.

이사야 7:14 "그러므로 주께서 친히 징조로 너희에게 주실 것이라 보라 처녀가 잉태하여 아들을 낳을 것이요 그 이름을 임마누엘이라 하리라"

이사야 11:1 "이새의 줄기에서 한 싹이 나며 그 뿌리에서 한 가지가 나서 결실할 것이요"

깜짝 놀랄 일이죠. 메시아의 비참한 탄생과 비천한 삶에 대한 예언입니다. 누가 알아주지 않습니다. 엄동설한에 눈비 다 맞고, 누가 쳐다보지도 않습니다. 메시아가 오실 때의 암울한 시대상을 말하는 것입니다. '이놈의 나무줄기가 걸어가는데 발에 걸리고 그래' 하면서 줄기를 잡아서 꺾어 팽개쳐 버립니다. 불쌍하죠. 베어서 버리면 말라 꼬드러지는 그러한 신세입니다. 인간의 생각으로는 생명의 기운을 조금도 그 줄기에서 찾을 수가 없습니다. 절망적인 비참한 형편입니다. 이스라엘 백성이 70년 간 포로지에서 고초와 수치를 겪고 본국으로 돌아왔지만, 회복은커녕 헬라 혹은 로마 제국에 또 멸시 천대를 당하면서 살 수밖에 없는 것입니다.

'한 싹'은 새롭게 돋아나는 어린 싹이죠. 장차 오실 메시아가 외관상 사람들 보기에 주목을 끌려야 끌 수 없다는 것입니다. 갈라디아서 4:4을 볼 때 '때가 차매' 하나님이 이 땅에 오셨습니다. 그런데 오실 때 갑자기 땅이 뒤집어지거나 우물이 옆으로 옮기거나 그랬습니까? 다 그대로 있었습니다. 예수님 나실 때 해가 떴다 졌다 하는 것도 그대로였습니다.

　구속사 시리즈 제4권을 통해서 솔로몬 성전이 건축된 지 3천 년 만에, 그 건축 기간이 6년 6개월이라고 발표했습니다. 주전 966년에 성전을 짓기 시작했고, 예수님 이후 2천 년 됐으니까 3천 년 만에 처음으로, 세계적인 신학자 34명이 모두 7년 6개월이라고 주장했던 것을 사실은 6년 6개월이라고 밝힌 것이 신문에 다 났습니다. 그렇다고 해서 우리 교회 마당에 있는 '너희에게 평강이 있을지어다' 새겨진 기념비가 옆으로 눕거나 거꾸로 되겠습니까? 그대로 있죠.

　예수께서 "엘리야가 이미 왔으되 사람들이 알지 못하고 임의로 대우하였도다"라고 하셨습니다. '너나 나나 똑같은 사람이야' 하면서 임의로 대우했다고 하셨습니다. 마찬가지로 '엘리야를 모르는데 난들 알아보겠느냐? 나도 고난 받고 십자가에 달려서 인류의 구세주로 죽을 수밖에 더 있느냐?' 하신 것입니다(마 17:12).

　예수님께서 제자들을 모아 놓고 십자가 이틀 앞두고 '너희는 나를 봄으로 복이 있다'고 말씀하셨지만, 예수님을 쳐다봐야 빵이 나옵니까, 뭐가 나옵니까? "너희 눈은 봄으로, 너희 귀는 들음으로 복이 있도다 ¹⁷ 내가 진실로 너희에게 이르노니 많은 선지자와 의인이 너희 보는 것들을 보고자 하여도 보지 못하였고 너희 듣는 것들을 듣고자 하여도 듣지 못하였느니라"라고 하셨지만(마 13:16-17), 제자들은 수캉아지 모양으로 눈만 껌벅껌벅했지 예수님 붙잡고 '옳습니다' 그랬습니까? 더는 말씀하시지 않았습니다. '예수님 밤낮 봐 봤자 쫓겨 다니고 사람들이 이단이라고 죽이려고 하니, 예수님 따라다니면서 고생만 하고 먹지도 못하고 옷도 제대로 빨아 입지 못하고 냄새나는데 복이 무슨 복이냐'라고 생각했습니다. '사람들이 예수님을 알아보고 대접하고 헌금도 바치고 하면 좀 먹고 살 텐데, 며칠 만에 한 번씩

밥 먹고 하니, 따라다니면 뭐해?' 그렇게 생각했습니다.

오죽하면 예수님이 '나한테 냉수 한 그릇만 줘도 상을 잃지 않겠다'(막 9:41)고 하셨겠습니까? 요한복음 9장을 볼 때, 예수님께 냉수라도 주면 예수 믿는 죄가 돼서 교회에서 추방당합니다(요 9:22). 예수님께 물 주면 예수 시인하는 죄가 되니까 예수님 지나가시면 다 문 닫고 외면합니다. 거리에서 몇 사람 모이면 '내가 이 땅에 온다고 한 메시아요. 나 믿으면 죽지 않고 삽니다' 하시니까 '우리 조상 아브라함도 죽었어. 네가 아브라함보다 높아? 그러니까 밤낮 욕먹고 다니지. 소문 들으니 너희 집 가난하고 돈도 없다던데. 남의 집 문짝이나 고쳐 주는 목수라고 그러더라. 대추가 다닥다닥 붙어 있듯이 가난한 집에 애는 많아서 먹고 살기도 바쁘겠다. 집에 가서 부모 받들고 동생들 먹여 살려야지, 밤낮 무식한 열두 명 데리고 다니면서 메시아다, 구세주다 하느냐?' 그러면서 모이지 않습니다. 예수님이 그러한 삶을 사셨습니다. 떠나시고 보니까 진짜 메시아 아닙니까? 사복음서를 볼 때 예수님이 어떤 분인지 자세히 기록돼 있습니다.

요한복음 1:14을 표준새번역에서는 "말씀이 육신이 되어 우리 가운데 사셨다. 우리는 그의 영광을 보았다. 그 영광은 아버지께서 주신 독생자의 영광이며 그 안에는 은혜와 진리가 충만하였다."라고 번역하고 있습니다. 태초부터 계신 말씀, 하나님이 우리를 찾아오셨습니다. 요한복음 1:1에 "태초에 말씀이 계시니라 이 말씀이 하나님과 함께 계셨으니 이 말씀은 곧 하나님이시니라" 하신 그 말씀이 오늘 탄생하신 것입니다. 우리 때문입니다. 예수님을 모시면 하나님과 함께 계신 말씀과 같이 있는 것입니다. 이러한 노다지 같은 복인데, 이걸 모르면 되겠습니까? 잘 믿어야죠.

예수님 자신이 하나님 말씀입니다. 예수님이 중심입니다. 우주 만물이 예수로 말미암아 다 지은 바 되었습니다(요 1:3). 말씀으로 무엇이 '있으라' 하시면 '그대로 되니라' 했습니다. 예수님만 잘 붙잡고 놓치지 않으면 복락을 누릴 수 있습니다.

우리는 모르기 때문에 달라고 하지도 않습니다. 그런데 예수님이 오시면, 각 사람에게 비추는 생명의 빛이 쫙쫙 나가는 것입니다. 우리는 믿지 못하고, 알지 못하고, 구하지도 않았습니다. 그런데 요한복음 1:4 볼 때 "그 안에 생명이 있었으니 이 생명은 사람들의 빛이라"라고 말씀하고 있습니다. 생명을, 영원히 살 수 있는 빛을 주시는 것입니다. 일찍이 말라기는 메시아가 영원한 빛을 가지고 오신다고 했죠? 냄새나고 더러운 외양간에 매여 있던 짐승이 고삐가 풀려서 자유하게 됩니다.

말라기 4:2 "내 이름을 경외하는 너희에게는 의로운 해가 떠올라서 치료하는 광선을 발하리니 너희가 나가서 외양간에서 나온 송아지같이 뛰리라"

외양간에 매여 있으면 자유가 있습니까? 고삐를 풀어 보세요. 나와서 이리 뛰고 저리 뛰고 난리죠. 예수님을 영접하는 사람은 그런 삶을 살 수가 있다는 것입니다. 그런데도 외면합니다. 다 잊어버립니다. '내 부모, 내 아내, 내 남편이 최고다' 그럽니다. 맞는 말이지만, 예수님을 모시는 가운데 그렇게 살아야 하는 것입니다.

말씀이 육신이 되어서 우리 가운데 거하신다는 것은 엄청난 기적입니다. 요한복음 1:14의 '육신'은 헬라어 '사르크스'($\sigma \acute{\alpha} \rho \xi$)인데 '육체, 몸, 살'이라는 뜻입니다. 유령이 아닙니다. 우리도 육신의 연약성을 지녔지만 하나님의 언약이 머물러 있고, 만세 전에 그리스도 안에서 선택받은 은혜가 머물러 있습니다. 남이 알지 못하는 보배죠. 예수 안에 있으면 우리가 보배입니다. 예수님이 하나님의 비밀입니다(골 2:2). 예수 안에 있으면 우리도 하나님의 비밀입니다(고전 4:1). 예수님이 인류에게 영광의 소망입니다(골 1:27). 우리가 예수님을 믿으면 여러분 자신이 개인과 가정과 직장과 사업에 영광의 소망이 될 줄로 믿으시기 바랍니다.

그러니까 '오늘날까지 모르고 예수님을 건성으로 믿었는데, 오늘 주신 말씀을 통해서 진정으로 예수님이 제 마음속에 오셔서 거룩한 성탄이 되게 하여 주시옵소서. 이제는 근심 걱정하지 않고 주님만 모시고, 바라보고 살겠습니다. 주의 말씀으로 풍부하게 해 주시고, 주의 명철과 지식과 총명과 믿음과 은혜를 전수해 주셔서, 주와 같이 살고 주님이 제 안에 계시고 제가 주 안에 있는 삶을 살게 해 주시옵소서'라고 기도하시기 바랍니다. '주님은 사랑이신데, 이제부터 부모님께 효도하겠습니다. 내 아내를 뼈 중의 뼈요 살 중의 살(창 2:23)로 여기며 사랑하겠습니다. 자식은 영원한 천국의 기업(시 127:3)인데, 자식들 쥐어박고 욕하고 내쫓고 원수로 여겼지만, 이제부터는 자식을 하나님의 선물, 큰 기업으로 여기고 살겠습니다' 그러한 고백이 있으시기 바랍니다. 여러분 삶에 하나님께서 한 번만 권면의 축복, 권고의 축복을 해 주시면, 역사가 달라질 줄로 믿으시기 바랍니다.

결론

우리 평강제일교회가 똘똘 뭉쳐서 말씀으로 하나 되어야겠습니다. 2009년 이 해가 저물어갑니다. 근심과 괴로움, 속상한 것도 많이 있고 할 일도 많지만, 예수님을 영접하면 다 책임져 주십니다. 고린도후서 1:3 이하에 있는 말씀과 같이 모든 위로의 하나님이십니다. 예수님만이 우리를 위로해 주십니다. 근심 걱정도 맡기고 앞으로의 모든 행사를 맡기면 하나님께서 이루어 주겠다고 하신 그 말씀을 믿고 감사하시기 바랍니다.

잠언 16:3 "너의 행사를 여호와께 맡기라 그리하면 너의 경영하는 것이 이루리라"

베드로전서 5:7 "너희 염려를 다 주께 맡겨 버리라 이는 저가 너희를 권고하심이니라"

예수께서 다른 데 백번 나시면 뭐하겠습니까? '주님, 제 집이 누추하지만 저희 집에 오셔야죠. 제 마음은 예수 믿음으로 죄 사함 받고 깨끗해졌습니다. 주님의 탄생을 허락하여 주시옵소서' 할 때, 영원한 빛으로 모든 평강제일교회 성도에게서 근심 걱정과 병든 것, 어둠이 싹 달아나고 외양간에서 고삐가 풀려 나가서 뛰는 것과 같은 은혜가 있기를 주의 이름으로 축원하겠습니다.

로마서 1:2-4 볼 때 "이 복음은 하나님이 선지자들로 말미암아 그의 아들에 관하여 성경에 미리 약속하신 것이라 ³ 이 아들로 말하면 육신으로는 다윗의 혈통에서 나셨고 ⁴ 성결의 영으로는 죽은 가운데서 부활하여 능력으로 하나님의 아들로 인정되셨으니 곧 우리 주 예수 그리스도시니라"라고 말씀하고 있습니다. 예수님은 완전한 하나님이자 죄 없는 완전한 사람이십니다. 신성과 인성을 가지고 오신 예수님을 믿음으로 마음 가운데 모셔서, '기쁘다 구주 오셨네' 찬송할 수 있도록 우리 마음에 성탄하시는 역사가 있으시기 바랍니다.

이제부터 누가 권해서 예수 믿는 것이 아니라, 스스로 하나님 앞에 말씀을 들음으로 깨닫고, 기도하고 찬송 부르고, 늘 감사가 차고 넘치는 가운데, 직장이나 외국이나 집에 있든지 주 안에서 생활하는 모두가 되시길 바랍니다.

예수님은 하나님의 비밀이며, 영광의 소망입니다. 예수님이 임마누엘, 우리와 함께 계시는 산 역사를 믿음으로 체험하시길 바랍니다. 하나님께서 가정마다 어둠을 다 내쫓아 주시고 말씀으로 충만케 해 주셔서 질병도 다 달아나고 영육 간 강건하여, 눈만 떴다 하면 하나님 앞에 감사하고 찬양하고 은혜를 깨닫고 그 은혜를 붙잡고 사는 모두가 되시길 바랍니다. 2009년 성탄, 주시는 말씀으로 오늘날까지 죄지은 것 다 용서받고, 다시 한번 결심하고 서원하는 가운데 늘 감사가 떠나지 않는 모두가 되게 해 주실 줄 믿습니다.

우리가 하나님께 잘하면 하나님께서 너무 좋으셔서 '걱정하지 마. 임마누엘, 천국 갈 때까지 너를 떠나지 않고 늘 함께하겠다' 하십니다. 기가 막히죠. 시편 34:7에 "여호와의 사자가 주를 경외하는 자를 둘러 진 치고 저희를 건지시는도다"라고 말씀하고 있습니다. 믿는 성도가 어디 가게 되면 하나님께서 가만두시지 않습니다. 천사가 따라가서 딱 지키게 하십니다. 까마귀같이 밤낮 까먹지 말고 꼭 믿으시기 바랍니다.

태초부터 계시던 말씀이 우리와 함께 있겠다고 하실 때, '하나님, 진짜입니까?' 그런 소리 하지 마세요. 하나님은 거짓말 못 하시는 분입니다. 하나님께서 말씀하시면 '아멘. 제가 어리석어서 믿지 못한 것, 성경 보지 않고 교회 생활 제대로 못한 죗값입니다. 이제 말씀을 듣고 말씀대로 살려고 애쓸 때, 하나님께서 분명히 임마누엘, 우리와 함께 계시는 줄 믿습니다' 그렇게 믿으시기 바랍니다.

천국 갈 때 여러분 혼자 가지 않습니다. 하나님의 천사가 우리를 데리고 갑니다. 가면 다른 책, 즉 생명책이 있습니다(계 20:12). 천사가 '네 이름 여기 있다. 2009년에 말씀 듣고 다 회개하고 고친 것 안다. 너는 오른편으로 가서 창세전에 예비된 영원한 나라를 상속받아라' 할 것입니다(마 25:34). 일단 천국에 들어가면 이 땅에 올 수 있는 휴가 주지 않습니다. 인간의 생각으로 천국에서 '내 부모나 형제에게 한 번 갔다 오면 얼마나 좋을까?' 하겠지만, 이미 선지자가 있고 성경이 있잖아요? 죽었다가 살아난 사람이 가서 증거하면 사람들이 많이 믿을 것 같지만, 인간이 악해서 믿지 못합니다. 율법과 예언이 있고 하나님의 사람들이 있는데 그 말을 믿지 못하면 천국에 갈 수 없다고 했습니다(눅 16:27-31).

오늘 설교하면서 보람을 느끼고 기쁜 것은, 예수님께서 모든 것을 다 거두러 오셨으니 아낌없이 다 내놓으시기 바랍니다. 시편 1:1-2을 읽으시기 바랍니다.

시편 1:1-2 "복 있는 사람은 악인의 꾀를 좇지 아니하며 죄인의 길에 서지 아니하며 오만한 자의 자리에 앉지 아니하고 2 오직 여호와의 율법을 즐거워하여 그 율법을 주야로 묵상하는 자로다"

　보세요. 복이 없기 때문에 악인의 꾀에 넘어갑니다. 임마누엘, 하나님께서 '왜 여기 와? 여기 네가 올 자리야? 이 사람은 내 편, 내 것이야' 그렇게 지켜 주십니다. 복 있는 사람은 오직 여호와의 율법을 즐거워하여 주야로 묵상한다고 했습니다. 하나님의 말씀을 늘 묵상하면 하나님께서 지켜 주십니다.

　금년 한 해 주의 몸 된 교회에서 고생 많았고 수고 많았습니다. 그러나 잘못된 것, 잘못 생각한 것, 다 주님 앞에 내놓으시기 바랍니다. 주님은 하나님의 비밀이고 영광의 소망입니다. 우리의 영원한 위로자, 동반자입니다. 아무리 괴로움을 당해도 하나님께서 우리를 버리지 않고 끝까지 책임지고 데리고 가신다는 것을 믿으시기 바랍니다. 감사합니다.

나의 모든 죄 사하여 주시려고
오신 영원한 생명의 주님
감사할 뿐입니다

우리 평강교회 전 성도님들도 모든 죄에서

해방시켜 주심을 감사합니다

나의 모든 죄 사하여 주시려고
오신 영원한 생명의 주님
감사할 뿐입니다
우리 평강교회 전 성도님들도 모든 죄에서
해방시켜 주심을 감사합니다

2010년 12월 22일
수요예배

주님
오시는 길을
예비하는 마음

| 누가복음 3:1-6,
이사야 40:3-5

누가복음 3:1-6 "디베료 가이사가 위에 있은 지 열다섯 해 곧 본디오 빌라도 가 유대의 총독으로, 헤롯이 갈릴리의 분봉왕으로, 그 동생 빌립이 이두래와 드라고닛 지방의 분봉왕으로, 루사니아가 아빌레네의 분봉왕으로, ² 안나스 와 가야바가 대제사장으로 있을 때에 하나님의 말씀이 빈들에서 사가랴의 아 들 요한에게 임한지라 ³ 요한이 요단강 부근 각처에 와서 죄 사함을 얻게 하는 회개의 세례를 전파하니 ⁴ 선지자 이사야의 책에 쓴 바 광야에 외치는 자의 소 리가 있어 가로되 너희는 주의 길을 예비하라 그의 첩경을 평탄케 하라 ⁵ 모든 골짜기가 메워지고 모든 산과 작은 산이 낮아지고 굽은 것이 곧아지고 험한 길이 평탄하여질 것이요 ⁶ 모든 육체가 하나님의 구원하심을 보리라 함과 같 으니라"

이사야 40:3-5 "외치는 자의 소리여 가로되 너희는 광야에서 여호와의 길을 예비하라 사막에서 우리 하나님의 대로를 평탄케 하라 ⁴ 골짜기마다 돋우어 지며 산마다, 작은 산마다 낮아지며 고르지 않은 곳이 평탄케 되며 험한 곳이 평지가 될 것이요 ⁵ 여호와의 영광이 나타나고 모든 육체가 그것을 함께 보리 라 대저 여호와의 입이 말씀하셨느니라"

주님 오시는 길을 예비하는 마음

누가복음 3:1-6, 이사야 40:3-5

다람쥐 쳇바퀴 돌리듯 매년 12월이 되면 나이가 많든 적든 결산, 셈을 하게 됩니다. 빚진 것을 조금씩 갚다가 12월이 되면 남한테 싫은 소리를 해서라도 돈을 마련해서 마저 다 갚는 풍속이 우리 한국에 있습니다.

금년 정월 초하룻날 신년예배를 드릴 때, 누구나 할 것 없이 하나님 앞에 기도하면서 회개하고 '지금까지 살아온 것을 볼 때 하나님 앞에 합당치 않은 것들, 거짓이라는 보자기를 씌워서 흉한 것이 보이지 않게 살아왔지만, 2010년만큼은 정말 하나님 앞에나 사람 앞에나 만물 앞에 추호도 부끄러움이 없는 삶을 살아야겠다' 그렇게 마음에 다짐했을 것입니다. 아내는 남편 보기 미안하고 남편은 아내 보기 미안하고, 자식들은 부모에 대해서, 또 부모는 자식 소원대로 해 주지 못한 것 참 미안하죠. 어느덧 정월, 2월, 3월… 벌써 12월 22일입니다. 일주일밖에 남지 않았습니다.

저는 교회 세우는 것이 평생의 소원이라서, 하나님의 은혜 가운데 하동에 숙박 시설을 매입해서 공사하고 있죠. 새 땅에 새로운 건축물을 지어야 될 텐데, 그동안 사용하던 건물이라 지저분한 것들을 다 때려 부수고 떼어 팽개쳤습니다. 욕실, 창문, 천장, 문틀도 다 바꿨습니다. 요새는 소방청이 생겨서 화재에 대한 법이 강화된 것 같습니다. 스프링클러를 쇠로 하면 녹슬고, 막히면 천장을 뜯어야 돼서 이중 삼중으로 돈이 듭니다. 그래서 몇 배 비싼 스테인리스로 다 고치고, 전선도 제일 좋은 것으로 다 바꿨습니다.

저는 지리산에서 기도한 이후로 대방동에 있을 때부터 교회에 우물을 팠습니다. 제 사명입니다. 하동 우물을 보니 빗물이 들어가고 녹슬고 지저분해서 먹을 수가 없습니다. 그래서 여주에서 물차로 물을 실어다가 밥해서 먹고 하는 가운데, 새로 우물을 두 개 팠습니다. 지하실을 든든히 지어 놓긴 했는데, 비가 많이 오면 지하에 물이 찹니다. 그래서 담을 높이 올리고, 그래도 강이 보이도록 베란다를 만들어 놔서 좋습니다. 에어컨도 전부 새로 하고, 축대가 무너질까 봐 재공사하고, 아스콘 공사도 했습니다. 저는 하나님 '하'자만 나오면 벌벌 떨어요. 아낌이 없습니다. 내일 모레면 완벽하게 끝납니다. 용도 변경 허가 나면 교회가 되니까, 그때 헌당예배 드립니다.

그렇게 일하고 오늘 새벽 5시에 출발해서 9시 반에 도착했습니다. 내일은 우리 직원들과 전도사, 목사들은 물도 먹지 말고 금식하라고 했습니다. 1년 동안 진심으로 금식기도 한 번 제대로 하지 않았잖아요? 성도님들께는 명령하지 않습니다. 원하시는 분은 하루 안 되면 한 끼나 두 끼까지만 해 주세요. 저를 비롯해서 우리 목사들은 오늘날까지 살아온 것, 또 1년 동안 충성 못 한 것 회개하면서, 온전히 하루 단식합니다. 하나님 앞에 서원했기 때문에 변경할 수 없죠. 축복입니다. 주님의 영광을 위해서, 주님의 이름을 드높이기 위해서, 자기 자신을 위해서 금식한다는 것이 얼마나 보람됩니까?

내일 모레가 24일인데, 지난번에는 성탄전야 행사가 밤 11시 넘어서 끝났습니다. 이번에는 다른 팀들 다 제외하고 유치부, 어린아이들만 출연하고, 마지막에 직원들과 교역자들로 구성된 '번갯불 선교단'이 구속사 찬양하면 57분 걸립니다. 한 시간 안 됩니다. 예배드린 다음 그렇게 진행할 예정이니까 24일에 다 나와서 준비하시고 예수님을 맞이하시기 바랍니다.

오늘 본문을 통해서 볼 때 예수님을 맞이하기 위해서 첫째로, 골짜기가 메워져야 합니다. 신앙생활에 너무 엉큼하고 정직하지 못합니다. 마음 가운데 그런 우둘투둘한 것이 없어야 합니다. 또 교만해서 남을 무시하고 깔아뭉개고 잘난 척하는 것은 낮아져야 합니다. 그리고 알지도 못하면서 아는 척하고 꼬불꼬불한 것이 곧아져야 합니다. 그다음, 험한 길이 평탄케 되어야 합니다.

오늘 2010년 12월 22일 저녁을 맞이했습니다. 우리의 영원한 생명의 구주 되시는 예수님이 이 땅에 오심을 축하하면서, 주님 오시는 길을 예비해야 되겠습니다. 그래서 '주님 오시는 길을 예비하는 마음(메워지고 낮아지고 곧아지고 평탄해지고)'이라는 제목으로 하나님의 오묘하고 깊은 은혜를 받고자 합니다.

성탄절 새벽이 밝아 오고 있습니다. 누가복음 2:8-15 말씀 볼 때 전무후무한 사건이 벌어지고 있습니다. 베들레헴 목장에 천군 천사의 찬양이 메아리치고 있습니다.

지금 세계적으로 성탄절을 맞이하면서 장사꾼들은 한몫을 보려고 하고, 몇십 년 믿은 분들도 건성으로 마음에 없는 트리를 준비하고 있지 않습니까? 2010년에는 '겉 따로 속 따로'가 아니라 진심으로 '만왕의 왕, 만주의 주가 되시는 예수님을 정말 내 마음 가운데 모시고 살아야겠다' 하는 각오와 결심이 있어야겠습니다. 무엇보다도 중심으로, 속에서부터 뜨겁게 우러나는 마음으로 준비할 때, 여러분이 구하지 않아도 금년에 못 채운 것, 2011년에는 하나님께서 강권적으로 하늘 문을 여시고 가정과 직장과 사업에 가득가득 채워 주실 줄 믿으시기 바랍니다.

본문 누가복음 3장을 볼 때, 예수님의 길잡이로 6개월 먼저 온 세례 요한이 이사야 선지자의 글을 인용하면서 거짓 없이 진실하게 예수님을 영접하기를 권면하고 있습니다. 4절에 "광야에 외치는 자의 소리가 있어 가로되 너희는 주의 길을 예비하라 그의 첩경을 평탄케 하라" 그리고 5-6절에 "모든 골짜기가 메워지고 모든 산과 작은 산이 낮아지고 굽은 것이 곧아지고 험한 길이 평탄하여질 것이요 [6]모든 육체가 하나님의 구원하심을 보리라"라고 말씀하고 있습니다.

그리고 본문 이사야 40장을 볼 때, 이사야는 예수께서 나시기 700여 년 전에 메시아가 오실 징조를 정확하게 말씀했습니다. 여러분이 저를 보고 제가 여러분을 보듯이, 이사야는 예수님이 오실 것을 내다보면서 예수님을 맞이할 준비를 하라고 권면하고 있습니다.

산 같은 교만한 마음, 옹고집입니다. 산은 요지부동하잖아요? 골짜기, 죄악의 흉계가 가득합니다. 어떤 사람에 대해서 나쁘게 말해 놓고 당사자가 나타나면 아무 말 안 한 척합니다. 다른 사람과 짜고서 눈짓으로 신호 보내면서 조용히 있다가 사람들 안 보는 데서 또 말합니다. 그러한 것들이 다 음침한 골짜기입니다. 흉계로 가득한 마음과 생각, 허무한 것, 죄악으로 더러워지고 너무 지저분해서 마음이 갈 길이 없습니다. 그러한 모든 생활을 다 정리해야 됩니다.

옛날이나 지금이나 왕이 행차하면 몇 날 전부터 도랑을 청소한다, 길을 정리한다 하면서 작업을 합니다. 지금은 불도저가 있지만,

옛날에는 삽이나 곡괭이를 가지고 깨끗하게 길을 돋우어서 상감마마가 지나갈 수 있도록 합니다. 마찬가지로 우리가 24일 성탄전야를 맞이해서 그렇게 해야겠습니다.

모든 골짜기가 메워지고

예수님이 오시는데 여러분 마음에 엉큼한 골짜기가 있으면 빨리 메우시기 바랍니다. 그것 때문에 집안이 안됩니다. 자식을 낳아도 부모의 기대에 미치지 못합니다. 부모의 마음 가운데 골짜기가 메워지지 않았기 때문입니다.

본문 누가복음 3:5에서 '메워지고'는 헬라어로 '플레로데세타이'($\pi\lambda\eta\rho\omega\theta\acute{\eta}\sigma\epsilon\tau\alpha\iota$)인데, '빈틈없이 가득 차오르다'라는 뜻입니다. 완전히 메워지는 것입니다. 전에는 구덩이에 다리가 빠져서 부러질 정도였는데, 메우고 나서 밟아 보니 단단합니다. 빈틈이 없습니다. 예수님을 그런 마음으로 맞이해야 합니다. 작은 일이든 큰일이든 거짓말은 죄입니다. 다 회개하시기 바랍니다. 골짜기는 정직하지 못하고 남을 구덩이에 빠뜨리고 넘어져서 다치게 하는 아주 사악한 마음입니다.

구약성경을 볼 때, 골짜기에 하나님이 없고 우상이 가득합니다. 이를테면 에스겔 37장 말씀 볼 때, 해골들이 골짜기에 가득합니다. 산 사람이 되어야 할 텐데 죽은 사람들이 마음에 가득합니다.

에스겔 37:1 "여호와께서 권능으로 내게 임하시고 그 신으로 나를 데리고 가서 골짜기 가운데 두셨는데 거기 뼈가 가득하더라"

힌놈의 골짜기에는 아들딸을 갖다 바치는 경우가 많았습니다(수 15:8, 렘 19:6). 불태워서 죽여야 됩니다. 믿지 못하는 므낫세왕 때 한참 인신제사(人身祭祀)가 흥왕하다가 요시야왕 때 폐지되었습니다.

열왕기하 23:10 "왕이 또 힌놈의 아들 골짜기의 도벳을 더럽게 하여 사람으로 몰록에게 드리기 위하여 그 자녀를 불로 지나가게 하지 못하게 하고"

예레미야 7:31-32 "힌놈의 아들 골짜기에 도벳 사당을 건축하고 그 자녀를 불에 살랐나니 내가 명하지 아니하였고 내 마음에 생각지도 아니한 일이니라 ³² 그러므로 나 여호와가 말하노라 날이 이르면 이곳을 도벳이라 하거나 힌놈의 아들의 골짜기라 칭하지 아니하고 살륙의 골짜기라 칭하리니 매장할 자리가 없도록 도벳에 장사함을 인함이니라"

우리가 좋아하고 애독하는 시편 23편 말씀 볼 때, 4절에 '사망의 음침한 골짜기'가 나옵니다. 마음 가운데 전부 죽은 송장만 갖다 놓는 것입니다. 그러한 삶을 살면 안 됩니다. 골짜기에는 햇빛도 없습니다. 바람 불면 먼지가 들어갑니다. 어둡고 불안하죠.

골짜기는 분열의 상징입니다. 남이 망하는 것을 좋아합니다. 눈꼴이 시어서 남 잘살고 잘되는 것을 못 봅니다. 그래서 이간질해서 떼어 놓고 말이죠. 그런 것들이 골짜기입니다. 세례 요한이 이사야 선지자의 예언을 듣고 말씀한 것 아닙니까? 그런 사람들은 절대 예수님이 오시는 길을 예비하지도 못하고, 예수님 볼 수도 없고 맞이할 수가 없습니다. 만나면 얼굴에 웃음꽃이 피고 서로 다정다감하면 얼마나 좋습니까? 심통이 나서 '그 사람 조심해. 나쁜 사람이야. 돈 꿔주면 갚지도 못하고 그래. 올무에 잡히면 안 된다' 그렇게 말하니까, 친하려고 하다가 주춤합니다. 이간질하는 거예요. 조심해야 됩니다.

모든 산과 작은 산이 낮아지고

높은 산이고 작은 산이고 모든 산이 낮아질 때 거기에 예수님께서 임하십니다. 본문 누가복음 3:5의 '낮아지고'는 헬라어로 '타페이노데세타이'(ταπεινωθήσεται)인데, '비천해지다, 낮은 지위로 떨어지다, 평지로 바꾸다'라는 뜻이 있습니다. 시편 68:16 말씀 볼 때 산은 교만의 상징입니다. 우쭐대고 말이죠.

시편 68:16 "너희 높은 산들아 어찌하여 하나님이 거하시려 하는 산을 시기하여 보느뇨 진실로 여호와께서 이 산에 영영히 거하시리로다"

잠언 16:18을 볼 때, 교만은 넘어지고 나가자빠지는 데 선봉입니다. 교만하면 망하는 순간입니다. 집에 전깃불이 나가서 캄캄해지는 순간입니다. 일이 될 듯한데 되지 않는 거예요. 그래서 높은 산이 깎이어 낮아져야 합니다. 잠언 17:19에 교만한 사람은 스스로 넘어진다고 했습니다(공동번역, "윗자리에 서려는 사람은 스스로 넘어진다").

하나님께서는 교만한 자에게 '내게 오지 마. 멀리 가! 필요 없어. 네 얘기 듣지 않겠어' 하십니다. 교만한 자를 물리치시고 겸손한 자에게는 '빨리 와' 그러십니다. 교만한 자는 돌아볼 필요도 없고, 겸손한 자는 가까이 오라고 하신다고 야고보서 4:6에 기록돼 있잖아요? 7-8절을 볼 때 '하나님을 가까이하라. 그러면 너에게 가까이하신다'고 말씀하고 있습니다. 하나님께서는 지금도 겸손한 자를 찾고 계십니다.

야고보서 4:6-8 "그러나 더욱 큰 은혜를 주시나니 그러므로 일렀으되 하나님이 교만한 자를 물리치시고 겸손한 자에게 은혜를 주신다 하였느니라 ⁷ 그런즉 너희는 하나님께 순복할찌어다 마귀를 대적하라 그리하면 너희를 피하리라 ⁸ 하나님을 가까이하라 그리하면 너희를 가까이하시리라 죄인들아 손을 깨끗이 하라 두 마음을 품은 자들아 마음을 성결케 하라"

야고보는 교만을 멀리하고 겸손한 자는 하나님께 순복하고 마귀를 대적할 수 있는 사람이라고 했습니다. 그다음에 10절을 볼 때 "주 앞에서 낮추라 그리하면 주께서 너희를 높이시리라"라고 말씀하고 있습니다. 하나님 앞에서도 우쭐대고 교만한데, 사람 앞에서야 오죽하겠냐는 것입니다. 찬송가 324장(새찬송가 534장) 3절에 "겸손한 자 찾도다 모시어 들이세 하늘에서 부르네 모시어 들이세"라는 가사가 있습니다. 우리 주님은 겸손한 인간들의 마음속에 임재하기를 원하십니다.

성도 여러분, 주님을 마음속에 모시고 크리스마스이브에 만반의 준비를 하는 가운데, 여러분의 아들딸·손주·손녀·어린아이들이 찬송하고 성경암송 하는 것을 보면서, 1년 동안 피곤했던 것이 다 사라지고, 잘못했던 것을 마음 뜨겁게 뉘우치고 회개하면서 '정말 예수님이 오시는 길을 예비해서 이 해가 가기 전에 주님 모시고 새해를 맞이해야 되겠다' 하는 굳은 결심을 하시기를 주의 이름으로 부탁드리겠습니다.

굽은 것이 곧아지고

본문 누가복음 3:5에서 '곧아지고'는 헬라어로 '유데이안'(εὐθεῖαν) 인데, '곧은, 진실한, 곧장 나가는, 바로' 그러한 뜻입니다. 마음에 생각할 여지도 없이 '즉시'입니다.

마음이 곧은 자는 주님 오시는 일에 예비가 되고, 하나님께서 기뻐하신다고 했습니다. 예수께서 '네 마음이 이렇게 착하냐. 꾸불꾸불하지 않고 곧으냐. 오로지 나만을 바라보고, 하늘에 소망을 두고, 주의 말씀이 영생인 줄 알고 기다렸구나' 하시면서 우리의 신앙을 곧게 보시는 것입니다. 이러한 신앙은 구부러지지 않은 것입니다. 마음이 정직하지 않고 휘어졌기 때문에 거짓말합니다. 거짓말하는 자는 마음이 곧지 못합니다. 정신 나간 사람같이 왔다 갔다 하고, 이 얘기 했다가 저 얘기 했다가 하면서 자기도 모릅니다.

굽은 마음은 말씀의 방망이로 때려서 곧게 펴면 됩니다. 비뚤어지고 굽은 마음에는 말씀이 거할 장소가 없습니다. 부서져야 됩니다. 가루로 만들어서 반죽을 다시 해야 합니다. 다시 말하면, 하나님의 말씀으로 어두운 마음들을 환하게 비추어서 뼈아프게 회개하게 합니다. 회개가 바로 깨지고 부서지는 순간입니다. 그러니까 '회개하라. 그리하면 성령을 선물로 주시리라. 너와 너희 집에 구원이 있으리라'라고 하신 것입니다(행 2:38, 16:31). 얼마나 좋습니까?

하나님의 말씀은 정직합니다. 그래서 하나님의 말씀을 받은 사람은 정직하지 않으려야 않을 수가 없습니다(신 32:4, 시 19:8, 33:4). 히브리서 6:18을 볼 때, 하나님께서 능력과 권세가 많으시지만 한 가지 못 하시는 것이 있는데, 거짓말을 못 하십니다. 바로 여러분이 그래야 하나님의 아들딸입니다. 거짓말하면 지옥도 상지옥에 갑니다. 절대 용서받지 못합니다.

요한복음 8:44을 볼 때, 거짓말하는 자는 그 아비 마귀에게서 났다고 했습니다. 마귀는 처음부터 살인한 자요, 말할 때마다 제 것으로 말합니다. 그리고 거짓의 아비가 됐습니다. 진리에 서지 못하니다. 정직하지 못하고 마음 가운데 거짓이 있으면 아무리 하나님 말씀을 대줘도 말씀이 들어가지 않습니다. 요한복음 8:44 말씀을 똑똑히 깨달아야 됩니다.

요한복음 8:44 "너희는 너희 아비 마귀에게서 났으니 너희 아비의 욕심을 너희도 행하고자 하느니라 저는 처음부터 살인한 자요 진리가 그 속에 없으므로 진리에 서지 못하고 거짓을 말할 때마다 제 것으로 말하나니 이는 저가 거짓말장이요 거짓의 아비가 되었음이니라"

잠언 10:29을 볼 때 "여호와의 도가 정직한 자에게는 산성이요 행악하는 자에게는 멸망이니라"라고 말씀하고 있습니다. 산에 성을 쌓아 보세요. 난공불락(難攻不落)이죠. 아무리 대포 아니라 원자탄으로 쏘아도 무너지지 않습니다. 하나님께서 그렇게 보호해 주시는 것입니다. 시편 84:11 하반절에 "정직히 행하는 자에게 좋은 것을 아끼지 아니하실 것임이니이다"라고 말씀하고 있습니다. 정직한 자는 하나님께서 아낌없이 도와주신다는 말씀, 믿어지면 아멘 하시기 바랍니다.

그래서 호세아 14:9에 "여호와의 도는 정직하니 의인이라야 그 도에 행하리라"라고 말씀하고 있습니다. 의인이라야 말씀을 깨닫습니다. 마음이 굽은 자는 하나님 앞에 설 수가 없고, 정직한 자라야 설 수 있습니다. 잠언 11:3에 "정직한 자의 성실은 자기를 인도하거니와 사특한 자의 패역은 자기를 망케 하느니라"라고 말씀하고 있는데, 이를 공동번역으로 보면 "정직한 사람은 바르게 살아 앞길이 열리지만 사기꾼은 속임수를 쓰다가 제 꾀에 넘어진다"라고 되어 있습니다. 참 불쌍하죠.

결론

2010년 성탄절만큼은 정말 이사야 40:3-5 말씀대로 주의 길을 예비하는 우리 평강제일교회가 되어야겠습니다. 우둘투둘한 땅, 깊은 땅, 말씀의 불도저로 다 메우고 평탄케 해서 만주의 주요 만왕의 왕이신 예수님이 우리 마음속에 속히 달려오실 수 있도록 준비하는 모두가 되시기 바랍니다. 돌이 많고 거칠었던 길이 매끄럽고 평평한 길이 될 때, 주께서 오셔서 2010년 12월 25일 새벽에 우리 마음에 탄생하실 줄로 믿으시기 바랍니다.

구속사 시리즈 1-5권, 그리고 이제 6권이 곧 나올 텐데, 예수님 잘 믿고 말씀을 깨달으면 천국 입성은 넉넉할 것입니다. 천사가 부러워할 정도로 여러분을 환영해 줄 줄로 믿습니다. 천국에 들어갈 때 천사가 금메달 수를 셉니다. 성경에 기록된 숫자들도 하나님의 영감(靈感)이 깃들어 있습니다. 시편 87:6을 볼 때, 하나님께서 민족들을 등록하시고 수를 세신다고 했습니다. 마태복음 13장 볼 때, 천사가 그 일을 하잖아요(마 13:41, 49)? 기독사관학교를 그냥 하는 게 아닙니다. 우습게 아는 사람은 나중에 어떻게 되는지 보세요. 제 아내, 아들들한테도 사관학교 공부 안 하면 안 된다고 했습니다. 안 하면 본인 손해입니다. 하나님 말씀을 더 가까이하고, 하나님 이름을 드높이고, 하나님께 영광 돌리는 이 세 가지를 위해서 사관학교 졸업해야 됩니다. 사관(士官), 간부, 장교입니다. 사병이 아닙니다. 세상 좋아하면서 이 핑계 저 핑계 대고 공부 안 하면 생애 마지막에 눈물납니다. 제가 책을 쓰지만 저도 공부합니다. 안 할 수가 없습니다.

2010년 이 해가 가기 전에 예수님께서 우리 마음에 탄생하겠다고 하시는데, 모두가 마음의 구유에 예수님을 모셔서 영원히 예수께서 다른 데로 나가시지 않도록 하시기를 주님의 이름으로 축원하겠습니다.

우리 주변에 원수 맺는 것, 시기, 질투, 분쟁, 당 짓는 것, 분리시키는 것들이 많이 있습니다(고후 12:20, 갈 5:20). 또 말씀에서 벗어나 다른 데 왔다 갔다 하면서 잘못된 말을 받는 사람들이 있습니다. 어지럽죠. 마음을 정리하시기 바랍니다. 남 잘되는 것 시기하면 뼈에 암이 생깁니다. 잠언 14:30 볼 때 "시기는 뼈의 썩음이니라"라고 했습니다. 시기하지 마세요.

예수님께서 이 땅에 오신 목적은 하나님의 구속 섭리와 뜻을 따라, 죽어가는 사람들을 살려서 구원하는 것, 잃어버린 자를 찾는 것입니다(마 18:14, 눅 19:10). 그런데 한 사람 전도해 놓으면 쓸데없는 얘기 해 가지고 시험 들어서 교회 안 나오게 만듭니다. 그런 사람은 연자 맷돌을 목에 매달고 바다에 빠지라고 했습니다(마 18:6). 그냥 바다에 빠져도 올라올까 말까 한데 연자 맷돌을 매고 빠지면 올라올 수 있습니까? 영원히 죽으라는 말이죠. 못된 성질을 이 해가 가기 전에 말씀의 불로 다 태우시기 바랍니다. 죄악의 독소가 살아 있는 사람은 더러운 마음, 그 속에 사단이 하나둘이 아니고 득실득실합니다. 그러니까 불평불만하고 남을 시험 들게 하는 것입니다.

잘 들으시기 바랍니다. 전체 교구 각 구역마다 정월부터 12월까지 회계 내역 다 적고, 속이지 마세요. 남선교회, 여선교회, 청년회, 학생회, 주일학교까지, 십 원 한 장 떼어먹지 마세요. 전부 보고하고 검열한 다음에 영구보존합니다. 돈 떼어먹고 적당하게 넘어가면 안 됩니다. 교구 식구들한테 내용이 맞는지 직접 확인하겠습니다.

'주의 길을 예비하라!' 하나님 명령입니다. 금년에 아이나 어른이나 어떤 상황에 있든지 꼭 예수님이 마음에 오실 수 있도록 예비하고 정말 평탄한 마음, 평화스러운 마음으로 맞이해서, 내 가족과 친척과 동창과 동네를 살리고 가문을 살리는 역사가 있기를 주의 이름으로 마음 뜨겁게 부탁을 드리겠습니다.

믿는다고 하면서 말씀을 제대로 깨닫지 못하고 성령을 받지 못한 죄 때문에 못된 성질이 그대로 있고 죄악의 독소가 그냥 살아 있으면, 성탄의 별은 절대 밝게 비추지 않습니다. 오늘날까지 잘못된 것들을 눈물로 회개하고 뉘우치면서 예수님을 왕으로 모시는 산 역사가 있으시기 바랍니다. 마음의 길을 말끔히 수축(修築)해서(사 62:10) 주님 오시는 데 불편이 없도록, 주님 발에 돌이 부딪히지 않도록 깨끗이 청소해서 주님이 우리 마음까지 오실 때 참기쁨과 즐거움으로 오시고, 우리도 감사함으로 두 손을 들고 주님을 맞이하면서 '이제부터 만왕의 왕이요 만주의 주가 되시는 예수님을 모시고 천국까지 입성하겠습니다. 끝까지 저희들과 함께하여 주시옵소서' 하는 믿음의 기도를 하시기 바랍니다.

24일에는 이 핑계 저 핑계 댈 것이 아니라 다 나와서 마음 문을 활짝 열고, 주시는 말씀을 통해 감사하면서 아기 예수를 맞이하는 모두가 되시기 바랍니다. 주를 맞이할 때 모든 실패가 형통으로, 승리로 바뀔 줄 믿습니다. 집안마다 밝은 의의 태양이 영원히 꺼지지 않고 그 나라 갈 때까지 비춰 주실 줄 믿습니다.

제가 여러분을 위해서 보통 기도하는 게 아닙니다. 몸이 지금 말이 아니에요. 일주일에 한두 번씩 하동 왔다 갔다 하고, 또 책 쓰고, 설교 준비해야죠. 추호도 세상 욕심 없습니다. 어찌하든지 예수님

의 이름을 드높이고, 먹든지 마시든지 죽든지 살든지 하나님의 영
광을 위해서 사는 것이죠. 인간은 분명히 한 번 왔다 가잖아요(히
9:27)? 이 얼마나 행복한 시간입니까? 성경 본다는 게 제일 행복하고,
기도한다는 것도 참 행복합니다. 교회 짓기 위해서 하동 왔다 갔다
할 때 피곤하지만, 친자식 보듯이 보람을 느낍니다. '성도들이 좋아
하겠구나' 하는 거죠.

　베드로전서 5:7을 볼 때 모든 염려, 근심은 주께 맡기라고 했습니
다. 가지고 있어 봐야 궁상맞고, 되지도 않습니다. 다 맡기시기 바랍
니다. 그간 잘못 살고 잘못 믿은 것, 기도하지 않고 성경 보지 않은
것, 또 선한 일에 힘쓰지 않은 것이 죄인 줄 알아야 됩니다. 성도님
들이 성경 안 보면 제 마음이 괴롭지만, 그래도 '오늘은 안 봤지만 내
일은 보겠지' 그렇게 믿고 기도합니다. 안 보려야 안 볼 수 없을 정
도로 하나님께서 그 마음을 붙잡아 주셔서 꼭 보게 해 달라고 기도
합니다.

　신명기 4:7 말씀과 같이 기도할 때마다 하나님이 가까이하십니
다. 기도 안 하면 하나님이 멀리 가십니다. 일국의 대통령이 우리한
테 가까이 온다 해도 얼마나 좋습니까? 그런데 우주 만물을 창조하
시고 섭리하시는 주권자 되시는 하나님이 가까이 오신다니, 생각만
해도 아찔합니다. '아! 그러한 하나님을 우리가 모시고 있구나' 하는
것이죠. 기도할 때마다 가까이하시는 하나님이 우리 평강제일교회
의 하나님이 되실 줄로 믿으시기 바랍니다. 감사합니다.

예수님을 맞이하기 위해서
골짜기가 메워져야 합니다.
신앙생활에 정직하지 못하고
마음 가운데 우둘투둘한 것이 없어야 합니다.
교만해서 남을 무시하고 잘난 척하는 것은
낮아져야 합니다.
아는 척하고 꼬불꼬불한 것이 곧아져야 합니다.
험한 길이 평탄케 되어야 합니다.

'주의 길을 예비하라!'
하나님 명령입니다.
예수님이 마음에 오실 수 있도록 예비하고
평탄한 마음으로 맞이해서,
가족과 친척과 동네를 살리고
가문을 살리는 역사가 있기를
주의 이름으로 부탁을 드립니다.

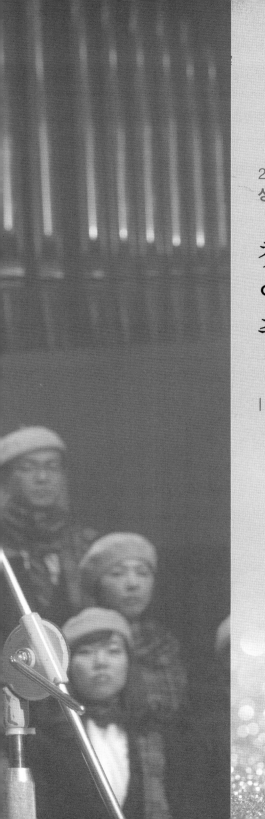

2010년 12월 25일 토요일
성탄예배

첫 번째 성탄절의
이스라엘 사회와
종교의 실상

| 말라기 3:1-6

말라기 3:1-6 "만군의 여호와가 이르노라 보라 내가 내 사자를 보내리니 그가 내 앞에서 길을 예비할 것이요 또 너희의 구하는 바 주가 홀연히 그 전에 임하리니 곧 너희의 사모하는 바 언약의 사자가 임할 것이라 ² 그의 임하는 날을 누가 능히 당하며 그의 나타나는 때에 누가 능히 서리요 그는 금을 연단하는 자의 불과 표백하는 자의 잿물과 같을 것이라 ³ 그가 은을 연단하여 깨끗케 하는 자같이 앉아서 레위 자손을 깨끗케 하되 금, 은같이 그들을 연단하리니 그들이 의로운 제물을 나 여호와께 드릴 것이라 ⁴ 그때에 유다와 예루살렘의 헌물이 옛날과 고대와 같이 나 여호와께 기쁨이 되려니와 ⁵ 내가 심판하러 너희에게 임할 것이라 술수하는 자에게와 간음하는 자에게와 거짓 맹세하는 자에게와 품군의 삯에 대하여 억울케 하며 과부와 고아를 압제하며 나그네를 억울케 하며 나를 경외치 아니하는 자들에게 속히 증거하리라 만군의 여호와가 말하였느니라 ⁶ 나 여호와는 변역지 아니하나니 그러므로 야곱의 자손들아 너희가 소멸되지 아니하느니라"

첫 번째 성탄절의
이스라엘 사회와 종교의 실상

말라기 3:1-6

인류 역사 가운데 12월 25일, 이날이 없다면 전 인류의 존재 가치가 없습니다. 요한복음에서는 '말씀이 육신이 되어 사람으로 오셨다'고 증거하고 있습니다(요 1:14). 그 이유는 인간이 죄를 지었기 때문에, 하나님이 하나님 그대로 오시지 못하고 사람으로 오셔서 우리의 죄를 전부 맡아서 걸머지고, 자기 몸을 찢어 쪼개어 물 한 방울, 피 한 방울 남기지 않고 하나님 앞에 산 제사를 드리신 것입니다. 그리고 주님께서 선언하시기를 '너희들은 죄가 없다. 모든 죄를 사함 받았다. 이제부터 다시는 죄짓지 말고 세세무궁토록 영원히 나와 같이 살자' 그렇게 말씀하셨습니다.

아담 타락 이후 4천여 년 동안 수많은 선지자들을 통해서 누누이 말씀하신 예언들이 실제로 이루어진 날이 오늘 새벽입니다. 얼마나 기쁩니까? 그래서 '기쁘다 구주 오셨네' 찬송하는 것입니다.

성탄절 새벽이 밝아 오고 있었습니다. 베들레헴 목장에 천군 천사들이 찾아와서 '하늘에는 영광이요 땅에서는 기뻐하심을 입은 자들에게 평화라' 찬송하는 가운데, 비천한 목자들에게 '만백성에게 미칠 기쁜 소식, 좋은 소식을 너희에게 전하노라' 그러면서 '베들레헴에 가면 구유가 있는데 거기에 메시아가 아기 예수로 오셨다'고 했습니다(눅 2:8-14).

700여 년 전에 미가 선지자가 예언했죠? 유대 땅 베들레헴, 작은 고을이지만 거기에 오실 분은 태초부터 살아 계신 하나님이고, 인류를 구원하러 오신다고 했습니다(미 5:2). 메시아가 나실 장소와 사명에 대해서 정확하게 말씀했습니다. 그분이 오신 날입니다. 예수님께서 오시지 않았다면 우리가 살아서 뭐하겠습니까? 죄의 값은 사망이고 죽으면 바로 유황불인데, 그러한 것을 예수께서 '다 걷어치워라. 내가 사망당할게. 너희들은 죽으면 안 돼' 하셨습니다. 창세기 3:15의 예언이 4천 년 만에 적중된 날이 바로 오늘입니다.

예수님을 믿는다면 성탄절을 우습게 여기면 안 됩니다. 육신적으로 생각해도 부모님들이나 친척 어른들의 생일을 무시할 수 있습니까? 옛날 같으면 '후레자식, 족보도 없는 자식'이라고 할 것입니다. 구약 때는 부모님을 소홀히 대하고 가볍게 여기면 재판 필요 없이 동네 한복판에 데려다가 돌로 쳐서 죽이라고 했습니다. 그러면서 '이스라엘의 악을 제거하라'고 자그마치 세 번씩이나 기록돼 있습니다(신 21:18-21, 참고-신 17:12, 19:19).

지금 우리 평강제일교회뿐만 아니라 전 세계가 다 마찬가지입니다. 거룩한 아침에 성탄하신 구세주, 구약의 예언대로 오신 아기 예수를 맞이하기 위해서, 간절히 사모하는 가운데 정확하게, 정직하게, 거짓 없이 하나님 앞에 감사 찬송하면서 예배를 드리고자 복된 성전에 오신 줄 믿습니다.

태어나실 때부터 고난의 가시밭길을 걸으신 예수님

하나님이 사람의 몸을 입으시고 낮고 천한 이 세상에 오셨습니다. 지체 높은 분들의 아들딸이 태어나도 동네와 나라가 난리 법석이죠. 지구 8만 리 땅덩어리 위에 하나님을 본 사람이 없습니다. 그런데 요한복음 1장을 볼 때, 볼 수 없는 하나님이 나타나셨습니다. 말씀이 육신이 되어 은혜와 진리로 임하셨다고 했습니다. 하나님의 본체입니다. 은혜와 진리가 충만합니다. 이 얼마나 톱뉴스(top news)입니까? 기쁜 소식이죠.

요한복음 1:14 "말씀이 육신이 되어 우리 가운데 거하시매 우리가 그 영광을 보니 아버지의 독생자의 영광이요 은혜와 진리가 충만하더라"

요한복음 1:18 "본래 하나님을 본 사람이 없으되 아버지 품속에 있는 독생하신 하나님이 나타내셨느니라"

약 4천 년 전에 이미 '여자의 후손'으로 구원자가 오신다고 말씀하셨습니다(창 3:15). 그분이 언제 오시나 했는데, 다윗의 자손 요셉과 마리아를 통해 아기 예수로 오셨습니다. 태어나실 때 가난하기 짝이 없었습니다. 부자들은 미리 방을 예약해서 호의호식(好衣好食)하며 엄동설한에 불 때고 따뜻하게 있었습니다. 그러나 예수님의 부모가 빈방이 있냐고 묻는데, 주인이 쓱 보니까 방이 있어도 없다고 할 판입니다. 몇 집 다녀도 문전박대입니다. 옷 입은 꼬락서니나 생긴 것을 볼 때 돈도 있을 것 같지 않습니다.

찾다 찾다 방을 못 구하고 어느 집의 허름한 우릿간에 들어갔습니다. 동서남북 벽도 없습니다. 아이를 낳아서 짐승이 먹이를 먹는 밥통에, 포대기도 없어서 강보(襁褓)에 싸서 뉘었습니다(눅 2:7, 12). 이스라엘 백성은 어디 갈 때 큰 수건 같은 것을 가지고 다니는데 그것을 벗어서, 구유에 짐승 먹이 있는 것을 다 털어 팽개치고 아기 예수를 싸서 뉘었으니…. 아무리 가난하다 해도 저나 여러분이 짐승 밥통에서 태어났습니까? 배냇저고리도 없습니다. 보자기 하나예요. 산파를 누가 합니까? 애 낳을 때 배를 쓰다듬어 주고, 애를 받아서 탯줄을 배에서 한 뼘 해서 잘라 줘야 될 것 아닙니까?

헤롯왕이 동방박사들한테 속은 줄을 알고 '유대인의 왕이 난데, 어떤 놈이 또 있느냐? 군대를 풀어서 두 살 이하의 사내아이는 다 죽여!' 하는 바람에 군대가 동원돼서 집집마다 두 살 이하 사내아이들을 처참하게 죽입니다(마 2:16). 예레미야 31장에 예수님 나실 때의 광경이 예언되어 있잖아요? 애 있는 집마다 통곡 소리입니다(렘 31:15, 마 2:17-18). 그냥 들어와서 붙잡아 가지고 앞마당도 아니고 방 안에서 막 죽이니, 선혈이 낭자합니다.

그리고 여자분들이 아기를 낳으면 최소한 3주 동안은 가만히 있어야 됩니다. 아기 낳을 때 골반뼈가 벌어지는데, 이게 아물지 못하면 평생 불편하게 됩니다. 그러니까 다 아물 때까지 산모는 움직이면 안 됩니다. 아기 낳을 때 피가 얼마나 많이 납니까? 마리아가 핏걸레가 있어요? 한번 생각해 보세요. 하나님께서 계시로 '헤롯왕이 죽이려 하니 빨리 도망가라' 하셔서, 예수님을 낳자마자 애굽으로 도망갔습니다. 호세아 11장에 '내 아들을 애굽에서 불러내었다'고 하신 말씀대로 된 것입니다.

호세아 11:1 "이스라엘의 어렸을 때에 내가 사랑하여 내 아들을 애굽에서 불러내었거늘"

마태복음 2:13-15 "저희가 떠난 후에 주의 사자가 요셉에게 현몽하여 가로되 헤롯이 아기를 찾아 죽이려 하니 일어나 아기와 그의 모친을 데리고 애굽으로 피하여 내가 네게 이르기까지 거기 있으라 하시니 ¹⁴요셉이 일어나서 밤에 아기와 그의 모친을 데리고 애굽으로 떠나가 ¹⁵헤롯이 죽기까

지 거기 있었으니 이는 주께서 선지자로 말씀하신 바 애굽에서 내 아들을
불렀다 함을 이루려 하심이니라"

육신의 아버지 요셉과 마리아가 아기를 낳아서 안고 가는데, 수
백 리 길입니다. 1시간에 1리를 걷는다 해도 산모가 수백 리 길을 간
다고 생각해 보세요. 편하게 앉아서 밥 먹고 껌을 씹어 가면서 '어,
예수가 이렇게 왔대' 해서는 안 됩니다.

그다음에 '헤롯왕이 죽었으니 다시 이스라엘로 돌아가라' 하는 하
나님의 계시를 받고, 마리아와 요셉이 예수님을 데리고 다시 이스
라엘로 와서 나사렛으로 갔습니다. 한국도 부자촌이 아니라 변두리
에 산다고 하면 사람들이 인정 안 하잖아요? 메시아가 나사렛에서
나셨다고 하니까 많은 사람들이 '나사렛에서 무슨 선한 사람이 나겠
느냐?'라고 했습니다(요 1:46). 예수님을 천하게 여기고 '목수의 아들,
마리아의 아들, 나사렛 사람' 그렇게 불렀습니다.

그러니까 예수님은 태어나실 때부터 공생애를 시작하실 때까지
한 번도 대접받지 못하고 고난의 연속이었습니다. 눈물로 오셔서
눈물로 가시밭길을 걸으셨습니다. 누구 때문에? 우리 때문입니다.
하늘 영광 보좌를 버리시고 이 땅에 오셨습니다. 그 뜻을 생각할 때,
우리 평강제일교회 성도들은 감격스럽게 하나님 앞에 찬양하고 감
사하면서 아기 예수를 맞이해야 하겠습니다. 그분은 만왕의 왕, 만
주의 주입니다. 우주 만물이 그분의 말씀으로 지어졌다고 요한복음
1:1 이하에 기록돼 있잖아요? 그분은 우리의 영원한 생명의 주입니
다. 바로 우리 때문에 오신 분입니다.

죄를 없게 하시려고 세상 끝에 나타나신 예수님

히브리서 9:26을 볼 때 "그리하면 그가 세상을 창조할 때부터 자주 고난을 받았어야 할 것이로되 이제 자기를 단번에 제사로 드려 죄를 없게 하시려고 세상 끝에 나타나셨느니라"라고 말씀하고 있습니다. 제물이 되는 짐승은 우리 때문에 죽는 것입니다. 죄지으면 짐승을 잡아서 제사장한테 죄를 고백하고 제사를 드려야 됩니다. 또 죄를 지으면 또 양을 잡아야 됩니다. 아주 가난하면 비둘기를 잡죠. 그런데 예수님은 자기의 몸을 단번에 제물로 드리셨습니다(히 7:27, 10:10). 억조창생 인간, 당시에 살던 사람뿐만 아니라 앞으로 올 사람까지 포함해서 단번에 제사를 드리셨습니다. 예수님 후에 더 없습니다. 그래서 세상 끝에 나타나신 분이라고 했습니다.

여러분이 알지 못하는 가운데 이미 예수께서 자기 몸을 깨뜨리고 찢어서 흘리신 피로, 십자가에서 우리의 죄를 사해 주시고 '죄 없다' 선언하시고 '이제부터 죄인이 아니다. 의인이야. 각자 성씨가 다 있지만, 너는 아브라함의 자손이야' 그렇게 말씀해 주셨습니다(갈 3:7-9). 믿음으로 죄 사함 받는 것입니다. 요한일서 3:5을 볼 때, 우리 죄를 그림자도 없을 정도로, 기억도 안 나게 하려고 나타나셨다고 했습니다.

진 자는 이긴 자의 종입니다(벧후 2:19). '아담은 하나님께서 먹지 말라고 하신 것을 따먹었기 때문에 내쫓겨야 된다' 해서 아담의 후손은 모두 죄악의 종이 되었습니다. 예수님이 오신 목적은 인간을 종살이하는 데서 해방하여 자유인으로 만들어 주시는 것입니다. 그것이 바로 오늘입니다. 얼마나 감사합니까?

히브리서 2:14-15 "자녀들은 혈육에 함께 속하였으매 그도 또한 한 모양으로 혈육에 함께 속하심은 사망으로 말미암아 사망의 세력을 잡은 자 곧 마귀를 없이하시며 15 또 죽기를 무서워하므로 일생에 매여 종노릇하는 모든 자들을 놓아주려 하심이니"

예수님을 몇십 년 믿으면서 '기쁘다 구주 오셨네'라고 말만 하면 뭐합니까? 마음에 와 닿지 않고, 내가 낳은 자식만큼도 믿지 못하고 있지 않습니까? 여러분이 밥 굶을 정도로 어려울 때 누가 돈 천만 원만 준다면, 죽을 때까지 그 은혜 잊지 못할 것입니다. 어느 가족이 자살 직전에 있다가 누가 도와줘서 빚을 갚고 장사해서 웬만큼 살게 됐다면, 자식들을 불러 놓고 '눈에 흙 들어가기 전까지 그분 신세 잊으면 안 된다. 그러면 너희는 사람도 아니다'라고 얘기하겠죠. 자식들이 부모의 말을 듣고 평생 그분을 존경할 것입니다.

그런데 일생 동안 종노릇하는 것, 예수께서 오셔서 종의 사슬을 끊어 팽개치고 해방시켜서 '너는 믿음의 조상 아브라함의 아들, 더 나아가서 하나님의 아들이다' 선언하셨습니다. 얼마나 좋아요? 예수께서 마귀의 일을 멸하러 오셨습니다. 마귀, 사단, 어둠이 하는 일을 완전히 묵사발로 만들기 위해 오신 날이라고 말씀하고 있습니다. 그러니 성탄이 아닙니까? '기쁘다 구주 오셨네' 할 만하죠.

요한일서 3:8 "죄를 짓는 자는 마귀에게 속하나니 마귀는 처음부터 범죄함이니라 하나님의 아들이 나타나신 것은 마귀의 일을 멸하려 하심이니라"

우리가 크리스마스를 축하하는 뜻에서 찬송을 부를 때 '노엘'(Noël)이라고 하는데, 이는 불란서어로 '기쁨의 외침'이라는 뜻입니다. '소식'을 의미하는 라틴어 '노벨라'(novella)에서 유래하였거나 영어 'nowell'

에서 파생되어 '이제는 평화하다', '정말 마음이 기쁘다'는 말입니다. '큰 기쁨의 좋은 소식'이죠(눅 2:10). 오늘 말씀 들어보니까 얼마나 기쁩니까? 창세기 3:15에 '여자의 후손이 나타나서 뱀의 머리를 깨부순다'고 했습니다. 머리를 쳐서 영원히 살지 못하도록 하는 것입니다.

예수께서 제자들과 70문도를 가르치신 다음에 전도를 내보내셨는데, 그들이 말씀할 때 귀신이 꼼짝 못하고 병도 나았습니다. 그들이 돌아와서 너무 기뻐서 '우리가 선생님 말씀대로 안수하니까 병이 달아나고, 기도하니까 마귀가 꼼짝 못 합니다'라고 하자, 예수님이 '그래? 사단이 너희들한테 굴복하는 것을 기뻐하지 말고 너희 이름이 생명책에 기록된 것으로 기뻐하라' 하셨습니다.

누가복음 10:17 "칠십 인이 기뻐 돌아와 가로되 주여 주의 이름으로 귀신들도 우리에게 항복하더이다"

누가복음 10:20 "그러나 귀신들이 너희에게 항복하는 것으로 기뻐하지 말고 너희 이름이 하늘에 기록된 것으로 기뻐하라 하시니라"

오늘 기뻐하다가 내일 시험 들면 '교회 안 나가' 그럽니다. 술 먹고 죄짓습니다. 잘 믿는 사람한테 쓸데없는 말을 해서 시험 들게 합니다. 예수님이 다 보고 계십니다. 그러니까 오늘 예수 믿는 만족도 만족이지만, 끝까지 믿음으로 승리하면서 자신을 이기고, 세상을 이기고, 정욕을 이기고, 물질의 욕심을 이기고 하나님의 뜻을 행한 후에 우리 이름이 생명책에 기록된 것으로 기뻐하라는 것입니다.

예수께서는 사단이 인류를 꾀고 괴롭히기 위해서 번개같이 떨어지는 것을 보셨습니다(눅 10:18). 제자들이 깜짝 놀랐습니다. '병 고치고 사단이 도망가는 것으로 기뻐하지 말고, 사단이 인류에게 얼마

큰 고통 주고 괴롭히는 줄 알아? 그 군대가 번갯불같이 떨어지는 것을 봤다'고 하셨습니다.

그러니까 모든 유혹에서, 죄짓는 자리에서 이겨 보세요. 천사가 기뻐하고 하나님께서 기뻐하십니다. 사도 바울은 귀신, 도깨비, 세상 신에 대해 말씀했고, 예수께서는 '세상 임금'이라고 하셨습니다. 세상의 임금은 바로 마귀입니다. 그래서 끝까지 조심하라고 말씀하신 것입니다.

> **요한복음 16:11** "심판에 대하여라 함은 이 세상 임금이 심판을 받았음이니라"
>
> **고린도후서 4:4** "그중에 이 세상 신이 믿지 아니하는 자들의 마음을 혼미케 하여 그리스도의 영광의 복음의 광채가 비춰지 못하게 함이니 그리스도는 하나님의 형상이니라"

헤롯왕 때의 사회와 종교 지도자들의 실상

예수께서 이 땅에 오실 때 남의 땅에 오신 것이 아닙니다. 자기 땅에 오셨습니다(요 1:11). 우주 만물을 예수께서 창조하셨습니다. 예수님이 아니면 지음받은 것이 하나도 없다고 했습니다(요 1:3). 다 예수님의 것입니다. 그런데 인간들은 예수님의 땅인지도 모르고 조상 때부터 물려받은 땅이기 때문에 자기 땅이라고 생각하고 있습니다. 근본을 따져볼 때는 이 땅에 인간의 땅은 하나도 없습니다. 전부 다 하나님의 것입니다. 그래서 땅도 하늘도 은도 금도 다 하나님 것이라고 말씀하셨습니다(학 2:8).

예수께서 오신 때를 '헤롯왕 때'라고 말씀하고 있습니다(마 2:1). 예수님은 칠흑같이 어두운 밤과 같은 세상에 오셨습니다. 아주 살기 힘들 때입니다. 법은 있지만 무질서하고, 권력 가진 자의 마음대로 됩니다. 기분 좋으면 살리고, 기분 나쁘면 자기 처까지 죽이는 것이 헤롯왕입니다. 친아들이 바른말 한다고 손 자르고 목 잘라 죽인 사람입니다. 그의 아들 헤롯 안티파스는 동생 빌립의 처 헤로디아를 취했습니다. 무서운 사람입니다. 사람들이 보는 데서 공개적으로 관계했습니다. 한국이 썩었다 해도 동생의 처, 제수를 삼키는 자가 있습니까? 그러면 동네에서 가만있지 않겠죠. 헤로디아는 헤롯 안티파스의 조카이자 제수입니다. 역사 기록에 다 있습니다. 성경에 있는 말씀입니다.

> **마태복음 14:3-4** "전에 헤롯이 그 동생 빌립의 아내 헤로디아의 일로 요한을 잡아 결박하여 옥에 가두었으니 ⁴ 이는 요한이 헤롯에게 말하되 당신이 그 여자를 취한 것이 옳지 않다 하였음이라"

> **마가복음 6:17-18** "전에 헤롯이 자기가 동생 빌립의 아내 헤로디아에게 장가든 고로 이 여자를 위하여 사람을 보내어 요한을 잡아 옥에 가두었으니 ¹⁸ 이는 요한이 헤롯에게 말하되 동생의 아내를 취한 것이 옳지 않다 하였음이라"

> **누가복음 3:19** "분봉왕 헤롯은 그 동생의 아내 헤로디아의 일과 또 그의 행한 모든 악한 일을 인하여 요한에게 책망을 받고"

로마의 평화를 위해서 황제 디베료 가이사가 본디오 빌라도를 유대 총독으로 보냈고(눅 3:1), 헤롯 가문의 사람들이 분봉왕으로 통치하고 있을 때, 과도한 세금 징수로 백성의 삶이 말이 아니었습니다. 세금을 낼 수 없으면 아들딸을 팔라고 합니다. 부모가 그런 얘기 듣는 순간 피가 거꾸로 솟죠. 그러한 때입니다. 사람들은 가난에 시달려 아침 먹으면 점심 못 먹고 하루 굶는 것이 예사입니다. 그래서 각종 병으로 시달리고 나병 환자도 많았습니다,

또한 돈으로 관직을 삽니다. 우리 조선 시대에도 양반의 족보를 샀잖아요? 헤롯왕 때도 마찬가지였습니다. 성경 볼 때 안나스와 가야바가 대제사장으로 있었다고 했습니다. 두 사람은 장인과 사위였습니다. 대제사장은 본래 한 사람인데 매관(賣官), 관직을 사서 두 사람이 대제사장이 된 것입니다.

누가복음 3:2 "안나스와 가야바가 대제사장으로 있을 때에 하나님의 말씀이 빈들에서 사가랴의 아들 요한에게 임한지라"

당시 종교 부패는 말도 못 합니다. 나라도 썩었지만 종교 지도자들이 다 썩었습니다. 예수님과 세례 요한이 얼마나 책망했습니까? 지도자인 바리새인, 서기관들은 돈을 좋아합니다. 돈만 주면 안 되는 게 없습니다.

누가복음 16:14 "바리새인들은 돈을 좋아하는 자라 이 모든 것을 듣고 비웃거늘"

종교 지도자들이 어느 집에 남편 있을 때는 심방 안 가다가 남편 죽었다 하면 가서 꼬입니다. 그 집 땅 등기를 내놓을 때까지 떨어지려고 하지 않습니다. 과부 된 것만도 기가 막힌데 '천국 보내줄게. 걱정하지 말아라. 그 땅 가지고 있어서 뭐하냐? 나한테 맡겨라' 해가지고 과부의 재산을 다 가져와서 자기 이름으로 등기하는 거예요. 그리고는 같은 교인들한테 얘기하지 말라고 합니다. 불쌍한 과부의 재산을 도리어 삼킵니다. 벌이도 없는데 어떻게 삽니까? 재산

이라도 팔아서 아이들 공부시키고 살아야 될 텐데, 몽땅 가져가서 완전히 알거지를 만듭니다.

　　마가복음 12:40 "저희는 과부의 가산을 삼키며 외식으로 길게 기도하는 자니 그 받는 판결이 더욱 중하리라 하시니라"

　　그리고 그들은 외식(外飾)으로 길게 기도한다고 했습니다. 돈 다 뺏고 사기질 해 놓고, 도포 입고 관 같은 것 쓰고 길가에서 기도한다는 거예요. 지나가는 교인들이 다 머리 숙입니다. 남에게 보이려고 하는 외식, 형식과 가식, 껍데기만 남아 있습니다(마 6:5, 23:23). 그럴 때 예수님께서 오신 것입니다. 예수께서 '뱀들아, 독사의 새끼들아! 이단이니 삼단이니 해서 믿지 못하게 만들고, 자기도 천국에 안 들어가고 들어가고자 하는 교인들까지 못 들어가게 막는 놈들아!' 하면서 책망하셨습니다.

　　마태복음 12:34 "독사의 자식들아 너희는 악하니 어떻게 선한 말을 할 수 있느냐 이는 마음에 가득한 것을 입으로 말함이라"

　　마태복음 23:13 "화 있을찐저 외식하는 서기관들과 바리새인들이여 너희는 천국 문을 사람들 앞에서 닫고 너희도 들어가지 않고 들어가려 하는 자도 들어가지 못하게 하는도다"

　　마태복음 23:33 "뱀들아 독사의 새끼들아 너희가 어떻게 지옥의 판결을 피하겠느냐"

　　예수께서 두 번씩이나 성전에 올라가서 돈 바꾸고 장사하는 자들을 책망하셨죠? 돈 바꾸려면 당시 제사장, 장로, 서기관들한테 돈을 내야 됩니다. 하나님의 것을 도적질하는 것이죠. 예수께서 성전에 올라가자마자 상을 둘러엎으시고 채찍을 만들어 짐승과 사람들을 내쫓으시면서 '하나님의 집을 장사하는 집으로 만들어? 내 집은 만민의 기도하는 집이야!'라고 하셨습니다(마 21:12-13, 요 2:14-16).

대제사장들과 장로들이 나타나서 무슨 권세로 이렇게 하냐고 할 때, 예수께서 '그럼 먼저 너희에게 물어보겠다. 대답하라. 세례 요한의 세례가 하늘로서냐, 땅으로서냐?'라고 하셨습니다. 하늘에서라고 대답해도, 땅에서라고 대답해도 다 걸리게 돼 있습니다. 모르겠다고 하니까, 예수님도 '나도 무슨 권세로 이렇게 하는지 너희들한테 이르지 않겠다'고 하셨습니다(마 21:23-27). 사람은 그렇게 못 합니다. 남의 돈을 쏟아 팽개치고 발길로 차고 채찍으로 치고 말이죠. 성전이 좀 넓습니까? 돌아가면서 그렇게 하시니, 사람들이 제사장한테 돈 주고서 자리를 맡았지만 도망가기 바빴습니다.

누가복음 19:46을 볼 때, 예수께서 "기록된 바 내 집은 기도하는 집이 되리라 하였거늘 너희는 강도의 굴혈을 만들었도다"라고 말씀하셨습니다. '이사야와 예레미야가 예언한 것을 모르냐? 내 집은 기도하는 집이 되리라 하였거늘 너희는 강도의 굴혈을 만들었다'고 하신 것입니다.

이사야 56:7 "내가 그를 나의 성산으로 인도하여 기도하는 내 집에서 그들을 기쁘게 할 것이며 그들의 번제와 희생은 나의 단에서 기꺼이 받게 되리니 이는 내 집은 만민의 기도하는 집이라 일컬음이 될 것임이라"

예레미야 7:11 "내 이름으로 일컬음을 받는 이 집이 너희 눈에는 도적의 굴혈로 보이느냐 보라 나 곧 내가 그것을 보았노라 여호와의 말이니라"

일찍이 에스겔 선지자는 앞으로 예수님께서 오실 때의 종교적 상황을 말씀했습니다. 지도자들이 말씀도 대주지도 않고, 성경 보지도 않고, 기도하지도 않습니다. 전부 도둑놈이라는 것입니다. 교인들이 살려고 산으로 갔다가 이리떼에게 잡아먹힌다고 했습니다. 참목자가 없기 때문에 교인들이 점쟁이, 귀신 같은 놈들한테 속아 넘어가서 아들딸 바치고 돈 뺏기고, 그런 일이 많이 있었던 것입니다.

에스겔 34:2-6 "인자야 너는 이스라엘 목자들을 쳐서 예언하라 그들 곧 목자들에게 예언하여 이르기를 주 여호와의 말씀에 자기만 먹이는 이스라엘 목자들은 화 있을찐저 목자들이 양의 무리를 먹이는 것이 마땅치 아니하냐 ³너희가 살진 양을 잡아 그 기름을 먹으며 그 털을 입되 양의 무리는 먹이지 아니하는도다 ⁴너희가 그 연약한 자를 강하게 아니하며 병든 자를 고치지 아니하며 상한 자를 싸매어 주지 아니하며 쫓긴 자를 돌아오게 아니하며 잃어버린 자를 찾지 아니하고 다만 강포로 그것들을 다스렸도다 ⁵목자가 없으므로 그것들이 흩어지며 흩어져서 모든 들짐승의 밥이 되었도다 ⁶내 양의 무리가 모든 산과 높은 멧부리에마다 유리되었고 내 양의 무리가 온 지면에 흩어졌으되 찾고 찾는 자가 없었도다"

말라기 선지자가 증거한 암흑시대

구약시대의 마지막 선지자 말라기가 활동한 때부터 예수님 오시기 전까지 400여 년의 기간은 암흑시대입니다. 예수님의 길잡이로, 예수님의 첩경을 평탄케 하기 위해 온 사람이 세례 요한입니다. 예수님보다 6개월 먼저 태어났습니다. 그가 얼마나 무섭게 심판했는지, 많은 백성이 '저분이 메시아인가?' 착각할 정도였습니다(눅 3:2-15). 말라기 이후 세례 요한이 올 때까지는 선지자가 한 사람도 나타나지 못했습니다. 그 기간 동안 백성은 구약시대의 '율법, 선지자,

예언' 이 세 가지만 붙잡고(마 11:13), 할례와 십일조와 율법을 준행하는 것, 옛날 조상들이 부모에게 대주고 부모들이 자식한테 대준 것, 그 유전만 믿고 살았습니다(참고-갈 1:14). 구약시대의 마지막 선지자 말라기가 당시 이스라엘 백성을 책망한 것을 보시기 바랍니다.

종교 부패

말라기 1:7 이하를 볼 때, 예배를 드려도 전부 가식이고 형식적입니다. 헌금을 해도 감사가 없습니다. 안 바치면 다른 사람들이 보니까 체면이 말이 아니죠. 그래서 진정 하나님 앞에 감사한 마음으로 바치지 않고 무심하게 바칩니다. 이게 죄가 되는 것입니다. '그런 마음 가지고 너희 총독에게 바쳐 봐라. 받겠느냐? 마지못해 주는 것을 받겠어? 인간인 총독도 받지 않는다'라고 했습니다.

말라기 1:7-8 "너희가 더러운 떡을 나의 단에 드리고도 말하기를 우리가 어떻게 주를 더럽게 하였나이까 하는도다 이는 너희가 주의 상은 경멸히 여길 것이라 말함을 인함이니라 ⁸ 만군의 여호와가 이르노라 너희가 눈 먼 희생으로 드리는 것이 어찌 악하지 아니하며 저는 것, 병든 것으로 드리는 것이 어찌 악하지 아니하냐 이제 그것을 너희 총독에게 드려 보라 그가 너를 기뻐하겠느냐 너를 가납하겠느냐"

마음을 다하지 않습니다. 로마서 1:21의 말씀과 같이 하나님을 알되 감사치 않습니다. 입으로만 감사지, 생활 전체에 감사가 없습니다. 아내, 남편, 자녀, 학교나 직장, 자기 건강에 대해서 감사가 없습니다. 집에 감사가 있으면 기적이 일어납니다. 예수님도 보리떡 다섯 개와 물고기 두 마리를 가지고 하나님 앞에 축사(祝謝), 감사하셨을 때 기적의 노다지가 쏟아졌습니다. 2-3일 동안 집에 가지 못하고 먹지 못하고 광야에서 말씀 듣던 수만 명의 대중이 다 배부르게 먹고 열두 광주리가 남았습니다. 예수께서 사람들이 달라는 대로, 소원대로 주라고 하셨습니다. 이스라엘 바구니는 제 키보다 큽니다. 실컷 먹었는데 열두 광주리가 남는 기적이 일어났습니다(요 6:5-13).

말라기 1:10을 볼 때 '가증스럽게 마음을 다하지 못하고 헌금해도 아까워하고, 자기 자식과 자기 일을 위해서는 아낌없이 쏟지만 교회 위해서는 달달 떨면서 그저 마지못해 낼 바에는 교회 오지 마라. 너희 가운데 누가 망치로 못질을 해서 교회 문을 닫으면 좋겠다'라고 하였습니다. 하나님께서 '차라리 교회 와서 주여, 주여 하면서 가짜 찬송 부르지 못하게 하면 내 마음이 편하겠다'고 하신 것입니다. 이사야 1:13 이하에 있는 말씀과 같습니다. 성경에 두 군데 기록돼 있습니다. 아주 꼴 보기 싫다는 것입니다. '교회 와서 10원 바치는 것도 아깝지? 기쁜 마음, 감사한 마음으로 바쳐야지. 감사 없이 마지못해 하는 것에 내 마음이 무거워. 짐이 돼. 교회 나오지 않으면 좋겠다' 하시면서, 교회 문 열지 못하게 하라고 하신 것입니다.

이사야 1:13-14 "헛된 제물을 다시 가져오지 말라 분향은 나의 가증히 여기는 바요 월삭과 안식일과 대회로 모이는 것도 그러하니 성회와 아울러 악을 행하는 것을 내가 견디지 못하겠노라 ¹⁴ 내 마음이 너희의 월삭과 정한 절기를 싫어하나니 그것이 내게 무거운 짐이라 내가 지기에 곤비하였느니라"

말라기 1:10 "만군의 여호와가 이르노라 너희가 내 단 위에 헛되이 불사르지 못하게 하기 위하여 너희 중에 성전 문을 닫을 자가 있었으면 좋겠도다 내가 너희를 기뻐하지 아니하며 너희 손으로 드리는 것을 받지도 아니하리라"

가정 파괴

결혼은 하나님의 은혜 가운데 성결하게 해야 합니다. 결혼해서 살다 보면 살맛이 없다고 하면서 이 핑계 저 핑계 대고 돈도 갖다 주지 않습니다. 음식이 맛없다면서 밥상이 날아가고, 때리고 그러다가 이혼합니다. 하나님께서 그걸 보시고 '이 가정은 성결을 더럽혔다'고 하십니다.

말라기 2:10-11 "우리는 한 아버지를 가지지 아니하였느냐 한 하나님의 지으신 바가 아니냐 어찌하여 우리 각 사람이 자기 형제에게 궤사를 행하여 우리 열조의 언약을 욕되게 하느냐 ¹¹ 유다는 궤사를 행하였고 이스라엘과 예루살렘 중에서는 가증한 일을 행하였으며 유다는 여호와의 사랑하시는 그 성결을 욕되게 하여 이방 신의 딸과 결혼하였으니"

조강지처(糟糠之妻)를 팽개치고 이방 여인과 결혼합니다. 귀신, 도깨비 같은 자들한테 점 보고 성명학자 찾아가서 이름 풀이나 하고 말이죠. 그러다 망한다는 것입니다. 합법적으로 얻은 아내를 왜 때리고 내쫓습니까? 아내가 남편 만나면 기쁘고 즐겁고 좋아야 될 텐데, 남편 들어올 시간만 되면 사시나무 떨듯이 덜덜 떨어요. 여인들의 눈물과 울음과 마음의 탄식이 제단에 차고 넘친다고 하셨습니다. 하나님께서 성전을 보시니, 수심에 차 있고 남편 때문에 겁을 먹고 그런 마음들만 가득 쏟아져 있는 것입니다. 그러면서 '너희가 예쁜 여자를 얻지만 다 망한다'고 무섭게 책망하고 말씀으로 권면했습니다. 없는 얘기를 하는 게 아닙니다. 여러분 아셔야 됩니다.

말라기 2:13-16 "너희가 이런 일도 행하나니 곧 눈물과 울음과 탄식으로 여호와의 단을 가리우게 하도다 그러므로 여호와께서 다시는 너희의 헌물을 돌아보지도 아니하시며 그것을 너희 손에서 기꺼이 받지도 아니하시거늘 **14** 너희는 이르기를 어찜이니까 하는도다 이는 너와 너의 어려서 취한 아내 사이에 여호와께서 일찌기 증거하셨음을 인함이니라 그는 네 짝이요 너와 맹약한 아내로되 네가 그에게 궤사를 행하도다 **15** 여호와는 영이 유여하실찌라도 오직 하나를 짓지 아니하셨느냐 어찌하여 하나만 지으셨느냐 이는 경건한 자손을 얻고자 하심이니라 그러므로 네 심령을 삼가 지켜 어려서 취한 아내에게 궤사를 행치 말찌니라 **16** 이스라엘의 하나님 여호와가 이르노니 나는 이혼하는 것과 학대로 옷을 가리우는 자를 미워하노라 만군의 여호와의 말이니라 그러므로 너희 심령을 삼가 지켜 궤사를 행치 말찌니라"

하나님의 것을 도적질

말라기 3:8 이하를 볼 때, 하나님께서 '너희들은 온 나라가 나의 것을 도적질하고도 뻔뻔스럽게 도둑놈인 줄 모르면 되겠느냐?' 하고 책망하셨습니다. 백성이 '주여, 우리가 언제 주의 것을 도적질했습니까?'라고 하자 '십일조와 헌물이다. 십일조 바쳐 봐라. 내가 하늘 문을 열고 너희 가정마다, 방마다 쌓을 곳이 없을 정도로 가득 채워주겠다. 한번 시험해 봐라'라고 하셨습니다.

말라기 3:8-10 "사람이 어찌 하나님의 것을 도적질하겠느냐 그러나 너희는 나의 것을 도적질하고도 말하기를 우리가 어떻게 주의 것을 도적질하였나이까 하도다 이는 곧 십일조와 헌물이라 **9** 너희 곧 온 나라가 나의 것을 도적질하였으므로 너희가 저주를 받았느니라 **10** 만군의 여호와가 이르노라 너희의 온전한 십일조를 창고에 들여 나의 집에 양식이 있게 하고 그것으로 나를 시험하여 내가 하늘 문을 열고 너희에게 복을 쌓을 곳이 없도록 붓지 아니하나 보라"

하나님께서 '메시아를 맞이하려면 할례 받고, 십일조 바치고, 절대 하나님의 것 떼어먹지 마. 십일조 안 바치면 그 돈이 집에서 소리질러. 되는 법이 없어. 인간의 생각으로 못 자고 못 먹고 생활비 아끼고 장사해서 번 돈인데 왜 십분의 일을 바치느냐고 하겠지만, 전부 다 하나님 거야. 그중에 아홉은 네가 쓰고 하나는 주의 몸 된 교회와 복음사업 위해서 써야 된다. 가지고 있지 말고 교회에 내라' 하셨지만, 그렇게 하지 않았습니다. 십일조 바치지 않은 사람들은, 잘되는 것 같죠? 될 듯 하다가 안 됩니다. 자식이 말 듣지 않고, 저주의 물이 허파, 간, 쓸개, 내장으로 들어옵니다. 그게 암이 되는 것입니다. 잠언 14:30에 남을 시기하면 골수암이 생긴다고 기록돼 있잖아요? 뼈가 썩는다고 말이죠.

이스라엘 백성이 십일조 안 바치다가 히스기야왕이 개혁하고 율법을 지키기로 한 다음 십일조를 바쳤는데, 성전 마당에 얼마나 많이 쌓였는지, 보이지가 않을 정도였습니다(대하 31:5-6). 그렇게 많이 가져왔어요. 하나님께서 그걸 보시고 하늘 문을 열고 집집마다 복을 쏟아부어 주셨는데, 20년 동안 병도 없고 가정과 나라가 평안하고, 못사는 자 없이 다 잘살 수 있었다고 성경에 나와 있습니다.

왜 십일조 안 바칩니까? 온 가족이 도적질하고, 그게 말이 됩니까? 예수님께서 이러한 것을 해결하러 오셨습니다. 온전한 십일조 생활을 해야 합니다. 만 원 벌었으면 천 원, 10만 원 벌었으면 만 원입니다. 사도행전 5:1-11 말씀 볼 때, 아나니아와 삽비라가 하나님께 소유를 팔아 바치기로 했는데, 막상 팔고 나니까 아까운 생각이 들어서 일부를 떼어 감췄습니다. 베드로가 아나니아에게 이게 전부냐고 묻자 그렇다고 대답했습니다. 베드로가 '네 아내와 짜고 성령을 속여?' 라고 책망하는 말을 듣고 아나니아가 죽어서 사람들이 그를 장사지내러 갔습니다. 그런데 아내 삽비라가 와서 또 거짓말을 했습니다. 삽비라도 죽어서 남편 묻은 데다가 묻은 것 아닙니까? 온 교회와 듣는 사람들이 놀라서 그때부터 잘 믿어야 되겠다고 했습니다. 십일조 떼어먹지 마세요.

저는 은혜 받은 이후로 십의 이조, 십의 삼조를 바칩니다. 그동안 목사, 장로, 집사, 권사한테 속았지 이방 사람한테 속지 않았습니다. 돈 빌려주고 받지 못한 것이 많습니다. 살려 달라고, 꼭 갚겠다고 하니 딱해서 빌려줬죠. 저는 돈을 꾸지 않습니다. 5만 원으로 열흘 살아야 한다면, 쪼개서 나눠 놔요. 그럼 밥은 먹을 것 아닙니까? 제가 형편이 어려울 때, 김장철에 리어카를 빌려서 시장에서 무, 우거지 팽개친 것들을 가득 실어 왔습니다. 다듬어서 썰고, 파·고춧가루·새우젓을 넣습니다. 그렇게 5년 이상 살았습니다. 시래기가 산더미같이 쌓여 있는데, 그거 주워다가 삶으면 얼마나 맛있는지 모릅니다. 그렇게 살면 됩니다.

저는 개밥을 먹고 목회한 사람입니다. 하루 반 굶고 심방을 다니는데, 가면 목사가 먼저 기도하고 찬송도 부르고 설교도 해야 되죠. 심방 두 집 끝날 때 막 어지러워요. 세 번째 집에 갔는데, 집 입구에 나무 밥통이 있는데 허연 쌀밥이 들어 있었습니다. 권사님들 먼저 들어가시라고 한 다음에, 그걸 주워서 화장실에 가서 씻어 먹었더니 어지러운 게 없어졌습니다. 얼마나 피곤이 풀리는지, 천하에 부러운 게 없었습니다. 지금 목사들이 그렇게 합니까? 생활비 주고 집 얻어줘도 목회 못 하면 죽어야 됩니다. 교인들의 영혼을 위해서 기도하고 성경 보고 정성을 다해야죠.

고생 많이 했습니다. 양말이 없어서, 내복 무릎이 닳아서 쓰레기통에 버린 것을 가져다가 잘라 가지고 바늘로 꿰매고, 시꺼먼 고무줄 장수가 '자, 10원만 내면 부산까지 늘어나는 고무줄!' 하면서 파는 것을 사다가 넣어서 양말을 만들어 신었습니다. 지금도 제가 돈 쓰는 것 같죠? 구두 하나 사서 16-17년 신습니다. 지금 신은 것도 12년째입니다. 구둣방에 가서 뒤축 갈면 됩니다. 내복도 10년 넘었습니다. 버리려고 하면 '예수님은 이런 것도 못 입으셨어. 교인들이 먹지 못하고 입지 못하고 바친 헌금으로 생활비 타서 샀는데 버리면 되냐?' 하면서 야단칩니다. 누가 보면 어떡하냐고 하는데, 보면 어떻습니까? 하나님이 좋다고 하시면 괜찮습니다. 교회 안에 있으면 찾아오신 분들을 하나님같이 여기고 대접하지만, 혼자서는 나가서 밥 사 먹는 법이 없습니다. 돈 함부로 쓰지 않습니다. 알리지 않고 어려운 사람들 다 도와줍니다.

이렇게 말하면 거짓말한다고 할까 봐, 제가 사실 어제 여기저기서 돈 마련해서 전달했습니다. 애 하나 데리고 사는데 남편은 도망가고, 교회에서 열심히 일하는데 빚이 많다고 그래요. 여러분이 저한테 주시면 쓰지 않고 모았다가 목사님 자녀들 등록금 도와주고, 있으면 주는 게 낙이에요. 많이 가지면 뭐합니까? 하늘나라가 가까웠는데…. 제 자식한테 돈 주지 않습니다. 여선교회, 남선교회에서 어려운 분들에게 오늘 나눠 드릴 거예요.

우리 평강제일교회, 어제 성탄전야 행사에서 노래 부른 대로, 다 '대박'입니다. 우리 목사, 장로, 전도사, 권사, 집사, 유치부 아이까지 '대박일세'입니다. 사전을 찾아보니 '큰 대'(大), '넓을 박'(博)입니다. 주로 '대박이 터지다'로 사용된다고 합니다. 농사지어 가지고 판로

가 없었는데, 한국 사람보다 외국 사람이 사겠다고 나서면 '저 집에 대박 터지네' 그럽니다. '대박을 터뜨려 횡재를 만나는 장면' 그렇게 쓴다는 거예요. 좋은 얘기죠. 성도님들 십일조 바쳐서 가정마다 대박 터지시기를 주의 이름으로 축원하겠습니다.

마지막 심판 때는 의인 중에서 악인을 갈라낸다고 했습니다(마 13:47-50). 그물을 쳐서 물고기를 잡아 바깥으로 끌어낸 다음, 못된 것은 다 팽개치고 가치 있는 좋은 것을 골라내는 것과 마찬가지라고 했습니다. 그 나라 갈 때 우리가 좋은 고기가 돼서 주인의 손에 잡히는 역사가 있으시기 바랍니다.

결론

엘리야는 불의 선지자로 왔고, 세례 요한은 엘리야의 심령을 가지고 왔습니다. 마태복음 11:13-14, 마가복음 9:11-13, 누가복음 1:17에 기록돼 있는 것과 같이 세례 요한이 엘리야로 왔습니다. 그런데 사람들이 엘리야인 줄 몰랐습니다. 제자들이 예수님께 '우리가 메시아가 오셨다고 하니까 사람들이 선생님을 가짜라고 합니다. 왜냐고 물으니, 메시아가 오시기 전에 엘리야가 오게 돼 있다고 합니다'라고 했습니다. 말라기 4:5-6에 기록된 말라기 선지자의 마지막 예언이 그것입니다.

말라기 4:5-6 "보라 여호와의 크고 두려운 날이 이르기 전에 내가 선지 엘리야를 너희에게 보내리니 6 그가 아비의 마음을 자녀에게로 돌이키게 하고 자녀들의 마음을 그들의 아비에게로 돌이키게 하리라 돌이키지 아니하면 두렵건대 내가 와서 저주로 그 땅을 칠까 하노라 하시니라"

예수님이 오시기 직전에 엘리야가 온다고 했습니다. 엘리야부터 말라기까지 기간이 450년입니다. 엘리야는 죽지 않고 살아서 승천했는데(왕하 2:11), 그가 온다는 것입니다. 그런데 예수께서 '엘리야가 왔어. 세례 요한이 엘리야의 심정을 가지고 왔는데 사람들이 알지 못하고 임의로, 멋대로 대접한 거야. 엘리야를 몰라보는데 나를 알아보겠느냐?'라고 하셨습니다. 제자들이 예수님의 말씀을 두세 번 듣더니 '아! 엘리야가 바로 세례 요한이구나' 하고 깨달았습니다.

마태복음 11:13-14 "모든 선지자와 및 율법의 예언한 것이 요한까지니 14 만일 너희가 즐겨 받을찐대 오리라 한 엘리야가 곧 이 사람이니라"

마태복음 17:10-13 "제자들이 묻자와 가로되 그러면 어찌하여 서기관들이 엘리야가 먼저 와야 하리라 하나이까 11 예수께서 대답하여 가라사대 엘리야가 과연 먼저 와서 모든 일을 회복하리라 12 내가 너희에게 말하노니 엘리야가 이미 왔으되 사람들이 알지 못하고 임의로 대우하였도다 인자도 이와 같이 그들에게 고난을 받으리라 하시니 13 그제야 제자들이 예수의 말씀하신 것이 세례 요한인 줄을 깨달으니라"

끝날에도 성령 충만한 가운데 사모하고 기다려야 합니다. 로마서 13:12에 '밤이 깊고 낮이 가까웠다'고 했습니다. 예수님은 의의 태양이십니다. 그분이 재림하신다는 것입니다. 그러니 낙심하지 말고 끝까지 하나님 말씀을 준수하면서, 그날을 간절히 사모하고 기다리라고 했습니다(벧후 3:12).

메시아가 오시기를 사모하고 기다린 시므온은 나이 많은 사람이었습니다. 성령님이 '시므온아, 너는 죽기 전에 역대 선지자들이 예언한 메시아, 그리스도를 본다'고 하셨습니다. 시집간 지 7년 만에 과부가 되고, 과부된 지 84년(한글 개역성경, KJV)이 된 안나도 있었습니다. 시집가려면 최소한 15살 넘어야 되겠죠? 그러니 100살이 넘은 할머니였습니다. 예수님 나신 지 40일 만에 그 부모가 모세의 법대로(레 12:1-8) 결례를 위해서 성전에 오는 것을 보고, 성령님이 시므온과 안나에게 '인류가 기다리던 메시아가 바로 저 젊은 여자가 안고 가는 분이다' 하고 알려 주셨습니다. 그래서 쫓아가서 인사도 없이 아기 예수를 뺏어 가지고 성전을 빙빙 돌면서 '하나님, 죽어도 여한이 없습니다. 내 눈으로 주의 구원을 봤습니다'라고 했습니다(눅 2:22-38). 우리는 구원받기 위해 애쓰고 있는데, 시므온과 안나는 주의 구원을 보았다고 했습니다. 얼마나 기뻐했습니까?

성탄을 맞이하는 우리도 시므온과 안나같이 늘 그날을 간절히 사모하고 기다리면서, 우리가 원치도 않고 깨닫지도 못했는데 이 땅에 오셔서 십자가에 달려 처참하게 죽어 가면서 우리 죄를 다 사해 주시고, 우리 이름을 불러 주시면서 '너는 천국의 아들, 믿음의 조상 아브라함의 아들이다'라고 해 주시기 위해서 오신 그분을 뜨겁게 믿음으로 모시는 여러분 되시기를 주의 이름으로 축원하겠습니다.

그래서 히브리서 12:2에 "믿음의 주요 또 온전케 하시는 이인 예수를 바라보자"라고 했습니다. 또 빌립보서 3:14에 "푯대를 향하여 그리스도 예수 안에서 하나님이 위에서 부르신 부름의 상을 위하여 좇아가노라"라고 했습니다. 참 좋은 말씀입니다. 시므온과 안나, 참 대단합니다. 우리 평강제일교회가 예수님을 맞이하고 있지만, 우리 당대에 세상이 끝나게 된다면, 우리 모두가 신령한 시므온과 안나가 돼서 재림하실 주님을 맞이하는 산 역사가 있기를 주의 이름으로 축원하겠습니다.

성도 여러분, 참으로 대박, 말씀의 풍년입니다. 구속사 시리즈 제

6권이 이제 곧 나와요. 세계적으로 많은 목사님들이 눈물을 흘리고, 전화가 옵니다. 어제 총장님, 교수님들이 '박 목사님이 건강하셔서 12권까지 다 쓴 다음에 창세기부터 요한계시록까지 새로운 주석을 써야 됩니다' 그러더래요. 인도네시아나 미국에서 목사님들이 수백 명씩 모이는 것을 보고 '우리가 박 목사님 위해서 쉬지 않고 기도합니다. 박 목사님한테 외롭게 생각하지 말라고, 이렇게 수백 명의 신학자들이 목사님 위해서 기도한다고 하세요'라고 했답니다.

우리를 죄와 사망에서 해방하기 위해서 예수님이 오셨습니다. 다 죽기를 무서워하죠. 죽는 것을 누가 좋아합니까? 말씀이 육신이 되어 은혜와 진리로 오셨습니다. 만왕의 왕, 만주의 주로, 또 통치자, 주권자로 오셔서 오늘 여러분 개인과 가정과 직장과 사업, 나의 부모님들, 할아버지와 할머니들, 친척들, 아내와 자식들에게 다 임하셔서 예수께서 책임지고 천국까지 입성하게 해 주실 줄 믿고 감사하는 마음으로, 성탄만큼은 보통 날이 아니라 정말 부모님 환갑, 진갑, 생일보다 더 귀중하게 여기고 예수 이름을 높이는 역사가 있으시길 바랍니다.

오늘 마음의 구유에 아기 예수를 믿음으로 뜨겁게 맞이하면서 '주님이여, 내 속에 오셔서 탄생하여 주시옵소서' 하시기를 주의 이름으로 축원합니다. 오늘 하루 끝까지 죄짓지 않고, 우리 마음에 탄생하신 아기 예수가 과연 영광 가운데, 우리의 믿음으로 찬송 받고 대접받으시는 역사가 있으시길 바랍니다.

하나님이
세상을 이처럼
사랑하사
독생자를
주셨으니

| 말라기 4:1-3,
　요한복음 3:16

말라기 4:1-3 "만군의 여호와가 이르노라 보라 극렬한 풀무불 같은 날이 이르리니 교만한 자와 악을 행하는 자는 다 초개 같을 것이라 그 이르는 날이 그들을 살라 그 뿌리와 가지를 남기지 아니할 것이로되 ² 내 이름을 경외하는 너희에게는 의로운 해가 떠올라서 치료하는 광선을 발하리니 너희가 나가서 외양간에서 나온 송아지같이 뛰리라 ³ 또 너희가 악인을 밟을 것이니 그들이 나의 정한 날에 너희 발바닥 밑에 재와 같으리라 만군의 여호와의 말이니라"

요한복음 3:16 "하나님이 세상을 이처럼 사랑하사 독생자를 주셨으니 이는 저를 믿는 자마다 멸망치 않고 영생을 얻게 하려 하심이니라"

2011년 12월 25일 주일
성탄예배

하나님이 세상을 이처럼 사랑하사 독생자를 주셨으니

말라기 4:1-3, 요한복음 3:16

우리 평강제일교회는 '대제사장 족보가'*를 두 달 반 전부터 부르고 있습니다. 죄가 있는 곳에는 반드시 죄를 사하는 제단과 제물이 있어야 합니다. 그리고 하나님과 사람 사이에 중보 역할은 대제사장이 합니다. 잘 들으세요. 제1대 대제사장은 아론입니다. 주전 1445년부터 주후 70년 로마의 디도(Titus) 장군에 의해 이스라엘 백성 110만 명이 죽임을 당할 때까지, 77대의 대제사장이 있었습니다. 1대 아론부터 이스라엘이 멸망할 때까지 77대입니다. 예수님 탄생은 주전 4년이죠. 그러니까 아론부터 예수님 오실 때까지 기간이 1,441년인데 2011년 오늘날까지 하면 3,456년입니다. 오늘 평강제일교회 장로님들이 나오셔서 '대제사장 족보가'를 부를 때, 3,456년 전 1대 아론부터 77대의 대제사장 족보를 노래로 부르게 되겠습니다. 장로님들 나오세요. 악기 소리 내면 음성을 들을 수가 없어요. 그러니까 시작할 때 음만 잡고, 반주 없이 부르시기 바랍니다.

1. 모세 장막성전 10대 아론 엘르아살 비느하스 아비수아 북기 웃시 스라히야 므라욧 아마랴 아히둡

---

* 『구속사 시리즈』제6권「맹세 언약의 영원한 대제사장」에 수록된 1대(아론)부터 77대(파니아스)까지 대제사장의 족보를 가사로 하여 만든 노래.

솔로몬 성전 13대 사독 아히마아스 아사랴 요하난 아사랴 아마랴

아히둡 사독 살룸 힐기야 아사랴 스라야 여호사닥

2. 스룹바벨 성전 6대 여호수아 요야김 엘리아십 요야다 요하난 얏두아

프톨레미·셀류쿠스 지배 시대 7대 오니아스1세 시몬1세

엘르아살 므낫세 오니아스2세 시몬2세 오니아스3세

극악한 대제사장 3대 야손 메네라우스 알키무스

3. 대제사장 공백기 주전 159-152

유대독립 시대 9대 요나단 아푸스 시몬3세 타시 요한 힐카누스1세

아리스토불루스1세 알렉산더 얀나 힐카누스2세 아리스토불루스2세

힐카누스2세 안티고누스 시대별 구분 끝났네

4. 임명자별 구분 에서 후손 이두매인 헤롯대왕 임명 7대

아나넬 아리스토불루스3세 아나넬 예수 시몬 맛디아 요아살

헤롯 아켈라오 임명 엘르아살 예수 요아살

수리아 총독 구레뇨 임명 안나스

유대 총독 그라투스 임명 이스마엘 엘르아살 시몬 요셉 가야바

5. 수리아 총독 비텔리우스 임명 2대 요나단 데오빌루스

헤롯 아그립바1세 임명 시몬 칸데라스 맛디아 엘리오네우스

칼키스의 헤롯 임명 요세푸스 아나니아

헤롯 아그립바2세 임명 이스마엘 요셉 카비 안나스2세 예수 예수 맛디아

마지막 77대 파니아스

6. 성전별 29대 시대별 19대 임명자별 구분 29대

유구한 역사 속에 세계 최초 아론 이후 77대 대제사장 체계적 정리

말씀 받은 성도 거룩한 예복 입고 충성된 제사장 되어서

예수님 본받아 멜기세덱 반차 좇아 온 세계에 말씀 전하자

평생 몇십 년 예수님을 믿으면서, 아무리 바빠도 1년에 신구약성
경 세 번은 봐야 됩니다. '50-60년 믿었다', '3-4대째 예수 믿는 집안
이다' 하지만, 1대 아론부터 주후 70년까지 대제사장이 77대라는 것
모르는 분 많이 있습니다. 그러면서 예수 믿는다고 합니다. 성경을
모르기 때문에 목사, 장로 중에 도둑놈, 사기꾼 많고, 집사, 권사 중
에도 창피할 정도로 많죠. 어디 가서 예수 믿는다고 말을 못 합니다.
사기 쳤다 하면 믿는 사람들입니다. 성경에는 죄 조금 지은 사람은
용서받고 죄 많이 지은 사람은 지옥 간다고 하지 않았습니다. 요한
계시록 20:15에 '누구든지 생명책에 기록되지 못한 자는 다 유황불
에 들어간다'고 했습니다. 요한계시록 21:27도 똑같은 말씀입니다.
그러니까 믿지 않는 자도 그렇지만, 믿는 자가 더 무서운 심판을 받
습니다.

인류의 시조 아담이 죄지을 때 하나님께서, 세상말로 표현한다면
기가 막히죠. 하나님께서 앞이 안 보일 정도로 눈앞이 캄캄합니다.
여러분이 자식 하나에게 기대했습니다. 기대한 만큼 사랑하고 아낌
없이 도와줬습니다. 그런데 엉뚱하게 죄를 지었습니다. 소문에 소
문이 나서 부모 귀에 들어가 보세요. 앞이 캄캄하고 다 귀찮습니다.
살맛이 안 납니다. 하나님도 마찬가지입니다.

하나님께서 짐승을 잡아서 죄지은 아담 하와에게 가죽옷을 입혀
주신 것은(창 3:21), 실은 하나님의 아들 예수님을 상징한 것입니다.
'너희들이 구원받는데, 하나님의 둘도 없는, 가장 아끼는 외아들이
십자가에 높이 달려서 희생의 제물이 된다. 그 피로 원죄, 유전죄,
자범죄, 어떤 죄든지 다 사함받는다' 하는 것을 미리 보여 주신 것입
니다. 창세기 3:15을 볼 때, 여자의 후손이 우리의 원수 사단, 사망의

권세 잡은 그 마귀의 머리를 부순다고 하지 않았습니까? 그 예언이 이루어진 것이 바로 오늘입니다.

그러니까 아기 예수를 맞이하기 위해서는 우리 마음을 다 비워야 됩니다. 남을 미워하고 싫어하고, 아부하면서 비위 맞추고, 거짓말로 남을 좋게 또는 나쁘게 말하고, 이러한 것을 다 빈 깡통같이 비워야 됩니다. 그리고 가진 자들이 호화스럽게 살면서 갖지 못한 자 눈에서 불이 나올 정도로 거들먹대고 교만하고, 남을 무시합니다. 너무나도 골이 깊습니다. 갈등이 많습니다. 예수님께서 이 땅에 오실 때, 가난하고 짓눌리고 무시당하고 쫓겨난 사람들에게 오셨습니다.

칠흑 같은 밤, 어둡고 캄캄해서 앞이 보이지 않는 그런 세계에 영원한 빛으로 오셨습니다. 오뉴월 복중에 태양을 볼 수 있습니까? 눈이 부셔서 보지 못합니다. 물질로 된 태양도 눈으로 보지 못하는데, 예수님의 영광의 빛은 지금 태양 빛의 7배입니다(사 30:26). 그 앞에서 숨길 수가 없습니다. 무슨 죄 지었냐고 묻지도 않습니다. 사복음서 말씀을 볼 때, 예수님은 사람의 중심을 다 아시는 분입니다(막 2:8, 요 2:24-25). 그런데 오늘 그 죄 없는 분이 죄 있는 모양으로 오셨습니다(롬 8:3). 우리를 살리기 위해서입니다.

예수님은 모든 것의 모든 것입니다. 히브리서 11:24-26 말씀 볼 때, 모세가 바로의 공주의 아들로 있으면 후에 애굽의 왕이 될 수 있는데, 공주의 아들이라 칭함을 믿음으로 거절했습니다. 당시에는 애굽의 금은보화가 엄청났습니다. 세계를 지배할 수 있을 정도로 물질이 많았습니다. 그런데 모세는 하나님의 백성과 함께 고생하고 뜻을 받드는 것이 애굽의 보화보다 더 크다는 것을 봤습니다. 눈에 보이는 보화를 팽개치고 눈에 보이지 않는 것을 위해 이스라엘 백성과 함께 했습니다. 40년 동안 얼마나 오해를 많이 받고 죽을 뻔했습니까?

성경을 볼 때, 아무리 많은 땅을 자기 이름으로 등기해 놓고 하더라도, 하루 동안에 무슨 일이 일어날지 모릅니다. 인간이 강건해야 70-80년을 삽니다. 모세는 "우리의 년수가 칠십이요 강건하면 팔십이라도 그 년수의 자랑은 수고와 슬픔뿐이요 신속히 가니 우리가 날아가나이다"라고 고백했습니다(시 90:10). 다윗왕도 나라를 통일하고 얼마나 위대한 일을 많이 했습니까? 그런데 마지막에 깨달은 것이 자기가 흙에 지나지 않는다고 했습니다(시 103:14). 다윗이 가진 금은 보화가 얼마나 많았습니까? 그런데 70세에 세상을 떠났습니다. 가진 것 다 놓고 가야 합니다. 이 땅에 있을 때 선한 일 많이 하시기 바랍니다.

예수님께서 오늘 오신 목적은 인류의 시조 아담이 지은 원죄, 우리 조상들이 지은 유전죄, 여러분이나 저나 이 땅에 태어나서 알게 모르게 자신이 지은 자범죄, 이 세 가지를 사하기 위해서입니다. 오늘 아기 예수를 맞이할 때 진심으로 '나의 구세주다. 나의 모든 것의 모든 것이다. 나의 생명의 원천이다' 하면서, 마음을 비우시기 바랍니다. 그래야 예수님이 탄생하십니다.

본문 요한복음 3:16에 "하나님이 세상을 이처럼 사랑하사 독생자를 주셨으니"라고 말씀하고 있습니다. 성탄은 하나님의 선물입니다. '하나님의 먼저 사랑'입니다(요일 4:10, 19). 사람은 자기를 사랑하는 사람에게 밥도 사 주고 용돈도 주고 그 말도 들어줍니다. 그런데 하나님은 무조건입니다. 그저 불쌍히 여기십니다. 여러분, 모자란 아들이라도 동네를 위해 잡아서 제사 지내게 할 수 있습니까? 하나님은 외아들을 우리의 죄 때문에 세상에 보내셨습니다. 얼어터지고 째지고 머리 깨지고, 십자가에 양손 양발이 못 박히고, 창으로 옆구리 찔리고, 로마 병정들한테 매를 맞아서 눈을 뜰 수도 없습니다. 머리부터 발끝까지 찢어지고 터지고 못 박힌 자국, 창 자국, 채찍 자국… 하나님의 외아들을 그 정도로 인류가 멸시, 천대했습니다. 자식 맞는 것 보고 부모가 가만있습니까? 자식이 맞는 이상으로 부모 마음은 찢어지는 것입니다.

사는 것도 열심히, 선하게 살아야겠지만, 마지막에 운명할 때 후회가 없어야 합니다. 믿고 안 믿고 간에, 죽기 3일 전에 하나님께서 보여 주십니다. 어머니 배에서 떨어질 때부터 눈 감을 때까지, 영화관 스크린에 나타나듯이 다 보여 주십니다. 그리고 회개시키지 않습니다. 그러니까 많은 선지자, 예언자, 의인들이 나타나서 말한 것을 잘 들어야 됩니다. 죄지으면 반드시 죗값을 받습니다.

인류의 죄가 얼마나 무서운지, 예수님께서 십자가에 달리시기 전에 매 맞고, 예수님의 발과 목을 붙잡고 땅에 엎어뜨린 다음에 수많은 사람들이 밟고 지나갑니다(사 51:23). '너, 하나님의 아들이라면서? 인류의 죄를 위해 왔다면서? 아프지 않겠지'라고 합니다. 예수님이 수염이 많았던 모양이죠. 사랑하는 아들이나 손자가 다리의 털 몇 개를 뽑아 보세요. 아프기 때문에, 아무리 예쁜 손자라도 야단칩니다. 성경 볼 때, 예수님 양손이 묶인 채로 매를 맞아 살이 부어서 눈이 보이지 않습니다. 그러한 가운데 수염을 잡아서 좌우로 흔듭니다. 이사야 선지자가 예수님의 모습을 예언한 것이 거짓말이겠습니까(사 50:6)? 예수님 얼굴에 침을 뱉습니다. 수건으로 가리고 '너

하나님의 아들이라 다 안다면서?' 그리고 주먹으로 친 다음에 수건을 벗기고 '누가 때렸냐? 이름이 뭐냐?' 했습니다. 그 정도로 수모를 당하셨습니다(눅 22:63-64). 예수님이 그렇게 오셨습니다. 우리의 죄를 걸머지기 위해서입니다.

그러니까 아무리 마음이 사악해도, 정말 믿지 못해도 성탄절만큼은 깊이 생각하시기 바랍니다. 만약 여러분이 세상 떠났는데, 지옥이 있으면 어떻게 하겠습니까? 큰일 나는 것입니다. 자유당 때부터 정치하는 분들, 소리쳐 봤자 입니다. 입에 거품 물고 주먹 쓰고 했지만, 다 죽었습니다. 그래서 성경에 부질없는 일 하지 말라고 했습니다. 잘 들으세요. 살리는 일을 해야 합니다.

성탄은 하나님의 구속 경륜 속에서 정하신 날에 이루어졌습니다

본문 말라기 4:3을 볼 때, 하나님께서 "나의 정한 날"이라고 말씀하셨습니다. 12월 25일은 하나님의 정하신 날입니다. 하나님께서 인간의 몸을 입고 우리를 구원하기 위해 오신 날입니다(요 1:14). 하나님이 사람으로 세상에 내려와서 태어나신 날이 성탄절입니다. 성탄은 하나님의 선물입니다.

성경을 볼 때, 인류 구원을 작정하신 하나님의 거대한 구속 계획이 한 치의 오차도 없이 완벽하게 설계되어 있습니다. 예수께서는 말씀대로 오시고, 말씀대로 사시고, 말씀대로 일하시고, 말씀대로 가신 분입니다. 하나님의 구속 경륜 속에서 이 우주가 창조될 때부터 하나님의 외아들이 마리아의 몸에서 나실 때까지 모두 예정되어 있습니다.

차디찬 엄동설한에 가이사 아구스도가 영을 내려 호적하라고 했습니다. 요셉과 마리아도 다윗 족속이라 베들레헴으로 갈 수밖에 없었습니다(눅 2:1-5). 요셉의 직업이 목수입니다. 생활에 여유가 있겠습니까? 대문 고장 난 것, 부엌 선반 고치면서 아주 가난하게 살았습니다. 다른 아이들은 그래도 초등학교, 중고등학교, 대학 다닙니다. 예수님은 돈도 없고 배우지 못했습니다. 그러니까 동네 사람들이 '너, 학교 다닌 적도 없고 배우지 못했는데 어떻게 이러한 엄청난 하늘의 비밀의 말씀을 아느냐?'라고 했습니다.

> **마태복음 13:54-55** "고향으로 돌아가사 저희 회당에서 가르치시니 저희가 놀라 가로되 이 사람의 이 지혜와 이런 능력이 어디서 났느뇨 55 이는 그 목수의 아들이 아니냐 그 모친은 마리아, 그 형제들은 야고보, 요셉, 시몬, 유다라 하지 않느냐"

> **요한복음 7:15** "유대인들이 기이히 여겨 가로되 이 사람은 배우지 아니하였거늘 어떻게 글을 아느냐 하니"

요한복음 8장을 볼 때, 간음하다가 현장에서 잡힌 여자가 바리새인과 서기관들에게 끌려왔습니다. 그들이 예수님께 '모세 율법에는 간음하면 당장 돌로 쳐 죽이라 했는데, 당신은 어떻게 하겠소?'라고 물었습니다. 예수께서 묵묵히 계시니까 "묻기를 마지아니하는지라"라고 했습니다. 계속해서 물은 것입니다. 그때 예수께서 손가락으로 땅에 쓰시고 일어나서서 '너희 중에 죄 없는 자가 돌로 이 여자를 치라'고 하셨습니다. 그러자 사람들이 양심이 있는지라 여자를 죽이려고 손에 들고 있던 돌을 다 놓고 갔습니다. 아무도 안 보이자, 예수께서 '여자여, 너를 정죄하는 사람이 있더냐?' 하셨습니다. 여자가 없다고 하자, 예수께서 '나도 정죄하지 않겠다. 다시는 죄짓지 말라'

고 말씀하셨습니다(요 8:3-11).

성도 여러분, 로마서 8:3 말씀을 봐도 예수님은 우리의 죄 때문에 오셨습니다. 그분은 죄가 없다고 했습니다. 고린도후서 5:21에도 마찬가지입니다. 그러니까 저나 여러분이 과거에 문란하고, 도둑질하고, 사기 치고, 중상모략을 하고, 어떤 죄를 지었든 간에, 일단 하나님 앞에 '제가 잘못했습니다. 제 자신과 가족과 국가와 민족을 위해서 의롭게, 한번 보람 있게 살고 싶습니다' 하시기 바랍니다.

마리아가 베들레헴에 갔을 때, 벌써 만삭이었습니다(눅 2:6). 임신되면 280일 만에 아기가 태어납니다. 그런데 사관에 방이 있습니까? 방에 들어 있는 손님들까지도 예수님의 부모를 보니까 너무나도 남루합니다. '에이, 여보쇼. 딴 데 가 보쇼.' 걷지도 못할 지경인데 해는 저뭅니다. 지금같이 도시가 발달해서 여관이 총총 있었겠습니까? 몇 십 리 가야 하나 있을까 말까 합니다. 헤매 다니다가 배 안에 있는 아기가 요동을 칩니다.

저는 마산에서 목회할 때 직접 애를 받아봐서 압니다. 옛날 부모님들한테 들은 얘기인데, 아이 낳으면서 하도 며느리가 소리 지르니까 '얘야, 기둥 만져 봐라. 기둥이 말랑말랑해야 애가 나온다'고 합니다. '아이고, 어머니, 딴딴해요', '그럼 아직 멀었다' 그러는 가운데 애를 낳는 것입니다. 생명이 생명을 낳습니다. 애가 피로 범벅입니다. 수건으로 다 닦아서 탯줄을 붙잡고 배를 훑으니까 이만한 방석 같은 것이 나왔습니다. 평생 목회하면서, 애 낳는 찬송 불러 봤습니까? 하도 산모가 헤매길래 '울어도 못 하네, 힘써도 못 하네' 그 찬송을 불렀습니다. 마산 회원동, 시골에 교인이 많기나 했겠습니까?

그러니까 남자분들은 딸이고 아들이고 애 낳았으면 감사하는 마음 가져야 됩니다. 자기가 낳아 놓고 말이죠. 여자 마음대로 딸 낳습니까? 제 나이가 85세입니다. 55년 동안 목회하면서 보고 듣고 많이 압니다. 지금 결혼해서 딸도 못 낳은 집이 한둘입니까? 결혼한 지 20년 됐는데 아이 못 낳고 나이가 40이 넘습니다. 딸 낳으면 못마땅해 하는 그러한 것 다 버리세요. 감사해야죠. 오늘 과거에 알게 모르게 죄지은 것을 예수께서 다 가지러 오셨습니다. 얼마나 좋습니까?

그러니, 성탄절에 대한 그림이나 장식들 다 잘못된 거예요. 예수님이 화려한 데서 나셨습니까? 사관에 있을 곳이 없었습니다. 아이를 낳아서 강보에 싸서 구유에 두었습니다. 우리 성도 중에 짐승 밥통에다 아이를 받은 적 있습니까? 우주 만물을 창조하신 하나님께서 그 외아들을 보내셨을 때, 다 냉대했습니다. 2천 년 전부터 선지자들을 통해서 메시아 나실 장소까지 '유대 땅 베들레헴'이라고 알려 주셨고(미 5:2), 남자 없이 여자에게서 나신다고 말씀해 주셨습니다(사 7:14).

이스라엘 백성이 죄 때문에 70년 동안 바벨론의 포로가 되었습니다. 그들은 민수기 24:17에 예언된 '한 별'을 믿고, 포로생활 중에 바벨론 사람들에게 '메시아가 올 때 먼저 별이 가리킨다'는 것을 전했습니다. 그 동방의 점성술사였던 박사들이 성령님의 감동으로 인류의 구세주 메시아가 나실 것을 알고, 수천 리 길을 황금, 유향, 몰약, 세 가지를 예물로 가지고 왔습니다. 강과 사막, 언덕, 산을 넘어서 찾아와서 헤롯왕한테 갔더니 많은 사람들이 있었습니다. '유대인의 왕으로 나신 이가 어디 있습니까?' 하면서 '그의 별'이 인도해서 따라왔다고 했습니다(마 2:2). 별이 인도했습니다. 예수님의 별입니다. 요한계시록 22:16에 주님은 다윗의 자손인 동시에 광명한 새벽별이라고 했습니다. 다 예언돼 있습니다.

요한계시록 22:16 "나 예수는 교회들을 위하여 내 사자를 보내어 이것들을 너희에게 증거하게 하였노라 나는 다윗의 뿌리요 자손이니 곧 광명한 새벽별이라 하시더라"

당시 종교 지도자들에게 헤롯왕이 '동방에서 박사들이 와서 인류의 구세주, 만왕의 왕이 났다는데, 그게 예언돼 있습니까?' 물으니, 주전 700년경에 메시아가 유대 땅 베들레헴에 오신다고 미가 선지자가 예언한 말씀을 정확하게 대줬습니다. 왕, 대제사장, 장로, 유사들이 다 소동했습니다. 믿지 않았습니다.

헤롯왕은 40년 왕 노릇 하면서 자기 장모, 아들까지 죽인 무서운 폭군이었습니다. 그러니까 '내가 왕인데, 누가 또 왕이란 말이냐?' 하면서, 베들레헴 주변에 두 살 이하 사내아이를 다 죽인 것입니다. 천지에 곡성이 진동했습니다. 하나님께서 예수님의 육신의 아버지 요셉에게 '빨리 애굽으로 도망가라' 하셨습니다. 그래서 애굽으로 갔다가 헤롯왕이 죽은 다음에 다시 하나님께서 지시하셔서 고국으로 돌아온 것입니다(마 2:1-23).

첫 번째 크리스마스는 그렇게 화려하지 않았습니다. 이 거리 저 거리, 방을 얻지 못하고 동서남북 갈 데가 없었습니다. 벽도 없고 짐승의 똥 냄새가 나는 헛간입니다. 우주 만물을 창조하신 하나님이 포대기나 이불도 없이 강보에 싸여 구유에 누워 있으니 얼마나 불쌍합니까? 이만큼 말씀하면 깨닫고 아기 예수를 꼭 모시길 바랍니다.

예수 그리스도는 주전(B.C.)과 주후(A.D.)를 나누는 기준입니다

하나님의 구속 경륜 속에서 온 우주가 말씀으로 창조됐습니다. 그때부터 하나님의 외아들 예수 그리스도께서 나타나셔서 역사의 새 종을 울리실 것과 종말이 예고되었습니다. 그래서 세계사의 중심은 구속사입니다. 구속사의 중심은 예수 그리스도 자신입니다. 예수 그리스도는 주전(B.C.)과 주후(A.D.)를 나누는 기준입니다. 예수님이 오셨을 때 로마 황제 연호를 쓰고 있었습니다. 그러나 예수님이 오시므로 주전은 끝났습니다. 이제 주후입니다. 그것을 누가 알았습니까? 그러니까 성경 말씀으로 깨어 있어야 합니다. 늘 간절하고 선한 마음으로 기도하는 가운데 종말을 알아야 합니다.

그동안 기도하는 가운데 대한민국 역사의 중요한 시기마다 하나님의 뜻을 깨닫고 응답받은 것이 많았습니다. 그런데 세상 정치인들 보면, 정권이 바뀔 때 자기가 앞장서기 위해서 남을 모략하고 별 얘기를 다 합니다. 예수께서는 그러한 것들을 전부 화해시키고 모든 죄를 거두러 오셨습니다. 그러니까 과거에 알고 지은 죄, 모르고 지은 죄, 시기 질투, 사기성 있고 도둑 같은 마음 있는 것들을 다 내놓고 오직 빈 마음이 되어야 합니다. 사관 주인같이 돈에 눈이 어두워서 지체 높은 분들만 모시면서 우쭐대지 말고, 정말 마음의 방을 깨끗하게 청소해서 아기 예수를 모시길 바랍니다.

모든 것의 모든 것 되시는 생명의 주, 만왕의 왕, 영광의 주님을 믿지 못하고 있다가 놓치지 말고, 아기 예수를 차디찬 우릿간의 구유가 아니라 우리 마음속에 영접할 때, 세상에서 어떤 환난을 당해도 개인과 가정에, 자손만대에 축복이 떠나지 않는다는 것을 믿고 정성을 다해서 '기쁘다 구주 오셨네' 부르시기 바랍니다. 아기 예수를 마음속에 모시지 않고 부르면 도둑놈, 장사꾼입니다.

예수 그리스도는 주전(B.C.)과 주후(A.D.)를 나누는 세계 원년의 기준입니다. 예수님으로 인해서 '율법과 선지자와 예언'의 시대는 끝입니다(롬 10:4). 예수님은 말씀이 육신이 되어 은혜와 진리를 가지고 오셨습니다(요 1:14). 예수님이 창조주입니다. 원년의 주인입니다. 그분을 모셔 보세요. 망하지 않습니다. 성경에 예수 믿고 망한 사람 있거든 하나님께서 '나를 걸어서 고소하라'고 하셨습니다(욥 4:7, 사 41:21). 하나님을 고소할 수 있는 자는 없습니다.

믿어도 엉터리로 믿고 마음과 정성을 다하지 못합니다. 군대의 기본자세가 무엇입니까? '차렷!'입니다. 집중해야 됩니다. 오늘날까지 예수 믿으면서 찬송에 집중했습니까? 성경 보는 데 집중했습니까? 설교 들을 때 정말 마음 문을 열고 기도하는 마음으로 집중했습니까? 교회생활, 봉사에 집중했습니까?

로마서 14:23을 볼 때, 믿지 못하는 것이 죄라고 했습니다. 믿으면 성경 봐야죠. 우리가 아브라함이나 노아, 다윗, 역대 선지자를 어떻게 압니까? 말씀을 통해서 아는 것입니다. 예수 믿으면서 매일 성경 석 장도 보지도 못하고, 무릎 꿇고 기도도 안 합니다. 정말 정성을 다해야 됩니다. 자기 양심을 속이지 말아야 합니다. 양심이 살아 있어야 됩니다. '나쁘다, 좋다, 된다, 안 된다' 표준은 양심입니다. 자기 양심을 속이고 떠들면 안 됩니다.

성탄절의 주인공은 예수님입니다. 예수님 없는 예배가 돼서는 안 됩니다. 예수님을 믿으면 마음 가운데 모셔야죠. 존경하는 선생님이 있으면 마음에 모십니다. 마음에서 떠나지 않습니다. 존경하지 않으면 모시지 않죠. '나의 구세주, 영생의 주시다' 그러면 예수님을 마음에 모시고 '기쁘다 구주 오셨네' 해야지, 눈에 보이지 않는 예수님을 어디서 부릅니까? 마음이 문제입니다.

성탄절을 수천 번, 수만 번 지키면 뭐하겠습니까? 마음에 예수님이 없으면 사관의 주인과 같습니다. 사관 주인도 유대인이었습니다. 메시아가 오신다는 것을 알고 있습니다. 메시아가 자기 집에 오셨습니다. 그런데 돈에 눈이 어두워서 몰라본 것 아닙니까?

'성탄절 선물 가져오겠지' 하지 말고 본인이 선물하세요. 예수님 없이 무슨 선물입니까? 오늘 아침에 기도하면서 생각했습니다. 제가 내일 떠날지 모르잖아요? 오래 살기를 바라지도 않습니다. 죽어도 후회가 없고 말이죠. 이 세상 떠나면 바로 천국입니다. 천국의 빛은 지금 태양빛의 7배입니다(사 30:26). 없는 게 없습니다. 꽃이 보기 좋지만, 몇 초만 쳐다보고 있어도 벌써 시들합니다. 그러나 천국에서는 시시각각으로 순간순간 다르게 변합니다. 거기서는 먹고 마시지 않죠(롬 14:17). 그러니까 몸에 냄새 안 나고 화장실도 안 갑니다.

제가 미국을 수백 번 다녔습니다. 빨리 가야 13-14시간 걸립니다. 그런데 에스겔 1장이나 10장 말씀 볼 때 그룹, 천사는 순간 이동합니다. 여러분의 아들딸들이 미국에, 독일에, 호주에 있다 하면, 순간적으로 거기가 생각나잖아요? 그러한 세계입니다. 여기에서는 '집사님', '목사님', '장로님' 부르면 대답합니다. 천국에서는, 이해를 돕기 위해 예를 들어 말하면, 마음에 '어느 목사님 만나고프다' 하면 상대방이 '저 찾았습니까?' 하고 벌써 와 있습니다. 내가 '바나나가 먹고프다' 하면 바나나가 입에 들어와 있습니다. 이사야 65장 말씀이 거짓말입니까? 부르기 전에 응답받는 세계입니다.

이사야 65:24 "그들이 부르기 전에 내가 응답하겠고 그들이 말을 마치기 전에 내가 들을 것이며"

인간의 생애가 70-80년이라는 것은 홍수 전 시대를 볼 때 말도 안 되는 얘기가 됩니다. 성경 볼 때 에녹의 아들 므두셀라는 969세를 살았습니다(창 5:25-27). 천 년 조금 못 되게 살고 갔지만, 그러면 뭐 합니까? 우리가 이 세상 떠나면 영원히 죽지 않는 세계가 있죠. 하나님이 우리를 임시로 살다 죽게끔 창조하신 것이 아니라 영원히 살도록 창조하셨습니다. 예수님께서 오신 목적, 성탄이 바로 그것입니다. '너, 죽지 않는다. 산다'는 것입니다. 하나님과 인간 사이의 약속은 영생입니다. 얼마나 좋습니까?

요한복음 11:25-26 "예수께서 가라사대 나는 부활이요 생명이니 나를 믿는 자는 죽어도 살겠고 26 무릇 살아서 나를 믿는 자는 영원히 죽지 아니하리니 이것을 네가 믿느냐"

요한일서 2:25 "그가 우리에게 약속하신 약속이 이것이니 곧 영원한 생명이니라"

그 세계에 다 가야죠. 이 땅에 있으면서 죄나 짓고 말이죠. 세상에서는 판사가 징역 6개월 선고하면, 6개월 감옥에서 살면 끝납니다. 그런데 지옥은, 한번 들어가면 몇 년 만에 석방된다는 것이 없습니다. 세세무궁토록입니다. 요한계시록 말씀 볼 때 '고난의 연기가 세세무궁토록 올라간다'고 했습니다(계 14:11). 누가복음 16장에 나오는 부자와 거지 나사로를 보시기 바랍니다. 부자에게 구걸하고, 욕먹고, 그 집 대문간 앞에서 자던 나사로는 아브라함의 품에 안겼습니다. 음부에 간 부자가 나사로의 손가락에 물을 찍어서 자기 혓바닥에 좀 대게 해 달라고, 도무지 뜨거워서 살 수 없다고 했습니다. 그러한 고통의 세계입니다. 성탄절에 예수님이 오신 목적은 바로 그런 것을 다 멸하고 죄를 완전히 없애기 위해서입니다.

요한일서 3:8 "죄를 짓는 자는 마귀에게 속하나니 마귀는 처음부터 범죄함이라 하나님의 아들이 나타나신 것은 마귀의 일을 멸하려 하심이라"

이렇게 예수님께서 오신 날인데, 예수님 모시고 찬송해야죠. '성탄예배 끝나면 어디 가서 뭐 먹을까?' 하고 있으면 되겠습니까? 교회에 헌금하는 건 아까워합니다. 그러면 안 됩니다. 성탄절에는 가난한 자, 불쌍하고 어려운 자들을 돌봐야 합니다. 부자들, 가진 자들끼리끼리 좋은 것 먹는 게 아니라, 하나님 앞에 감사하면서 응달에서 빛을 받지 못하고 사는 사람들, 등록금 없어서 공부 못 하는 사람들을 도와줘야 하는 것입니다.

예수님께서 오실 당시 제사장이 약 2만 4천 명이었습니다. 유대 땅에 오신 메시아를 맞이할 수 있는, 일생일대에 최고의 기회를 아무도 몰랐습니다. 장로, 유사, 신학교수라는 서기관, 거들먹대고 일하는 자들은 하나도 몰랐습니다.

시집간 지 7년 만에 과부가 됐고, 과부 된 지 84년(한글 개역성경, KJV), 그러니까 100살 넘은 할머니 안나는 성전을 떠나지 않고 기도하는 가운데 성령의 계시로 아기 예수를 만났습니다. 시므온은 노인 선지자입니다. 하나님께서 '너는 죽기 전에 이 땅에 오시는 메시아를 본다'고 하셨습니다. 아기 예수를 낳은 지 40일 만에 그 부모가 성전에 갈 때, 성령님이 시므온에게 '지난번에 계시해 준 인류의 구세주, 메시아, 생명의 주, 창조주가 저분이다'라고 알려 주시자, 쫓아가서 아기를 빼앗아 안고 성전을 빙빙 돌면서 '하나님, 죽어도 여한이 없습니다. 내 눈으로 주의 구원을 봤습니다' 했습니다(눅 2:22-38).

당시 목사들이 알았습니까? 바리새인들, 교회 권력자들 전부 도둑놈, 사기꾼이었습니다! 남편 죽은 과부의 집에 가서 진수성찬을 얻어먹고 아양 떨어서 과부 이름으로 되어 있는 재산을 다 뺏고서야 떠나는 놈들입니다. 예수님 말씀이 거짓말입니까? 당시 종교 지도자들이 돈을 좋아한다고 하셨습니다(눅 16:14, 20:47). 오늘날 한국 교회 욕먹어도 쌉니다.

우리 교회 성도님들은 다 알지만, 제가 55년 목회하면서 교회에 돈 얼마 있는지 자세히 모릅니다. 회계에 직접 관여하지 않습니다. 사도행전 6:2-4을 볼 때, 헌금이 많이 들어오는데 열두 사도들이 돈을 맡고 하다 보니 기도도 안 되고 말씀을 전할 수가 없습니다. 그래서 믿음과 은혜와 성령이 충만한 일곱 집사를 선택해서 그들에게 돈을 맡기고 구제하도록 했습니다. 그러면서 열두 사도들은 '우리는 기도와 말씀에 전무하겠다' 했습니다.

마리아가 해산할 때, 하나님의 아들을 낳는다고 해서 쉽게 쑥 낳습니까? 해산의 고통은 말도 못 합니다. 핏걸레도 없습니다. 엄동설한에 아이 낳으면 그래도 방에 따뜻하게 불도 때고, 쌀밥에 미역국이라도 준비해야 할 것 아닙니까? 산모가 피곤하고 정신없죠. 앞가슴 풀어야 젖을 먹일 텐데, 차디찬 곳에서 바람은 불고 가릴 것도 없습니다. 이러한 내용을 알고 '기쁘다 구주 오셨네' 해야죠.

아이를 낳자마자 헤롯왕이 죽이려고 한다고 하나님께로부터 천사를 통해 지시가 왔습니다. 걷기도 힘든데 도망가야 됩니다(마 2:13-

15). 피가 줄줄 흐르는데, 한번 생각해 보시기 바랍니다. '나를 구원하기 위해서 하나님이 이렇게까지 고생하셨구나…' 깊이 생각해야 합니다.

어제 교회 식당에 '고기 반찬 하지 마. 이가 아파서 먹지 못해. 김치찌개나 두부 있으면 됐다' 그렇게 얘기했습니다. 실은 예수님의 탄생을 생각해서 그렇게 한 거예요.

사관의 방은 지체 높고 돈 있는 사람들이 다 차지하고, 예수님의 부모는 먹지 못하고 입지 못하고 가난하기 짝이 없죠. '주객이 전도된다'는 말이 있습니다. 그 여관도 하나님 것입니다. 하늘땅도 하나님 것입니다. 공기도 하나님 것입니다. 그러니 주객이 전도가 됐죠. 자그마치 2천 년 동안이나 선지자와 많은 의인들을 보내서 예언하셨는데, 한심하죠. 나 때문에 오신 예수님이 그렇게 고생하신 것입니다. 더 이상 어떤 귀납적 설교가 필요하겠습니까?

사관에는 사람이 거하지만, 짐승의 먹이통, 구유가 사람의 것입니까? 아기 예수를 거기다 뉘었습니다. 그 부모의 심정을 한번 생각해보시기 바랍니다. 벽도 없는 곳에서 벌벌 떨고 있는데, 사관에서는 노래 부르고 춤추고 먹고 마시고 술잔치가 벌어졌을 것 아닙니까? 우리가 아무리 가난해도 구유에서 나지는 않았잖아요? 누가복음 2:7에 "맏아들을 낳아 강보로 싸서 구유에 뉘었으니 이는 사관에 있을 곳이 없음이러라"라고 말씀하고 있습니다.

그러니까 우리 마음을 완전히 비워야겠습니다. 시기, 질투, 욕심, 돈 벌겠다는 그러한 것들 다 비워 팽개치고 청소해서 아기 예수를 모셔 보세요. 예수님은 모든 것의 모든 것입니다. 그분 모시면 자손 만대 복을 받습니다. 앞으로 잘 살게 될 줄 믿습니다.

결론

본문 요한복음 3:16을 볼 때, 하나님이 세상을 '이처럼' 사랑하셨다고 했습니다. 우리를 극진히 사랑하셨다는 것입니다. 그래서 우리가 죽을 자리에 자기 아들을 대신 집어넣고 우리를 살려 주셨습니다. 그것이 '이처럼'입니다. 로마서 5:8에 '내 아들을 처참하게 죽이기까지 해 가면서 너를 구원했다'고 말씀하셨습니다.

로마서 5:8 "우리가 아직 죄인 되었을 때에 그리스도께서 우리를 위하여 죽으심으로 하나님께서 우리에게 대한 자기의 사랑을 확증하셨느니라"

그것을 깨달아야 참성탄절입니다. 돈이나 몇 푼 바치고 선물 주고 하는 것이 문제가 아닙니다. 로마서 6:23을 볼 때, 죄의 값은 사망입니다. 창세기 3:17-19 말씀 볼 때, 아담과 하와가 하나님께서 먹지 말라고 하신 선악과를 먹었죠? 영원히 죽는 것입니다. '너는 흙이니 흙으로 돌아가라'의 종착은 처참한 세계입니다. 내가 죽을 자리, 심판받을 자리, 매 맞을 자리에 대신 하나님의 아들을 보내셨습니다. 그것이 '이처럼'입니다. 그 이상 없습니다. 하나님이 우리를 무척 사랑하셨습니다. 아들을 죽이기까지 하셨습니다. 그분을 모셔야 합니다. 성탄절에 제대로 모시지 못하면 고난주간, 십자가에 대해서도 거짓되게 됩니다.

일찍이 주전 700년경에 이사야 선지자는 처녀의 몸을 통해 메시아가 '임마누엘'로 오신다고 예언했습니다(사 7:14). 하나님께서 이 땅에 오실 때 '임마누엘'로 오셨습니다. '하나님이 사람과 함께 계신다'는 뜻입니다(마 1:23). 오늘부터 하나님께서 오셔서 우리와 함께 계십니다. 경찰서장이나 도지사, 국회의원, 대통령이나 국무총리가 함께 있어 보세요. 동네 사람들이 부러워합니다. 그런데 하나님께서 함께 계십니다. 얼마나 좋습니까?

오늘 의로운 해가 떠올랐습니다. 송아지가 고삐에 매여 있다가 주인이 풀어 주면 외양간에서 나와서 이리 뛰고 저리 뜁니다. 오늘이 그런 날입니다.

> **말라기 4:2-3** "내 이름을 경외하는 너희에게는 의로운 해가 떠올라서 치료하는 광선을 발하리니 너희가 나가서 외양간에서 나온 송아지같이 뛰리라 ³또 너희가 악인을 밟을 것이니 그들이 나의 정한 날에 너희 발바닥 밑에 재와 같으리라 만군의 여호와의 말이니라"

12월 25일, 하나님께서 정하신 날입니다. 그렇게 아시고, 평생 믿으면서 제대로 아기 예수 한 번 모시지 못하고 성탄절을 맞이하지 않았습니까? 예수님께서 나시는 과정을 보면서, 무릎 꿇고 기도하는 가운데 눈시울이 뜨거워져 가면서 성경을 읽은 적이 있습니까? 믿음으로 엄동설한에 차디찬 구유 속에 있는 아기 예수를 안아서, 윗도리를 벗어 감싸 드려야 하지 않겠습니까?

동방박사들은 유명한 학자들이었습니다. 덩치 큰 사람들이 핏덩어리 아기 예수 앞에 넙죽 엎드려 절하고, 고개를 들지 못하고, 황금과 유향과 몰약을 바치고 경배하고 떠난 것을 보세요. 헤롯왕에게 '우리가 유대인의 왕에게 경배하러 왔다'고 했습니다(마 2:1-12). 이 시간에 동방박사들과 같이 예물을 바치면서, 영원히 변치 않는 믿음 속에서 오늘 하루만큼은 깊이 생각하시기 바랍니다. 따뜻한 이불 속에 들어갈 때 '예수님을 모시고 들어가야겠다', 만둣국이나 국밥, 시래깃국이나 김칫국을 해도 '예수님과 같이 먹어야 되겠다' 그러한 마음을 한번 가져 보세요.

예수님은 하나님의 비밀입니다. 예수님은 인류에게 영광의 소망
입니다. 만대로부터 감추었던 비밀, 그분이 탄생하신 날입니다.

골로새서 1:26-27 "이 비밀은 만세와 만대로부터 옴으로 감취었던 것인
데 이제는 그의 성도들에게 나타났고 ²⁷ 하나님이 그들로 하여금 이 비밀
의 영광이 이방인 가운데 어떻게 풍성한 것을 알게 하려 하심이라 이 비밀
은 너희 안에 계신 그리스도시니 곧 영광의 소망이니라"

골로새서 2:2 "이는 저희로 마음에 위안을 받고 사랑 안에서 연합하여 원
만한 이해의 모든 부요에 이르러 하나님의 비밀인 그리스도를 깨닫게 하
려 함이라"

오늘날까지 연속으로 실패하고, 자식들에게 소망을 가졌지만 잘
되지 않았죠. 그러나 자식을 위해 기도하고, 사랑하는 아내에게 욕
만 하지 말고 잘해 주시기 바랍니다. 그래도 남자들은 누구 만나서
한잔 할 수 있잖아요? 여자들은 대접도 잘 못 받습니다. 자기는 나가
서 호기롭게 돈 쓰고 할 것 다 하면서, 아내가 돈 조금만 쓰면 윽박
지르고, 손찌검하고 그러한 것 다 회개하시기 바랍니다. 아내는 그
저 돈 있으면 남편, 자식 먹이기 바쁩니다. 밖에서 죄짓는 데 돈 써
봐야 그들이 고마워나 합니까? 아내에게 돈 주면 낭비 안 하고, 가
지고 있다가 도로 내줍니다. 아내에게 미안한 마음 갖고 '여보, 오늘
예수님 오셨으니 우리 마음 가운데 모시자. 앞으로 우리 화목하고
잘 살 거야' 그렇게 위로의 말을 하시기 바랍니다.

성탄은 기다림의 소망이지만, 한편으로는 마음이 서글프죠. 예수

님 모시지 않고 믿지도 않으면서 '기쁘다 구주 오셨네' 한다면, 아버지 되신 하나님께서 들으실 때 얼마나 가증히 여기시겠습니까? '너, 참 가증하다. 마음 가운데 진정으로 아기 예수, 구세주, 메시아를 믿지 못하면서 어떻게 그렇게 거짓말하냐?' 그러시지 않겠습니까? 우리 평강제일교회 성도 여러분은 부모님께나 형제, 친척 간에 잘못한 것, 사랑하는 남편과 아내, 자식들 위해서 최선을 다하지 못하고, 마음 뜨겁게 예수님 모시는 가운데 가족에게 전하지 못한 죄 회개하면서, 오늘 진정으로 '기쁘다 구주 오셨네' 할 수 있는 거룩한 성탄 되시기를 주의 이름으로 축원하겠습니다.

2011년 한 해도 쏜살같이 지나고, 이제 세차고 빠르게 지나가는 여울목에 서서, 올해를 엿새만 남겨 두고 있습니다. 남은 6일간 하나님 앞에 결단하고, 한 해의 삶을 모두 내어놓고 회개하고, 부끄러운 열매가 없이 자랑스러운 열매를 믿음으로 맺는 역사가 있으시기 바랍니다. 금년 성탄절은 우리 속에 가득한 모든 죄를 다 청산하고, 아기 예수를 마음속 깊이 따뜻하게 영접해야겠습니다. 좋지 못한, 어둡고 답답하고 쓰레기 같은 것들을 다 내어던질 수 있는 용기 있는 믿음을 가지시기 바랍니다.

죄 때문에 고통하고 실망하고 있는 우리에게 예수님이 찾아오셔서 죄인의 친구가 되어 주시고, 병든 자, 가난한 자를 위로해 주시고, 소망이 없는 자에게 소망을 주셨습니다. 우리가 죄의 형벌을 받아야 마땅한데, 하나님의 백성, 하나님의 아들딸로서 살 수 있도록 희망과 소망을 주셨으니 진실로 감사합니다. 오늘부터 그 나라 갈 때까지 부모, 아내, 남편, 자녀들이 화목하고, 하나님 앞에서 먹고 마시면서 기쁨과 즐거움 속에서 신앙생활하는 은혜를 허락해 주실 줄 믿습니다.

한 사람도 2011년을 마음에 남겨 두지 않고 청산하고, 하나님 앞에서 정확하게 셈을 하는 산 역사가 있으시길 바랍니다. 우리 가정과 교회에 성탄절이 꽃피고, 원하는 대로 형통하는 축복, 나가도 들어와도 복을 받는 '출입의 축복'이 있으시기를 주의 이름으로 축원합니다(신 28:6, 시 121:8).

2013년 12월 25일 수요일
성탄예배

거룩한
예수 탄생의
신비

| 마태복음 1:21-23
  요한복음 1:1-14

마태복음 1:21-23 "아들을 낳으리니 이름을 예수라 하라 이는 그가 자기 백성을 저희 죄에서 구원할 자이심이라 하니라 ²² 이 모든 일의 된 것은 주께서 선지자로 하신 말씀을 이루려 하심이니 가라사대 ²³ 보라 처녀가 잉태하여 아들을 낳을 것이요 그 이름은 임마누엘이라 하리라 하셨으니 이를 번역한즉 하나님이 우리와 함께 계시다 함이라"

요한복음 1:1-14 "태초에 말씀이 계시니라 이 말씀이 하나님과 함께 계셨으니 이 말씀은 곧 하나님이시니라 ² 그가 태초에 하나님과 함께 계셨고 ³ 만물이 그로 말미암아 지은 바 되었으니 지은 것이 하나도 그가 없이는 된 것이 없느니라 ⁴ 그 안에 생명이 있었으니 이 생명은 사람들의 빛이라 ⁵ 빛이 어두움에 비취되 어두움이 깨닫지 못하더라 ⁶ 하나님께로서 보내심을 받은 사람이 났으니 이름은 요한이라 ⁷ 저가 증거하러 왔으니 곧 빛에 대하여 증거하고 모든 사람으로 자기를 인하여 믿게 하려 함이라 ⁸ 그는 이 빛이 아니요 이 빛에 대하여 증거하러 온 자라 ⁹ 참빛 곧 세상에 와서 각 사람에게 비취는 빛이 있었나니 ¹⁰ 그가 세상에 계셨으며 세상은 그로 말미암아 지은 바 되었으되 세상이 그를 알지 못하였고 ¹¹ 자기 땅에 오매 자기 백성이 영접지 아니하였으나 ¹² 영접하는 자 곧 그 이름을 믿는 자들에게는 하나님의 자녀가 되는 권세를 주셨으니 ¹³ 이는 혈통으로나 육정으로나 사람의 뜻으로 나지 아니하고 오직 하나님께로서 난 자들이니라 ¹⁴ 말씀이 육신이 되어 우리 가운데 거하시매 우리가 그 영광을 보니 아버지의 독생자의 영광이요 은혜와 진리가 충만하더라"

거룩한 예수 탄생의 신비

마태복음 1:21-23, 요한복음 1:1-14

우리 인생은 죄와 허물로 영원히 살 수 없고, 생명 자체가 없습니다. 그런데 오늘 예수께서 인류의 죄를 사하기 위해서 오셨습니다. 예수님께서 우리의 죄를 대신 걸머지고 십자가를 지심으로 우리의 원죄, 유전죄, 자범죄, 세 가지를 단번에 사하시고 '안심하라. 내 말로 네 죄 사했다'고 해 주셨습니다. 십자가에서 흘리신 정결하고 흠과 티가 없는 거룩한 보혈로 우리의 죄를 다 사하시고, 예수님의 의를 우리에게 주시면서 '너는 의인이야'라고 해 주셨습니다. 그리고 사망의 권세를 깨뜨리고 승리하심으로 3일 만에 부활하셨습니다.

십자가에 대해 여기저기서 사람들이 이러쿵저러쿵 '진짜 죽었을까? 기절했다가 3일 만에 깨어난 게 아닐까?' 별 말들이 많았을 것입니다. 그러나 사도행전 3장 말씀 봐도 예수님은 완전히 죽으시고 부활하셨습니다(행 3:15).

요한복음 7:15 이하를 볼 때 서기관, 바리새인, 유사, 장로들이 '예수는 가짜다. 학교 가서 글공부한 적이 없다'고 했습니다. 그리고 예수님의 신성을 의심했습니다. 그들이 영적 세계를 어떻게 알겠습니까? 예수님이 성령으로 나신 것은 요셉이 알고 마리아 자신이 알았죠. 요셉은 의로운 사람이었습니다. 완전히 예수님 나실 때까지는 마리아와 동침한 적이 없었습니다. 만지지도 않았습니다. 주의 사자가 요셉에게 나타나고 가브리엘 천사장이 마리아에게 나타나서 말씀한 내용이 똑같았습니다. '아이를 낳으면 이름을 예수라 하라'고 했습니다(마 1:18-21, 눅 1:31-35).

우리 기독교는 사람이 조작해서 만든 것이 아니고, 성경은 신화나 거짓말이 아닙니다. 역사적 사실입니다. 예수님 나시기 전부터 역대 선지자, 또 천사를 통해서 하나님께서 직접 예언하셨습니다. 예수님이 이 땅에 오실 때 예고 없이 오신 것이 아니라 수천 년 전부터 하나님 자신이 말씀하시고(창 3:15), 천사를 통해서, 조상들과 선지자들을 통해서 말씀하신 대로 오신 것입니다. 그러니까 말씀대로 오시고, 말씀대로 사시고, 말씀대로 일하시고, 말씀대로 십자가에 달리셔서 그 피로 인류의 죄를 깨끗하게 도말하시고, 또 '사흘 만에 사망의 권세를 깨뜨리고 부활한다'고 말씀하신 대로 부활하셨습니다(고전 15:3-4). 그것도 구약에 미리 예언돼 있지 않습니까? 성경에 예언 안 되어 있으면 예수님이 가짜죠.

'예수'만이 천상천하에 유일하게 인류를 구원하는 살아 계신 하나님의 이름입니다(행 4:12). 본문 마태복음 1:21-23 말씀과 같이 '예수'라는 이름은 '자기 백성을 저희 죄에서 구원한다'는 뜻입니다. 역대 선지자가 증거한 말씀을 이루기 위해서라고 했습니다.

또 일찍이 주전 700년경에 하나님께서 이사야 선지자를 부르셔서 '메시아는 임마누엘이다'라고 말씀해 주셨습니다(사 7:14). '임마누엘'은 '하나님께서 우리와 함께 계신다'는 뜻입니다. 죄와 허물로 인류에게서 멀리 떠나 계셨던 하나님이 예수로 말미암아 인간과 함께 계시게 되었습니다. 거리가 멀었는데 예수로 말미암아 간격을

좁혀서 완전히 사람과 함께하시게 된 것입니다.

　사람이 죄를 지었으니 하나님이 사람으로 오실 수밖에 없습니다 (롬 8:3, 히 2:14). 사람으로 오셔서, 시험이 많았지만 말씀으로 승리하셨습니다. 40일 동안 마귀, 사단한테 시험받을 때 하신 말씀이 무엇입니까? '주 너의 하나님을 시험하지 말라. 사람이 떡으로만 사는 것이 아니라 하나님의 입으로 나오는 말씀으로 산다!'고 하셨습니다. 마태복음 4:4 이하를 볼 때, 예수님이 말씀으로 사단의 머리를 깨부수었습니다. 끝날에도 하나님의 말씀으로 삽니다. 말씀이 떨어지면 안 됩니다.

　다 놓쳐도, 남편과 아내와 자식이 다 배신한다 해도 속상해서 자살하면 큰일 납니다. 제일 불쌍하죠. 자기가 스스로 하나님이 돼서 자살하면 됩니까? 하나님도 자살 안 하십니다. 인류의 죄를 위해서 예수님이 오셔서 자살하셨습니까? 깨닫지 못하는 대제사장과 유사, 장로, 바리새인, 당시 종교 지도자들이 합세해서 예수님을 죽인 것 아닙니까? 죄 없는 분을 시기 질투로 죽였습니다.

　사람이 시기 질투가 있으면 집안 망합니다. 암 걸려도 골수암에 걸립니다. 고치지 못합니다. 수술이 안 됩니다. 처참하게 죽습니다. 제가 하는 얘기가 아니라 잠언 14:30 말씀 볼 때, 뼈 속에 암이 들어갑니다. 갈라디아서 5장을 보면 육체의 일과 성령의 열매에 대해 말씀하고 있는데(갈 5:16-23), 시기가 있으면 안 된다고 했습니다(갈 5:20). 우리 기독교에서 믿는 하나님은 사랑 자체이십니다(요일 4:7-8). 십자가는 사랑입니다. 등지고 있던 사람도 십자가를 믿으면 돌아섭니다.

　그렇게 아시고, 오늘 본문 말씀 통해서 '거룩한 예수 탄생의 신비'

라는 제목으로 하나님의 은혜를 나누고자 합니다.

예수님의 성탄은 신비 중의 신비

성탄절, 크리스마스(Christmas)는 세계적인 축제입니다. 생일이나 환갑, 진갑, 또 고시에 합격하거나 성공해서 장관, 국무총리, 대통령이 됐다 할 때의 축제보다도 크리스마스가 최고입니다. 그러한 축제들은 생명 자체가 없습니다. 그러나 성탄절을 지키는 우리는 오늘 영원한 생명을 부여받습니다.

아무리 가진 것이 많으면 뭐합니까? 죽으면 끝입니다. 잘 먹고 수백만 평의 고대광실(高臺廣室) 높은 집에서 살고 일 년에 몇십 조를 번다 해도, 병들어 아프면 다 그림의 떡입니다. 몸이 건강해야 됩니다. 그러니까 크리스마스 축제는 건강의 축제입니다. 영원히 죽지 않고 사는 축제입니다. 그래서 기쁨의 축제요 사랑의 축제입니다. 그리스도를 모신 사람들은 사랑이 있습니다. 또 감사합니다. 감사가 없는 개인이나 가정은 망합니다. 또한 평화의 축제입니다. 히브리서 12:14을 볼 때, 화평이 없으면 주를 볼 생각을 하지 말라고 했습니다. 그러니까 성탄절은 축복 중의 축복이고 축제 중의 축제입니다. 그리스도가 탄생하셨다는 만백성에게 미칠 좋은 소식이 있기 때문에 큰 기쁨, 영생 복락의 축제가 아닐 수 없는 것입니다.

'크리스마스'는 '그리스도'(Christ)와 '축제'라는 뜻을 가진 '마스'(mass)의 합성어입니다. 그런데 성탄절의 축제가 점점 예수님은 잊어버리고, 다 뺏기고, 그저 육신적인 축제가 되고 있습니다. 육의 생각은 사망입니다. 고통, 걱정, 근심입니다. 영의 생각은 생명과 평안입니다(롬 8:5-6).

여러분이 이왕 시간을 내서 교회에 왔으니, 마음과 정성을 다해서 주시는 말씀을 믿음으로 받아서 가셔야죠. 우리가 이 땅에서 영생합니까? 살아 봤자 70-80년입니다. 60세까지는 큰소리치지만, 70세 넘어서 80세 되면, 다 필요 없습니다. 오직 성경 말씀, 하나님의 말씀만을 그리워하고 '그때 말씀을 귀담아들을 걸… 목사님이 참 좋은 말씀 하셨는데 다 잊어버렸어' 그렇게 됩니다.

제자들이 예수님을 좇겠다고 하다가 환난당하니까 다 빠져나갔습니다. 자기한테 이익이 아니라 불이익이 오고, 친구·친척·동네 사람들에게 외면당하니까 예수님을 버리고 도망갔습니다. 예수님께 신세 많이 졌습니다. 배고플 때 기사이적으로 먹여 주셨습니다. 또 교인들이 예수님 대접하면 예수님 혼자 잡수시지 않고 다 나눠 주셨습니다. 그러니까 일 안 해도 예수님 따라다니면 될 것 같습니다. 또 말씀 들어 보니까 예수님이 만왕의 왕이고 끝날에 세상을 다스린다고 하시니 얼마나 좋아요? 그런 제자들이 환난당하면 다 도망갈 것을 예수께서 보시고 '너희도 가려느냐?' 물으셨습니다. 성질 급한 베드로가 '주여, 영생의 말씀이 계시오매 우리가 어디로 가오리까?'라고 대답하는 말에 예수님이 위로를 받으셨습니다(요 6:67-68).

오늘날 성탄절에 그리스도보다 산타클로스가 돋보이고, 교회나 백화점이나 어디든 산타클로스 장식을 만들어 놓습니다. 그럴 필요 없습니다. 산타클로스는 구세주가 아닙니다. 산타클로스(Santa Claus)는 성공회 주교였던 세인트 니콜라스(Saint Nicholas)의 이름에서 유래했습니다. 산타클로스가 빨간 모자에 빨간 옷을 입고 가난한 집 아이들에게 선물을 나눠 주죠. 대부분의 나라에서 12월 25일을 전후해서 백화점에서 바겐세일을 합니다.

성탄절이 점점 예수님 없는 명절로 전락하고 있습니다. 말씀이 육신이 되어 오신 목적은 온데간데없이 그저 감상적입니다. 육체의 만족만을 즐깁니다. 성탄절에 영원한 생명을 영접할 생각은 하지 않고 선물이나 받으려 하고 교인들끼리, 친척들끼리 먹으러 다니고 경치 좋은 곳으로 눈 구경 다니고 말이죠.

신명기 4:19을 볼 때 하나님께서 우리가 해와 달과 별에 유혹당할까 봐, 일월성신(日月星辰)에 절하지 말라고 하셨습니다. 예수님이 의의 태양이십니다(말 4:2, 눅 1:78). 정월 초하룻날 동해에 가서 떠오르는 태양을 맞이할 필요 없이, 예수님을 맞이하면 태양을 맞이하는 것입니다. 가족끼리 해돋이를 보려고 가다가 불의의 사고를 당하는 경우도 있잖아요? 이런 시기에는 숙박비도 더 비쌉니다. 거기서 먹고 자고 하느라 돈을 많이 쓰게 됩니다. 그러한 것을 볼 때 '말씀을 믿고 똑바로 성경을 깨달았으면 하나님 앞에 감사해야 될 텐데'라고 생각하니 참으로 안타깝습니다. 시편 84:11-12 읽어 보세요.

시편 84:11-12 "여호와 하나님은 해요 방패시라 여호와께서 은혜와 영화를 주시며 정직히 행하는 자에게 좋은 것을 아끼지 아니하실 것임이니이다 ¹² 만군의 여호와여 주께 의지하는 자는 복이 있나이다"

의의 태양이 예수님이십니다. 예수님은 이 땅에 빛으로 오신 분입니다. 태양도 예수님의 빛에 비하면 어둡습니다. 캄캄합니다. 예수님의 영광은 지금 태양 빛의 7배입니다(사 30:26). 태양 일곱을 합해서 한 번에 보는 것과 같습니다. 오뉴월 복중에 태양을 보려고 하면, 눈이 너무 부셔서 못 봅니다. 성경을 통해 예수님을 영접하고 깨달으면 됩니다.

성탄을 맞이해서 '하나님! 오늘날까지 생활이 전부 다 어둡습니다. 의의 태양 빛을 한 번도 받지 못했습니다. 그러나 이번에 참으로 온 가족의 마음속에 예수님이 말씀으로 성탄하셔서, 일곱 날의 빛과 같은 예수님의 빛을 비춰 주시고, 그 나라 갈 때까지 떨어지지 않고 우리 머리 위에 의의 태양이 떠 있게 해 주시옵소서' 하고 기도하시기 바랍니다. 직장과 사업에 의의 태양 되시는 그분만 들어오시면 모든 눈물을 닦아 주시고, 질병과 죽음도 없어지고, 모든 슬픔이 다 달아나고 기쁨과 즐거움만이 충만하고, 하는 일마다 성공적으로 이루어지는 만사형통의 축복이 임할 줄로 믿으시기 바랍니다.

예수님의 탄생은 우연히 된 것이 아닙니다. 이 땅에 메시아가 오셔야 된다고 창세기부터 누누이 말씀하셨습니다. 그러면 교회에 왔으니 예수님을 모시고 가야지, 왔다가 말씀 안 듣고 하품만 하다가 그냥 가시겠습니까?

제가 요새 잠을 못 잡니다. 책 쓰고, 기도하고, 구례 교회를 하루에 한 번 왔다 갔다 하면서 무리해서 '내가 금년 성탄을 지키겠나…' 싶었습니다. 그저께까지도 너무 머리가 어지러워서 목사님들에게 설교하라고 하니까, 25일은 제가 해야 된다고 그래요.

창세기 3:15에 기록된 여자의 후손이 오시는 것을 천상천하에 알 사람이 하나도 없습니다. 아담이 죄지은 후에 첫 아들 '가인'을 낳았습니다. '가인'은 '여호와로 말미암아 득남하였다'는 뜻입니다(창 4:1). 여자의 후손을 통해 구원해 주십사 하는 영음(靈音)이 담겨 있는 것입니다.

아담의 9대손 라멕은 아들을 낳고 이름을 '노아'라고 했습니다. 죄 때문에 쉴 수가 없습니다. 너무 피곤합니다. 이 아이를 통해 쉼, 안식을 주실 것이라 기대하고, 혹시 여자의 후손, 오실 그이가 아닌가 해서 이름을 '노아'라고 한 것입니다(창 5:28-29). 우연이 아닙니다.

예수님의 성탄은 신비 중의 신비입니다. 갈라디아서 4:4 말씀을 볼 때 "때가 차매" 예수님께서 오셨다고 했습니다. 영원 전부터 하나님과 함께하셨던, 아버지 품속에 계셨던 독생자 하나님이 오셨습니다(요 1:18).

마리아의 몸을 통해서 남자 없이 성령으로 잉태되신 것을, 다 몰라도 요셉과 마리아는 알았을 것 아닙니까? 예수님이 평생 부모에게 아버지, 어머니라고 하지 않으셨습니다. 십자가에서 요한이 곁에 있는 것을 보시고 마리아에게 '여자여! 보소서 아들입니다'라고 하셨습니다. 마리아에게는 '내가 세상의 구세주로 왔습니다. 내가 십자가에 달려서 죽는다고 슬퍼하지 말고, 어머니도 나를 믿어야 됩니다' 그렇게 말씀하신 것입니다(요 19:26-27).

마리아나 요셉은 둘이 육신적으로 관계해서 예수님을 낳은 것이 아니라 성령의 능력으로 낳았다는 것을 체험했습니다. 평생 동네 사람들이 영적 문제를 알겠습니까? 늙은이와 젊은 여자가 만나서 자식 낳았다고 그러죠. 아무리 남자가 군자(君子) 같고 양반이라 해도, 관계하지 않았는데 정혼한 여인이 배가 불러 온다면 데려오겠습니까? 사람들에게 얘기하면 그냥 사형입니다. 돌에 맞아 죽습니다. 그 인생이 불쌍해서 조용히 끊으려 했는데, 천사가 나타나서 '요셉아, 네 아내 데려오기를 무서워하지 말라. 세상 남자와 관계해서 된 일이 아니라 성령을 통해서 이 땅의 구세주가 오시는 것이다' 했습니다. 그래서 마리아를 데려와서 예수님 나실 때까지 육신적으로 관계하지 않았다고 성경에 기록돼 있습니다(마 1:18-25).

아버지 품속에 계시던 독생자 하나님이 육신을 입고 마리아를 통해 탄생하신 분이 예수님입니다. "태초에 말씀이 계시니라 이 말씀이 하나님과 함께 계셨으니 이 말씀은 곧 하나님이시니라"라고 하신 대로(요 1:1) 예수님은 말씀 자체이십니다. 얼마나 신비합니까? 요한복음 1:14, 18 말씀 볼 때 예수님은 영원 전부터 하나님과 함께 계셨습니다.

요한복음 1:14 "말씀이 육신이 되어 우리 가운데 거하시매 우리가 그 영광을 보니 아버지의 독생자의 영광이요 은혜와 진리가 충만하더라"
요한복음 1:18 "본래 하나님을 본 사람이 없으되 아버지 품속에 있는 독생하신 하나님이 나타내셨느니라"

하나님께서 우리에게 오셨습니다. 이 얼마나 좋은 날입니까? 여러분의 생일이나 환갑, 진갑 날에 대통령 내외가 집에 온다는 통지를 받아 보세요. 그 집안도 그렇지만 동네가 난리 납니다. 나라의 매스컴, 신문에 다 나옵니다. 대통령 내외가 그 집에 가는데 이유를 알 수 없다는 거예요. 대한민국 5천만 동포의 이목이 그 집을 향해서 집중되지 않겠습니까?

그러한 성탄절이 되어야 할 텐데, '매해 오는 성탄인데…' 그러면 되겠습니까? 제가 자식들에게도 '성탄절 잘 지켜야 돼. 너는 죽어도 예수 죽이지 마. 너 때문에 오신 예수님이야. 마음 가운데 반갑게, 기쁘게, 즐겁게 맞이해. 돈이나 몇 푼 내고서 말이야. 돈이 네 거야? 다 하나님 거야. 너도 자식 기르지? 자식 위해서라도 진심으로 하나님 앞에 감사한 마음으로 성탄절 잘 지켜!'라고 권면합니다. 제 말투가 그렇습니다. 자식들에게 전화 안 합니다. 저는 핸드폰도 없습니다. 예배드리는 날이나 특별집회 때 만나서 얘기하면 되죠. 저는 신용카드도 없습니다. 카드 쓰면 나중에 다 돈 내야 되는 거죠. 먹어도 하나님의 영광과 뜻을 위해서, 하나님의 일을 하기 위해 먹는 것이고, 육신적으로 좋다고 해서 살찌고 기운 뻗치기 위해서 먹지 않습니다.

참 신비합니다. 신비(神祕)는 무엇입니까? 사람의 힘이나 지혜로는 도저히 이해할 수 없는 신묘한 비밀입니다. 보통의 이론과 인식, 지식으로는 알 수 없습니다. 하나님께서 가르쳐 주셔야 합니다. 예수님의 영광은 '아버지의 독생자의 영광'입니다(요 1:14). 성탄을 맞이하면서 그것도 모르면 되겠습니까? 몸에 무슨 보석이나 금은보화, 지갑에 돈 몇억을 가진 것보다도 오늘 예수님 한 분 모시면 그 이상의 축복이 임할 줄로 믿습니다.

우리에게 생명을 주시기 위해 이 땅에 오신 예수님

사람들이 육신으로 죄지었으니 하나님이 육신을 입고 오셨는데, 그 사실 자체가 오해받을 소지가 많습니다. 유대인들은 예수님의 오묘한 출생을 트집 잡아서 예수님이 귀신 들렸다고 하고, 사마리아 사람이라고 하면서 모독하기도 했습니다.

요한복음 8:48-49 "유대인들이 대답하여 가로되 우리가 너를 사마리아 사람이라 또는 귀신이 들렸다 하는 말이 옳지 아니하냐 ⁴⁹ 예수께서 대답하시되 나는 귀신 들린 것이 아니라 오직 내 아버지를 공경함이어늘 너희가 나를 무시하는도다"

게다가 예수님은 헤롯왕 때에 오셨습니다(마 2:1). 사람들은 성탄절에 반짝이며 빛나는 별, 목동들의 노랫소리, 천사들의 합창, 평화로운 마구간과 낭만적인 동방박사들을 생각하지만, 사실 그 밤은 우리가 생각하는 것처럼 기분 좋고 평화스런 밤이 아니었습니다.

동방박사들이 아기 예수께 경배한 다음 헤롯왕한테 가려는데 하나님께서 '가지 마라! 다른 길로 가라'고 지시하셔서 다른 길로 고국에 돌아갔습니다. 헤롯왕이 속은 줄을 알고 군인들을 다 풀어서 베들레헴을 중심해서 두 살 이하의 사내아이들을 다 죽이게 했습니다. 그러니까 피비린내 나는 성탄이죠(마 2:1-12, 16).

하나님께서 얼마나 급하신지, 마리아가 아기를 낳자마자 '핏걸레고 뭐고 시간 없어. 빨리 데리고 애굽으로 도망가!'라고 하셨습니다. 호세아 11:1에 기록된 대로 '애굽에서 하나님의 아들을 불러냈다'고 한 그 예언이 이루어지는 것입니다. 하나님께서 지시하실 때까지 거기 있으라고 하셨는데, 헤롯왕이 죽고서 다시 요셉에게 '아기의 생명을 찾는 자가 죽었으니 빨리 돌아가라!'고 하셔서 돌아왔습니다 (마 2:13-15, 19-21).

아이 낳은 지 얼마 안 돼서 피가 줄줄 나는데 막을 것이 없으니 얼마나 난감합니까? 탯줄도 겨우 끊고, 몸이 탱탱 부어서 잘 걷지도 못합니다. 늙은 요셉이 젊은 아내와 강보에 둘둘 싼 아기를 데리고 엄동설한에 몇 시간도 아니고, 하루 이틀도 아니고 애굽까지 갑니다. 그 광경을 볼 때 '내가 오늘날까지 예수를 믿어도 너무 안일하게, 편안하게 믿었구나!' 하게 됩니다. 하나님의 영원한 생명이 나에게 올 때까지 그 과정을 생각해 보니 아찔합니다. 마리아와 요셉이 피비 린내 나는 고통스러운 곳에서 얼마나 다급했을지 한번 생각해 보세 요. 이것도 모르고 '기쁘다 구주 오셨네' 하면서 성탄절에 교회에서 밥 주냐고 묻기나 하고…. 얼마나 어리석어요.

생명이 나에게 올 때까지 그 과정을 한번 생각해 보세요. 모세 의 법대로(레 12:1-8) 결례를 위해서 태어난 지 40일 만에 양이나 소 를 바쳐야 됩니다. 그런데 가난하면 반구(斑鳩), 비둘기 한 쌍을 바칩 니다. 예수님의 부모 내외도 피난 갔다 와서 결례를 행했습니다(눅 2:22-24).

마태복음 1:21, 누가복음 1:31을 볼 때, 요셉과 마리아에게 '아들 의 이름을 예수라 하라. 이는 자기 백성을 죄악에서 구원할 자이심 이라'라고 예고하시고, 이 모든 일이 선지자의 입으로 하신 말씀대 로 이루어지는 것이라고 했습니다(마 1:22-23). 이사야 선지자는 메시 아가 이 땅에 오시는데 그분의 또 다른 이름이 '임마누엘'이라고 했 습니다(사 7:14). 메시아의 이름을 '예수'라고 했는데, 또 '임마누엘'이 라고 합니다.

'임마누엘'의 뜻이 무엇입니까? '하나님이 우리와 함께 계시다'입 니다. 물론 마태복음 1:23에도 말씀하고 있죠. 얼마나 좋습니까? 아 기 예수가 핏덩어리이지만 애로 보면 안 됩니다. 그분은 태초부터 계신 말씀 자체입니다. 그분이 창조주입니다. 그분 아니면 우주 만 물이 지음 받은 것이 하나도 없습니다(요 1:3).

그런데 그분이 임마누엘이라고 했습니다. 하나님이 사람의 죄로 말미암아 떠나셨다가 다시 예수로 말미암아 사람과 함께 계신다는 것입니다. 요한계시록 21장 말씀도 마찬가지입니다. 하나님의 장막이 사람과 함께 있습니다. 모든 눈물을 씻어 주시고 아픈 것, 질병이 들어오지 못하게 하시고, 영원히 죽지 않는 생명을 주셔서 함께하신 다고 말씀하고 있습니다. 임마누엘입니다.

요한계시록 21:3-4 "내가 들으니 보좌에서 큰 음성이 나서 가로되 보라 하나님의 장막이 사람들과 함께 있으매 하나님이 저희와 함께 거하시리니 저희는 하나님의 백성이 되고 하나님은 친히 저희와 함께 계셔서 ⁴ 모든 눈물을 그 눈에서 씻기시매 다시 사망이 없고 애통하는 것이나 곡하는 것이나 아픈 것이 다시 있지 아니하리니 처음 것들이 다 지나갔음이러라"

성도 여러분, 이번 성탄은 찬송과 함께 탕자의 귀환이 있어야겠습니다. 교회생활 하지만 진심으로 하지 않았다면, 아버지를 버리고 나간 탕자입니다(눅 15:11-24). '금년에는 탕자가 아니라 하나님을 제 마음에 모셔서 기쁨의 성탄이 되고 임마누엘, 하나님이 함께 계시는 거룩한 보좌, 성전이 되게 해 주시옵소서'라고 기도하시기 바랍니다. 그분을 모셔야만 생명이 있습니다.

요한복음 1:4 "그 안에 생명이 있었으니 이 생명은 사람들의 빛이라"

요한복음 11:25-26 "예수께서 가라사대 나는 부활이요 생명이니 나를 믿는 자는 죽어도 살겠고 ²⁶ 무릇 살아서 나를 믿는 자는 영원히 죽지 아니하리니 이것을 네가 믿느냐"

생명이 있으면 죽지 않습니다. 오늘 영원한 생명을 받는 날입니다. 얼마나 기뻐요? 친구한테 돈 천만 원 빌린 것보다, 부모한테 1억 이상 받은 것보다 기쁘죠. 돈 받아도 내가 죽으면 끝입니다. 그런데 영원한 생명을 주셨으니 얼마나 좋습니까?

생명은 사람들의 빛이라고 했습니다. 사람이 핏기가 없으면 '너

얼굴이 왜 그래?' 그런 말을 듣습니다. 기분 좋고 여유가 있으면 얼굴에 빛이 납니다. '좋은 일 있냐? 전에 볼 때보다 오늘 보니까 네 얼굴이 빛이 나' 그럽니다. 독생하신 하나님이 우리 마음속에 탄생하신다는 것을 기뻐하고 기뻐하고 또 기뻐하는 평강의 성도가 되시기를 주의 이름으로 축원하겠습니다.

요한복음 14장을 보면, 빌립이 예수님께 아버지를 보여 달라고 했습니다. 예수님이 '이렇게 오래 나와 함께 있으면서 아직 못 봤어? 내가 아버지야. 아버지가 내 안에 있고, 내가 아버지 안에 있어. 그래서 아버지와 나는 하나야'라고 말씀하셨습니다(요 10:30, 14:7-11). 눈이 똥그래졌습니다. 기절초풍할 노릇이죠. '내가 독생한 하나님이야. 내가 요셉의 아들인 줄 아냐? 내가 부모한테 아버지, 어머니라고 하는 것 들어 봤냐? 하늘에 계시는 아버지만 내 아버지야. 너희들도 마찬가지다'라고 하신 것입니다.

하나님께서 사람으로 오시지 않으면 하나님을 나타내실 수가 없습니다. 요한복음 1:18에 "본래 하나님을 본 사람이 없으되 아버지 품속에 있는 독생하신 하나님이 나타내셨느니라"라고 말씀할 때 '나타내셨느니라'(ἐξηγέομαι, '엑세게오마이')의 원어적인 뜻은 '나타내다, 밖으로 인도해내다, 묘사하다, 설명하다'입니다. 하나님의 존재와 역사를 알려주시기 위해서 말씀이 육신이 되어 오셨다는 것입니다.

예수님은 마귀가 하는 일을 완전히 멸하러 오셨다고 했습니다. 요한일서 3:8에 "죄를 짓는 자는 마귀에게 속하나니 마귀는 처음부터 범죄함이니라 하나님의 아들이 나타나신 것은 마귀의 일을 멸하려 하심이니라"라고 말씀하고 있습니다. 마귀 때문에 일이 되지 않아요. 은혜 받을 만하면 방해합니다. 그러니까 믿어야 됩니다. 믿으면 마귀가 장난 못 치고, 믿지 못하면 마귀가 모든 일을 불통으로 만들어 놓습니다.

요한일서 3:8 말씀을 공동번역에서는 "언제나 죄를 짓는 자는 악마에게 속해 있습니다. 사실 죄는 처음부터 악마의 짓입니다. 악마가 저질러 놓은 일을 파멸시키려고 하나님의 아들이 나타나셨던 것입니다." 이렇게 번역하고 있습니다. 부모 자식 간에 이간질하고 불신하고 불목하게 합니다. 화목이 없습니다. 마귀는 사망 권세를 잡은 자입니다. 그래서 예수님이 사망의 세력을 잡은 자, 곧 마귀를 없이하기 위해서 사람의 몸으로 오셨다고 했습니다.

히브리서 2:14-15 "자녀들은 혈육에 함께 속하였으매 그도 또한 한 모양으로 혈육에 함께 속하심은 사망으로 말미암아 사망의 세력을 잡은 자 곧 마귀를 없이하시며 [15] 또 죽기를 무서워하므로 일생에 매여 종노릇하는 모든 자들을 놓아주려 하심이니"

우리가 사망한테 잡혀서 두려워하고 꼼짝 못 하잖아요. 마귀를 없이하는 것은 마귀의 활동, 곧 사망의 세력을 무력하게 하는 것입니다. 예수님을 믿는 자에게는 그렇게 되게 해 주십니다. 예수님을 믿지 않으면 자기 힘으로는 못합니다.

예수님은 자기를 드려서 죄를 없게 하려고 오셨다고 했습니다.

히브리서 2:17 "그러므로 저가 범사에 형제들과 같이 되심이 마땅하도다 이는 하나님의 일에 자비하고 충성된 대제사장이 되어 백성의 죄를 구속하려 하심이라"

히브리서 9:26 "그리하면 그가 세상을 창조할 때부터 자주 고난을 받았어야 할 것이로되 이제 자기를 단번에 제사로 드려 죄를 없게 하시려고 세상 끝에 나타나셨느니라"

요한일서 3:5 "그가 우리 죄를 없이하려고 나타내신 바 된 것을 너희가 아나니 그에게는 죄가 없느니라"

정말 오늘 예수님을 잘 모셔야 됩니다. 누가 뭐라고 말해도, 아기 예수를 마음속에 모시면 만사형통입니다. 걱정할 필요 없습니다. 인간을 이해시키기 위해서 아기라고 했지, 그분은 태초부터, 영원부터 영원까지 살아 계신 분입니다. '나는 알파와 오메가다'라고 하셨습니다(계 22:13). 시작과 끝이 똑같은 것입니다.

사망의 종노릇 하는 모든 자들을 놓아 주십니다. 죄한테 굽실굽실하면서 밤낮 종노릇하는 인간에게 예수께서 '그거 아무것도 아니야. 사단이야. 종노릇하지 마! 마귀한테 순종 안 해도 돼!' 하시는 것입니다.

그래서 예수님은 자기 목숨을 많은 사람의 대속물로 주기 위해서 오셨다고 했습니다(마 20:28). 대속물(代贖物)이란 '노예를 자유롭게 해 주기 위해서 대가로 지불하는 몸값'입니다. 돈을 주고 노예를 데려와서 '이제부터 종에서 해방되었으니 나도 너를 종으로 삼지 않아. 너, 자유야. 하나님의 은혜를 잊지 말아라' 하시는 것입니다. 예수께서 사망 당할 사람을 사서 값없이 해방시켜 주신다는 것, 결코 쉽지 않습니다. 택함받은 자들을 구원하기 위해 오셨다고 했습니다. 우리 성도들은 만세 전에 예정되어 있습니다(엡 1:5, 11). 사도행전 13:48을 볼 때, 예정된 자들은 다 주를 믿고 생명책에 기록된다고 했습니다.

로마서 4:25, 8:3, 고린도후서 5:21, 갈라디아서 3:13, 베드로전서 2:22-24 말씀을 통해서 우리의 죄를 완전히 사해 주시고 의인을 만드시는 과정을 보시기 바랍니다.

로마서 4:25 "예수는 우리 범죄함을 위하여 내어줌이 되고 또한 우리를 의롭다 하심을 위하여 살아나셨느니라"

로마서 8:3 "율법이 육신으로 말미암아 연약하여 할 수 없는 그것을 하나님은 하시나니 곧 죄를 인하여 자기 아들을 죄 있는 육신의 모양으로 보내어 육신에 죄를 정하사"

고린도후서 5:21 "하나님이 죄를 알지도 못하신 자로 우리를 대신하여 죄를 삼으신 것은 우리로 하여금 저의 안에서 하나님의 의가 되게 하려 하심이니라"

갈라디아서 3:13 "그리스도께서 우리를 위하여 저주를 받은 바 되사 율법의 저주에서 우리를 속량하셨으니 기록된 바 나무에 달린 자마다 저주 아래 있는 자라 하였음이라"

베드로전서 2:22-24 "저는 죄를 범치 아니하시고 그 입에 궤사도 없으시며 ²³ 욕을 받으시되 대신 욕하지 아니하시고 고난을 받으시되 위협하지 아니하시고 오직 공의로 심판하시는 자에게 부탁하시며 ²⁴ 친히 나무에 달려 그 몸으로 우리 죄를 담당하셨으니 이는 우리로 죄에 대하여 죽고 의에 대하여 살게 하려 하심이라 저가 채찍에 맞음으로 너희는 나음을 얻었나니"

예수님께서 이렇게 하신 것은 "아브라함의 자손을 붙들어 주려 하심이라"라고 말씀하고 있습니다(히 2:16). 예수로 말미암아 우리가 영적 이스라엘이 됩니다(롬 9:7, 갈 3:29). 믿음이 있는 사람은 아브라함과 똑같은 상속을 받습니다. 우리는 믿음으로 아브라함의 자손입니다. 여러분에게 믿음이 있고, 마음에 예수님이 성탄하시면 아브라함이 받은 복을 똑같이 받습니다(갈 3:7-9).

오늘 성탄을 맞이해서, 우리가 아브라함을 보지도 못했고 아브라함이 받은 유업, 재산이 얼마인지도 모르지만, 하나님께서 아브라함에게 주신 것과 똑같이 주겠다고 하시니 얼마나 좋습니까? 창세기 15:6, 로마서 4:3, 9, 18-22을 볼 때 '아브라함이 하나님을 믿으니 그것을 의로 여기셨다'고 말씀하고 있습니다.

예수님이 얼마나 귀한 분입니까? 오늘날까지 사업이 실패하고 빚에 빚을 져서 도망갈 지경에 있다 해도, 예수님을 모시고 하나님 앞에 기도해 보세요. 하나님께서 좋은 길로 인도하시고 축복의 대문을 환하게 열어 주실 줄로 믿으시기 바랍니다. 누가복음 19:9-10 말씀을 볼 때, 어떠한 죄인도 사해 주시고 '너도 오늘부터 아브라함의 자손이야'라고 말씀해 주십니다. 아브라함의 자손이면 아브라함의 복이 그리로 다 가는 것입니다. 아브라함의 기업이 다 가는 것입니다. 아브라함이 갑자기 재산이 생긴 것이 아니라 고생을 많이 했죠. 그러나 큰 복을 받았습니다.

예수님의 이름의 뜻대로 자기 백성을 죄에서 구원해 주셨습니다. 온갖 사망의 세력에서 구원해 주셨는데, 그동안 얼마나 감사했습니까? 특히 디모데전서 1:15을 보면 '미쁘다'라는 감탄사가 나옵니다. 예수께서 나타나신 것은 모든 죄악에서 우리를 구원해 주시기 위해서라는 것입니다. 얼마나 기뻐요.

디모데전서 1:15 "미쁘다 모든 사람이 받을 만한 이 말이여 그리스도 예수께서 죄인을 구원하시려고 세상에 임하셨다 하였도다 죄인 중에 내가 괴수니라"

고린도전서 3:16, 6:19-20 말씀과 같이, 바로 여러분이 오늘부터 하나님의 성전입니다. 예수님이 하나님이시죠. 예수님을 모시면, 뜻으로 볼 때, 우리가 하나님의 성전입니다. 그래서 베드로후서 1:3 말씀 볼 때 "그의 신기한 능력으로 생명과 경건에 속한 모든 것을 우리에게 주셨으니 이는 자기의 영광과 덕으로써 우리를 부르신 자를 앎으로 말미암음이라"라고 말씀하고 있습니다. 여기서 생명은 '영생'을 뜻합니다. 풍성하다는 것은 과분하게 넘치는, 사람의 생각으로 계산이 안 되는 것을 말합니다. 누르고 흔들어 넘치는 복을 주시는 것입니다(눅 6:38). 그래서 오늘은 기쁨의 날, 만족의 날, 충만의 날, 사망에서 생명으로 해방된 영생의 날로 믿는 평강의 성도들이 되시기 바랍니다.

금세와 내세, 영원토록 우리에게는 생명이 있습니다. 그래서 모든 그리스도인들에게 "하나님이 세상을 이처럼 사랑하사 독생자를 주셨으니 이는 저를 믿는 자마다 멸망치 않고 영생을 얻게 하려 하심이니라"라고 하셨습니다(요 3:16). 하나님이 보내신 성탄의 선물, 오늘 오신 예수님을 영접하면 사망의 세력이 다 도망갑니다.

모든 것이 근심 걱정, 불통이죠? 예수님을 모신 여러분은 오늘부터 하늘의 영광과 축복이 형통으로 임할 줄 믿습니다. 마음먹은 대로, 발로 걷는 곳마다, 손으로 하는 일마다 복을 받고, 남에게 빌려줄지언정 꾸어 먹지 않고, 가진 게 없어서 어깨가 축 늘어지는 것이 아니라 위에 있고, 나가도 복을 받고 들어와도 복을 받는 출입의 축복이 있다는 것을 믿으시기 바랍니다(신 28:1-14).

예수님 안에서 기쁜 소식, 좋은 소식입니다. 얼마나 좋습니까? 시간만 때우고 습관적으로 '기쁘다 구주 오셨네' 하지 말고, 진심으로 찬송 부를 때 '제 마음속에 예수님을 딱 모셨으니 기쁩니다' 그런 마음으로 불러야죠. 밥을 먹어도 감사하고 말이죠. 돈 없어서 고기는 못 먹지만 고기의 영양분을 주셔서 다 건강의 축복을 받을 줄로 믿습니다.

예수님의 말씀 한마디로 '안심하라. 내 말로 네 죄 사했다' 하실 때 그대로 되었습니다. 예수님께 빌었습니까? 비둘기가 있어요, 소가 있어요, 양이 있어요? 바칠 것이 없습니다. 그러나 예수님의 말씀을 깨닫고 감사한 마음으로 받을 때 그대로 된다는 것을 믿으시기 바랍니다.

결론

예수님의 별명 '임마누엘' 얼마나 좋습니까? 이사야 7:14에 "그러므로 주께서 친히 징조로 너희에게 주실 것이라 보라 처녀가 잉태하여 아들을 낳을 것이요 그 이름을 임마누엘이라 하리라"라고 말씀하고 있습니다. 남자와 관계없이 성령으로 나신다는 것입니다. 이사야 8:8, 10에도 기록되어 있습니다. 그것이 우리에게 증표가 되는 것입니다.

이사야 8:8 "흘러 유다에 들어와서 창일하고 목에까지 미치리라 임마누엘이여 그의 펴는 날개가 네 땅에 편만하리라 하셨느니라"

이사야 8:10 "너희는 함께 도모하라 필경 이루지 못하리라 말을 내어라 시행되지 못하리라 이는 하나님이 우리와 함께하심이니라"

미가 5:2, 마태복음 2:1-6을 볼 때 예수님은 베들레헴에 나셨습니다. '베들레헴'의 뜻은 '떡집'입니다. 예수님을 모시면 양식이 떨어지지 않습니다. 너무나 풍부합니다. '저 사람, 흉년 들 때도 배불리 먹는 떡집 아들이야' 그럽니다. 우리 교회에도 베들레헴 식당 있잖아요? 그런 뜻에서 이름을 지은 것입니다.

이보다 더 놀랍고 행복한 일이 어디 있습니까? 기막힌 희생 끝에, 정성 끝에, 수고와 기다림 끝에 얻어진 큰 기쁨과 축복입니다. 새벽에 기도하죠, 산에 가서 기도하죠, 여주, 주문진, 또 어디 오라고 하면 가서 말씀 받죠, 그런 고생과 노력 끝에 얻어지는 것입니다.

경건하게 살면서 기다린 시므온 보세요. 시므온 할아버지는 '너 죽기 전에 이 땅에 오시는 메시아를 본다!'는 하나님의 계시를 받고 얼마나 놀랐습니까(눅 2:25-26). 그러니 죽기 전에 예수님을 본다는데, 어디 가서 외식하고 먹으러 다닐 수 있어요? 그는 자기 눈으로 구원을 보고 찬양했습니다. 예수님의 부모가 지나갈 때 누가 알려 줬습니까? 성령님이 '바로 저 분이 인류가 기다리는 메시아다!' 하시자, 쫓아가서 아이를 빼어 가지고 성전을 빙빙 돌면서 '하나님! 죽어도 원이 없습니다. 내 눈으로 주의 구원을 보았습니다' 그렇게 찬송하고 감사기도 한 것입니다.

그리고 모친 마리아에게 '이 아이 때문에 어머니의 마음이 칼로 찔리는 것 같은 아픔이 있을 것입니다'라고 했습니다(눅 2:27-35). 예수님이 십자가에 달리실 때 육신의 어머니 마리아가 얼마나 큰 아픔을 당했습니까? 예언대로 된 것입니다.

그다음에, 안나를 보세요. 시집간 지 7년 만에 과부가 됐습니다. 과부 된 지 84년(한글 개역성경, KJV)이니, 합하면 91년입니다. 최소한

15살은 되어야 시집갈 것 아닙니까? 그러면 106세입니다. 예수님의 부모가 애굽에 도망갔다 와서 피곤하기 짝이 없는데, 결례를 행하러 성전에 바로 갈 때, 안나가 쫓아가서 아이를 안고 눈물을 흘렸습니다. 100세가 넘은 노인이 덜덜 떨면서 성전을 지키고 떠나지 않고 기도하다가 예수님을 만난 것입니다.

그리고 예루살렘의 구속됨을 바라는 모든 자에게 예수님에 대해 말했습니다(눅 2:36-38). '하나님! 예루살렘의 성도는 다 주의 구속을 바라봅니다. 내 눈으로 메시아를 만지고 보았습니다'라고 하면서 말 못 하는 핏덩어리를 안고 빙빙 돕니다. 제3자가 볼 때 '노인이 미쳤나? 남의 애를 안고 왜 질질 울어?' 내용을 모르면 그럴 것 아닙니까? 성탄절 뜻을 알면 기뻐하고 춤추고 집사님, 장로님, 목사님, 같은 구역 식구끼리 모여서 반찬은 없지만 밥을 해서 나눠 먹고 그래야 할 텐데, 선물 받을 생각만 하고 있으면 되겠습니까?

성탄은 기다리는 것입니다. 성탄절에는 경건한 믿음의 잔치를 해야 됩니다. 성탄은 예수님을 만나고 본 것을 증거하는 것입니다. 복음을 증거해야 합니다.

예수님 없는 성탄은, 순간으로는 재미가 있겠죠. 그러나 생명이 없습니다. 죽은 성탄입니다. 모든 생활에 밤낮 개가 숨차서 헐떡거리듯이 만족이 없습니다. '이렇게 살아서 뭐하나…' 예수 믿는다고 하지만 하나님 말씀에 대해서 까막눈입니다. 아무것도 모릅니다. 그래서 두려움이 생깁니다. '내가 이래 가지고 하나님의 아들딸이 되겠나?' 알맹이 없는 껍데기입니다. 주인이 없는 집에 가 보세요. 대문 열자마자 찬기가 돕니다. 그러나 사람이 사는 집에 가면 훈훈합니다. 문 열자마자 방이 뜨뜻하고 '이 집은 그래도 밥이라도 얻어

먹을 수 있겠구나' 기대가 되죠.

2013년 성탄절, 강보에 싸여 구유에 누우신 아기 예수를 볼 때, 우리에게 표적이 됩니다. 그러한 신앙을 가지시기 바랍니다. 누가복음 2:12을 볼 때, 천사가 목자들에게 '가라! 분명히 구유가 있을 거다. 거기 아기 예수가 있는데, 그분이 메시아, 그리스도, 하나님이야! 그것을 보는 것이 표적이야!'라고 했습니다. 얼마나 좋습니까?

예수 속에 담긴 신비, 큰 평안과 기쁨이 용솟음칩니다. 마음 가운데 광명한 새벽별이 떠올라서 얼마나 환합니까? 새벽별이 별 가운데 왕입니다. 크고 밝죠. 그것을 볼 때 사람들이 '이제 날이 새겠구나' 알 수 있지 않습니까? 어둠이 물러가고 평강의, 의의 태양 되시는 예수님의 빛이 우리 평강제일교회 성도의 전 가족에게, 또 직장과 사업에 비춰길 바랍니다. 마음에 원하는 대로, 가는 곳마다 의의 태양 되시는 예수님이 마음에서 떠오르는 축복이 성탄을 맞이한 사람들에게 있기를 주의 이름으로 축원하겠습니다. 구유에 누우신 아기 예수를 알아보는 표를 다 받아 가지고 집에 가시는 복된 역사가 있기를 주의 이름으로 축원합니다.

이스라엘이 그렇게 기다렸던 구원의 유일하고 확실한 증거는 하나님이 정하신 날에 이 땅에 오신, 강보에 싸인 아기 예수였습니다. 메시아가 여자의 후손으로(창 3:15), 또한 아벨의 제물과 같이 피 흘리는 제물로 오실 것을 약속하셨습니다(창 4:4). 또 유월절 양으로 오신다고 했습니다(출 12:21, 요 1:29, 고전 5:7). 유대 땅 베들레헴의 작은 고을이지만 거기에 태초, 상고부터 계신 하나님이 구세주로 오신다(미 5:2)는 그날, 메시아로 인해 모든 것이 풍부하고 여유 있고 형통으로 이루어지게 해 주신다는 놀라운 예언대로 오셨습니다.

평상시에 그림자같이 육으로만 생각하던 크리스마스가 아니라, 오늘 진심으로 말씀을 통한 성탄이 이루어져서, 우리 마음속에 아기 예수가 탄생하실 수 있도록 하나님께서 축복해 주시기를 소원합니다. 평생 예수를 믿었지만, 이젠 진짜로 믿는 모두가 되시기 바랍니다. 가정마다 어둠이 물러가고 오직 주님의 탄생으로 의의 태양 되시는 예수님의 빛이 환하게 비춰서, 그 나라 갈 때까지 평생에 어둠이 깃들지 못하도록 성령의 불담으로 지켜 주시고(슥 2:5) 선한 길로 인도해 주실 줄 믿습니다. 평강제일교회에 나오는 것이 큰 축복임을 깨닫는 모두가 되시길 바랍니다.

예수님의 성탄은 신비 중의 신비입니다.
"때가 차매" 예수님께서 오셨다고 했습니다(갈 4:4).
영원 전부터 하나님과 함께하셨던,
아버지 품속에 계셨던
독생자 하나님이 오셨습니다(요 1:18).

하나님의 영원한 생명이 나에게 올 때까지
그 과정을 한번 생각해 보세요.

예수님은 자기 목숨을 많은 사람의 대속물로
주기 위해서 오셨다고 했습니다(마 20:28).
예수님께서 이렇게 하신 것은
"아브라함의 자손을 붙들어 주려 하심이라"라고
말씀하고 있습니다(히 2:16).
여러분에게 믿음이 있고, 마음에 예수님이 성탄하시면
아브라함이 받은 복을 똑같이 받습니다(갈 3:7-9).

편집자 주

1. '휘선 설교집 3 – 성탄설교'는 휘선 박윤식 목사님께서 50여 년 목회 기간에 성탄을 주제로 선포하신 설교 가운데 21편을 모아 엮었습니다.

2. 이 설교집에 인용된 성경구절은 한글 개역성경을 사용하였습니다.
   또한 설교집에 인용한 찬송가는 통일찬송가로, 이에 해당하는 새찬송가의 장수를 함께 표기하였습니다.

3. 일부 구어체를 살려, 친근하고 이해하기 쉬우면서도 성도들의 영혼을 강력하게 일깨웠던 박윤식 목사님의 음성이 생생하게 느껴질 수 있도록 하였습니다.

4. 설교의 이해를 돕기 위해 자료 사진, 삽화 및 각주를 추가하였습니다.

휘선기념사업회

휘선 설교집 · 3

성탄설교 **큰 기쁨의 좋은 소식 성탄**

초판 1쇄 2020년 12월 17일
　　2쇄 2020년 12월 25일

저　자 박윤식
발행인 이승현
엮은이 휘선기념사업회

펴낸곳 도서출판 휘선
주　소 08345 서울시 구로구 오류로 8라길 50
전　화 02-2684-6082
팩　스 02-2614-6082
이메일 Huisun@pyungkang.com

등　록 제 25100-2007-000041호
책　값 18,000원

Printed in Korea
ISBN　　979-11-89611-25-5　04230
ISBN　　979-11-89611-08-8 (세트) 04230

※ 낙장·파본은 교환해 드립니다.
　「이 도서의 국립중앙도서관 출판예정도서목록(CIP)은 서지정보유통지원시스템 홈페이지
　(http://seoji.nl.go.kr)와 국가자료공동목록시스템(http://www.nl.go.kr/kolisnet)에서
　이용하실 수 있습니다.
　(CIP제어번호: CIP2020051478)」

도서출판 휘선
휘선(暉宣)은 예수 그리스도의 복음의 참빛이 전 세계 속에 흩어져 있는 수많은 영혼들에게
널리 알려지고 전파되기를 소원하는 이름입니다.